中國古代史學叢書

[漢]班固 撰 [清]王先謙 補注
上海師範大學古籍整理研究所 整理

漢書補注

玖

公孫弘卜式兒寬傳第二十八

公孫弘，〔一〕菑川薛人也。〔二〕少時爲獄吏，有罪，免。〔三〕家貧，牧豕海上。年四十餘，乃學春秋雜說。〔四〕

〔一〕【補注】齊召南曰：史記「字季」。漢書於名字、里居，往往視史記加詳，此文獨脱。沈欽韓曰：西京雜記「鄒長倩遺弘書云『次卿足下』」。則弘一字次卿。

〔二〕【補注】先謙曰：顧炎武云：史記傳稱「齊菑川薛縣人也」。薛並不屬二國。正義「表云『菑川國，文帝分齊置，都劇』。括地志『故劇城在青州壽光縣南三十一里。故薛城在徐州滕縣界』」。按薛與劇隔兖州及泰山。儒林傳言「薛人公孫弘」，是弘審爲薛人。言齊菑川者，誤也。齊召南云：本傳「牧豕海上」。惟菑川北近海，若魯國薛縣，東去海絶遠。又云「菑川國復推上弘」，史漢並合，然則弘爲薛人尚可疑，其爲菑川人似無可疑也。錢大昕云：地理志「菑川國三縣，無薛縣。然高五王傳菑川王終古曾削四縣，安知薛縣不在所削之内？漢志所載侯國領縣若干，皆元、成以後之制，如蠡吾故屬河閒，良鄉、安次、文安故屬燕，陘城故屬趙之類，賴有列傳，略見一二，未可据志駁傳。沈欽韓云：菑川治劇，「薛」蓋「劇」字之誤。洪頤煊云：薛當是鄉聚名，如東方朔傳「平原厭次人」之類。先謙案，史漢並書薛人，則「薛」非「劇」誤。史稱薛縣，則非鄉聚名也。薛去菑川絶遠，亦不應在終古所削四縣之内。史記云「少時爲薛獄吏」。蓋弘本菑川人，其先齊未分，故稱齊菑川人，因少在薛久，故或亦稱爲薛人耳。此史家承譌，班未及栞正者也。

〔三〕【補注】先謙曰：史記「爲」下有「薛」字，不可去。

〔四〕【補注】何焯曰：雜說，雜家之說，兼儒、墨合名法者也。藝文志亦有公羊雜記八十三篇。以弘所對「智者術之原也」一條味之，其學蓋出於雜家，則此雜說非春秋經師之雜說也。

武帝初即位，招賢良文學士，〔一〕是時弘年六十，以賢良徵爲博士。使匈奴，還報，不合意，〔二〕上怒，以爲不能，弘乃移病免歸。〔三〕

〔一〕【補注】宋祁曰：「士」字上疑有「之」字。

〔二〕師古曰：奏事不合天子之意。

〔三〕師古曰：移病，謂移書言病也。一曰，以病移居。【補注】先謙曰：一說非。

元光五年，復徵賢良文學，菑川國復推上弘。〔一〕弘謝曰：「前已嘗西，用不能罷，願更選。」〔二〕國人固推弘，弘至太常。上策詔諸儒：

〔一〕【補注】沈欽韓曰：案西京雜記云「公孫弘以元光五年，爲國士所推爲賢良，國人鄒長倩以其家貧，少自資致，乃解衣裳以衣之，釋所著冠履以與之，又贈以芻一束，素絲一繸，撲滿一枚，書題遺之」。

〔二〕【補注】先謙曰：用猶以，史記作以。

制曰：〔一〕蓋聞上古至治，畫衣冠，異章服，而民不犯；〔二〕陰陽和，五穀登，六畜蓄，〔三〕甘露降，風雨時，嘉禾興，朱屮生，〔四〕山不童，澤不涸；〔五〕麟鳳在郊藪，龜龍游於沼，〔六〕河洛出圖書；父不喪子，兄不哭弟；〔七〕北發渠搜，南撫交阯，〔八〕舟車所至，人迹所及，跂行喙息，咸得其宜。〔九〕朕甚嘉之，今何道而臻乎此？〔一〇〕子大夫修先聖之術，明君臣之義，講論洽聞，有聲乎當世，問子大夫：〔一一〕天人之道，何所本始？吉凶之效，安所期焉？〔一二〕禹湯水旱，厥咎何由？仁義禮知四者之宜，當安設施？屬統垂業，物鬼變化，〔一三〕天命之符，廢興何如？天文地理人事之紀，子大夫習焉。其悉意正議，詳具其對，著之于篇，〔一四〕朕將親覽焉，靡有所隱。

〔一〕【補注】王念孫曰：景祐本「儒」下有「曰」字，是也。「制曰」二字，即策中之語，則上句「曰」字不可省。董仲舒傳云「天子乃復册之曰，制曰」，即其證。

〔二〕【補注】先謙曰：解詳武紀，亦見元紀、刑法志。

〔三〕師古曰：登，成也。蕃，多也，音扶元反。

〔四〕師古曰：屮，古草字。

〔五〕師古曰：童，無草木也。涸，水竭也，音胡各反。

〔六〕師古曰：邑外謂之郊。澤無水曰藪。沼，池也。

〔七〕【補注】先謙曰：無短折。

〔八〕師古曰：言威德之盛，北則徵發于渠搜，南則綏撫於交阯也。渠搜，遠夷之國也。【補注】先謙曰：二語本大戴禮少閒篇。盧辨注，以北發爲北狄地名，其言「北發渠搜，氐羌徠服」，與南撫交阯，文不相屬。制策用爲對舉，蓋誤。

故弘對略而不言。渠搜，西域之國，亦不在北方。顏依文立訓耳。詳見武紀。
〔九〕師古曰：跂行，有足而行者也。喙息，謂有口能息者也。跂音岐。喙音許穢反。
〔一〇〕師古曰：臻，至也。
〔一一〕【補注】先謙曰：官本問上有「敢」字，是。
〔一二〕師古曰：安，焉也。
〔一三〕師古曰：屬，繫也，音之欲反。其下亦同。【補注】先謙曰：屬統垂業，下接「物鬼變化」四字，語似不倫。據弘對，屬統垂業之本也，以下無一語及物鬼變化之事，疑衍文。
〔一四〕師古曰：悉，盡也。篇，簡也。

弘對曰：

臣聞上古堯舜之時，不貴爵賞而民勸善，不重刑罰而民不犯，躬率以正而遇民信也；〔一〕末世貴爵厚賞而民不勸，深刑重罰而姦不止，其上不正，遇民不信也。夫厚賞重刑〔二〕未足以勸善而禁非，必信而已矣。是故因能任官，則分職治；〔三〕去無用之言，則事情得；不作無用之器，即賦斂省；〔四〕不奪民時，不妨民力，則百姓富；有德者進，無德者退，則朝廷尊；有功者上，無功者下，則羣臣逡；〔五〕罰當罪，則姦邪止；賞當賢，則臣下勸：凡此八者，治之本也。〔六〕故民者，業之即不爭，理得則不怨，有禮則不暴，愛之則親上，〔七〕此有天下之急者也。故法不遠義，則民服而不離；和不遠禮，則民親而不暴。〔八〕故法之所罰，義之所去也；〔九〕和之所賞，禮之所取也。禮義者，民之所服也，而賞罰順之，則民不犯禁矣。〔一〇〕故畫衣冠，異章服，而民不犯者，此道素行也。

〔一〕師古曰：躬謂身親行之，遇謂處待之而已。【補注】宋祁曰：注文「而已」字，疑當删。

〔二〕【補注】錢大昭曰：「當」，閩本及漢紀並作「賞」。先謙曰：官本作「賞」，是。

〔三〕師古曰：分音扶問反。

〔四〕【補注】先謙曰：「即」，官本作「則」。古即、則通用。

〔五〕師古曰：言有次第也。師古曰：逡音七旬反，其字從辶。【補注】先謙曰：官本注上「師古」作「李奇」，是。辶作辵，引宋祁曰：「逡」疑作「俊」。姚本注文改辵作辶。先謙案，李訓逡爲有次第，古無此義，其説非也。逡，退也。言羣臣明退讓之義也。説文「逡，復也」，復乃復之誤字。徐鍇韻譜「逡，復也」，復即退字。「逡」，集韻作「俊」，本書王莽傳亦作「俊」，故景文以爲「逡，疑作俊」。今傳寫誤作俊耳，景文不能改逡爲俊也。

〔六〕【補注】先謙曰：官本「治」下有「民」字，引宋祁云：江南本無「民」字。王念孫云：江南本是也。「民」字涉上下文而衍，上文八事，皆治道之大者，不專指民而言。漢紀無「民」字。下文「凡此四者治之本」，亦無「民」字。

〔七〕師古曰：各得其業則無爭心，各申其理則無所怨，使之由理則無暴慢，子而愛之則知親上也。【補注】先謙曰：「由」下「理」字，官本作「禮」，是。

〔八〕師古曰：遠，違也，音于萬反。

〔九〕師古曰：去，除也，音丘呂反。【補注】先謙曰：官本作「去，棄也，音丘舉反」。

〔一〇〕【補注】宋祁曰：監本、浙本止云「不犯矣」。南本云「民之所服也，不犯禁矣，而賞罰順之，則民從」。余謂「不犯禁矣」四字疑當删，止作「則民從」。

臣聞之，氣同則從，聲比則應。〔一一〕今人主和德於上，百姓和合於下，〔一二〕故心和則氣和，氣和則形和，形和則聲和，聲和則天地之和應矣。故陰陽和，風雨時，甘露降，五穀登，六畜蕃，嘉禾興，朱草生，山不童，澤不涸，此和之至也。故形和則無疾，無疾則不夭，故父不喪子，兄不哭弟。德配天地，明並日月，則麟鳳至，龜龍在郊，河出圖，洛出書，遠方之君莫不説義，〔三〕奉幣而來朝，此和之極也。

〔一〕師古曰：比亦和也，音頻寐反。【補注】先謙曰：官本無「亦」字，此衍。

〔二〕師古曰：合謂與上合德也。

〔三〕師古曰：説讀曰悦。

臣聞之，仁者愛也，義者宜也，禮者所履也，〔一〕智者術之原也。致利除害，兼愛無私，謂之仁；〔二〕明是非，立可否，謂之義；進退有度，尊卑有分，謂之禮；〔三〕擅殺生之柄，通塞之塗，〔四〕權輕重之數，論得失之道，使遠近情僞必見於上，謂之術：〔五〕凡此四者，治之本，道之用也，皆當設施，不可廢也。得其要，則天下安樂，〔六〕法設而不用；〔七〕不得其術，則主蔽於上，官亂於下。此事之情，屬統垂業之本也。

〔一〕師古曰：履而行之。【補注】先謙曰：官本注「履」上有「視」字。

〔二〕師古曰：致謂引而至也。

〔三〕師古曰：分音扶問反。

〔四〕師古曰：擅，專也。【補注】錢大昭曰：「通」下脱「壅」字。南監本、閩本及鼂錯所引，並有「壅」字。先謙曰：官本有「壅」字。

〔五〕師古曰：見，顯也。

〔六〕【補注】宋祁曰：南本云「得其要道」。浙本云「得其要術」。王念孫曰：術字承上文「謂之術」而言，下文「不得其術」，又對「得其要術」而言，則有術字者是也。治要引此亦有術字，漢紀同。

〔七〕師古曰：下不犯法，無所加刑也。

臣聞堯遭鴻水，使禹治之，未聞禹之有水也。若湯之旱，則桀之餘烈也。桀紂行惡，受天之罰；禹湯積德，以王天下。因此觀之，天德無私親，〔一〕順之和起，逆之害生。〔二〕此天文地理人事之紀，臣弘愚戇，不足以奉大對。〔三〕

〔一〕【補注】宋祁曰：「天德」，浙本無「德」字。

〔二〕【補注】王念孫曰：「和」當爲「利」，草書之誤也。順逆、利害，皆對文，若作「和」，則與「害」不相對矣。漢紀作「和」，亦後人以誤本漢書改之。文選永明十一年策秀才文注，引此正作「利」。

〔三〕師古曰：大對，大問之對也。

時對者百餘人，太常奏弘第居下。策奏，天子擢弘對爲第一。召入見，容貌甚麗，〔一〕拜爲博士，待詔金馬門。〔二〕

〔一〕【補注】先謙曰：官本無「入」字，引宋祁曰：浙本云「召入見」。

〔二〕如淳曰：武帝時，相馬者東門京作銅馬法獻之，立馬於魯斑門外，更名魯斑門爲金馬門。【補注】先謙曰：官本「斑」俱作「班」，是。

弘復上疏曰：「陛下有先聖之位而無先聖之名，〔一〕有先聖之民而無先聖之吏，是以勢同而治異。先世之吏正，故其民篤；〔二〕今世之吏邪，故其民薄。政弊而不行，令倦而不聽。夫使邪吏行弊政，用倦令治薄民，民不可得而化，此治之所以異也。臣聞周公旦治天下，朞年而變，三年而化，五年而定。唯陛下之所志。」〔三〕書奏，天子以册書答曰：〔四〕「問：弘稱周公之治，弘之材能自視孰與周公賢？」〔五〕弘對曰：「愚臣淺薄，安敢比材於周公！雖然，愚心曉然見治道之可以然也。夫虎豹馬牛，禽獸之不可制者也，及其教馴服習之，〔六〕至可牽持駕服，唯人之從。〔七〕臣聞揉曲木者不累日，〔八〕銷金石者不累月，夫人之於利害好惡，豈比禽獸木石之類哉？〔九〕朞年而變，臣弘尚竊遲之。」上異其言。

〔一〕【補注】先謙曰：官本「名」作「民」，蓋緣下「民」字而誤。
〔二〕師古曰：篤，厚也。
〔三〕師古曰：言志所在也。
〔四〕【補注】宋祁曰：「答」字下疑有「焉」字。
〔五〕師古曰：與猶如也。
〔六〕師古曰：馴，順也，音巡。
〔七〕師古曰：從人意。
〔八〕師古曰：揉謂矯而正之也。累，積也。揉音人九反。【補注】宋祁曰：「累」當作「絫」。注文「累積」字上，當有「絫古累字」四字。

〔九〕師古曰：好音呼到反。惡音一故反。

時方通西南夷，巴蜀苦之，詔使弘視焉。還奏事，盛毁西南夷無所用，上不聽。每朝會議，開陳其端，使人主自擇，不肯面折庭爭。於是上察其行慎厚，辯論有餘，習文法吏事，〔一〕緣飾以儒術，〔二〕上説之，〔三〕一歲中至左内史。〔四〕

〔一〕【補注】沈欽韓曰：西京雜記「公孫弘著公孫子，言刑名事，謂字直百金」。
〔二〕師古曰：緣飾者，譬之於衣，加純緣者。
〔三〕師古曰：説讀曰悦。
〔四〕【補注】先謙曰：史記作「二歲」。徐廣注「一云一歲」。

弘奏事，有所不可，不肯庭辯。〔一〕常與主爵都尉汲黯請閒，〔二〕黯先發之，弘推其後，上常説，〔三〕所言皆聽，以此日益親貴。嘗與公卿約議，〔四〕至上前，皆背其約以順上指。汲黯庭詰弘曰：「齊人多詐而無情，始爲與臣等建此議，今皆背之，不忠。」〔五〕上問弘，弘謝曰：「夫知臣者以臣爲忠，不知臣者以臣爲不忠。」上然弘言。左右幸臣每毁弘，上益厚遇之。

〔一〕師古曰：不於朝廷顯辯論之。【補注】宋祁曰：「庭」當作「廷」，後「庭詰」並同。
〔二〕師古曰：求空隙之暇。
〔三〕師古曰：説讀曰悦。
〔四〕師古曰：約，要也。

〔五〕【補注】先謙曰：史記「情」下有「實」字，「始」下無「爲」字。爲讀曰僞。

弘爲人談笑多聞，〔一〕常稱以爲人主病不廣大，人臣病不儉節。養後母孝謹，後母卒，服喪三年。

〔一〕師古曰：善於談笑而又多聞也。談字或作詼，音恢，謂啁也，善啁謔也。【補注】先謙曰：史記作「恢奇多聞」。

爲内史數年，遷御史大夫。時又東置蒼海，〔一〕北築朔方之郡。弘數諫，以爲罷弊中國以奉無用之地，〔二〕願罷之。於是上乃使朱買臣等難弘置朔方之便。發十策，弘不得一。〔三〕弘乃謝曰：「山東鄙人，不知其便若是，願罷西南夷、蒼海，專奉朔方。」上乃許之。

〔一〕【補注】宋祁云：一作「滄」。

〔二〕師古曰：罷讀曰疲。【補注】先謙曰：官本無此注。

〔三〕師古曰：言其利害十條，弘無以應之。【補注】先謙曰：集解引韋昭曰「弘才非不能得一，不敢逆上耳」。

汲黯曰：「弘位在三公，奉禄甚多，〔一〕然爲布被，〔二〕此詐也。」上問弘，弘謝曰：「有之。夫九卿與臣善者無過黯，然今日庭詰弘，誠中弘之病。夫以三公爲布被，誠飾詐欲以釣名。〔三〕且臣聞管仲相齊，有三歸，〔四〕侈擬於君，〔五〕桓公以霸，亦上僭於君。晏嬰相景公，食不重肉，妾不衣絲，齊國亦治，亦下比於民。〔六〕今臣弘位爲御史大夫，爲布被，自九卿以下至於小吏無差，誠如黯言。〔七〕且無黯，陛下安聞此言？」上以爲有讓，愈益賢之。

〔一〕師古曰：奉音扶用反。其下亦同。

〔二〕【補注】沈欽韓曰：鹽鐵論救匱篇「公孫弘布被，兒寬練袍」。

〔三〕師古曰：釣，取也。言若釣魚之謂也。

〔四〕師古曰：三歸，取三姓女也。婦人謂嫁曰歸。

〔五〕師古曰：擬，疑也。言相似也。【補注】先謙曰：官本注文在「亦上僭於君」下。

〔六〕師古曰：比，方也。一曰，比，近也，音頻寐反。

〔七〕【補注】先謙曰：差，別也。

元朔中，代薛澤爲丞相。〔一〕先是，漢常以列侯爲丞相，唯弘無爵，上於是下詔曰：「朕嘉先聖之道，開廣門路，宣招四方之士，蓋古者任賢而序位，量能以授官，勞大者厥祿厚，德盛者獲爵尊，故武功以顯重，而文德以行褒。其以高成之平津鄉户六百五十封丞相弘爲平津侯。」〔二〕其後以爲故事，至丞相封，自弘始也。

〔一〕【補注】先謙曰：通鑑考異云「史記將相名臣表、漢書百官公卿表，弘爲相皆在元朔五年。建元以來侯者表、恩澤侯表皆云元朔三年封侯。按三年，弘始爲御史大夫。蓋誤書『五』爲『三』，因置於三年耳」。

〔二〕【補注】齊召南曰：按志，高成縣屬勃海郡。宋白云，滄州鹽山縣，古高成縣也，有平津縣。又，户六百五十，表作三百七十三户，表、傳互異。

時上方興功業，婁舉賢良。〔一〕弘自見爲舉首，起徒步，數年至宰相封侯，於是起客館，開東閤以延賢人，〔二〕與參謀議。弘身食一肉，脱粟飯，〔三〕故人賓客仰衣食，〔四〕奉祿皆以給之，家無所餘。然其性意忌，外寬内深。〔五〕諸常與弘有隙，〔六〕無近遠，雖陽與善，後竟報其過。〔七〕殺主父偃，徙董仲舒膠西，皆弘力也。

〔一〕師古曰：婁古屢字。

〔二〕師古曰：閤者，小門也，東向開之，避當庭門而引賓客，以別於掾史官屬也。【補注】錢大昭曰：西京雜記「其一曰欽賢館，以待大賢；次曰翹材館，以待大才；次曰接士館，以待國士。其有德任毗贊、佐理陰陽者，處欽賢之館；其有才堪九列、將軍二千石者，居翹材之館；其有一介之善、一方之藝，居接士之館」。姚鼐曰：此閤是小門，不以賢者爲吏屬，別開門延之。若後漢汝南太守韓崇，召蔡順爲東閤祭酒。其後魏晉至梁陳，稱東閤祭酒者甚多，此則正是參佐耳。又有西閤祭酒，如孔琳之爲桓玄太尉西閤祭酒是也。蓋公府及州郡，皆得作閤室以居參佐，故有東、西之稱，與平津東閤自別。而書籍字形，往往舛互，當各隨義正之。先謙曰：官本「閤」作「閣」。

〔三〕師古曰：才脱粟而已，不精鑿也。脱音他活反。【補注】李楨曰：説文「糲米一斛舂九斗曰糳」。廣韻「糳，精細也」，不當作「鑿」。先謙曰：官本作「糳」。

〔四〕師古曰：故人，平生故交也。仰音牛向反。【補注】沈欽韓曰：西京雜記「弘起家徒步爲丞相，故人高賀從之。弘食以脱粟飯，覆以布被。賀怨曰：『何用故人富貴爲！脱粟布被，我自有之。』弘大慙。賀告人曰：『公孫弘内服貂蟬，按，貂蟬非内服，弘亦不爲侍中，蓋蟬字有誤。外衣麻枲，内厨五鼎，外膳一肴，豈可以示天下！』於是朝廷疑其矯焉。弘歎曰：『寧逢惡賓，不逢故人。』」

〔五〕師古曰：意忌，多所忌害也。【補注】王念孫曰：意、忌二字平列，意者，疑也，内多疑忌。故曰外寬内深。廣雅「意，疑也」。文三王傳顔注「意，疑也」。陳平、張湯二傳並同此文。

〔六〕【補注】宋祁曰：南本「常」作「嘗」。

〔七〕【補注】先謙曰：史記「過」作「禍」。

後淮南、衡山謀反，治黨與方急，弘病甚，自以爲無功而封侯，居宰相位，宜佐明主塡撫國家，〔一〕使人由臣子之道。〔二〕今諸侯有畔逆之計，此大臣奉職不稱也。〔三〕恐病死無以塞責，〔四〕乃上書曰：「臣聞天下通道五，所以行之者三。君臣、父子、夫婦、長幼、朋友之交，五者天下之通道也；仁、知、勇三者，所以行之也。故曰『好問近乎知，〔五〕力行近乎仁，〔六〕知恥近乎勇』。〔七〕知此三者，知所以自治，知所以自治，然後知所以治人』。〔八〕未有不能自治而能治人者也。陛下躬孝弟，監三王，建周道，兼文武，招倈四方之士，任賢序位，量能授官，將以厲百姓、勸賢材也。今臣愚駑，無汗馬之勞，〔九〕陛下過意擢臣弘卒伍之中，〔一〇〕封爲列侯，致位三公。臣弘行能不足以稱，〔一一〕加有負薪之疾，恐先狗馬塡溝壑，終無以報德塞責。願歸侯，乞骸骨，避賢者路。」〔一二〕上報曰：「古者賞有功，褒有德，守成文，〔一三〕遭遇右武，〔一四〕未有易此者也。〔一五〕朕夙夜庶幾，獲承至尊，懼不能寧，惟所與共爲治者，君宜知之。〔一六〕蓋君子善善及後世，若茲行，常在朕躬。〔一七〕君不幸罹霜露之疾，何恙不已，〔一八〕乃上書歸侯，乞骸骨，是章朕之不德也。〔一九〕今事少閒，〔二〇〕君其存精神，止念慮，輔助醫藥以自持。」因賜告牛酒雜帛。〔二一〕居數月，有瘳，視事。

〔一〕師古曰：塡音竹刃反。

〔二〕師古曰：由，從也。

〔三〕師古曰：稱，副也。
〔四〕師古曰：塞，當也。【補注】先謙曰：塞，答也。
〔五〕師古曰：疑則問之，故成其智。
〔六〕師古曰：屈己濟物，故爲仁也。
〔七〕師古曰：不求苟得，故爲勇也。
〔八〕師古曰：自「好問近乎智」以下，皆禮記中庸之辭。
〔九〕師古曰：言未嘗從軍旅。
〔一〇〕師古曰：過猶誤也。【補注】周壽昌曰：過意，猶言過垂恩意。先謙曰：官本「下」字不重，是。史記不重。
〔一一〕師古曰：不副其任也。
〔一二〕【補注】何焯曰：淮南輕弘，至有發蒙振落之語。當日治其獄，無有不聞於上者。皇恐避位，蓋亦非得已也。
〔一三〕【補注】錢大昭曰：「成」下脱「上」字。南監本、閩本皆有。先謙曰：官本有「上」字。据下注，顔本有「上」字。史記亦作「尚文」。
〔一四〕師古曰：右亦上也，禍亂時則上武耳。【補注】先謙曰：「遇」官本作「禍」。据顔注，亦當是「禍」字。史記作「遭遇」。索隱引顔云「言遭遇亂時而上武也」，又與此注異。疑「遇」字篆文與「禍」相涉，因譌禍爲遇耳。
〔一五〕師古曰：易，改也。
〔一六〕師古曰：惟，思也。知謂知治道也。【補注】先謙曰：知謂知朕意也。
〔一七〕師古曰：朕常思此，不息於心也。【補注】先謙曰：史記作「蓋君子善善惡惡，君宜知之，君若謹行，常在朕躬」。郭嵩燾云：此答其歸侯之意。善善及後世，謂世傳國爲侯。行者，所以行賞也。武帝自言身任賞罰之權。與史記文義各别，而漢書爲勝。

〔二八〕師古曰：罹，遭也。恙，憂也。已，止也。言何憂於疾不止也。禮記曰「疾止復初也」。【補注】先謙曰：集解引漢書音義曰：「何恙，喻小疾不以時愈。」索隱：「恙，憂也。以言罹霜露寒涼之疾輕，何憂於病不止？」

〔二九〕師古曰：章，明也。

〔三〇〕師古曰：閒言有空隙也。閒讀曰閑。

〔三一〕【補注】郭嵩燾曰：後漢陳忠傳注「古者(召)〔名〕吏休假曰告」。汲黯傳「黯多病，上常賜告者數」。此連牛酒雜帛爲文，謂因賜告，兼賜牛酒雜帛也。

凡爲丞相御史六歲，年八十，終丞相位。〔一〕其後李蔡、嚴青翟、趙周、石慶、公孫賀、劉屈氂繼踵爲丞相。〔二〕自蔡至慶，丞相府客館丘虛而已，〔三〕至賀、屈氂，時壞以爲馬廄、車庫、奴婢室矣。〔四〕唯慶以惇謹，復終相位，〔五〕其餘盡伏誅云。

〔一〕【補注】先謙曰：陳鵬年云，按史記，弘以建元元年徵爲博士，罷歸，年六十。至元光五年，凡十一年，年七十一，是年即以博士爲左內史。元朔三年爲御史大夫，年七十五。五年爲丞相，年七十七。元狩二年三月薨。在相位二年餘，年八十。

〔二〕師古曰：繼踵，言相躡也。屈音丘勿反，又鉅勿反。氂音力之反。

〔三〕師古曰：言不能進賢，故不繕修其室屋也。虛讀曰墟。【補注】郭嵩燾曰：息夫躬傳「寄居丘亭」。師古曰「丘，空也」。當時或名空虛爲丘虛。依師古前注，則此不當讀虛爲墟。

〔四〕【補注】先謙曰：說文「庫，兵車藏也。从車在广下」。

〔五〕師古曰：惇，厚也，音敦。

弘子度嗣侯，爲山陽太守十餘歲，詔徵鉅野令史成詣公車，度留不遣，坐論爲城旦。元始中，修功臣後，下詔曰：「漢興以來，股肱在位，身行儉約，輕財重義，未有若公孫弘者也。位在宰相封侯，而爲布被脱粟之飯，奉禄以給故人賓客，無有所餘，可謂減於制度，〔一〕而率下篤俗者也，〔二〕與内富厚而外爲詭服以釣虚譽者殊科。〔三〕夫表德章義，所以率世厲俗，聖王之制也。其賜弘後子孫之次見爲適者，〔四〕爵關内侯，食邑三百户。」〔五〕

〔一〕應劭曰：禮貴有常尊，衣服有品。【補注】先謙曰：官本注併入「而率下篤俗者也」下。
〔二〕師古曰：篤，厚也。
〔三〕師古曰：詭，違也。詭服，謂與心志相違也。一曰，違衆之服也。【補注】先謙曰：「富厚」，官本作「厚富」。
〔四〕師古曰：見音胡電反。適讀曰嫡。【補注】先謙曰：次謂世次。
〔五〕【補注】何焯曰：此莽借弘以自褒大耳，史家不探其隱而録之。

卜式，河南人也。以田畜爲事。有少弟，弟壯，式脱身出，〔一〕獨取畜羊百餘，田宅財物盡與弟。式入山牧，十餘年，羊致千餘頭，買田宅。而弟盡破其産，式輒復分與弟者數矣。〔二〕

〔一〕師古曰：脱身謂引身出也。脱音他活反。【補注】先謙曰：官本「他」作「徒」。
〔二〕師古曰：數音所角反。

時漢方事匈奴，式上書，願輸家財半助邊。上使使問式：「欲爲官乎？」式曰：「自少牧羊，〔一〕不習仕宦，不願也。」使者曰：「家豈有冤，欲言事乎？」式曰：「臣生與人亡所爭，邑人貧者貸之，〔二〕不善者教之，所居，人皆從式，式何故見冤！」使者曰：「苟子何欲？」〔三〕式曰：「天子誅匈奴，愚以爲賢者宜死節，有財者宜輸之，如此而匈奴可滅也。」使者以聞。上以語丞相弘。弘曰：「此非人情。不軌之臣〔四〕不可以爲化而亂法，願陛下勿許。」上不報，〔五〕數歲乃罷式，式歸，復田牧。

〔一〕【補注】先謙曰：官本「少」作「小」。

〔二〕師古曰：貸音土戴反。

〔三〕師古曰：言子苟如此輸財，必有所欲。【補注】齊召南曰：按平準書作「苟如此，子何欲而然」。此傳節去數字，意似不了。又按卜式始末本無足稱，班氏但節取平準書中數段爲傳，與食貨志複矣。且贊語以式質直配汲黯，尤覺不倫。

〔四〕師古曰：軌亦法也。

〔五〕【補注】先謙曰：史記作「於是上久不報式」。但云不報，則疑爲不報弘言矣。「式」字似當有。

歲餘，會渾邪等降，縣官費衆，倉府空，〔一〕貧民大徙，皆卬給縣官，〔二〕無以盡贍。式復持錢二十萬與河南太守，以給徙民。河南上富人助貧民者，〔三〕上識式姓名，曰：「是固前欲輸其家半財助邊。」乃賜式外繇四百人，〔四〕式又盡復與官。是時富豪皆爭匿財，〔五〕唯式尤欲助

費。上於是以式終長者，乃召拜式爲中郎，賜爵左庶長，〔六〕田十頃，布告天下，尊顯以風百姓。〔七〕

〔一〕師古曰：倉，粟所積也。府，錢所聚也。

〔二〕師古曰：卬音牛向反。

〔三〕【補注】周壽昌曰：史記「助」下有「籍」字。式姓名在載籍中也，若無「籍」字，則所上者何物乎？

〔四〕蘇林曰：外繇謂戍邊也。一人出三百錢，謂之過更。式歲得十二萬錢也。一說，在繇役之外，得復除四百人也。師古曰：一說是。【補注】郭嵩燾曰：漢律，踐更、過更，謂之繇戍，出錢給代更者，皆官主之，故名更賦。外繇正謂出繇戍錢者。下云「式又盡復與官」，是所賜者四百人更賦錢，又復納之官，非復除至四百人也。疑古無除其家至四百人之例，一說誤。

〔五〕師古曰：匿，藏也。

〔六〕師古曰：第十爵。

〔七〕師古曰：風讀曰諷。

初式不願爲郎，上曰：「吾有羊在上林中，欲令子牧之。」式既爲郎，布衣屮蹻而牧羊。〔一〕歲餘，羊肥息。〔二〕上過其羊所，善之。式曰：「非獨羊也，治民亦猶是矣。以時起居，惡者輒去，〔三〕毋令敗羣。」〔四〕上奇其言，欲試使治民。拜式緱氏令，緱氏便之。遷成皋令，將漕最。〔五〕上以式朴忠，〔六〕拜爲齊王太傅，轉爲相。

〔一〕師古曰：蹻，即今之鞋也，南方謂之蹻。字本作屩，並音居略反。【補注】先謙曰：官本正文「屮」作「草」。注作

「蹻，即今草屨也」。引宋祁曰：注文「今草屨也」。景本作「今之鞋也」。

〔二〕師古曰：息，生也。言羊既肥而又生多也。

〔三〕師古曰：去，除也，音兵呂反。【補注】先謙曰：官本作「邱巨反」。公孫弘傳「義之所去也」下，顏音「丘呂反」。丘與邱同，兵乃丘之誤文。丘、去雙聲，兵、去非雙聲也。呂與巨形涉，遂誤爲巨。

〔四〕【補注】沈欽韓曰：齊民要術「羊有疥者，間別之。不別相染汙，或能合羣致死」。

〔五〕師古曰：爲縣令而又使令領漕，其課最上。【補注】先謙曰：官本注無下「令」字。

〔六〕師古曰：朴，質也。

會呂嘉反，式上書曰：「臣聞主媿臣死。羣臣宜盡死節，其駑下者宜出財以佐軍，如是則强國不犯之道也。〔一〕臣願與子男〔二〕及臨菑習弩、博昌習船者請行死之，以盡臣節。」〔三〕上賢之，下詔曰：「朕聞報德以德，報怨以直。〔四〕今天下不幸有事，郡縣諸侯未有奮繇直道者也。〔五〕齊相雅行躬耕，〔六〕隨牧蓄番，輒分昆弟，更造，〔七〕不爲利惑。〔八〕日者北邊有興，〔九〕上書助官。往年西河歲惡，率齊人入粟。〔一〇〕今又首奮，〔一一〕雖未戰，可謂義形於内矣。〔一二〕其賜式爵關内侯，黄金四百斤，田十頃，布告天下，使明知之。」〔一三〕

〔一〕師古曰：國家威强而不見侵犯。

〔二〕師古曰：子男，自謂其子也。

〔三〕師古曰：從軍而致死。【補注】錢大昭曰：時式爲齊相，故即舉齊地言之。沈欽韓曰：齊書高帝紀「楊運長領三齊射手七百人，引强命中」。新唐書杜牧傳「今若以青州弩手五千」。則臨菑習弩，古今所同。先謙曰：

博昌，千乘縣。

〔四〕師古曰：論語稱孔子「以直報怨，以德報德」，故詔引之。【補注】先謙曰：官本注「孔子」下有「曰」字，是。引宋祁曰：注文南本作「孔子之言曰」。

〔五〕孟康曰：未有奮迅樂出身勞於繇役者也。臣瓚曰：言未有奮厲於正直之道也。師古曰：二說皆非也。奮，憤激也。繇讀與由同。由，從也。直道，謂報怨以直，征南越也。言無欲奮厲而從於報怨之道也。

〔六〕臣瓚曰：雅，素也。言卜式躬耕於野，不要名利。晉灼曰：雅，正也。師古曰：晉說是也。言其行雅正，又躬耕也。【補注】先謙曰：余謂瓚說是。官本無「晉說是也」四字。

〔七〕師古曰：言蓄牧滋多，則與昆弟，而更自營爲也。番音扶元反。【補注】先謙曰：官本「蓄」作「畜」，注同。「番」作「蕃」，竝是。惟注文「音」上作「番」，與此同，「言」下多一「其」字。

〔八〕師古曰：言不惑於利。【補注】宋祁曰：「惑」一作「或」，注同。王念孫曰：惑字本作「或」，故師古曰言不惑於利。若作惑，則不煩訓釋矣。先謙曰：本書「惑」多作「或」。

〔九〕師古曰：日者，往日也。興謂發軍。

〔一〇〕師古曰：歲惡，猶凶歲也。禮記曰「歲凶，年穀不登」。

〔一一〕師古曰：爲首而奮厲，願從軍也。

〔一二〕師古曰：形，見也。

〔一三〕【補注】先謙曰：官本作「黄金四十斤」。以理度之，十字是也。史記作「金六十斤」，又詔文與此多不同。

元鼎中，徵式代石慶爲御史大夫。式既在位，言郡國不便鹽鐵，而船有算，可罷。上由是不說式。〔一〕明年當封禪，式又不習文章，〔二〕貶秩爲太子太傅，以兒寬代之。式以壽終。

〔一〕師古曰：説讀曰悦。

〔二〕【補注】何焯曰：文章，謂文物典章，稽古以立文垂訓者也。

兒寬，千乘人也。〔一〕治尚書，事歐陽生。以郡國選詣博士，〔二〕受業孔安國。貧無資用，嘗爲弟子都養。〔三〕時行賃作，〔四〕帶經而鉏，休息輒讀誦，其精如此。以射策爲掌故，〔五〕功次，補廷尉文學卒史。〔六〕

〔一〕師古曰：千乘郡千乘縣也。兒音五奚反。

〔二〕【補注】王念孫曰：千乘，郡名，非國名。「國」字蓋後人所加。文選兩都賦序注引此，作「以郡選詣博士」。史記儒林傳「兒寬以文學應郡舉，詣博士，受業郡下」。皆無國字。

〔三〕師古曰：都，凡衆也。養，主給亨炊者也。貧無資用，故供諸弟子亨炊也。養音弋向反。【補注】沈欽韓曰：論衡骨相篇：「韓太傅爲諸生時，借相工五千錢，與之俱入辟雍中，相辟雍弟子按武帝時無辟雍，此文記引古之謬。誰當貴者。相工指兒寬曰：『彼生當貴，秩至三公。』韓生謝遺相工，通刺兒寬，結膠漆之契，從舍從寬，深自附納。寬病，韓生養視如僕狀，恩深踰於骨肉。寬至御史大夫，州郡承旨召請，舉在本朝，遂至太傅。」

〔四〕【補注】先謙曰：賃作，爲人庸也。司馬相如傳顔注「庸，即謂賃作者」。

〔五〕【補注】周壽昌曰：掌故屬太常，主故事。

〔六〕蘇林曰：秩六百石，舊郡亦有也。臣瓚曰：漢注，卒史秩百石。師古曰：瓚説是也。【補注】郭嵩燾曰：此廷尉官屬，不與郡卒史同。文學卒史主行文書。下云「除爲從史」，後又以爲「奏讞掾」，似卒史有員額，從史無員額，其秩又在掾下。廷尉左右平秩六百石，掾史之屬，自當下之，故知蘇説非也。

寬爲人温良，有廉知自將，〔一〕善屬文，〔二〕然懦於武〔三〕，口弗能發明也。時張湯爲廷尉，廷尉府盡用文史法律之吏，〔四〕而寬以儒生在其閒，見謂不習事，不署曹，〔五〕除爲從史，〔六〕之北地視畜數年。〔七〕還至府，上畜簿，〔八〕會廷尉時有疑奏，已再見卻矣，〔九〕掾史莫知所爲。寬爲言其意，掾史因使寬爲奏。奏成，讀之皆服，〔一〇〕以白廷尉湯。湯大驚，召寬與語，乃奇其材，以爲掾。上寬所作奏，即時得可。異日，湯見上。問曰：「前奏非俗吏所及，誰爲之者？」湯言兒寬。上曰：「吾固聞之久矣。」湯由是鄉學，〔一一〕以寬爲奏讞掾，以古法義決疑獄，甚重之。及湯爲御史大夫，以寬爲掾，舉侍御史。見上，語經學。上説之，〔一二〕從問尚書一篇。〔一三〕擢爲中大夫，遷左内史。〔一四〕

〔一〕師古曰：將，衞也，以智自衞護也。
〔二〕師古曰：屬，綴也，音之欲反。
〔三〕師古曰：懦，柔也，音乃唤反，又音儒。
〔四〕師古曰：史謂善史書者。
〔五〕張晏曰：不署爲列曹也。師古曰：署，表也，置也。凡言署官，表其秩位，置立爲之也。
〔六〕師古曰：從史者，但只隨官僚，不主文書。
〔七〕師古曰：之，往也。畜謂廷尉之畜在北地者，若今諸司公廨牛羊。
〔八〕師古曰：簿謂文計也。
〔九〕師古曰：卻，退也。

〔一〇〕【補注】宋祁曰：越本無「一」「奏」字。先謙曰：「一」當爲「下」。
〔一一〕師古曰：鄉讀曰嚮。
〔一二〕師古曰：說讀曰悅。
〔一三〕【補注】朱一新曰：事詳儒林傳。
〔一四〕【補注】先謙曰：表在元鼎四年。

寬既治民，勸農業，緩刑罰，理獄訟，卑體下士，務在於得人心；〔一〕擇用仁厚士，推情與下，〔二〕不求名聲，吏民大信愛之。寬表奏開六輔渠，〔三〕定水令以廣溉田。〔四〕收租稅，時裁闊狹，與民相假貸，〔五〕以故租多不入。後有軍發，左內史以負租課殿，當免。民聞當免，皆恐失之，大家牛車，小家擔負，輸租繦屬不絕，〔六〕課更以最。上由此愈奇寬。

〔一〕師古曰：下音胡稼反。
〔二〕【補注】先謙曰：與，猶接待也。
〔三〕韋昭曰：六輔，謂京兆、馮翊、扶風、河東、河南、河內也。劉德曰：於六輔界中爲渠也。師古曰：二說皆非也。溝洫志云「兒寬爲左內史，奏請穿六輔渠以益溉鄭國旁高卬之田」。此則於鄭國渠上流南岸，更開六道小渠，以輔助溉灌耳。今雍州雲陽、三原兩縣界，此渠尚存，鄉人名曰六渠，亦號輔渠。故河渠書云「關內則輔渠、靈軹」是也。焉說三河之地哉？
〔四〕師古曰：爲用水之次具立法，令皆得其所也。【補注】宋祁曰：注「令皆」下，當添「使」字。何焯曰：召信臣爲民作均水約束，本之此也。
〔五〕師古曰：謂有貧弱及農要之時，不即徵收也。貸音土代反。【補注】先謙曰：裁，審度也。闊，謂寬裕。狹，謂窘迫。

〔六〕師古曰：繦，索也。言輸者接連，不絕於道，若繩索之相屬也，猶今言續索矣。屬音之欲反。【補注】沈欽韓曰：苞氏論語注「負者以器」。皇疏「以竹爲之」，或云「以布爲之」。今蠻夷猶以布帊裹兒，負之背也。此繦屬即上擔負者，師古妄謂繩索相屬。先謙曰：輸租繦屬不絕，承上牛車擔負言，故顏以爲取譬是也。沈云，即上擔負者繦屬，但言負，亦不言擔也。説文「繦」下云「捔類也」，「襁」下云「負兒衣」。本不相涉，後混爲一，故注家多互訓。呂覽明理篇、直諫篇、本書宣紀、後漢清河孝王慶傳注，並可證。宣紀李奇注「襁，絡也，以繒布爲之，絡負小兒」。匡謬正俗云「繦負，謂以繩絡而負之」。與此注意同。顏本不誤。俗書繦爲鏹，故文選蜀都賦「藏鏹巨萬」，劉注訓鏹爲錢貫也。

及議欲放古巡狩封禪之事，〔一〕諸儒對者五十餘人，未能有所定。先是司馬相如病死，有遺書，頌功德，言符瑞，足以封泰山。上奇其書，以問寬，寬對曰：「陛下躬發聖德，統楫羣元，〔二〕宗祀天地，薦禮百神，精神所鄉，徵兆必報，〔三〕天地並應，符瑞昭明。其封泰山，禪梁父，昭姓考瑞，帝王之盛節也。然享薦之義，不著于經，〔四〕以爲封禪告成，合祛於天地神祇，〔五〕祇戒精專以接神明。總百官之職，各稱事宜而爲之節文。〔六〕唯聖主所由，〔七〕制定其當，〔八〕非羣臣之所能列。今將舉大事，優游數年，〔九〕使羣臣得人自盡，終莫能成。〔一〇〕唯天子建中和之極，兼總條貫，〔一一〕金聲而玉振之，〔一二〕以順成天慶，垂萬世之基。」上然之，乃自制儀，采儒術以文焉。既成，將用事，拜寬爲御史大夫，從東封泰山，還登明堂。寬上壽曰：「臣聞三代改制，屬象相因。〔一三〕間者聖統廢絕，〔一四〕陛下發憤，合指天地，祖立明堂辟雍，〔一五〕宗祀泰一，〔一六〕六律五聲，〔一七〕幽贊聖意，〔一八〕神樂四合，各有方象，〔一九〕以丞嘉祀，爲萬世則，〔二〇〕天下幸甚。將建大元本瑞，登告岱宗，發祉闓門，以候景至。癸亥宗祀，日宣重光，上元甲子，肅邕永亨。〔二一〕光輝充塞，天文粲然，〔二二〕充象日昭，報降符應。〔二三〕臣奉觴再拜，上千萬歲壽。」〔二四〕制曰：「敬舉君之觴。」

〔一〕師古曰：放，依也，音甫往反。

〔二〕張晏曰：統，察。楫，聚也。如淳曰：曆數之元也。臣瓚曰：統，猶總覽也。楫，當作輯。師古曰：輯、楫與集三字並同。虞書曰「楫五瑞」是也。其字從木。瓚曰當爲輯，不通。【補注】齊召南曰：按師古解輯、楫與集三字並同，是也。但虞書作「輯五瑞」，其字從車，未知師古所据何本。錢大昕曰：楫當爲揖，虞書「輯五瑞」，史記本作「揖」。秦始皇紀「摶心揖志」，亦與輯義同。小顏既知楫、輯、集三字相同，何又詆瓚説爲不通邪？且虞書輯字，亦不從木，注文當有踳誤。朱一新曰：顏云，瓚説不通者，謂輯、楫本同字，不煩改讀。瓚乃謂楫當爲輯，是未明同字之義爲不通也。

〔三〕師古曰：鄉讀曰嚮。徵，證也。

〔四〕師古曰：封禪之享薦也，以非常禮，故經無其文。著音竹筋反。

〔五〕李奇曰：祛，開散。合，閉也。開閉於天地也。【補注】宋祁曰：「散」字下當添「也」字。先謙曰：李訓祛爲開義，本廣雅，然於文爲不辭。文選舞賦注、後漢班彪傳注並云「祛，舉也」。是祛有舉義，宗祀天地，薦禮百神，是爲合舉於天地神祇也。

〔六〕師古曰：稱，副也。

〔七〕【補注】先謙曰：由，從也。

〔八〕師古曰：當，猶中也。

〔九〕師古曰：言不決也。

〔一〇〕師古曰：所言不同，各有執見也。

〔一一〕師古曰：極，正也。周禮曰「以爲人極」也。

〔一二〕師古曰：言振揚德音，如金玉之聲也。

〔一三〕李奇曰：政教之法象相因屬也。師古曰：屬，連也，音之欲反。

〔一四〕師古曰：聖統，聖人之遺業，謂禮文也。

〔一五〕師古曰：祖，始也。

〔一六〕師古曰：宗，尊也。【補注】先謙曰：官本「泰一」作「泰山」。

〔一七〕師古曰：六律，謂黄鍾、太蔟、姑洗、蕤賓、夷則、無射也。五聲，宫、商、角、徵、羽也。

〔一八〕師古曰：幽，深也。贊，明也。

〔一九〕如淳曰：四方色及五神祭祀，聲樂各有等。

〔二〇〕師古曰：則，法也。【補注】先謙曰：「丞」同「承」。孝經注「前疑後丞」。釋文本亦作「承」。公卿表應劭注「丞者，承也」。

〔二一〕李奇曰：太平之世，日抱重光，謂日有重日也。蘇林曰：將，甫始之辭也。太元，太初曆也。本瑞，謂白麟、寶鼎之屬也。以候景至，冬至之景也。上元甲子，太初元年甲子朔旦冬至也。師古曰：宗，尊也。肅，敬也。雍，和也。既敬且和，則長爲天所亨也。闓讀與開同。【補注】李楨曰：武紀是歲登封在夏四月，距冬至尚遠，蘇説非也。景，謂景象。武紀云「遭天地况施，著見景象」。帝意封禪，必有光應，是以開門候之。「癸亥宗祀」，即上云「宗祀天地」也。甲子爲癸亥明日，上元即指甲子，爲六十日之元。「肅雍永亨」，即上云「薦禮百神」也。爾雅「永，遐也，遠也」。遐遠有偏及之象，猶虞書言「偏於羣神」也。李慈銘曰：「亨」當作「享」。古亨、享字通，然説文無

「亨」字。先謙曰：注「謂日」下當有「下」字。「太元」，官本作「大元」，是。郊祀志「有司言，元宜以天瑞」，謂以本瑞改建元年，是歲以封禪改元，元封亦其義也。時尚未改，故言將建大元，不指太初曆。本瑞亦不追指白麟之屬。公卿表，寬以元封元年爲御史大夫，從封泰山，即在是歲。而改定太初曆在後，本傳詳之。上元甲子，不應豫指大初元年事也。「亨」，官本作「享」。

〔一二〕師古曰：塞，滿也。粲然，明貌。【補注】先謙曰：郊祀志云「其夜若有光。晝有白雲出封中」。

〔一三〕師古曰：言大顯示景象，日日昭明也。降下符應，以報德化。【補注】先謙曰：官本正文「充」作「見」。注「大」作「天」，是。上「日」作「白」。

〔一四〕【補注】先謙曰：官本「臣」下有「寬」字。

後太史令司馬遷等言：「曆紀壞廢，漢興未改正朔，宜可正。」上乃詔寬與遷等共定漢太初曆。語在律曆志。

初，梁相褚大通五經，爲博士，時寬爲弟子。及御史大夫缺，徵褚大，大自以爲得御史大夫。〔一〕至洛陽，聞兒寬爲之，褚大笑。及至，與寬議封禪於上前，大不能及，退而服曰：「上誠知人。」寬爲御史大夫，以稱意任職，故久無有所匡諫於上，官屬易之。〔二〕居位九歲，以官卒。〔三〕

〔一〕【補注】先謙曰：「自」上「大」字，官本作「夫」，引宋祁曰：「褚大」下「夫」字，當作「大」。「爲」下，官本脱「得」字。

〔二〕師古曰：易，輕也，音弋鼓反。【補注】周壽昌曰：案武帝時，寬有重罪繫，以按道侯韓説諫而免。見劉向傳。又向云「御史大夫未有及寬者也」。前事，此傳未載，後説與此云「官屬易之」之語不合。錢大昭曰：向傳所云，當即前以負租課殿當免事。寬之咎不止於免官，「免」疑「死」字形近而譌。先謙曰：負租課罪，未必至死。据公卿表，寬爲左内史，後未嘗解官，則有重罪繫，非此時事。錢改文就已說，未可從。且說以元封元年封按道侯，寬時已爲御史大夫，則罪繫或是居位九歲中事耳。稱意，謂稱上意。官本注「鼓」作「豉」，是。廣韻、集韻並云「以豉切」，與此同。

〔三〕【補注】先謙曰：表作「八年卒」。案太初三年正月，延廣爲御史大夫，則八年是也。武紀書寬卒於太初二年十二月。尤居位八年之塙證。

贊曰：公孫弘、卜式、兒寬皆以鴻漸之翼，困於燕爵，〔一〕遠迹羊豕之閒，〔二〕非遇其時，焉能致此位乎？〔三〕是時，漢興六十餘載，海内艾安，〔四〕府庫充實，而四夷未賓，制度多闕。上方欲用文武，求之如弗及，〔五〕始以蒲輪迎枚生，見主父而歎息。〔六〕羣士慕嚮，異人並出。卜式拔於芻牧，〔七〕弘羊擢於賈豎，衛青奮於奴僕，日磾出於降虜，斯亦曩時版築、飯牛之明已。〔八〕漢之得人，於茲爲盛，儒雅則公孫弘、董仲舒、兒寬，篤行則石建、石慶，質直則汲黯、卜式，推賢則韓安國、鄭當時，定令則趙禹、張湯，〔九〕文章則司馬遷、相如，滑稽則東方朔、枚皋，〔一〇〕應對則嚴助、朱買臣，曆數則唐都、洛下閎，〔一一〕協律則李延年，運籌則桑弘羊，奉使則張騫、蘇武，將率則衛青、霍去病，受遺則霍光、金日磾，其餘不可勝紀。〔一二〕是以興造功業，制度遺文，後世莫及。孝宣承統，纂修洪業，亦講論六蓺，招選茂異，而蕭望之、梁丘賀、夏侯勝、韋玄成、嚴彭祖、尹更始以儒術進，劉向、王褒以文章顯，將相則張安世、趙充國、魏相、丙吉、于定國、杜延年，治民則黄霸、王成、龔遂、鄭弘、召信臣、〔一三〕韓延壽、尹翁歸、趙廣漢、嚴延年、張敞之屬，〔一四〕皆有功迹見述於世。參其名臣，亦其次也。〔一五〕

〔一〕李奇曰：漸，進也。鴻一舉而進千里者，羽翼之材也。弘等皆以大材，初爲俗所薄，若燕爵不知鴻志也。師古曰：易漸卦上九爻辭曰「鴻漸于陸，其羽可以爲儀」。鴻，大鳥也。漸，進也。高平曰陸。言鴻進於陸，以其羽翼爲威儀也。喻弘等皆有鴻之羽儀，未進之時，燕爵所輕也。

〔二〕師古曰：遠竄其迹也。

〔三〕師古曰：焉，於曰也。【補注】先謙曰：官本「曰」作「何」，是。

〔四〕師古曰：艾讀曰乂。

〔五〕師古曰：恐失之。

〔六〕師古曰：謂言公皆安在？何相見之晚！

〔七〕【補注】先謙曰：史記公孫弘傳後録此贊，「拔」作「試」。

〔八〕師古曰：版築，傅説也。飯牛，甯戚也。已，語終辭也。飯音扶晚反。【補注】先謙曰：「明」，官本作「朋」，是。史贊同。

〔九〕【補注】宋祁曰：南本「令」作「律」。

〔一〇〕師古曰：滑稽，轉利之稱也。滑，亂也。稽，礙也。言其變亂無留礙也。一説，稽，考也。言可滑亂，不可考校也。滑音骨。稽音工奚反。【補注】先謙曰：史記滑稽傳索隱引崔浩云「滑音骨。滑稽，流酒器也。」史記本「骨」下脱「滑」字，今補。轉注吐酒，終日不已，言出口成章，詞不窮竭，若滑稽之吐酒。故揚雄酒賦云『鴟夷滑稽，腹大如壺，盡日盛酒，人復藉沽』是也」。顔説非。

〔一一〕【補注】先謙曰：史贊「洛」作「落」。

〔一二〕師古曰：紀，記也。

〔一三〕師古曰：召讀曰邵。

〔一四〕【補注】先謙曰：史贊無嚴延年、張敞。

〔一五〕師古曰：次於武帝時。【補注】郭嵩燾曰：疑當作「參諸名臣」。經文「其」、「諸」二字多連用，蓋一聲之疾徐。

張湯傳第二十九

張湯，杜陵人也。父爲長安丞，出，湯爲兒守舍。〔一〕還，鼠盜肉，父怒，笞湯。湯掘熏得鼠及餘肉，〔二〕劾鼠掠治，傳爰書，訊鞫論報，〔三〕并取鼠與肉，具獄磔堂下。〔四〕父見之，視文辭如老獄吏，大驚，遂使書獄。〔五〕父死後，湯爲長安吏。周陽侯爲諸卿時，〔六〕嘗繫長安，湯傾身事之。〔七〕及出爲侯，大與湯交，徧見貴人。〔八〕湯給事内史，爲甯成掾，以湯爲無害，言大府，〔九〕調茂陵尉，〔一〇〕治方中。〔一一〕

〔一〕師古曰：稱爲兒者，言其尚幼小也。

〔二〕【補注】先謙曰：史記「掘熏」作「掘窟」。

〔三〕師古曰：傳謂傳逮，若今之追逮赴對也。爰，換也，以文書代換其口辭也。訊，考問也。鞫，窮也，謂窮覈之也。論報，謂上論之而獲報也。訊音信。【補注】錢大昕曰：「傳」當作「傅」。傅音附，謂附於爰書也。顔訓爲傳逮，似非。先謙曰：各本無作「傅」者，錢説非。史記酷吏傳亦作「傳」。集解引蘇林曰「謂傳囚也。爰，易也，以此書易其辭處」。按處字疑衍。張晏曰「傳，考證驗也。爰書，自證不如此言，反受其罪，訊考三日復問之，(分)〔知〕與前辭同不也」。索隱引韋昭云「爰，換也。古者重刑，嫌有愛惡，故移換獄書，使他官考實之，故曰傳爰書也」。先謙案，蘇訓爰爲易，與韋、顔訓換同。湯爲兒戲，不必如平日有移換他官考實之事。捕得盜鼠，亦豈煩三日復問？蘇、顔説是。傳爰書者，傳因辭而著之文書。傳訓爲傳因辭，本劉説，見下。蘇、顔解爲傳囚，失之。蓋此數者，皆見之文辭，劾一也，爰書二也，論報三也，三事具而獄成矣。掠治乃有爰書，訊鞫然後論上，故下言父視其文辭也。

〔四〕師古曰：具爲治獄之文，處正其罪而磔鼠也。【補注】宋祁曰：顔解具獄，似失其意，直謂成按耳。于定國、杜緩兩傳已解。緩，延年之子。先謙曰：治獄之文，已具於上，宋説是。

〔五〕如淳曰：決獄之書，謂律令也。【補注】劉奉世曰：傳非逮也，若傳逮，則不當先言掠治矣。傳者，傳囚辭也。爰書者，蓋趙高作爰歷，教學隸書。時獄吏書體蓋用此，故從俗呼爲爰書也。以此父使之書獄，謂案牘耳，非律令也。沈欽韓曰：湯父爲長安丞，丞主獄，凡傳逮出死之事，皆令書之，非泛謂律令也。先謙曰：劉訓爰書，於義亦通，但謂父以此使之書獄，則非。湯父驚異其文辭，令書獄，使練習，非以其曉書體也。沈説近之。

〔六〕師古曰：姓趙。【補注】齊召南曰：顔注誤。恩澤侯表固有周陽侯趙兼，以淮南王舅得封，然當孝文六年，即以罪免矣。此周陽侯即田蚡弟田勝，孝武初，以皇太后弟得封。徐廣注史記是也。下文言「武安侯爲丞相，徵湯爲史」，可知湯由田氏進身，謂周陽侯姓趙，不亦誤乎？王啟原曰：田勝爲卿，百官表闕，蓋在景帝後元之末。

〔七〕【補注】先謙曰：「事之」，史記作「爲之」。

〔八〕【補注】先謙曰：周陽侯偏見湯於諸貴人也。史記「見」下有「湯」字。

〔九〕師古曰：大府，丞相府也。無害，言其最勝也。解在蕭何傳。

〔一〇〕師古曰：調，選也，選以爲此官也。調音徒釣反。

〔一一〕孟康曰：方中，陵上土作方也，湯主治之。蘇林曰：天子即位，豫作陵，諱之，故言方中，或言斥土。如淳曰：漢注陵方中用地一頃，深十二丈。師古曰：蘇説非也。古謂掘地爲阬曰方，今荆楚俗土功築作算程課者，猶以方計之，非謂避諱也。

武安侯爲丞相，〔一〕徵湯爲史，薦補侍御史。治陳皇后巫蠱獄，深竟黨與，上以爲能，遷太中大夫。與趙禹共定諸律令，務在深文，拘守職之吏。〔二〕已而禹至少府，湯爲廷尉，兩人交驩，兄事禹。〔三〕禹志在奉公孤立，而湯舞知以御人。〔四〕始爲小吏，乾没，與長安富賈田甲、魚翁叔之屬交私。〔五〕及列九卿，收接天下名士大夫，己心内雖不合，然陽浮道與之。〔六〕

〔一〕師古曰：田蚡。

〔二〕蘇林曰：拘刻於守職之吏。【補注】錢大昭曰：以循分供職者，爲拘泥也。王闓運曰：言以文法律令，拘制守職之吏，使不得出入。李楨曰：按刑法志，湯、禹條定律令，作見知故縱、監臨部主之法，緩深故之罪，急縱出之誅，所以深文拘吏者如此。先謙曰：王、李説是。

〔三〕師古曰：事之如兄。

〔四〕師古曰：舞弄其智，制御它人也。

〔五〕服虔曰：乾没，射成敗也。如淳曰：豫居物以待之，得利爲乾，失利爲没。師古曰：乾音干。【補注】沈欽韓曰：此言無所將而没取利，今猶有乾折之稱。晉潘岳母誚岳曰：「汝當知足，而乾没不已乎！」與陸沈義相類。先謙曰：正義「乾没謂無潤及之，而取他人也。或云，掙取貨利没爲己有，如水盡涸也」。諸説以沈爲長。

〔六〕師古曰：陽以道義爲交，非其中心，故云浮也。【補注】先謙曰：道，稱道也。與，許也。道與之，猶言稱許之也。顔訓道爲道義，則浮道與之爲不辭。史記作「陽浮慕之」。

是時，上方鄉文學，〔一〕湯決大獄，欲傅古義，〔二〕乃請博士弟子治尚書、春秋，補廷尉史，〔三〕平亭疑法。奏讞疑，〔四〕必奏先爲上分別其原，〔五〕上所是，受而著讞法廷尉挈令，〔六〕揚主之明。〔七〕奏事即譴，湯摧謝，〔八〕鄉上意所便，〔九〕必引正監掾史賢者，曰：「固爲臣議，如此〔一〇〕上責臣，臣弗用，愚抵此。」〔一一〕罪常釋。〔一二〕間即奏事，上善之。曰：「臣非知爲此奏，乃監掾史某所爲。」〔一三〕其欲薦吏，揚人之善、解人之過如此。〔一四〕所治即上意所欲辠，予監吏深刻者。即上意所欲釋，予監吏輕平者。〔一五〕所治即豪，必舞文巧詆，〔一六〕即下户羸弱，時口言雖文致法，上裁察。於是往往釋湯所言。〔一七〕湯至於大吏，内行修，交通賓客飲食，於故人子弟爲吏，及貧昆弟，調護之尤厚。〔一八〕其造請諸公，不避寒暑。〔一九〕是以湯雖文深意忌不專平，然得此聲譽。而深刻吏多爲爪牙用者，依於文學之士。丞相弘數稱其美。及治淮南、衡山、江都反獄，皆窮根本。嚴助、伍被，上欲釋之，湯爭曰：「伍被本造反謀，而助親幸出入禁闥，腹心之臣，乃交私諸侯，如此弗誅，後不可治。」上可論之。〔二〇〕其治獄所巧排大臣自以爲功，多此類。繇是益尊任，〔二一〕遷御史大夫。〔二二〕

〔一〕師古曰：鄉讀曰嚮。

〔二〕師古曰：傅讀曰附。

〔三〕【補注】先謙曰：用兒寬，是其一證。

〔四〕李奇曰：亭亦平也。師古曰：亭，均也，調也。言平均疑法及爲讞疑奏之。【補注】宋祁曰：浙本「疑」字下有「事」字。王念孫曰：北堂書鈔、御覽引漢書，皆有「事」字。史記、通典同。顏云，爲讞疑奏之，則所見本無「事」字。先謙曰：亭即平也，此「平」字衍文。師古所見本多「平」字，就爲之説。實則亭訓均、調，平亦均、調，並無異詁也。史記無「平」字，是。集解引李奇曰「亭，平也」。此李説多「亦」字，明師古妄加，以右己説。讞，白也，請也。

〔五〕【補注】王念孫曰：下「奏」字涉上「奏」字而衍。史記作「奏讞疑事，必豫先爲上分別其原」。則無下「奏」字明矣。舊本、北堂書鈔設官部五、陳禹謨本依俗本漢書加「奏」字。御覽職官部二十九引漢書，皆無下「奏」字。通典職官七同。奏讞，疑乃起下之詞，非承上之詞。顏連上文「平亭疑法」釋之，非也。

〔六〕韋昭曰：在板挈也。師古曰：著謂明書之也。挈，獄訟之要也。書於讞法、挈令，以爲後式也。挈音口計反。【補注】先謙曰：言上所允行者，則受而書之於板，著其上請之事爲定法，復舉此令以宣布上美。杜周傳云「後主所是，疏爲令也」。挈，舉也。史記作「絜」，借字。挈、絜古通用。周禮夏官序官挈壺氏注「挈，讀如絜髮之絜」，大學「是以君子有絜矩之道也」，注「絜，挈也」，是其證。

〔七〕師古曰：言此自天子之意，非由臣下有司。

〔八〕蘇林曰：深自挫按也。師古曰：若上有責，即摧折而謝也。【補注】郭嵩燾曰：「摧謝」二字不辭。史記作「應謝」。集解引徐廣曰「應，一作權」。是徐所見本有作「權謝」者，摧即權之壞字。

〔九〕師古曰：謂如天子責湯之指，而言其端也。鄉讀曰嚮。

〔一〇〕師古曰：如上之意。【補注】先謙曰：百官表「廷尉有正、左右監，皆秩千石」。官本無「曰」字。

〔一一〕蘇林曰：坐不用諸掾語，故至於此。【補注】劉敞曰：上責臣，「此」衍字耳，妄斷之。先謙曰：史記作「固爲臣議如上責臣」，明漢書「如」下「此」字爲衍文也。劉說「上責臣」上當有「固爲臣議如」五字，轉寫奪之。

〔一二〕臣瓚曰：謂常見原也。

〔一三〕師古曰：間謂非當朝奏者。【補注】王闓運曰：間即奏事，猶言有時奏事。先謙曰：史記「間」作「聞」，屬上爲句。集解引徐廣曰「詔，答聞也，如今制曰聞矣」。先謙〔案〕，尋上下文義連屬，不當於此處分別當朝奏與否，史記「聞」字亦未安。王説是也。

〔一四〕【補注】先謙曰：史記「解」作「蔽」。

〔一五〕【補注】劉攽曰：「吏」皆當作「史」。先謙曰：史記下兩「吏」字正作「史」。

〔一六〕師古曰：詆，誣也，音丁禮反。其下並同。【補注】先謙曰：官本無「其下並同」四字。

〔一七〕李奇曰：先見上口言之，欲與輕平，故皆見原釋也。如淳曰：雖文書按察致下户之罪，湯以先口解之矣。上以湯言，輒裁察之，輕其罪也。師古曰：李、如二説皆非也。此言下户羸弱，湯欲佐助，雖具文奏之，而又口奏，言雖律令之文合致此罪，聽上裁察，蓋爲此人希恩宥也。於是上得湯此言，往往釋其人辠，非未奏之前口豫言也。【補注】宋祁曰：注文「希」字下當添「幸」字。王闓運曰：希、冀古字通，不必添幸字。

〔一八〕師古曰：調，和適之，令得其所也。護謂保佑也。

〔一九〕師古曰：造，至詣也。請，謁問也。造音七到反。

〔二〇〕師古曰：可湯所奏而論決之。

〔二一〕師古曰：繇讀與由同。

〔二二〕【補注】先謙曰：通鑑考異云「公卿表，元狩三年三月壬辰，廷尉張湯爲御史大夫。史記將相名臣表，元狩二年御史大夫湯。按李蔡既遷，湯即應補其缺，史記表是」。

會渾邪等降漢，大興兵伐匈奴，山東水旱，貧民流徙，皆卬給縣官，〔一〕縣官空虛。湯承上指，請造白金及五銖錢，籠天下鹽鐵，〔二〕排富商大賈，出告緡令，鉏豪彊并兼之家，舞文巧詆以輔法。〔三〕湯每朝奏事，語國家用，日旰，〔四〕天子忘食。丞相取充位，〔五〕天下事皆決湯。百姓不安其生，騷動，縣官所興未獲其利，姦吏並侵漁，〔六〕於是痛繩以辠。自公卿以下至於庶人咸指湯。湯嘗病，上自至舍視，其隆貴如此。〔七〕

〔一〕師古曰：卬音牛向反。

〔二〕師古曰：籠羅其事，皆令利入官。

〔三〕師古曰：輔，助也。以巧詆助法，言不公平也。【補注】何焯曰：鹽鐵出於弘羊，告緡出於楊可，然非倚湯，不能取信於天子。以酷虐助而成之，故惡皆歸之湯。

〔四〕師古曰：旰，晚也。論事既多，至於日晚。旰音幹。【補注】劉攽曰：「日旰」當屬下句。

〔五〕師古曰：但充其位而已，無所造設也。【補注】先謙曰：集解徐廣注「時李蔡、莊青翟爲丞相」。

〔六〕師古曰：並，且也。【補注】劉奉世曰：並音步浪反，旁緣爲姦也。先謙曰：劉説是。

〔七〕【補注】宋祁曰：南本、浙本「其」字下並有「病」字。

匈奴求和親，羣臣議前，〔一〕博士狄山曰：「和親便。」上問其便，山曰：「兵，凶器，未易數動。〔二〕高帝欲伐匈奴，大困平城，乃遂結和親。孝惠、高后時，天下安樂，及文帝欲事匈奴，北邊蕭然苦兵。〔三〕孝景時，吴楚七國反，景帝往來東宫間，〔四〕天下寒心數月。〔五〕吴楚已破，竟景帝不言兵，〔六〕天下富實。今自陛下興兵擊匈奴，中國以空虚，邊大困貧。由是觀之，不如和親。」上問湯，湯曰：「此愚儒無知。」狄山曰：「臣固愚忠，若御史大夫湯，乃詐忠。湯之治淮南、江都，以深文痛詆諸侯，别疏骨肉，使藩臣不自安，臣固知湯之爲詐忠。」〔七〕於是上作色曰：「吾使生居一郡，能無使虜入盜乎？」〔八〕山曰：「不能。」曰：「居一縣？」曰：「不能。」復曰：「居一鄣間？」〔九〕山自度辯窮且下吏，〔一〇〕曰：「能。」乃遣山乘鄣。〔一一〕至月餘，匈奴斬山頭而去。是後羣臣震讋。〔一二〕

〔一〕師古曰：於上前議事。
〔二〕師古曰：言難可屢動。
〔三〕師古曰：蕭然猶騷然，擾動之貌也。【補注】先謙曰：官本無「也」字。
〔四〕師古曰：謂諮謀於太后也。
〔五〕師古曰：懼於兵難也。【補注】先謙曰：史記作「景帝往來兩宫閒，寒心者數月」。
〔六〕師古曰：訖景帝之身，更不議征伐之事。
〔七〕【補注】先謙曰：官本無「爲」字。引宋祁曰：浙本此句「詐」字上有「爲」字。
〔八〕師古曰：博士之官，故呼爲生也。
〔九〕師古曰：鄣謂塞上要險之處，别築爲城，因置吏士而爲鄣蔽以扞寇也。鄣音之向反。
〔一〇〕師古曰：度，計也。見詰自辯而辭窮，當下吏也。
〔一一〕師古曰：乘，登也，登而守之。
〔一二〕師古曰：震，動也。讋，失失氣也。讋音之涉反。【補注】先謙曰：「失」下誤重「失」字，官本不誤。

湯客田甲雖賈人，有賢操，〔一〕始湯爲小吏，與錢通，〔二〕及爲大吏，而甲所以責湯行義，有烈士之風。〔三〕湯爲御史大夫七歲，敗。

〔一〕師古曰：操謂所執持之志行也。音千到反。【補注】先謙曰：官本「音」上有「操」字。
〔二〕師古曰：爲小吏之時，與田甲爲錢財之交。
〔三〕【補注】先謙曰：官本無「以」字。

河東人李文，故嘗與湯有隙，已而爲御史中丞，薦數從中文事，有可以傷湯者，不能爲地。〔一〕湯有所愛史魯謁居，知湯弗平，使人上飛變告文姦事。〔二〕事下湯，湯治論殺文，而湯心知謁居爲之。上問：「變事從迹安起？」〔三〕湯陽驚曰：「此殆文故人怨之。」〔四〕謁居病臥閭里主人，〔五〕湯自往視病，爲謁居摩足。趙國以冶鑄爲業，王數訟鐵官事，湯常排趙王。趙王求湯陰事。謁居嘗案趙王，趙王怨之，并上書告：「湯大臣也，史謁居有病，湯至爲摩足，疑與爲大姦。」事下廷尉。謁居病死，事連其弟，弟繫導官。〔六〕湯亦治它囚導官，見謁居弟，欲陰爲之，而陽不省。〔七〕謁居弟不知而怨湯，使人上書，告湯與謁居謀，兵變李文。〔八〕事下減宣。宣嘗與湯有隙，及得此事，窮竟其事，未奏也。會人有盜發孝文園瘞錢，〔九〕丞相青翟朝，與湯約俱謝，〔一〇〕至前，〔一一〕湯念獨丞相以四時行園，當謝，〔一二〕湯無與也，不謝。〔一三〕丞相謝，上使御史案其事。湯欲致其文丞相見知，〔一四〕丞相患之。三長史皆害湯，欲陷之。〔一五〕

〔一〕服虔曰：薦，藉也。文與湯故有隙，已而爲御史中丞，藉己在內臺，中文書有可用傷湯者，因會致之，不能爲湯作道地。蘇林曰：薦，仍也。師古曰：薦、數義同，蘇説是也。數數在中，其有文書事可用傷湯者，不爲作道地也。薦音在見反。數音所角反。大雅雲漢之詩曰「饑饉薦臻」，字亦如此。【補注】劉奉世曰：薦數，猶言簡閱。數音色主反。薦如字，其訓舉，計數從中文事也。太史公作「悉數從中文書」。蓋其時，文盡閱數從中所下文書，或受詔如此，其間事有可以傷湯者，文以前隙，亦不能與之爲地。然文似本無意造事中之也。案今史記作「恚」，據劉説，則宋本「恚」或作「悉」。王闓運曰：薦，服訓藉，是。數，劉訓閱，是。言李文藉閱內中文事爲名，每欲傷湯也。先謙曰：史記「文」下有「書」字，以「事」下屬讀，是也。此删「書」字，則以「文事」上屬爲句。不能爲地，不爲湯餘地也。餘以王解爲長。

〔二〕師古曰：飛變，猶言急變也。【補注】劉奉世曰：飛變，謂如飛語，無姓名上變者。故上問從迹安起，而湯云，殆文故人也。

〔三〕師古曰：從讀曰蹤。

〔四〕師古曰：殆，近也。

〔五〕【補注】先謙曰：言於閭里主人家臥病也。

〔六〕蘇林曰：漢儀注，獄二十六所，導官無獄也。師古曰：蘇説非也。導，擇也。以主擇米，故曰導官。事見百官表。時或以諸獄皆滿，故權寄在此署繫之，非本獄所也。【補注】先謙曰：官本注文作「獄官無導也」，引宋祁曰：注文「獄官無導」，景祐本作「導官無獄」。

〔七〕師古曰：省，視也。

〔八〕【補注】先謙曰：「兵」，官本作「共」，是。史記同，下有「告」字。郭嵩燾云：變告，疑漢人常語。韓信傳云「變告」，一云「上書變告」，正言之則告變也。黥布傳云「上變事」，史記作「言變事」。上變、言變，與告變同文。此文「謀共變李文」，則不詞，「變」下當脱「告」字。

〔九〕如淳曰：瘞，埋也，埋錢於園陵以送死也。【補注】沈欽韓曰：唐書王璵傳「漢以來，喪葬皆有瘞錢，後世里俗，稍以紙寓錢爲鬼事」。清異録「葬家例用朱書鐵券，若人家契帖，標四界及主名，意謂亡者居室，號曰券臺」。朱子云「埋地券處曰券臺，上書財若干緡」。孫星衍古文苑有晉楊紹買冢地莂文云「直錢四百萬，即日交畢，日月爲證」。蓋此瘞錢埋墓四隅，傳稱盜發者，即是四隅所瘞，不在冢藏中也。

〔一〇〕師古曰：將入朝之時爲此要約。

〔一一〕師古曰：至天子之前。

〔一二〕【補注】沈欽韓曰：冊府元龜五百八十七「唐舊制，每年四季之月，嘗遣使往諸陵起居，蓋沿漢制。後改二時巡陵」。通典五十二「唐高宗以每年二時，太常卿、少卿分行二陵，事重人輕，乃詔三公行事，與漢丞相四時行園之制不異」。

〔一三〕師古曰：行音下更反。與讀曰豫。無豫謂不干其事也。

〔一四〕張晏曰：見知故縱，以其罪罪之也。

〔一五〕師古曰：百官表丞相有兩長史，今此云三者，蓋以守者，非正員也。

始，長史朱買臣素怨湯，語在其傳。王朝，齊人，以術至右内史。〔一〕邊通學短長，〔二〕剛暴人也，官至濟南相。故皆居湯右，〔三〕已而失官，守長史，詘體於湯。〔四〕湯數行丞相事，知此三長史素貴，常陵折之，故三長史合謀曰：「始湯約與君謝，已而賣君。今欲劾君以宗廟事，此欲代君耳。吾知湯陰事。」使吏捕案湯左田信等，〔五〕曰湯且欲爲請奏，〔六〕信輒先知之，居物致富，與湯分之。〔七〕及它姦事。事辭頗聞。〔八〕上問湯曰：「吾所爲，賈人輒知，益居其物，〔九〕是類有以吾謀告之者。」〔一〇〕湯不謝，又陽驚曰：「固宜有。」減宣亦奏謁居事。上以湯懷詐面欺，〔一一〕使使八輩簿責湯。〔一二〕湯具自道無此，不服。於是上使趙禹責湯。禹至，讓湯曰：〔一三〕「君何不知分也？〔一四〕君所治，夷滅者幾何人矣！〔一五〕今人言君皆有狀，〔一六〕天子重致君獄，〔一七〕欲令君自爲計，〔一八〕何多以對爲？」〔一九〕湯乃爲書謝曰：「湯無尺寸之功，起刀筆吏，陛下幸致位三公，〔二〇〕無以塞責。〔二一〕然謀陷湯者，三長史也。」遂自殺。

〔一〕【補注】錢大昕曰：公卿表作「王鼂」。鼂與朝同。司馬遷傳「朝錯」即「鼂錯」也。

〔二〕師古曰：短長術興於六國時，長短其語，隱謬用相激怒也。張晏曰：蘇秦、張儀之謀，趣彼爲短，歸此爲長，戰國策名長短術也。【補注】沈欽韓曰：劉向上戰國策云「舊號或曰短長」。鬼谷子權篇「智者不用其所短，而用愚人之所長」。唐趙蕤著長短經，命名本此。先謙曰：官本「師古」作「應劭」，是。集解引作漢書音義。此下引張晏，不當在師古後也。正文及注「短長」，史記並作「長短」。又注「長短」二字，集解作「行長入短」。

〔三〕師古曰：言舊在湯上。

〔四〕師古曰：謂拜伏也。

〔五〕李奇曰：左，證左也。師古曰：謂之左者，言除罪人正身之外，又取其左右者考問也。【補注】郭嵩燾曰：說文「𠂇，手相左也」；「右，助也」。是左、右皆相佐助之義。「左」即「佐」字。楊惲傳「左證明白」。證，驗也，謂其事有徵驗。左者，從旁佐益證成之。證以事言，左以人言，助之以實其語也。凡手之用，順者爲右，相牾者爲左。助成其罪名，使無所遯飾，是相牾也，故曰左證。顏注楊惲傳，「言當時在左右見此事者也」。與此注並據左右爲訓，誤。

〔六〕【補注】先謙曰：史記作「湯且欲奏請」。

〔七〕服虔曰：居謂儲也。

〔八〕師古曰：聞於天子也。

〔九〕師古曰：益，多也。

〔一〇〕師古曰：類，似也。

〔一一〕師古曰：對面欺誣也。

〔一二〕蘇林曰：簿音主簿之簿。簿，悉責也。師古曰：以文簿次第一一責之。

〔一三〕師古曰：讓亦責也。

〔一四〕師古曰：分音扶問反。
〔一五〕師古曰：幾音居起反。
〔一六〕【補注】宋祁曰：南本「今」字下有「之」字。
〔一七〕師古曰：重猶難也。
〔一八〕師古曰：言引決也。
〔一九〕師古曰：言何用多對。
〔二〇〕【補注】先謙曰：官本無「位」字，引宋祁曰：越本作「致位三公」。史記「位」作「爲」。
〔二一〕師古曰：塞，當也。【補注】先謙曰：塞，答也，言無以答上責望。

湯死，家產直不過五百金，皆所得奉賜，〔一〕無它赢。〔二〕昆弟諸子欲厚葬湯，湯母曰：「湯爲天子大臣，被惡言而死，〔三〕何厚葬爲！」載以牛車，有棺而無椁。〔四〕上聞之，曰：「非此母不生此子。」〔五〕乃盡按誅三長史。丞相青翟自殺。出田信。上惜湯，復稍進其子安世。

〔一〕師古曰：奉音扶用反。
〔二〕師古曰：赢，餘也。
〔三〕師古曰：被，加也，音皮義反。【補注】何焯曰：惡言，謂分田信所居物。先謙曰：被，蒙也。
〔四〕【補注】先謙曰：欲令湯貧狀上聞，冀冤得白也。
〔五〕【補注】先謙曰：美湯母之智。

安世字子孺，少以父任爲郎。用善書給事尚書，〔一〕精力於職，休沐未嘗出。上行幸河東，嘗亡書三篋，詔問莫能知，唯安世識之，〔二〕具作其事。〔三〕後購求得書，以相校無所遺失。上奇其材，擢爲尚書令，遷光禄大夫。

〔一〕師古曰：於尚書中給事也。給，供也。

〔二〕師古曰：識，記也，音式志反。

〔三〕【補注】郭嵩燾曰：續志「尚書令掌奏下尚書文書」。成帝初，置尚書四人，分四曹。武帝時，尚書未分曹，凡文書皆總理之。亡書三篋，即所下尚書文書也。具作其事，謂最舉其事，所下文書皆能最舉其事，無所遺失，不必其文皆記録也。安世因給事尚書，遂識其事，情事明顯。而顏注未詳，後人遂失其義矣。

昭帝即位，大將軍霍光秉政，以安世篤行，〔一〕光親重之。會左將軍上官桀父子及御史大夫桑弘羊皆與燕王、蓋主謀反誅，光以朝無舊臣，白用安世爲右將軍光禄勳，以自副焉。久之，天子下詔曰：「右將軍光禄勳安世輔政宿衛，肅敬不怠，十有三年，咸以康寧。夫親親任賢，唐虞之道也，其封安世爲富平侯。」

〔一〕師古曰：篤，厚也。

明年，昭帝崩，未葬，大將軍光白太后，徙安世爲車騎將軍，與共徵立昌邑王。王行淫亂，光復與安世謀廢王，尊立宣帝。帝初即位，襃賞大臣，詔曰：〔一〕「夫襃有德，賞有功，古今之通義也。車騎將軍光禄勳富平侯安世，宿衛忠正，宣德明恩，勤勞國家，守職秉義，以安宗廟，其益封萬六百户，〔二〕功次大將軍光。」安世子千秋、延壽、彭祖，皆中郎將侍中。

〔一〕【補注】先謙曰：官本「詔」上有「下」字。

〔二〕【補注】先謙曰：據表凡萬三千六百四十户，則元封三千户也。

大將軍光薨後數月，御史大夫魏相上封事曰：「聖王褒有德以懷萬方，〔一〕顯有功以勸百寮，是以朝廷尊榮，天下鄉風。〔二〕國家承祖宗之業，制諸侯之重，新失大將軍，宜宣章盛德以示天下，顯明功臣以填藩國。〔三〕毋空大位，以塞爭權，〔四〕所以安社稷絶未萌也。〔五〕車騎將軍安世事孝武皇帝三十餘年，忠信謹厚，勤勞政事，夙夜不怠，與大將軍定策，天下受其福，國家重臣也，宜尊其位，以爲大將軍，毋令領光禄勳事，使專精神，憂念天下，思惟得失。安世子延壽重厚，可以爲光禄勳，領宿衛臣。」上亦欲用之。安世聞指，懼不敢當，請閒求見，免冠頓首曰：「老臣耳妄聞，言之爲先事，不言情不達，〔六〕誠自量不足以居大位，繼大將軍後。唯天子財哀，以全老臣之命。」〔七〕上笑曰：「君言泰謙。君而不可，尚誰可者！」〔八〕安世深辭弗能得。後數日，竟拜爲大司馬車騎將軍，領尚書事。數月，罷車騎將軍屯兵，更爲衛將軍，兩宮衛尉、城門、北軍兵屬焉。

〔一〕師古曰：懷，來也。

〔二〕師古曰：鄉讀曰嚮。

〔三〕師古曰：填音竹刃反。

〔四〕師古曰：大臣位空，則起爭奪之權也。

〔五〕師古曰：未萌，謂變故未生者也。

〔六〕師古曰：事未施行而遽言之，故曰先事也。

〔七〕師古曰：財與裁同。【補注】先謙曰：財猶少也，言惟天子少哀憐之。

〔八〕師古曰：言君尚不可，誰更可也。【補注】先謙曰：官本「誰更」作「更誰」。

時霍光子禹爲右將軍，上亦以禹爲大司馬，罷其右將軍屯兵，以虚尊加之，而實奪其衆。後歲餘，禹謀反，夷宗族。安世素小心畏忌，已内憂矣。〔一〕其女孫敬爲霍氏外屬婦，〔二〕當相坐，安世瘦懼，形於顔色。〔三〕上怪而憐之，以問左右，乃赦敬，以慰其意。安世寖恐。〔四〕職典樞機，以謹慎周密自著，外内無間。〔五〕每定大政，已決，輒移病出，〔六〕聞有詔令，乃驚，使吏之丞相府問焉。自朝廷大臣莫知其與議也。〔七〕嘗有所薦，其人來謝，安世大恨，以爲舉賢達能，〔八〕豈有私謝邪？絶勿復爲通。〔九〕有郎功高不調，〔一〇〕自言，安世應曰：「君之功高，明主所知。人臣執事，何長短而自言乎！」絶不許。〔一一〕已而郎果遷。〔一二〕莫府長史遷，辭去之官，安世問以過失。〔一三〕長史曰：「將軍爲明主股肱，而士無所進，論者以爲譏。」安世曰：「明主在上，賢不肖較然，〔一四〕臣下自修而已，何知士而薦之？」其欲匿名迹遠權執如此。〔一五〕爲光禄勳，郎有醉小便殿上，主事白行法，安世曰：「何以知其不反水漿邪？〔一六〕如何以小過成罪？」郎淫官婢，婢兄自言，安世曰：「奴以恚怒，誣汙衣冠。」〔一七〕自署適奴。〔一八〕其隱人過失，皆此類也。

〔一〕師古曰：忌者，戒盈滿之禍。

〔二〕師古曰：女孫，即今所謂孫女也。

〔三〕師古曰：形，見也。

〔四〕師古曰：羃，益也。

〔五〕師古曰：著，明也。閒，隙也。

〔六〕師古曰：移病，謂移書言病也。一曰，以病而移居。【補注】先謙曰：後説非。

〔七〕師古曰：與讀曰豫。

〔八〕【補注】先謙曰：達，薦進也。

〔九〕師古曰：有欲謝者，皆不通也。一曰，告此人而絶之，更不與相見也。【補注】宋祁曰：南本、浙本並云「豈有私邪？謝絶勿復爲通」。先謙曰：「勿」官本作「弗」。顔注後説是。

〔一〇〕師古曰：調，選也，音徒釣反。

〔一一〕【補注】先謙曰：言人臣所執持，是職分之事，何所爲長短而自言功。

〔一二〕師古曰：安世外陽距之，而實令其遷。

〔一三〕師古曰：問己有何失。

〔一四〕師古曰：較，明貌。

〔一五〕師古曰：遠，離也，音于萬反。

〔一六〕師古曰：反讀曰翻。

〔一七〕【補注】王念孫曰：案此本作「郎有淫官婢」，與上「郎有醉小便殿上」，文同一例，今本脱去「有」字，則語意不完。

舊本、北堂書鈔設官部五、陳禹謨本删「有」字。初學記職官部下、御覽職官部二十七引此，皆有「有」字。通典職官七同。周壽昌曰：漢官舊儀云「給使尚書侍中，皆使官婢。宫殿中宦者署、郎署皆官奴婢。其法，給尚書郎女侍史二人，皆選端正者從直。女侍史自止車門，執香爐燒熏，從入臺，護衣」。

〔一八〕師古曰：適讀曰謫。【補注】先謙曰：官本「自」作「告」。郭嵩燾云：作「告」是也。安世以奴誣郎，告郎署，自適罰之，不加推按也。「自署」，無義。

安世自見父子尊顯，懷不自安，爲子延壽求出補吏，上以爲北地太守。歲餘，上閔安世年老，復徵延壽爲左曹太僕。〔一〕

〔一〕【補注】先謙曰：公卿表「元康元年，北海太守張延壽爲太僕，四年，病免」。此作北地，未知孰是。

初，安世兄賀幸於衛太子，太子敗，賓客皆誅，安世爲賀上書，得下蠶室。〔一〕後爲掖庭令，而宣帝以皇曾孫收養掖庭。賀内傷太子無辜，而曾孫孤幼，所以視養拊循，恩甚密焉。及曾孫壯大，賀教書，令受詩，爲取許妃，以家財聘之。曾孫數有徵怪，〔二〕語在宣紀。賀聞知，爲安世道之，稱其材美。安世輒絶止，以爲少主在上，不宜稱述曾孫。及宣帝即位，而賀已死。上謂安世曰：「掖廷令平生稱我，將軍止之，是也。」〔三〕上追思賀恩，欲封其家爲恩德侯，置守冢二百家。〔四〕賀有一子蚤死，〔五〕無子，子安世小男彭祖。〔六〕彭祖又小與上同席研書，指欲封之，〔七〕先賜爵關内侯。故安世深辭賀封，又求損守冢户數，稍減至三十户。上曰：「吾自爲掖廷令，非爲將軍也。」安世乃止，不敢復言。遂下詔曰：「其爲故掖廷令張賀置守冢三十家。」上自處置其里，〔八〕居冢西鬭雞翁舍南，上少時所嘗游處也。明年，復下詔曰：「朕微眇時，故掖廷令張賀輔道朕躬，〔九〕修文學經術，恩惠卓異，厥功茂焉。詩云：『無言不讎，無德不報。』〔一〇〕其封賀弟子侍中關内侯彭祖爲陽都侯，賜賀謚曰陽都哀侯。」〔一一〕時賀有孤孫霸，年七歲，拜爲散騎中郎將，賜爵關内侯，食邑三百户。安世以父子封侯，在位大盛，乃辭禄。〔一二〕詔都内別臧張氏無名錢以百萬數。〔一三〕

〔一〕師古曰：謂腐刑也。凡養蠶者，欲其温而早成，故爲密室蓄火以置之。而新腐刑亦有中風之患，須入密室，乃得以全，因呼爲蠶室耳。

〔二〕師古曰：徵，證也。

〔三〕【補注】先謙曰：「廷」誤，官本作「庭」。下竝同。

〔四〕師古曰：身死追封，故云封冢也。【補注】何焯曰：以封侯告墓，故曰封其冢。

〔五〕師古曰：蚤，古早字。【補注】先謙曰：官本注在「無子」下。

〔六〕師古曰：言養以爲子。【補注】先謙曰：顧炎武云「謂賀無見存之子，而以安世小男爲子也。賀早死之子別有一子，乃下文所謂孤孫霸，賀非無子也」。

〔七〕【補注】先謙曰：書指欲封之，言詔書意欲封之。

〔八〕師古曰：處，安也，音昌汝反。【補注】先謙曰：「上」下六字，與下「居冢西鬭雞翁舍南」八字爲一句，謂處置三十家於此地也。顔誤斷讀。

〔九〕師古曰：道讀曰導。

〔一〇〕師古曰：大雅抑之詩。

〔一二〕【補注】先謙曰：賀以彭祖爲子，而詔仍稱賀弟子。表稱彭祖世父賀者，不没其所生也。

〔一三〕【補注】宋祁曰：浙本作「辭禄不受」。

〔一三〕文穎曰：都内，主臧官也。張晏曰：安世以還官，官不簿也。

安世尊爲公侯，食邑萬户，然身衣弋綈，〔一〕夫人自紡績，家童七百人，皆有手技作事，内治産業，累積纖微，是以能殖其貨，〔二〕富於大將軍光。天子甚尊憚大將軍，然内親安世，心密於光焉。

〔一〕師古曰：弋，黑色也。綈，厚繒也。

〔二〕師古曰：殖，生也。

元康四年春，安世病，上疏歸侯，乞骸骨。天子報曰：「將軍年老被病，朕甚閔之。雖不能視事，折衝萬里。君先帝大臣，明於治亂，朕所不及，得數問焉，〔一〕何感而上書歸衞將軍富平侯印？〔二〕薄朕忘故，〔三〕非所望也。願將軍强餐食，近醫藥，專精神，以輔天年。」〔四〕安世復强起視事，至秋薨。〔五〕天子贈印綬，送以輕車介士，〔六〕謚曰敬侯。賜塋杜東，〔七〕將作穿復土，起家祠堂。〔八〕子延壽嗣。

〔一〕師古曰：言意所不及者，即以問君也。

〔二〕師古曰：感，恨也，音胡闇反。【補注】先謙曰：感即憾省文，見吴世家索隱、左傳釋文，皆可證，故顔釋感爲恨。

〔三〕蘇林曰：本望君重於此也。師古曰：蘇説非也。薄猶嫌也，君意嫌朕遺忘故舊，而求去也。【補注】先謙曰：言今遽求去，是待朕不厚而忘舊恩也。顔説失之。

〔四〕【補注】先謙曰：專精神，少思慮也。

〔五〕【補注】先謙曰：公卿表「八月丙寅薨」。

〔六〕師古曰：輕車，古之戰車。續漢書曰「彫朱輪輿，不巾不蓋，菑矛戟幢也麾，琕弩」。介士謂甲士也。菑，插也。琕，皮篋盛弩也。菑音側事反。琕音服。【補注】宋祁曰：注文「幢也」下，別本、浙本並無「也」字。先謙曰：官本「書」下「曰」作「云」，無「也」字，是。琕，皮篋，古以盛玉，後世乃盛弩耳。

〔七〕師古曰：塋，冢地也。【補注】沈欽韓曰：一統志「張安世墓在咸寧縣南」。寰宇記「在明德門南八里，俗呼張車騎冢」。王啟原曰：杜爲杜陵。（之）〔十〕三年安世始薨，賜塋陪陵也。史記張湯傳云杜人，本書云杜陵人，不應此獨否，疑傳寫脱一「陵」字。

〔八〕【補注】錢大昭曰：祠堂起於漢。龔勝傳「勿隨俗動吾冢，種柏作祠堂」。循吏傳「文翁終於蜀，吏民爲立祠堂。朱邑葬桐鄉西郭外，民爲起冢立祠」。後漢書馬援傳「援夫人卒，乃更修封樹，起祠堂」。潛夫論云「廬舍祠堂，崇侈上僭」。

延壽已歷位九卿，既嗣侯，國在陳留，〔一〕別邑在魏郡，〔二〕租入歲千餘萬。延壽自以身無功德，何以能久堪先人大國，數上書讓減户邑，又因弟陽都侯彭祖口陳至誠。天子以爲有讓，乃徙封平原，并一國，〔三〕户口如故，而租税減半。薨，謚曰愛侯。子勃嗣，〔四〕爲散騎諫大夫。

〔一〕【補注】錢大昭曰：陳留風俗傳云「陳留尉氏縣安陵鄉，故富平縣也」。

〔二〕【補注】錢大昭曰：魏郡之別邑當在武始縣，故安世六世孫純封武始侯。先謙曰：錢說未審，辨見下。

〔三〕【補注】先謙曰：徙封後，仍舊名，故侯表、地志，富平并屬平原。

〔四〕【補注】錢大昕曰：表作「敞」。古書「勃」爲「敎」，敎與敞字形相涉，因譌爲敞耳。

元帝初即位，詔列侯舉茂材，勃舉太官獻丞陳湯。〔一〕湯有罪，勃坐削户二百，會薨，故賜謚曰繆侯。〔二〕後湯立功西域，世以勃爲知人。子臨嗣。

〔一〕蘇林曰：獻丞，主貢獻物也。【補注】王先惠曰：湯傳作「獻食丞」。案續志，太官令有左丞、甘丞、湯官丞、果丞，本注「左丞主飲食，甘丞主膳具，湯官丞主酒，果丞主果」。此獻食丞，蓋即主飲食之左丞。太官不主貢獻物，蘇說失之。

〔二〕師古曰：以其所舉不得人，故加惡謚。謬者，妄也。【補注】先謙曰：「謬」，官本作「繆」，是。

臨亦謙儉，每登閣殿，〔一〕常歎曰：「桑、霍爲我戒，豈不厚哉！」〔二〕且死，分施宗族故舊，〔三〕薄葬不起墳。臨尚敬武公主。〔四〕薨，子放嗣。

〔一〕【補注】先謙曰：其家之閣殿也。古殿得通稱。

〔二〕師古曰：桑，桑弘羊也。霍，霍禹也。言以驕奢致禍也。

〔三〕師古曰：言將死之時，多以財分施也。

〔四〕文穎曰：成帝姊也。陳瓚曰：敬武公主是元帝姊也。師古曰：二說皆非也。薛宣傳云「主怒曰：『嫂何以取妹殺之？』」既謂元后爲嫂，是則元帝妹也。【補注】先謙曰：官本注「陳」作「臣」，是。下「姊」字作「妹」。

鴻嘉中，上欲遵武帝故事，與近臣游宴，放以公主子開敏得幸。放取皇后弟平恩侯許嘉女，上爲放供張，〔一〕賜甲第，充以乘輿服飾，號爲天子取婦，皇后嫁女。大官私官並供具第，〔二〕兩宮使者冠蓋不絶，賞賜以千萬數。放爲侍中中郎將，監平樂屯兵，置莫府，儀比將軍。與上臥起，寵愛殊絶，常從爲微行出游，北至甘泉，南至長楊、五莋，〔三〕鬭雞走馬長安中，積數年。

〔一〕師古曰：供音居用反。張音竹亮反。

〔二〕服虔曰：私官，皇后之官也。【補注】錢大昭曰：「具」，南監本、閩本作「其」。先謙曰：官本作「其」，是。

〔三〕師古曰：莋與柞同。

是時，上諸舅皆害其寵，白太后。太后以上春秋富，動作不節，甚以過放。〔一〕時數有災異，議者歸咎放等。於是丞相宣、御史大夫方進〔二〕奏：「放驕蹇縱恣，奢淫不制。前侍御史修等四人奉使至放家逐名捕賊，〔三〕時放見在，奴從者閉門設兵弩射吏，距使者不肯内。知男子李游君欲獻女，使樂府音監景武强求不得，〔四〕使奴康等之其家，賊傷三人。又以縣官事怨樂府游徼莽，〔五〕而使大奴駿等四十餘人，羣黨盛兵弩，白晝入樂府攻射官寺，縛束長吏子弟，斫破器物，宮中皆犇走伏匿。〔六〕莽自髠鉗，衣赭衣，及守令史調等皆徒跣叩頭謝放，放乃止。奴從者支屬並乘權勢爲暴虐，至求吏妻不得，殺其夫。或恚一人，妄殺其親屬，輒亡入放弟，不得，〔七〕幸得勿治。〔八〕放行輕薄，連犯大惡，有感動陰陽之咎，爲臣不忠首，〔九〕罪名雖顯，前蒙恩。〔一〇〕驕逸悖理，〔一一〕與背畔無異，臣子之惡，莫大於是，不宜宿衛在位。臣請免放歸國，以銷衆邪之萌，厭海内之心。」〔一二〕上不得已，〔一三〕左遷放爲北地都尉。數月，復徵入侍中。太后以放爲言，出放爲天水屬國都尉。永始、元延間，比年日蝕，〔一四〕故久不還放，璽書勞問不絶。居歲餘，徵放歸第視母公主疾。數月，主有瘳，出放爲河東都尉。上雖愛放，然上迫太后，下用大臣，故常涕泣而遣之。後復徵放爲侍中光禄大夫，秩中二千石。歲餘，丞相方進復奏放，上不得已，免放，賜錢五百萬，遣就國。數月，成帝崩，放思慕哭泣而死。

〔一〕師古曰：以放爲罪過。
〔二〕師古曰：薛宣、翟方進。
〔三〕劉德曰：謂詔捕罪人有名者也。
〔四〕孟康曰：音監，監主樂人也。姓景名武。
〔五〕師古曰：樂府之游徼名莽。
〔六〕師古曰：犇，古奔字。【補注】周壽昌曰：古者宫、室通訓。禮「君子將營宫室」，又「由命士以上，父子皆異宫」。此宫中即室中也，本書亦屢見。
〔七〕【補注】先謙曰：「弟」，官本作「第」，是。
〔八〕【補注】王啟原曰：幸，冀也。下吏當考實其罪，今匿不出，以冀吏之不治。此隱度負罪者之意。
〔九〕師古曰：不忠之罪放爲首。

〔一〇〕【補注】郭嵩燾曰：所奏事皆在前。前侍御史云云，與前蒙恩相應，謂連犯大惡，罪名顯著，前已蒙恩不加究治，故但請免歸國也。

〔一一〕師古曰：悖，乖也，音布内反。

〔一二〕師古曰：萌，始生者也。厭，滿也，音一豔反。【補注】先謙曰：厭，服也。

〔一三〕師古曰：已，止也。

〔一四〕師古曰：比，頻也。

初，安世長子千秋與霍光子禹俱爲中郎將，將兵隨度遼將軍范明友擊烏桓。還，謁大將軍光，問千秋戰鬬方略，山川形埶。千秋口對兵事，畫地成圖，無所忘失。光復問禹，禹不能記，曰：「皆有文書。」光由是賢千秋，以禹爲不材，歎曰：「霍氏世衰，張氏興矣！」〔一〕及禹誅滅，而安世子孫相繼，自宣、元以來爲侍中、中常侍、諸曹散騎、列校尉者凡十餘人。功臣之世，唯有金氏、張氏，親近寵貴，比於外戚。

〔一〕【補注】王念孫曰：「問」上更有一「光」字，而今本脱之，則語意不完。北堂書鈔藝文部二、御覽人事部七十三引此，皆重一「光」字。

放子純嗣侯，恭儉自修，明習漢家制度故事，有敬侯遺風。王莽時不失爵，建武中歷位至大司空，更封富平之別鄉爲武始侯。〔一〕

〔一〕【補注】錢大昭曰：別鄉，疑當作別邑。上文所謂別邑在魏郡也。武始是魏郡縣，非富平鄉。先謙曰：後書純傳云

「建武初，先來詣闕，故得復國」。又云「有司奏，列侯非宗室，不宜復國。光武曰『張純宿衞十有餘年，其勿廢』。更封武始侯，食富平之半」。案，富平不屬魏郡，則武始不得稱富平之別邑，此自富平之別鄉耳。章懷注范書亦云「武始縣屬魏郡」。蓋未細檢此傳也。

張湯本居杜陵，安世，武、昭、宣世輒隨陵，〔一〕凡三徙，復還杜陵。〔二〕

〔一〕服虔曰：隨所事帝，徙處其陵也。

〔二〕【補注】王啟原曰：延壽以後不隨陵者，元帝後園陵不邑，故張氏止杜陵居焉。

贊曰：馮商稱張湯之先，與留侯同祖，而司馬遷不言，故闕焉。〔一〕漢興以來，侯者百數，保國持寵，未有若富平者也。湯雖酷烈，及身蒙咎，其推賢揚善，固宜有後。安世履道，滿而不溢。賀之陰德，亦有助云。

〔一〕如淳曰：班固目録「馮商，長安人，成帝時以能屬書待詔金馬門，受詔續太史公書十餘篇」。師古曰：劉歆七略云「商，陽陵人，治易，事五鹿充宗，能屬文，博通强記，與孟柳俱待詔，頗序列傳，未卒，會病死」。【補注】周壽昌曰：藝文志，春秋家有馮商所續太史公七篇。注引韋昭曰「商受詔續太史公十餘篇，在班彪別録」。據此，則班氏當有其文，豈即在漢書中，未經别出邪？商字子高，賦家有待詔馮商賦九篇，知商所箸尚多。王尊傳當是商作元文，見趙尹韓張兩王傳贊内。

杜周傳第三十

杜周，〔一〕南陽杜衍人也。義縱爲南陽太守，以周爲爪牙，〔二〕薦之張湯，爲廷尉史。使案邊失亡，〔三〕所論殺甚多。奏事中意，任用，〔四〕與減宣更爲中丞者十餘歲。〔五〕

〔一〕【補注】先謙曰：正義引杜氏譜云，字長孺。

〔二〕【補注】先謙曰：縱在酷吏傳。

〔三〕文穎曰：邊卒多亡也。或曰，郡縣主守有所亡失也。師古曰：此説皆非也。謂因虜入爲寇，而失人畜甲兵倉廩者也。【補注】宋祁曰：句末「也」字當删。先謙曰：史記「使案邊失亡」上有云「湯數言其無害，至御史」。是案邊失亡，乃爲御史後，上使之也。二語似不可少。

〔四〕師古曰：以奏事當天子之意旨，故被任用也。中音竹仲反。

〔五〕師古曰：更，互也，音工衡反。【補注】先謙曰：宣在酷吏傳。

周少言重遲，〔一〕而内深次骨。〔二〕宣爲左内史，周爲廷尉，〔三〕其治大抵放張湯，〔四〕而善候司。〔五〕上所欲擠者，因而陷之；〔六〕上所欲釋，久繫待問而微見其寃狀。〔七〕客有謂周曰：「君爲天下決平，不循三尺法，〔八〕專以人主意指爲獄，獄者固如是乎？」〔九〕周曰：「三尺安出哉？〔一〇〕前主所是著爲律，後主所是疏爲令，〔一一〕當時爲是，何古之法乎？」〔一二〕

〔一〕師古曰：遲謂性非敏速也。

〔二〕李奇曰：其用法深刻至骨。

〔三〕【補注】先謙曰：據公卿表，竝在元封間。

〔四〕師古曰：大抵，大歸也。放，依也，音甫往反。

〔五〕師古曰：觀望天子意。【補注】李楨曰：司，相吏反。史記作「伺」，同。

〔六〕孟康曰：擠音躋。師古曰：擠，墜也。【補注】先謙曰：擠謂推排而去之。

〔七〕師古曰：見，顯也。

〔八〕孟康曰：以三尺竹簡書法律也。師古曰：循，因也，順也。【補注】宋祁曰：浙本無「法」字。沈欽韓曰：孟說言其大凡耳。鹽鐵論詔聖篇「二尺四寸之律，古今一也」。論衡正説篇「周以八寸爲尺，則二尺四寸當周之三尺」。左傳正義，鉤命決云「春秋二尺四寸書之。故知六經之策，皆稱長二尺四寸」。按律令國家所重，故長亦二尺四寸也。郭嵩燾曰：蔡邕獨斷「策書制長二尺，短者半之，命諸侯以策書，罪免亦賜策以尺一木」。邕所述漢制策簡如此。説文「檄，二尺書」。段注引後漢光武紀注「説文以木簡書長尺二者謂之檄。與前書高祖紀同」。蓋古本説文如此，檄與常簡宜有異也。儀禮聘禮疏引鄭論語序「易、詩、書、禮、樂、春秋策尺二寸，孝經謙半之。論語策八寸者，三分居一，又謙焉」。左傳序疏又云「春秋二尺四寸書之，孝經一尺二寸書之，六經之策較常簡長四寸，所以尊經」。儀禮疏云「尺二寸蓋有脱誤。合諸傳記證之，策長不逾二尺，惟刑書策三尺」。朱博傳云「奉三尺律令以從事，正以異於常簡。故自漢相沿以爲三尺法」。左傳昭六年鄭人鑄刑書。昭二十九年晉趙鞅、荀寅鑄刑鼎，著范宣子所爲刑書。疑自春秋以來，刑書皆用鑄。定九年「竹刑」注「鄧析造刑法，書之竹簡」。說文「笵，竹簡書，古法有竹刑」。鄧析蓋私造之，故取簡易，書之竹簡。秦漢以後，因相襲用。木簡長三尺者，以示嚴重，不可移易，其他簡策，無及三尺者。姚鼐言漢官書制必三尺，天子詔亦三尺。沈氏因據春秋緯之文，以漢尺二尺四寸，準周之三尺，不知簡策長短，諸儒但據漢制言之，於周無與也。

〔九〕師古曰：言不當然也。

〔一〇〕師古曰：安猶焉也。

〔一一〕師古曰：著謂明表也。疏謂分條也。【補注】沈欽韓曰：唐六典，凡文法之名有四：一曰律，二曰令，三曰格，四曰式。詳在唐書職官志。漢甲乙之令，雖條目不存，大約不外乎此。宋史職官志「禁於未然之謂令，施於已然之謂敕，設於此而使彼至之謂格，設於此而使彼效之謂式」。

〔一二〕師古曰：各當其時而爲是也。【補注】先謙曰：當，合也，音丁浪反。言法無一成，惟以當其時爲是耳。

至周爲廷尉，詔獄亦益多矣。二千石繫者新故相因，不減百餘人。郡吏太府舉之廷尉，〔一〕一歲至千餘章。章大者連逮證案數百，小者數十人；遠者數千里，近者數百里。會獄，〔二〕吏因責如章告劾，〔三〕不服，以掠笞定之。〔四〕於是聞有逮證，皆亡匿。獄久者至更數赦十餘歲而相告言，〔五〕大氐盡詆以不道，以上〔六〕廷尉及中都官，詔獄逮至六七萬人，〔七〕吏所增加十有餘萬。〔八〕

〔一〕如淳曰：郡吏，太守也。文穎曰：大府，公府也。孟康曰：舉之廷尉，以章劾付廷尉治之也。師古曰：孟說非也。舉，皆也。言郡吏大府獄事皆歸廷尉也。大府，丞相、御史之府也。【補注】郭嵩燾曰：漢制，郡國秋冬遣無害吏按訊諸囚。此言公府及郡國之獄，皆由廷尉鞫治，如以郡吏專屬太守，亦誤。先謙曰：「太」官本作「大」，是。

〔二〕師古曰：往赴對也。

〔三〕師古曰：皆令服罪，如所告劾之本章。

〔四〕師古曰：定其辭，令服也。

〔五〕師古曰：更，歷也。其罪或非赦例，故不得除，而久逃亡不出至於十餘歲，猶相告言，由周用法深刻故也。更音工衡反。

〔六〕師古曰：氐讀與抵同。抵，歸也。詆，誣也。並音丁禮反。【補注】先謙曰：罪至不道極矣，更無所謂不道以上也。索隱「道」字絶句，「以上」屬下讀，謂吏具獄以上之廷尉及中都官也，似當從之。

〔七〕師古曰：中都官，凡京師諸官府也。獄辭所及，追考問者六七萬人也。

〔八〕師古曰：吏又於此外以文致之，更增加也。

周中廢，後爲執金吾，〔一〕逐捕桑弘羊、衛皇后昆弟子刻深，〔二〕上以爲盡力無私，遷爲御史大夫。

〔一〕【補注】先謙曰：公卿表，周爲廷尉十一年免，數之應在天漢二年，而是年即書周爲執金吾，則中廢纔數月。

〔二〕【補注】先謙曰：顧炎武云「百官表，天漢三年二月，執金吾杜周爲御史大夫，四年卒。而衛太子巫蠱事，乃在征和二年，周卒已四年矣。又十一年，昭帝元鳳元年，御史大夫桑弘羊坐燕王旦事誅。書事之謬如此」。先謙案：周，天漢二年爲執金吾，三年遷御史大夫。據武紀，天漢二年秋大搜，因泰山琅邪羣盜起，復遣暴勝之等分部逐捕，刺史郡守以下皆伏誅。周之逐捕盡力，正在斯時。史記周傳明言逐盜捕治也。後七年爲征和元年，乃書巫蠱起。二年，衛皇后弟子長平侯伉坐巫蠱誅。逐捕與巫蠱兩事，本不相涉。據公卿表，周爲執金吾時，弘羊爲大司農。此蓋桑、衛昆弟子皆在逐捕中，非指弘羊本身。所云衛皇后昆弟子，亦非即巫蠱坐誅之衛伉也。周執法不避貴戚，故武帝嘉之。必牽合後事，以此傳爲謬，失理甚矣。

始周爲廷史，有一馬，〔一〕及久任事，列三公，而兩子夾河爲郡守，〔二〕家訾累巨萬矣。〔三〕治皆酷暴，唯少子延年行寬厚云。

〔一〕師古曰：廷史，即廷尉史也。

〔二〕【補注】齊召南曰：唐書宰相世系表，周三子：延壽、延考、延年。延年最幼，昭帝初始爲吏。則夾河爲郡守者，延壽、延考也。何焯曰：諸先生書田仁事云，仁刺舉三河時，河南、河内太守皆杜周子弟，河東太守石丞相子孫。仁已刺三河，皆下吏誅死。當史遷作酷吏傳時，未覩其終，班氏遂仍之爾。天之報虐，無或爽也。

〔三〕師古曰：訾與貲同。

延年字幼公，亦明法律。昭帝初立，大將軍霍光秉政，以延年三公子，吏材有餘，補軍司空。〔一〕始元四年，益州蠻夷反，延年以校尉將南陽士擊益州，還，爲諫大夫。左將軍上官桀父子與蓋主、燕王謀爲逆亂，假稻田使者燕倉知其謀，以告大司農楊敞。敞惶懼，移病，〔二〕以語延年。延年以聞，桀等伏辜。延年封爲建平侯。

〔一〕蘇林曰：主獄官也。如淳曰：律，營軍司空、軍中司空各二人。【補注】宋祁曰：「空」字下疑有「令」字。案「令」當爲「令」。

〔二〕師古曰：移病，謂移書言病也。一曰，以病而移居。【補注】先謙曰：前説是。

延年本大將軍霍光吏，首發大姦，〔一〕有忠節，由是擢爲太僕右曹給事中。光持刑罰嚴，延年輔之以寬。治燕王獄時，御史大夫桑弘羊子遷亡，過父故吏侯史吴。〔二〕後遷捕得伏法。會赦，侯史吴自出繫獄，廷尉王平與少府徐仁雜治反事，〔三〕皆以爲桑遷坐父謀反，而侯史吴臧之，非匿反者，乃匿爲隨者也。〔四〕即以赦令除吴罪。後侍御史治實，〔五〕以桑遷通經術，知父謀反而不諫爭，與反者身無異；侯史吴故三百石吏，首匿遷，〔六〕不與庶人匿隨從者等，吴不得赦。奏請覆治，劾廷尉、少府縱反者。〔七〕少府徐仁即丞相車千秋女婿也，故千秋數爲侯史吴言。恐光不聽，千秋即召中二千石、博士會公車門，議問吴法。〔八〕議者知大將軍指，皆執吴爲不道。明日，千秋封上衆議，光於是以千秋擅召中二千石以下，外内異言，〔九〕遂下廷尉平、少府仁獄。朝廷皆恐丞相坐之。延年乃奏記光爭，以爲「吏縱罪人，有常法，今更詆吴爲不道，恐於法深。〔一〇〕又丞相素無所守持，而爲好言於下，盡其素行也。〔一一〕至擅召中二千石，甚無狀。〔一二〕延年愚，以爲丞相久故，及先帝用事，〔一三〕非有大故，不可棄也。間者民頗言獄深，吏爲峻詆，〔一四〕今丞相所議，又獄事也，如是以及丞相，恐不合衆心。羣下讙譁，庶人私議，流言四布，延年竊重將軍失此名於天下也！」〔一五〕光以廷尉、少府弄法輕重，皆論棄市，而不以及丞相，終與相竟。〔一六〕延年論議持平，合和朝廷，皆此類也。

〔一〕師古曰：首謂初首先發之。【補注】先謙曰：初、首、先三字，同義復出，不辭。「初」字蓋衍。

〔二〕師古曰：姓侯史名吴。【補注】繆荃孫曰：通志引風俗通云「董狐爲晉侯史官，後因氏焉。」先謙曰：通鑑胡注「晉武帝時有侯史光」。

〔三〕師古曰：交雜同共治之也。【補注】先謙曰：官本考證「按公卿表，平字子心，仁字中孫，俱齊人」。

〔四〕孟康曰：言桑遷但隨坐耳，非自反也。

〔五〕師古曰：重覈其事也。【補注】宋祁曰：江南本「後」字下有「使」字。

〔六〕師古曰：首匿者，言身爲謀首而藏匿人也。他皆類此。

〔七〕師古曰：縱，放也。

〔八〕師古曰：言法律之中吴當得何罪。【補注】先謙曰：官本注「言」作「于」。

〔九〕張晏曰：外則去疾欲盡，内則爲其婿也。師古曰：此説非也。外内，謂外朝及内朝也。【補注】宋祁曰：注文「疾」一本作「侯」。

〔一〇〕師古曰：詆，誣也。次下亦同。

〔一一〕師古曰：言非故有所執持，但其素行好與在下人言議耳。【補注】先謙曰：好言，美言也。謂丞相素無定見，而爲美言於下以市惠，皆其素行。顔讀好爲呼到反，則「爲好言」三字不辭。

〔一二〕師古曰：無善狀。【補注】先謙曰：無狀，猶言無禮。

〔一三〕師古曰：言在位已久，是爲故舊，又嘗及仕先帝而任事也。

〔一四〕師古曰：峻謂峭刻也。

〔一五〕師古曰：重猶難也。以此爲重事也。

〔一六〕師古曰：謂終丞相之身無貶黜也。【補注】先謙曰：姚範云「言不窮竟其事耳。十字一句讀」。案顔、姚二説並通。

見國家承武帝奢侈師旅之後，數爲大將軍光言：「年歲比不登，流民未盡還，〔一〕宜修孝文時政，示以儉約寬和，順天心，説民意，年歲宜應。」〔二〕光納其言，舉賢良，議罷酒榷鹽鐵，皆自延年發之。吏民上書言便宜，有異，輒下延年平處復奏。言〔三〕可官試者，至爲縣令，或丞相、御史除用，滿歲以狀聞，〔四〕或抵其罪法，〔五〕常與兩府及廷尉分章。〔六〕

〔一〕師古曰：比，頻也。【補注】先謙曰：官本注在「不登」下。

〔二〕師古曰：言儉約寬和，則豐年當應也。説讀曰悅。

〔三〕師古曰：先平處其可否，然後奏言。處音昌汝反。【補注】先謙曰：此謂令延年平處復奏，延年乃擇其可試以官者言之於上。「言」字下屬，若於復奏下加「言」字，則是贅文。

〔四〕【補注】先謙曰：可官試，蓋若今之試用官員，外則至爲縣令，内則兩府除用掾吏，滿歲以其事狀奏聞。

〔五〕師古曰：抵，至也。言事之人有姦妄者，則特致之於罪法。【補注】先謙曰：官本「特」作「持」。「法」下有「也」字。

〔六〕如淳曰：兩府，丞相、御史府也。諸章有所疑，使延年決之。師古曰：此説非也。上書言事者，其章或下丞相、御史，或付延年，故云分章耳，非令決疑也。【補注】郭嵩燾曰：吏民上書，宜下丞相、御史兩府，其有異者，令延年平處，非徑下之延年也。上書言便宜，尤與廷尉無涉。漢官儀「諸吏給事中，日上朝謁，平尚書奏事，分左右曹」。所謂諸吏，即左右曹也，屬侍中。延年時爲右曹給事中，平處所奏事，或由丞相、御史除用，或由廷尉議罰，第其功罪，分別下其章兩府及廷尉行之。上云平處，下云分章，係兩事，與下典領方藥，皆侍中所領職。延年爲光信任，故常專主其事也。如、顔失考。

昭帝末，寢疾，徵天下名醫，延年典領方藥。帝崩，昌邑王即位，廢，大將軍光、車騎將軍張安世與大臣議所立。時宣帝養於掖廷，號皇曾孫，與延年中子佗相愛善，延年知曾孫德美，勸光、安世立焉。宣帝即位，褒賞大臣，延年以定策安宗廟，益户二千三百，與始封所食邑，凡四千三百户。〔一〕詔有司論定策功，大司馬大將軍光功德過太尉絳侯周勃，車騎將軍安世、丞相楊敞功比丞相陳平，前將軍韓增、御史大夫蔡誼功比潁陰侯灌嬰，太僕杜延年功比朱虚侯劉章，後將軍趙充國、大司農田延年、少府史樂成功比典客劉揭，〔二〕皆封侯益土。

〔一〕【補注】先謙曰：表，延年始侯二千户，益封三千三百六十户。此傳云，益户二千三百，凡四千三百户。則表云益三千，乃二千之訛。傳不數六十者，舉大數也。

〔二〕師古曰：據如此傳，樂成姓史，而霍光傳云「使樂成小家子」，則又似姓使，功臣侯表乃云「便樂成」，三者不同。尋史、使一也，故當姓史，或作使字，而表遂誤爲便耳。

延年爲人安和，備於諸事，〔一〕久典朝政，上任信之，出即奉駕，入給事中，居九卿位十餘年，賞賜賂遺，訾數千萬。

〔一〕師古曰：言皆明習也。

霍光薨後，子禹與宗族謀反，誅。上以延年霍氏舊人，欲退之，而丞相魏相奏延年素貴用事，官職多姦。遣吏考案，但得苑馬多死，官奴婢乏衣食，〔一〕延年坐免官，削户二千。後數月，復召拜爲北地太守。延年以故九卿外爲邊吏，治郡不進，〔二〕上以璽書讓延年。〔三〕延年乃選用良吏，捕繫豪强，〔四〕郡中清靜。居歲餘，上使謁者賜延年璽書，黄金二十斤，徙爲西河太守，治甚有名。五鳳中，徵入爲御史大夫。〔五〕延年居父官府，不敢當舊位，坐臥皆易其處。是時四夷和，海内平，延年視事三歲，以老病乞骸骨，天子優之，使光禄大夫持節賜延年黄金百斤、牛酒，〔六〕加致醫藥。延年遂稱疾篤。〔七〕賜安車駟馬，罷就第。〔八〕後數月薨，謚曰敬侯，子緩嗣。

〔一〕師古曰：傳言延年身不犯法，但丞相致之於罪耳。【補注】李楨曰：太僕掌輿馬，故有苑馬及官奴婢。

〔二〕師古曰：比於諸郡，不爲最也。

〔三〕師古曰：讓，責也。

〔四〕【補注】劉奉世曰：「繋」當爲「擊」字之誤也。

〔五〕【補注】何焯曰：凡居外十餘年始徵，又以丙吉遺言薦之故也。錢大昭曰：公卿表作「五鳳三年六月辛酉」。漢舊儀云「大夫初拜策曰，惟五鳳三年正月乙巳，御史大夫之官。皇帝延登，親詔之曰：『御史大夫其進，虚受朕言：朕鬱於大道，獲保宗廟，兢兢師師，夙夜思己失，不遑康寧，晝思百姓未能綏。於戲！御史大夫其帥意盡心，以補朕闕。於戲！九卿羣大夫百官慎哉！不勖於厥職，厥有常辟，往悉乃心，和裕開賢，俾賢能反本乂民，靡諱朕躬。天下之衆，受制於朕，以法爲命，可不慎與。於戲！御史大夫其誡之。』」此其策命之詞也。

〔六〕【補注】先謙曰：官本無「牛」字，引宋祁曰「浙本『酒』字上有『牛』字」。

〔七〕【補注】錢大昭曰：「疾」，南監本、閩本作「病」。先謙曰：官本作「病」。

〔八〕師古曰：安車，坐乘之車也。後漢輿服志云「公列侯安車，朱斑輪，倚鹿較，伏熊軾，皁蓋」。倚鹿較者，畫立鹿於車之前兩藩外也。伏熊軾者，車前横軾爲伏熊之形也。【補注】先謙曰：官本「云」作「曰」。

緩少爲郎，本始中以校尉從蒲類將軍擊匈奴，〔一〕還爲諫大夫，遷上谷都尉，雁門太守。父延年薨，徵視喪事，拜爲太常，治諸陵縣，每冬月封具獄日，常去酒省食，〔二〕官屬稱其有恩。元帝初即位，穀貴民流，永光中〔三〕西羌反，緩輒上書入錢穀以助用，前後數百萬。〔四〕

〔一〕文穎曰：趙充國也。臣瓚曰：征蒲類海，故以爲名。

〔二〕師古曰：獄案已具，當論決之，故封上。

〔三〕【補注】先謙曰：官本作「元光」，引宋祁曰「元光，當從南浙本作永光」。

〔四〕【補注】先謙曰：公卿表，緩以甘露三年爲太常，七年坐盜賊多免。七年，當元帝初元三年。

緩六弟，五人至大官，少弟熊歷五郡二千石，三州牧刺史，有能名，唯中弟欽官不至而最知名。

欽字子夏，少好經書，家富而目偏盲，〔一〕故不好爲吏。茂陵杜鄴與欽同姓字，〔二〕俱以材能稱京師，故衣冠謂欽爲「盲杜子夏」以相別。〔三〕欽惡以疾見詆，〔四〕乃爲小冠，高廣財二寸，〔五〕由是京師更謂欽爲「小冠杜子夏」，而鄴爲「大冠杜子夏」云。

〔一〕師古曰：盲，目無見也。偏盲者，患一目也。今俗乃以兩目無見者始爲盲，語移轉也。【補注】繆荃孫曰：兩目無見曰盲，今欽一目，故謂之偏盲，非語有移轉也。

〔二〕師古曰：並字子夏。

〔三〕師古曰：衣冠謂士大夫也。【補注】王念孫曰：「俱以材能稱」絶句，「故」字當在「京師」上，而以「故京師衣冠」五字連讀。京師衣冠，謂京師士大夫也。白帖十三引此，作「京師衣冠謂欽爲盲杜子夏」。御覽疾病部三同。則「京師衣冠」四字連讀明矣。漢紀作「俱好學，以才能稱，故京師謂欽爲盲子夏」。則「故京師」三字連讀又明矣。

〔四〕師古曰：詆，毀也，音丁禮反。

〔五〕師古曰：財與纔同，古通用字。

時帝舅大將軍王鳳以外戚輔政，求賢知自助。鳳父頃侯禁與欽兄緩相善，故鳳深知欽能，奏請欽爲大將軍軍武庫令。職閒無事，欽所好也。〔一〕

〔一〕師古曰：閒讀曰閑。【補注】宋祁曰：「軍武庫」，一本無「軍」字，諸本皆有。予謂當存「軍」字，是。大將軍之軍武庫也。周壽昌曰：續漢書「武庫令一人，秩六百石，主兵器」。先謙曰：荀紀，成帝建始三年作「大將軍武庫令杜欽」。不重「軍」字，通鑑同。

欽爲人深博有謀。自上爲太子時，以好色聞，及即位，皇太后詔采良家女。欽因是說大將軍鳳曰：「禮壹娶九女，所以極陽數，廣嗣重祖也；〔一〕必鄉舉求窈窕，不問華色，〔二〕所以助德理内也；娣姪雖缺不復補，所以養壽塞爭也。〔三〕故后妃有貞淑之行，則胤嗣有賢聖之君；制度有威儀之節，則人君有壽考之福。廢而不由，則女德不厭；〔四〕女德不厭，則壽命不究於高年。〔五〕書云『或四三年』，〔六〕言失欲之生害也。〔七〕男子五十，好色未衰；婦人四十，容貌改前。以改前之容侍於未衰之年，而不以禮爲制，則其原不可救而後徠異態；後徠異態，則正后自疑而支庶有間適之心。〔八〕是以晉獻被納讒之謗，申生蒙無罪之辜。〔九〕今聖主富於春秋，未有適嗣，方鄉術入學，〔一〇〕未親后妃之議。將軍輔政，宜因始初之隆，建九女之制，詳擇有行義之家，求淑女之質，毋必有聲色音技能，爲萬世大法。〔一一〕夫少，戒之在色，〔一二〕小卞之作，可爲寒心。〔一三〕唯將軍常以爲憂。」

〔一〕張晏曰：陽數一三五七九，九，數之極也。臣瓚曰：天子一娶九女，夏殷之制也。欽故舉前代之約，以刺今之奢也。【補注】李楨曰：公羊傳「諸侯一聘九女。諸侯不再娶」。不言天子。禮記鄭注云「帝嚳有四妃，象后妃四星，其一明者爲正妃，餘三小者爲次妃。帝堯因焉。舜不立正妃，但三妃而已，謂之三夫人。夏后氏增以三三而九，合十二人」。春秋説云「天子取十二，夏制也。殷人又增以三九二十七，合三十九人。周人上法帝嚳，立正妃，又增九九八十一，合之百二十人。其位后也，夫人也，嬪也，世婦也，女御也」。蔡邕獨斷「天子一娶十二女，象十二月，三夫人、九嬪。諸侯一娶九女，象九州，一妻、八妾」。以上三説皆與瓚説不合。班氏白虎通義「天子、諸侯一娶九女何？重國廣繼嗣也。適也者何？法地有九州，承天之施，無所不生也」。王度記曰「天子一娶九女」。此同瓚説，但不必爲夏殷之制爾。

〔二〕師古曰：鄉舉者，博問鄉里而舉之也。窈窕，幽閑也。窈音一了反。窕音徒了反。

〔三〕師古曰：媵女之内，兄弟之女則謂之姪，己之女弟則謂之娣。塞，絶也。

〔四〕師古曰：由，用也，從也。女德不厭，言好色之甚也。

〔五〕師古曰：究，竟也。

〔六〕師古曰：周書亡逸篇曰「惟湛樂之從，罔或克壽，或十年，或七八年，或五六年，或四三年」。謂逸欲過度則損壽也。

〔七〕師古曰：失讀曰佚。佚與逸同。

〔八〕師古曰：間，代也，音居莧反。適讀曰嫡。次下亦同。

〔九〕師古曰：蒙亦被也。

〔一〇〕師古曰：鄉讀曰嚮。【補注】李楨曰：術，道也。

〔一一〕師古曰：惟求淑質，無論美色及音聲技能，如此，則可爲萬代法也。【補注】先謙曰：據顏注則正文作「毋必有色聲音技能」。顏所見本尚不誤，後人傳寫誤倒「色聲」作「聲色」，則「音」字爲贅文矣。通鑑作「毋必有聲色技能」，删去「音」字。

〔一二〕師古曰：論語孔子曰「君子有三戒，少之時，血氣未定，戒之在色」。言好色無節則致損敗，故戒之也。

〔一三〕張晏曰：刺幽王廢申后而立褒姒，黜太子宜咎而立伯服也。臣瓚曰：小卞之詩，太子之傅作也，哀太子之放逐，愍周室之大壞也。師古曰：詩小雅也。二説皆是。卞音盤。【補注】先謙曰：官本考證「按今詩作小弁，與孟子同。蓋卞、弁二字古通用，故師古音盤，與陸氏毛詩音義同。」

鳳白之太后，太后以爲故事無有。欽復重言：〔一〕「詩云『殷監不遠，在夏后氏之世』。〔二〕刺戒者至迫近，而省聽者常怠忽，〔三〕可不慎哉！前言九女，略陳其禍福，甚可悼懼，竊恐將軍不深留意。后妃之制，夭壽治亂存亡之端也。跡三代之季世，覽宗、宣之饗國，察近屬之符驗，〔四〕禍敗曷常不由女德？是以佩玉晏鳴，關雎歎之，〔五〕知好色之伐性短年，離制度之生無厭，天下將蒙化，陵夷而成俗也。〔六〕故詠淑女，幾以配上，〔七〕忠孝之篤，仁厚之作也。〔八〕夫君親壽尊，國家治安，誠臣子之至願，所當勉之也。易曰：『正其本，萬物理。』〔九〕凡事論有疑未可立行者，求之往古則典刑無，考之來今則吉凶同，卒摇易之則民心惑，〔一〇〕若是者誠難施也。今九女之制，合於往古，無害於今，不逆於民心，至易行也，行之至有福也，將軍輔政而不蚤定，〔一一〕非天下之所望也。唯將軍信臣子之願，念關雎之思，〔一二〕逮委政之隆，及始初清明，〔一三〕爲漢家建無窮之基，誠難以忽，不可以遴。」〔一四〕鳳不能自立法度，循故事而已。會皇太后女弟司馬君力〔一五〕與欽兄子私通，事上聞，欽慙懼，乞骸骨去。

〔一一〕師古曰：重音直用反。

〔一二〕師古曰：大雅蕩之詩也。言殷之所監見，其事不遠，近在夏后氏之時。

〔一三〕師古曰：忽，忘也。

〔一四〕韋昭曰：宗，殷高宗也。宣，周宣王也。皆饗國長久。師古曰：宗、宣之義，韋說是也。近屬者，謂漢家之事耳。屬猶言甫爾也，音之欲反。【補注】先謙曰：漢人屬文，以殷高宗、周宣王並稱，以其爲中興之君也。宣紀贊「侔德殷宗、周宣」，即用此義。屬亦近也，近屬，猶言近今。李尋傳「故屬者頗有改變」，與此義同。

〔一五〕李奇曰：后夫人雞鳴佩玉去君所，周康王后不然，故詩人歎而傷之。臣瓚曰：此魯詩也。【補注】繆荃孫曰：何焯云「劉氏校本，注文鳴字下更有鳴字」。荃孫案，此字當有。后夫人雞鳴即起，鳴佩玉而去君所也。下鳴字指玉言，故佩玉晏鳴，歎康王后之晏起。先謙曰：列女傳魏曲沃負篇云，周之康王夫人晏出朝，關雎豫見，思得淑女，以配君子。論衡謝短篇「周衰而詩作，蓋康王時也。康王德缺於房，大臣刺晏，故詩作」。袁宏後漢紀「楊賜云，昔周康王承文王之盛，一朝晏起，夫人不鳴璜，宮門不擊柝，關雎之人，見幾而作」。古文苑載張超誚青衣賦云「周漸將衰，康王晏起，畢公喟然，深思古道，感彼關雎，性不雙侶，但願周公，妃以窈窕，防微消漸，諷諭君父。孔氏大之，列冠篇首」。劉向、王充習魯詩。楊賜與蔡邕同定石經魯詩。張超字子並，河間鄚人，見蔡邕作青衣賦，志蕩詞淫，作詩規之。皆用魯說，是此詩乃刺康王后夫人，作者是畢公也。本書匡衡傳「衡引齊詩說」，及王應麟詩攷引韓詩敘，皆與魯詩説同，知毛傳非也。

〔六〕師古曰：蒙，被也。【補注】宋祁曰：「離」字下疑有脱文。先謙曰：官本顔注在「蒙化」下。

〔七〕師古曰：關雎之詩云「窈窕淑女，君子好仇」，故云然也。淑，善也。幾讀曰冀。

〔八〕師古曰：作，謂作詩也。

〔九〕師古曰：今易無此文。【補注】李楨曰：易緯坤靈圖「正其本，萬物理，差之豪釐，謬以千里，故君子必謹其始」。

〔一〇〕鄭玄曰：卒，急也。師古曰：卒音（于）〔千〕忽反。【補注】先謙曰：「玄」誤，官本作「氏」。

〔一一〕師古曰：蚤，古早字。

〔一二〕師古曰：信讀曰申。

〔一三〕師古曰：委政之隆，言天子委鳳政事，權寵隆盛也。始初清明，天子新即位，宜立法制。【補注】先謙曰：逮亦及也。

〔一四〕李奇曰：遴，難也。師古曰：遴與吝同。【補注】先謙曰：官本無「與」字。

〔一五〕蘇林曰：字君力，爲司馬氏婦。

後有日蝕地震之變，詔舉賢良方正能直言士，合陽侯梁放舉欽。〔一〕欽上對曰：「陛下畏天命，悼變異，延見公卿，舉直言之士，將以求天心，迹得失也。〔二〕臣欽愚戇，經術淺薄，不足以奉大對。〔三〕臣聞日蝕地震，陽微陰盛也。臣者，君之陰也；子者，父之陰也；妻者，夫之陰也；夷狄者，中國之陰也。春秋日蝕三十六，地震五，〔四〕或夷狄侵中國，或政權在臣下，或婦乘夫，〔五〕或臣子背君父，〔六〕事雖不同，其類一也。臣竊觀人事以考變異，則本朝大臣無不自安之人，外戚親屬無乖剌之心，〔七〕關東諸侯無强大之國，三垂蠻夷無逆理之節；〔八〕殆爲後宮。〔九〕何以言之？曰以戊申蝕，時加未。戊夫，土也。〔一〇〕土者，中宮之部也。其夜地震未央宮殿中，此必適妾將有爭寵相害而爲患者，〔一一〕唯陛下深戒之。變感以類相應，人事失於下，變象見於上。能應之以德，則異咎消亡；不能應之以善，則禍敗至。高宗遭雊雉之戒，飭己正事，享百年之壽，殷道復興，〔一二〕要在所以應之。應之非誠不立，非信不行，宋景公小國之諸侯耳，有不忍移禍之誠，出人君之言三，熒惑爲之退舍〔一三〕。以陛下聖明，内推至誠，深思天變，何應而不感？何摇而不動？孔子曰：『仁遠乎哉！』〔一四〕唯陛下正后妾，抑女寵，防奢泰，去佚游，躬節儉，親萬事，數御安車，由輦道，〔一五〕親二宫之饔膳，〔一六〕致晨昏之定省。〔一七〕如此即堯舜不足與比隆，咎異何足消滅！如不留聽於庶事，不論材而授位，殫天下之財以奉淫侈，匱萬姓之力以從耳目，〔一八〕近諂諛之人而遠公方，〔一九〕信讒賊之臣以誅忠良，賢俊失在巖穴，大臣怨於不以，〔二〇〕雖無變異，社稷之憂也。天下至大，萬事至衆，祖業至重，誠不可以佚豫爲，不可以奢泰持也。〔二一〕唯陛下忍無益之欲，以全衆庶之命。臣欽愚戇，言不足采。」

〔一〕【補注】齊召南曰：按漢代列侯，具見於表，此合陽侯梁放，功臣、恩澤二表不見，何也？師古亦無注。錢大昭曰：梁喜之子。先謙曰：喜，宣帝功臣。齊氏偶有不照。

〔二〕師古曰：觀得失之蹤迹也。【補注】先謙曰：「迹」當作「虚」字解，猶言尋求之也。周禮地官序官迹人注「迹之言跡知禽獸處」。跡知，謂尋求而知之也。後漢儒林傳「跡衰敝之所由致」。注「跡猶尋也」。顔讀迹爲實字，而訓爲觀得失之蹤迹，非是。季布傳「迹且至臣家」。注「迹謂尋其蹤迹也」。平當傳「宜深迹其道」。注「迹謂求其蹤迹也」。此二迹字，皆當即訓爲尋求，注並失之。

〔三〕師古曰：大對謂對大問也。

〔四〕師古曰：解在劉向傳。

〔五〕師古曰：乘，陵也。【補注】先謙曰：荀紀作「或妻不承夫」。

〔六〕【補注】宋祁曰：江南本作「臣背君，子背父」。

〔七〕師古曰：剌，戾也，音來曷反。

〔八〕師古曰：三垂謂東南西也。【補注】先謙曰：説文「垂，遠邊也」。

〔九〕師古曰：殆，近也。

〔一〇〕【補注】錢大昭曰：「夫」當作「未」。南監本、閩本皆不誤。先謙曰：官本作「未」。

〔一一〕師古曰：適讀曰嫡。嫡謂正后也。【補注】宋祁曰：南本「相害」字作「於宫」。

〔一二〕師古曰：解在五行志。【補注】沈欽韓曰：蔡邕石經「肆高宗之享國百年」，與劉向五行傳同。則漢時古今文皆云「百年」。竹書紀年「武丁五十九年陟」。僞古文出於汲郡古文之後，故無逸作「五十九年」。

〔一三〕張晏曰：宋景公熒惑守心，太史子韋請移之於大臣及國人與歲，公皆不聽。天感其誠，熒惑爲之退舍，景公享延期之祚也。【補注】先謙曰：注「景公」下當有「時」字。

〔一四〕師古曰：論語載孔子之言也。言仁道不遠，求之而至也。

〔一五〕師古曰：由，從也。

〔一六〕韋昭曰：二宫即成太后與成帝母也。師古曰：熟食曰饔，具食曰膳。膳之言善也。【補注】先謙曰：「太后」上當有「帝」字。

〔一七〕【補注】先謙曰：官本「晨昏」作「昏晨」。

〔一八〕師古曰：殫、匱皆盡也。從讀曰縱。

〔一九〕師古曰：方，正也。

〔二〇〕師古曰：失在巖穴，謂隱處巖穴，朝廷失之也。論語稱周公謂魯公「不使大臣怨乎不以」。以，用也。不見用而怨也。【補注】王念孫曰：失，讀爲放佚之佚。佚字又作逸。謂賢俊自放於巖穴，非謂朝廷失之也。古多以失爲佚。

〔二一〕師古曰：爲，治也。

其夏，上盡召直言之士詣白虎殿對策。〔一〕策曰：「天地之道何貴？王者之法何如？六經之義何上？人之行何先？取人之術何以？〔二〕當世之治何務？各以經對。」〔三〕

〔一〕師古曰：此殿在未央宮也。

〔二〕師古曰：以，用也。

〔三〕師古曰：據經義以對。【補注】先謙曰：官本「據」作「取」。

欽對曰：「臣聞天道貴信，地道貴貞；〔一〕不信不貞，萬物不生。生，天地之所貴也。王者，承天地之所生，理而成之，昆蟲草木靡不得其所。王者法天地，非仁無以廣施，非義無以正身；克己就義，恕以及人，〔二〕六經之所上也。不孝，則事君不忠，涖官不敬，〔三〕戰陳無勇，朋友不信。〔四〕孔子曰：『孝無終始，而患不及者，未之有也。』〔五〕孝，人行之所先也。觀本行於鄉黨，考功能於官職，達觀其所舉，富觀其所予，窮觀其所不爲，乏觀其所不取，〔六〕近觀其所爲，〔七〕遠觀其所主。〔八〕孔子曰：『視其所以，觀其所由，察其所安，人焉廋哉？』〔九〕取人之術也。殷因於夏，尚質；周因於殷，尚文。今漢家承周秦之敝，宜抑文尚質，廢奢長儉，表實去僞。〔一〇〕孔子曰：『惡紫之奪朱』，〔一一〕當世治之所務也。〔一二〕臣竊有所憂，言之則拂心逆指，〔一三〕不言則漸日長，爲禍不細，然小臣不敢廢道而求從，違忠而耦意。〔一四〕臣聞玩色無厭，必生好憎之心；好憎之心生，則愛寵偏於一人；愛寵偏於一人，則繼嗣之路不廣，而嫉妒之心興矣。如此則匹婦之說，不可勝也。〔一五〕唯陛下純德普施，無欲是從，〔一六〕此則衆庶咸說，〔一七〕繼嗣日廣，而海內長安。萬事之是非何足備言！」〔一八〕

〔一〕師古曰：貞，正也。

〔二〕師古曰：恕，仁也。言以仁愛爲心，內省己志施之於人也。

〔三〕師古曰：涖，臨也。

〔四〕【補注】李楨曰：四語，禮記祭義曾子之言。

〔五〕師古曰：孝經載孔子之言也。言人能終始行孝，而患不及於道者，未之有也。一說行孝終始不備，而患禍不及者，無此事也。【補注】先謙曰：官本注「能」下「終始」作「始終」。「不及」下無「於」字。

〔六〕【補注】沈欽韓曰：以上四語，說苑臣術篇李克對魏文侯語。周書及大戴官人篇略同。

〔七〕【補注】劉攽曰：當云，近觀其所爲主。注文舊有，妄刊去之。宋祁曰：「爲」字下，南本、浙本並有「主」字。先謙曰：據下顏注，明有「主」字是也。

〔八〕師古曰：所爲主，謂託人以爲援而自進也。其所主，爲人之援而進也。【補注】宋祁曰：注文「爲主」，越本作「所爲」，非是。「進也」當作「進之也」。

〔九〕師古曰：論語載孔子之言也。廋，匿也。此言視人之所用，觀人之所從，察人之所樂，則可知其善惡，無所匿其情也。【補注】先謙曰：官本注無「此」字。

〔一〇〕師古曰：長謂崇貴之也。表，明也。

〔一一〕師古曰：論語載孔子之言也。朱，正色也。紫，間色之好者也。惡其邪好而奪正色，以喻利口之人，多言少實，傾惑者也。

〔一二〕【補注】王念孫曰：「治之」當爲「之治」。上文策曰「當世之治何務」，故欽對曰「當世之治所務也」。今本「之治」二字倒轉，則文義不順。

〔一三〕師古曰：拂謂違戾也，音佛。

〔一四〕師古曰：從，順也。耦，合也。

〔一五〕師古曰：匹婦，一婦人也。【補注】宋祁曰：「説」，别本、浙本作「謀」。

〔一六〕師古曰：從讀曰縱。不縱心於所欲也。

〔一七〕師古曰：説讀曰悦。

〔一八〕師古曰：如此，則細故萬端不足憂也。

欽以前事病，賜帛罷。〔一〕後爲議郎，復以病免。

〔一〕【補注】先謙曰：因前事稱病，故未録用。

徵詣大將軍莫府，國家政謀，鳳常與欽慮之。〔一〕數稱達名士王駿、韋安世、王延世等，〔二〕

救解馮野王、王尊、胡常之罪過，〔三〕及繼功臣絶世，〔四〕填撫四夷，〔五〕當世善政，多出於欽者。見鳳專政泰重，戒之曰：「昔周公身有至聖之德，屬有叔父之親，而成王有獨見之明，無信讒之聽，然管蔡流言而周公懼。穰侯，昭王之舅也，〔六〕權重於秦，威震鄰敵，有旦莫偃伏之愛，〔七〕心不介然有間，〔八〕然范睢起徒步，由異國，無雅信，〔九〕開一朝之説，而穰侯就封。〔一〇〕及近者武安侯之見退，〔一一〕三事之跡，相去各數百歲，若合符節，甚不可不察。願將軍由周公之謙懼，〔一二〕損穰侯之威，放武安之欲，〔一三〕毋使范睢之徒得間其説。」〔一四〕

〔一〕師古曰：慮，計也。

〔二〕師古曰：王駿，王陽子也。韋安世，韋賢之孫，方山之子也。王延世即成帝時塞河隄者也。【補注】宋祁曰：一本只云「王延」，無「世」字，注同。予據成紀「校尉王延世塞決河，是歲改河平元年」，此本是。劉奉世曰：治河者王延世，或者此脱一「世」字歟？

〔三〕【補注】何焯曰：欽爲野王奏記，王鳳不見聽。語在馮奉世傳。野王以京兆尹王章薦以代鳳，鳳風御史中丞劾之。欽之救解，亦爲王氏補過也。先謙曰：胡常，見翟方進、儒林傳。欽救解胡常事，無所見。

〔四〕【補注】齊召南曰：功臣表，杜業納説云云，於是成帝復紹蕭何。是建議繼功臣絶世，乃欽兒子業之事，非欽事也。表、傳互異如此。

〔五〕師古曰：填音竹刃反。

〔六〕文穎曰：穰侯，魏冉也。

〔七〕師古曰：言昭王幼少，旦夕偃伏戲弄於舅之旁側也。【補注】先謙曰：官本「少」作「小」。

〔八〕【補注】李楨曰：説文「介，畫也。（畫）〔分界〕則必有間，故介一訓間」。間，古莧切。言穰侯、昭王，其君臣心中不曾介然有間隔也。

〔九〕師古曰：雅信，謂素相任信。

〔一〇〕師古曰：范睢爲丞相，穰侯就國。【補注】先謙曰：官本「師古」作「文穎」。

〔一一〕師古曰：武安侯謂田蚡也。退謂請考工地益宅，上怒乃退之也。

〔一二〕師古曰：由，從也，用也。

〔一三〕【補注】先謙曰：穀梁宣元年傳注「放，猶屏也」。

〔一四〕師古曰：間音居莧反。

頃之，復日蝕，京兆尹王章上封事求見，果言鳳專權蔽主之過，宜廢勿用，以應天變。於是天子感寤，召見章，與議，欲退鳳。鳳甚憂懼，欽令鳳上疏謝罪，乞骸骨，文指甚哀。太后涕泣爲不食。上少而親倚鳳，亦不忍廢，〔一〕復起鳳就位。鳳心慙，稱病篤，欲遂退。欽復説之曰：「將軍深悼輔政十年，變異不已，故乞骸骨，歸咎於身，刻己自責，至誠動衆，愚知莫不感傷。雖然，是無屬之臣，執進退之分，絜其去就之節者耳，〔二〕非主上所以待將軍，非將軍所以報主上也。昔周公雖老，猶在京師，明不離成周，示不忘王室也。仲山父異姓之臣，無親於宣，就封於齊，〔三〕猶歎息永懷，宿夜徘徊，不忍遠去。況將軍之於主上，主上之與將軍哉！夫欲天下治安變異之意，莫有將軍，〔四〕主上照然知之，〔五〕故攀援不遺，〔六〕書稱『公毋困我！』〔七〕唯將軍不爲四國流言自疑於成王，以固至忠。」鳳復起視事。上令尚書劾奏京兆尹章，章死詔獄。語在元后傳。

〔一〕師古曰：倚音於綺反。

〔二〕師古曰：無屬，無親屬於上也。分音扶問反，字或作介。介，隔也，其義兩通。【補注】先謙曰：分，别也，介亦别也。合則進，不則退，辨之晝然，守而不移，故曰執進退之分。分、介，隸形相亂，經典字多互用。陸氏釋文中不可枚舉。

〔三〕鄧展曰：詩言仲山甫徂齊者，言銜命往治齊城郭也，而韓詩以爲封於齊，此誤耳。晉灼曰：韓詩誤，而欽引之，阿附權貴求容媚也。師古曰：韓詩既有明文，而欽引以爲喻，則是其義非繆，而與今説詩者不同。鄧、晉諸人雖曰涉學，未得專非杜氏，追咎韓詩也。【補注】錢大昭曰：漢孟鹹碑云「天生仲山甫，翼佐中興宣平功，遂受封於齊」。其言與欽同。

〔四〕師古曰：言衆人之意皆不如也。【補注】宋祁曰：南本、浙本「意」並作「息」。先謙曰：顔讀「欲天下治安變異之意」爲句，但「治安變異」四字不辭，疑作「息」是也。

〔五〕【補注】錢大昭曰：「照」南監本、閩本並作「昭」。先謙曰：官本作「昭」，是。

〔六〕師古曰：援，引也，音爰。

〔七〕師古曰：此周書洛誥成王告周公詞也。言公必須留此，毋得遂去，而令我困。蓋成帝與鳳詔書引此言之。【補注】先謙曰：元后傳，鳳乞骸骨，上報曰，書云「公毋困我」。僞古文作「公無困哉」，非也。逸周書祭公解亦云「公毋困我哉」。

章既死，衆庶寃之，以譏朝廷。欽欲救其過，復説鳳曰：「京兆尹章所坐事密，吏民見章素好言事，以爲不坐官職，疑其以日蝕見對有所言也。假令章内有所犯，雖陷正法，事不暴揚，自京師不曉，况於遠方。恐天下不知章實有罪，而以爲坐言事也。〔一〕如是，塞爭引之原，損寬明之德。〔二〕欽愚以爲宜因章事舉直言極諫，〔三〕並見郎從官展盡其意，加於往前，以明示四方，使天下咸知主上聖明，不以言罪下也。若此則流言消釋，疑惑著明。」鳳白行其策。欽之補過將美，皆此類也。〔四〕

〔一〕【補注】周壽昌曰：時章不以劾鳳見罪，而以奏薦馮野王，詆張美人爲罪，故欽欲鳳暴揚之。

〔二〕師古曰：爭引謂引事類以諫爭也。一曰，下有諫爭之言，上引而納之也。【補注】先謙曰：左昭元年傳「引其封疆」注「引，正也」。一曰，引者，控執之，爭引猶言爭執也。

〔三〕【補注】宋祁曰：南本無「章事」二字。

〔四〕師古曰：將，助也。

優游不仕，以壽終。欽子及昆弟支屬〔一〕至二千石者且十人。欽兄緩前免太常，以列侯奉朝請，成帝時乃薨，子業嗣。〔二〕

〔一〕【補注】先謙曰：官本「支」作「友」，引宋祁曰「友疑當作支」。

〔二〕【補注】錢大昕曰：業字君都，見公卿表。

業有材能，以列侯選，復爲太常。數言得失，不事權貴，與丞相翟方進、衛尉定陵侯淳于長不平。後業坐法免官，〔一〕復爲函谷關都尉。會定陵侯長有罪，當就國，長舅紅陽侯立與業書曰：「誠哀老姊垂白，隨無狀子出關，〔二〕願勿復用前事相侵。」定陵侯既出關，伏罪復發，〔三〕下雒陽獄。丞相史搜得紅陽侯書，奏業聽請，不敬，〔四〕坐免就國。

〔一〕【補注】先謙曰：公卿表「成帝鴻嘉元年，業爲太常，七年免」。七年，當永始三年。

〔二〕師古曰：垂白者，言白髮下垂也。無狀猶言不肖。【補注】周壽昌曰：長母王若，元后姊。李楨曰：定陵，汝南縣也。長就國，當出關。

〔三〕蘇林曰：長與許后書也。語在外戚傳。

〔四〕服虔曰：受立屬請爲不敬。【補注】先謙曰：立與業書，而丞相史於長所搜得者。蓋長出關時，業以此市恩。

其春，〔一〕丞相方進薨，業上書言：「方進本與長深結厚，更相稱薦，〔二〕長陷大惡，獨得不坐，苟欲鄣塞前過，不爲陛下廣持平例，〔三〕又無恐懼之心，反因時信其邪辟，〔四〕報睚眦怨。〔五〕故事，大逆朋友坐免官，無歸故郡者，今在長者歸故郡，已深一等；〔六〕紅陽侯立坐子受長貨賂故就國耳，非大逆也，而方進復奏立黨友後將軍朱博、鉅鹿太守孫宏、〔七〕故少府陳咸，皆免官，歸咸故郡。刑罰無平，在方進之筆端，衆庶莫不疑惑，皆言孫宏不與紅陽侯相愛。宏前爲中丞時，方進爲御史大夫，舉掾隆可侍御史，〔八〕宏奏隆前奉使欺謾，〔九〕不宜執法近侍，方進以此怨宏。又方進爲京兆尹時，陳咸爲少府，在九卿高弟，〔一〇〕陛下所自知也。方進素與司直師丹相善，臨御史大夫缺，使丹奏咸爲姦利，請案驗，卒不能有所得，而方進果自得御史大夫。爲丞相，即時詆欺，奏免咸，〔一一〕復因紅陽侯事歸咸故郡。衆人皆言國家假方進權太甚。案師丹行能無異，及光祿勳許商被病殘人，〔一二〕皆但以附從方進，嘗獲尊官。〔一三〕丹前親屬邑子丞相史能使巫下神，爲國求福，幾獲大利。〔一四〕幸賴陛下至明，遣使者毛莫如先考驗，〔一五〕卒得其姦，皆坐死。假令丹知而白之，此誣罔罪也；不知而白之，是背經術惑左道也：〔一六〕二者皆在大辟，重於朱博、孫宏、陳咸所坐。方進終不舉白，專作威福，阿黨所厚，排擠英俊，〔一七〕託公報私，橫厲無所畏忌，〔一八〕欲以熏轑天下。〔一九〕天下莫不望風而靡，〔二〇〕自尚書近臣皆結舌杜口，〔二一〕骨肉親屬莫不股栗。〔二二〕威權泰盛而不忠信，非所以安國家也。今聞方進卒病死，〔二三〕不以尉示天下，〔二四〕反復賞賜厚葬，唯陛下深思往事，以戒來今。」

〔一〕【補注】先謙曰：綏和二年。

〔二〕師古曰：更音工衡反。

〔三〕師古曰：俱與長厚善，而方進獨不坐，是不平也。

〔四〕師古曰：信讀曰伸。辟讀曰僻。

〔五〕師古曰：睚音厓。睚，舉眼也。眦即眥字，謂目匡也。言舉目相忤者，即報之也。一説睚音五懈反。眦音仕懈反。睚眦，瞋目貌也。兩義並通。他皆類此。

〔六〕【補注】錢大昭曰：「在」當作「坐」。南監本、閩本不誤。先謙曰：官本作「坐」。

〔七〕【補注】錢大昕曰：翟方進傳作「孫閎」。

〔八〕師古曰：御史大夫之掾也，名隆。

〔九〕師古曰：謾，誑也，音慢，又音莫連反。

〔一〇〕【補注】先謙曰：「弟」同「第」，官本作「第」。
〔一一〕師古曰：詆，誣也。
〔一二〕服虔曰：殘，癃也。
〔一三〕【補注】先謙曰：官本「嘗」作「常」。
〔一四〕師古曰：幾讀曰冀。【補注】先謙曰：「屬」，官本作「薦」，是。
〔一五〕【補注】錢大昭曰：莫如，太山人，官至常山太守。「毛」當作「屯」，說見儒林傳。
〔一六〕師古曰：左道，不正之道也。
〔一七〕師古曰：擠，墜也，音子詣反。
〔一八〕師古曰：縱橫陵厲也。
〔一九〕師古曰：熏言熏灼之。轑讀曰燎。假借用字。
〔二〇〕師古曰：靡猶弭。
〔二一〕師古曰：杜，塞也。
〔二二〕師古曰：言懼之甚，故股戰慄也。
〔二三〕師古曰：卒讀曰猝。
〔二四〕【補注】郭嵩燾曰：車千秋傳「尉安黎庶」。尉、慰字通。百官表應劭曰「自上安下曰尉」。張釋之傳亦曰「廷尉，天下之平也」。是尉亦有平意。上云「廣持平例」，此云「尉示天下」，言持平以慰安天下之心也。

會成帝崩，哀帝即位，業復上書言：「王氏世權日久，朝無骨鯁之臣，〔一〕宗室諸侯微弱，與繫囚無異，自佐史以上至於大吏，皆權臣之黨。曲陽侯根前爲三公輔政，知趙昭儀殺皇子，不輒白奏，反與趙氏比周，恣意妄行，〔二〕譖愬故許后，被加以非罪，〔三〕誅破諸許族，敗元帝外家。内嫉妒同産兄姊紅陽侯立及淳于氏，〔四〕皆老被放棄。新喋血京師，威權可畏。高陽侯薛宣有不養母之名，安昌侯張禹姦人之雄，惑亂朝廷，使先帝負謗於海内，尤不可不慎。陛下初即位，謙讓未皇，〔五〕孤獨特立，莫可據杖，權臣易世，〔六〕意若探湯。〔七〕宜蚤以義割恩，安百姓心。竊見朱博忠信勇猛，材略不世出，〔八〕誠國家雄俊之寶臣也，宜徵博置左右，以填天下。〔九〕此人在朝，則陛下可高枕而臥矣。昔諸吕欲危劉氏，賴有高祖遺臣周勃、陳平尚存，不者，幾爲姦臣笑。」〔一〇〕

〔一〕師古曰：骾亦鯁字。
〔二〕師古曰：比音頻寐反。
〔三〕師古曰：被音皮義反。
〔四〕師古曰：兄，紅陽侯立也。姊，淳于長母也。
〔五〕師古曰：皇，暇也。
〔六〕【補注】先謙曰：謂世執朝權。
〔七〕師古曰：言重難之，若以手探熱湯也。
〔八〕師古曰：言其希有也。
〔九〕師古曰：填音竹刃反。
〔一〇〕師古曰：幾音鉅依反。

業又言宜爲恭王立廟京師，以章孝道。時高昌侯董宏亦言宜尊帝母定陶王丁后爲帝太后。大司空師丹等劾宏誤朝不道，坐免爲庶人。業復上書訟宏。前後所言，皆合指施行，朱博果見拔用。業由是徵，復爲太常。歲餘，左遷上黨都尉。〔一〕會司隸奏業爲太常選舉不實，業坐免官，〔二〕復就國。

〔一〕【補注】先謙曰：據公卿表「哀帝建平四年，業爲太常，三年貶」，與下「元壽二年，丙昌爲太常」合。此云「歲餘」，誤也。

〔二〕【補注】先謙曰：選舉屬官，不以實也。

哀帝崩，王莽秉政，諸前議立廟尊號者皆免，徙合浦。業以前罷黜，故見闊略，〔一〕憂恐，發病死。業，成帝初尚帝妹潁邑公主，主無子，薨，業家上書求還京師與主合葬，不許，而賜謚曰荒侯，傳子至孫絶。〔二〕初，杜周，武帝時徙茂陵，至延年徙杜陵云。

〔一〕師古曰：闊略，謂寬縱不問也。

〔二〕【補注】繆荃孫曰：業子輔，輔子憲，見表。

贊曰：張湯、杜周並起文墨小吏，致位三公，列於酷吏。而俱有良子，德器自過，〔一〕爵位尊顯，繼世立朝，相與提衡，〔二〕至於建武，杜氏爵乃獨絶。〔三〕跡其福祚，元功儒林之後莫能及也。〔四〕自謂唐杜苗裔，豈其然乎？〔五〕及欽浮沈當世，好謀而成，以建始之初深陳女戒，終如其言，庶幾乎關雎之見微，〔六〕非夫浮華博習之徒所能規也。業因勢而抵陒，〔七〕稱朱博，毀師丹，愛憎之議可不畏哉！

〔一〕師古曰：言其子德器各過二人之身。

〔二〕如淳曰：提衡猶言相提擕也。臣瓚曰：衡，平也，言二人齊也。師古曰：瓚説是也。

〔三〕師古曰：建武之後，張氏尚有張純爲侯，故言杜氏獨絶也。【補注】先謙曰：業孫憲，建武中，先降梁王劉永，不得封。

〔四〕師古曰：元功，蕭、曹、張、陳之屬也。儒林，貢、薛、韋、匡之輩。

〔五〕師古曰：謂在周爲唐杜氏也。【補注】何焯曰：史家之微辭也。蓋謂推其故而不得。

〔六〕師古曰：關雎，國風之始，言夫婦之際，政化所由，故云見微。微謂微妙也。【補注】王念孫曰：關雎見微，即指上文杜欽説王鳳語言之用魯詩説也。覩佩玉晏鳴，而知治化之將衰，故曰見微。馮衍顯志賦亦云「美關雎之識微兮，愍王道之將崩」。顔説未碻。先謙曰：官本「妙」作「細」。

〔七〕服虔曰：抵音紙。陒音羲。謂罪敗而復抨彈之，蘇秦書有此法。師古曰：抵，擊也。陒，毀也。言因事形勢而擊毀之也。陒音詭。一説，陒讀與戲同，音許宜反。戲亦險也，言擊其危險之處。鬼谷有抵戲篇也。【補注】先謙曰：陒，垝之或體。説文「垝，毀垣也」。詩「乘彼垝垣」，傳「垝，毀也」。管子霸形篇注「垝，敗牆也」。抵陒，謂因其毀而擊之，如劾方進於已死，及哀帝立而排擊王氏，皆所謂抵其陒也。師古謂擊毀之，非是。一説亦非。

張騫李廣利傳第三十一

張騫，漢中人也，〔一〕建元中爲郎。時匈奴降者言匈奴破月氏王，〔二〕以其頭爲飲器，〔三〕月氏遁而怨匈奴，無與共擊之。〔四〕漢方欲事滅胡，〔五〕聞此言，欲通使，道必更匈奴中，〔六〕乃募能使者。騫以郎應募，使月氏，與堂邑氏奴甘父〔七〕俱出隴西。徑匈奴，〔八〕匈奴得之，傳詣單于。單于曰：「月氏在吾北，漢何以得往使？吾欲使越，漢肯聽我乎？」留騫十餘歲，予妻，有子，然騫持漢節不失。

〔一〕師古曰：陳壽益部耆舊傳云，騫漢中成固人也。【補注】宋祁曰：「也」字疑可删。

〔二〕師古曰：月氏，西域胡國也。氏音支。

〔三〕韋昭曰：飲器，椑榼也。晉灼曰：飲器，虎子屬也。或曰，飲酒之器也。師古曰：匈奴傳云「以所破月氏王頭共飲血盟」。然則飲酒之器是也。韋云椑榼，晉云獸子，皆非也。椑榼，即今之偏榼，所以盛酒耳，非用飲者也。獸子褻器，所以溲便者也。椑音鼙。【補注】沈欽韓曰：趙策「以知伯頭爲飲器」。呂覽云「斷其頭以爲觴」。則云虎子者，非也。元僧楊璉真伽截理宗頂骨爲飲器，胡俗同然。

〔四〕師古曰：無人援助也。

〔五〕【補注】先謙曰：漢胡構兵，始於元光二年馬邑之役，而建元中即欲事滅胡，則知武帝雄心定於即位之始矣。

〔六〕師古曰：更，過也，音工衡反。【補注】先謙曰：史記大宛傳索隱「更，經也」。

〔七〕服虔曰：堂邑，姓也，漢人，其奴名甘父。師古曰：堂邑氏之奴，本胡人，名甘父。下云堂邑父者，蓋取主之姓以爲氏，而單稱其名曰父。【補注】劉攽曰：奴甘父，直是此人名號耳，非謂堂邑氏之奴名甘父也。按胡人名字，多以奴爲號，又後言堂邑父，益知其人自氏堂邑，名奴甘父也。先謙曰：史記作「堂邑氏故胡奴甘父」，則服、顔説是。索隱云「下云堂邑父者，蓋後史家從省，唯稱堂邑父，而略甘字」。

〔八〕師古曰：道由匈奴過。【補注】先謙曰：據下文，騫以軍臣單于死之歲還，爲元朔三年，去十三歲，則出使在建元三年。

居匈奴西，〔一〕騫因與其屬亡鄉月氏，〔二〕西走數十日〔三〕至大宛。大宛聞漢之饒財，欲通不得，見騫，喜問欲何之。騫曰：「爲漢使月氏而爲匈奴所閉道，今亡，唯王使人道送我。〔四〕誠得至，反漢，漢之賂遺王財物不可勝言。」大宛以爲然，遣騫，爲發譯道，抵康居。〔五〕康居傳致大月氏。大月氏王已爲胡所殺，立其夫人爲王。〔六〕既臣大夏而君之，〔七〕地肥饒，少寇，志安樂，又自以遠遠漢，殊無報胡之心。〔八〕騫從月氏至大夏，竟不能得月氏要領。〔九〕

〔一〕【補注】先謙曰：史記作「居匈奴中，益寬」。

〔二〕師古曰：屬謂同使之官屬。鄉讀曰嚮。

〔三〕師古曰：走，趨也。不指知其道里多少，故以日數言之。走音奏。一曰，走謂奔走也，讀如本字。【補注】先謙曰：官本無「指」字，是。

〔四〕師古曰：道讀曰導。【補注】先謙曰：官本「今」作「脱」，引宋祁曰「越本脱作今」。錢大昕云：予見宋大字本，正作「今」。詳其文義，以「今亡」爲句，「閉道」連文，謂閉其道不使往也。上下文但云亡，無「脱」字，知爲校書者妄改。先謙案：史記亦作「今」。

〔五〕師古曰：抵，至也。道讀曰導。【補注】先謙曰：史記作「爲發導驛，抵康居」。下「烏孫發譯道送騫」，史作「發道譯送騫」。譯、驛並通，然合諸文校之，蓋譯字是也。

〔六〕【補注】宋祁曰：古本「夫人」字下有「太子」二字。齊召南曰：史作「立其太子爲王」。外國固時有女王，然以下文推之，似史是。先謙曰：集解引徐廣云「一云，夫人爲王」。宋所見古本，蓋兩存而未刊者。

〔七〕師古曰：以大夏爲臣，爲之作君也。【補注】郭嵩燾曰：史記「君」作「居」是也。西域傳明言月氏爲匈奴所敗，益遠去，過宛，西擊大夏而臣之，都嬀水北爲王城。而大夏傳云，都嬀水南。嬀水爲今阿母河，其地屬布哈爾，近多爲俄羅斯侵踞，當時皆大夏地，月氏襲居之，盡嬀水以北爲界，以兵力臣屬大夏，而大夏仍自爲國也。

〔八〕師古曰：下遠音千萬反。【補注】先謙曰：史記不重「遠」字。官本「千」作「于」，是。于、遠雙聲，千、遠非雙聲。且本傳「益以爲神而遠之」注可證。

〔九〕李奇曰：要領，要契也。師古曰：李說非也。要，衣要也。領，衣領也。凡持衣者則執要與領。言騫不能得月氏意趣，無以持歸於漢，故以要領爲喻。要音一遥反。

留歲餘，還，並南山，欲從羌中歸，〔一〕復爲匈奴所得。留歲餘，單于死，〔二〕國内亂，騫與胡妻及堂邑父俱亡歸漢。拜騫太中大夫，堂邑父爲奉使君。

〔一〕師古曰：並音步浪反。【補注】先謙曰：正義引西域傳云「其南山東出金城，與漢南山屬焉」。「並」即「傍」字。

〔二〕【補注】先謙曰：集解引徐廣曰「元朔三年」。史記此下云「左谷蠡王攻其太子自立」。據匈奴傳，徐說是也。

騫爲人彊力，寬大信人，〔一〕蠻夷愛之。堂邑父胡人，善射，窮急射禽獸給食。〔二〕初，騫行時百餘人，去十三歲，唯二人得還。〔三〕

〔一〕師古曰：彊力，言堅忍於事。

〔二〕師古曰：給，供也。【補注】宋祁曰：古本「胡」字上有「故」字。先謙曰：史記亦有「故」字。其上亦云「故胡奴」，蓋既歸漢，則不應直謂之胡人。且本書前省「故胡奴」三字，似此處「故」字尤不可省。古本有「故」字，是。

〔三〕【補注】先謙曰：通鑑考異云「史記西南夷傳『元狩元年，張騫使大夏，來言通身毒之利』。按年表，騫以元朔六年二月封博望侯，必非元狩元年始歸也。或者元狩元年始令騫通身毒國，疑不能明」。先謙案：騫歸在元朔三年，史記大宛傳迺確據。西南夷傳特遥溯前事，非謂騫以元狩元年歸也。考異所疑，何其不審！

騫身所至者，大宛、大月氏、大夏、康居，而傳聞其旁大國五六，〔一〕具爲天子言其地形，所有。〔二〕語皆在西域傳。

〔一〕【補注】宋祁曰：古本「旁」字下有「有」字。

〔二〕師古曰：土地之形及所生之物也。

騫曰：「臣在大夏時，見邛竹杖、蜀布，〔一〕問安得此，大夏國人曰：『吾賈人往市之身毒國。〔二〕身毒國在大夏東南可數千里。其俗土著，〔三〕與大夏同，而卑溼暑熱。其民乘象以戰。〔四〕其國臨大水焉。』以騫度之，〔五〕大夏去漢萬二千里，居西南。〔六〕今身毒又居大夏東南數千里，有蜀物，此其去蜀不遠矣。今使大夏，從羌中，險，羌人惡之；少北，則爲匈奴所得；從蜀，宜徑，又無寇。」〔七〕天子既聞大宛及大夏、安息之屬皆大國，多奇物，土著，頗與中國同俗，而兵弱，貴漢財物；其北則大月氏、康居之屬，兵彊，可以賂遺設利朝也。〔八〕誠得而以義屬之，〔九〕則廣地萬里，重九譯，致殊俗，威德遍於四海。天子欣欣以騫言爲然。乃令因蜀犍爲發間使，四道並出：〔一〇〕出駹，出莋，出徙、邛，出僰，〔一一〕皆各行一二千里。其北方閉氐、莋，〔一二〕南方閉巂、昆明。〔一三〕昆明之屬無君長，善寇盜，輒殺略漢使，終莫得通。然聞其西可千餘里，有乘象國，名滇越，〔一四〕而蜀賈閒出物者或至焉，〔一五〕於是漢以求大夏道始通滇國。初，漢欲通西南夷，費多，罷之。及騫言可以通大夏，乃復事西南夷。〔一六〕

〔一〕臣瓚曰：邛，山名。生此竹，高節，可作杖。服虔曰：布，細布也。師古曰：邛竹杖，人皆識之，無假多釋。而蘇林乃言節間合而體離，誤後學矣。【補注】先謙曰：邛山即地志嚴道下之邛來山。元和志「邛來山在今滎經縣西五十里，山出竹，高節實中，堪爲杖，名邛竹，因山以爲名也」。一統志「山在今滎經縣西南」。餘詳地理志。

〔二〕鄧展曰：毒音篤。李奇曰：一名天篤，則浮屠胡是也。師古曰：即敬佛道者。【補注】宋祁曰：注文「天篤」，古本作「天竺」。

〔三〕師古曰：土著者，謂有城郭常居，不隨畜牧移徙也。著音直略反。其下亦同。【補注】周壽昌曰：史所稱居國也。漢時中國謂之地著，見食貨志。

〔四〕師古曰：象，大獸，垂鼻長牙。

〔五〕師古曰：度，計也。

〔六〕【補注】先謙曰：官本考證云，史記作「居漢西南」，此「漢」字似不可省。

〔七〕師古曰：徑，直也。宜猶當也。從蜀向大夏，其道當直。【補注】宋祁曰：顏未注前，古本「宜」作「直」。

〔八〕師古曰：設，施也。施之以利，誘令入朝。

〔九〕師古曰：謂不以兵革。

〔一〇〕師古曰：間使者，求間隙而行。【補注】先謙曰：「犍」，官本作「揵」，「四道」作「數道」。

〔一一〕師古曰：皆夷種名。駹音尨。莋音材各反。徙音斯。僰音蒲北反。【補注】宋祁曰：新本「邛」字上有「出」字。先謙曰：史作「出駹，出冉，出徙，出邛、僰」。官本注「比」作「北」，是。

〔一二〕服虔曰：漢使見閉於夷也。師古曰：氐與莋二種也。【補注】宋祁云：越本無「行」字。

〔一三〕師古曰：嶲、昆明，亦皆夷種名也。嶲音先蘂反。

〔一四〕服虔曰：滇音顛。滇烏出其國。【補注】先謙曰：官本此注併在「或至焉」下，「烏」作「馬」，是。

〔一五〕師古曰：閒出物，謂私往市者。【補注】先謙曰：史記「閒」作「姦」。

〔一六〕師古曰：事謂經略通之，專以爲事也。【補注】先謙曰：胡三省云「元朔四年罷西夷，元狩元年復通」。

騫以校尉從大將軍擊匈奴，知水草處，軍得以不乏，〔一〕乃封騫爲博望侯。〔二〕是歲元朔六年也。後二年，騫爲衞尉，與李廣俱出右北平擊匈奴。〔三〕匈奴圍李將軍，軍失亡多，而騫後期當斬，贖爲庶人。是歲驃騎將軍破匈奴西邊，殺數萬人，至祁連山。其秋，渾邪王率衆降漢，而金城、河西西並南山至鹽澤，空無匈奴。〔四〕匈奴時有候者到，而希矣。後二年，漢擊走單于於幕北。〔五〕

〔一〕【補注】劉敞曰：「水草處」宜有「知」字。案「處」下應有「上」字，劉所見本無「知」字。宋祁云：古本「將軍」下有「數」字。

淳化本無「知」字。

〔二〕師古曰：取其能廣博瞻望。【補注】周壽昌曰：地理志南陽博望縣注「侯國」。水經注亦以爲即騫所封。後宣帝復以封王舜爲侯。顏不引地志，但取美名，幾疑無此地名矣。

〔三〕【補注】先謙曰：後二年，爲元狩二年，與武紀合。史記作「其明年」，誤。

〔四〕師古曰：並音步浪反。【補注】齊召南曰：鹽澤即蒲昌海，于闐及蔥嶺二河之所匯也，今名洛普池。沈欽韓曰：一統志「蒲昌海在沙州衛西北境外」。裴矩西域記云「鹽澤在西州高昌縣東，按西州乃唐立，裴矩隋人，豈知此？東南去瓜州一千三百里，並沙磧之地」。水地記「今番呼羅布淖爾，在安西府西少北邊外」。錢大昭曰：南監本、閩本皆不重「西」字。先謙曰：官本不重「西」字，史記重。

〔五〕【補注】先謙曰：據武紀、霍去病、匈奴傳，事在元狩四年。

天子數問騫大夏之屬。騫既失侯，因曰：「臣居匈奴中，聞烏孫王號昆莫。昆莫父難兜靡本與大月氏俱在祁連、焞煌間，小國也。〔一〕大月氏攻殺難兜靡，奪其地，人民亡走匈奴。子昆莫新生，傅父布就翎侯抱亡置草中，〔二〕爲求食，還，見狼乳之，〔三〕又烏銜肉翔其旁，〔四〕以爲神，遂持歸匈奴，單于愛養之。及壯，以其父民衆與昆莫，使將兵，數有功。時月氏已爲匈奴所破，西擊塞王。〔五〕塞王南走遠徙，月氏居其地。昆莫既健，〔六〕自請單于報父怨，遂西攻破大月氏。大月氏復西走，徙大夏地。昆莫略其衆，因留居，兵稍彊，會單于死，不肯復朝事匈奴。匈奴遣兵擊之，不勝，益以爲神而遠之。〔七〕今單于新困於漢，而昆莫地空。蠻夷戀故地，又貪漢物，誠以此時厚賂烏孫，招以東居故地，漢遣公主爲夫人，結昆弟，〔八〕其勢宜聽，〔九〕則是斷匈奴右臂也。〔一〇〕既連烏孫，自其西大夏之屬皆可招來而爲外臣。」天子以爲然，拜騫爲中郎將，將三百人，馬各二匹，牛羊以萬數，齎金幣帛直數千鉅萬，多持節副使，〔一一〕道可便遣之旁國。〔一二〕騫既至烏孫，致賜諭指，〔一三〕未能得其決。語在西域傳。騫即分遣副使使大宛、康居、月氏、大夏。〔一四〕烏孫發譯道送騫，〔一五〕與烏孫使數十人，馬數十匹，報謝，〔一六〕因令窺漢，知其廣大。

〔一〕師古曰：祁連山以東，焞煌以西。【補注】齊召南曰：西域傳「月氏遠去，過大宛，擊大夏而臣之。其餘小衆不能去者，保南山羌，號小月氏」。然則本文祁連，即指酒泉、張掖、金城之南山，霍去病所奪者，地在敦煌之東。注當云，祁連以西，敦煌以東也。先謙曰：兩「焞」字，官本俱作「敦」。

〔二〕服虔曰：傅父，如傅母也。李奇曰：布就，字也。翎侯，烏孫官名也。爲昆莫作傅父也。師古曰：翎侯，烏孫大臣官號，其數非一，亦猶漢之將軍耳。而布就者，又翎侯之中別號，猶右將軍、左將軍耳，非其人之字。翎與翕同。

【補注】先謙曰：據史記，殺昆莫父者匈奴，非大月氏。

〔三〕師古曰：以乳飲之。

〔四〕【補注】先謙曰：史記作「烏嗛肉蜚其上」。

〔五〕師古曰：塞音先得反，西域國名，即佛經所謂釋種者。塞、釋聲相近，本一姓耳。【補注】郭嵩燾曰：案西域傳「罽賓西北與大月氏接。匈奴破大月氏，大月氏西君大夏，而塞王南君罽賓。塞種分散，自疏勒西北，休循、捐毒之屬，皆故塞種」。捐毒傳云「至疏勒，南與蔥嶺屬。西上蔥嶺，則休循也」。環蔥嶺左右，爲今東西布魯特地。烏孫即今伊犁。蓋皆沿蔥嶺南徙。烏孫傳云「本塞地，大月氏破走塞王，塞王南越縣度，大月氏居其地。後烏孫昆莫擊破大月氏，大月氏徙西，臣大夏，而烏孫昆莫居之，故烏孫民有塞種、大月氏種云」。據此，則塞即烏孫地，昆莫立國，乃改名烏孫。是烏孫之民本塞種，而雜有大月氏種。漢書西域諸國，實與身毒佛國無涉。塞地爲大月氏所併，其遺種踰葱嶺，南至罽賓。罽賓傳亦云「成帝時，大將軍王鳳言，縣度之險，非罽賓所能越」。縣度在今巴達克山之西，罽賓又在其西可知。唐僧玄奘西域記以迦濕彌羅爲舊罽賓。迦濕彌羅，今北印度之克什米爾也，於是相沿以北印度爲罽賓。唐書言「罽賓治浮圖法」。亦據印度言之。瀛環志略以月氏在嬀水北，當今布哈爾。罽賓在縣度南，當今阿富汗。其言至確。阿富汗即愛烏罕。蓋踰葱嶺以西，經縣度，又折而南，乃至罽賓，不得爲北印度明矣。唐時以北印度當罽賓，遂并以塞、釋聲相近，通謂之釋種。不知烏孫塞地，詳見西域傳，顏注以意附會言之，殆誤也。

〔六〕【補注】先謙曰：健，壯大也。

〔七〕師古曰：遠，離也，音于萬反。

〔八〕【補注】先謙曰：官本「遣」作「遺」，引劉敞曰「遺字當作遣」。宋祁曰「作遣，是」。

〔九〕師古曰：言事事聽從於漢。

〔一〇〕【補注】何焯曰：騫所謂斷匈奴右臂者，指招烏孫居祁連、敦煌間故地而言。先謙曰：「昆莫地空」，史記作「渾邪地空無人」。「招以東居故地」，史記作「招以益東，居故渾邪之地」。郭嵩燾云，西域大月氏傳「遠去，過宛西。其餘小衆不能去者，保南山羌，號小月氏」。據此，則月氏、烏孫在祁連、敦煌間，月氏當近南，而烏孫稍北。月氏既併烏孫，又爲匈奴所破，乃西踞塞地。昆莫攻破月氏而踞其地，號烏孫。則所謂昆莫故地者，正指敦煌間地言之。武紀「元狩二年，匈奴渾邪王殺休屠王來降，以其地置武威、酒泉郡」。昆莫故地，當在敦煌，時尚未置郡，故騫以爲昆莫地空，可以招烏孫使居故地。史記作「渾邪」者是也。漢書推原昆莫故地，徑據昆莫地爲言，此所言今烏孫地，恐未達班意。渾邪王正治昆莫故地，其後十餘年，始置敦煌郡。此云金城西傍南山，至鹽澤。亦與地勢未合。又案地理志張掖郡注：應劭曰「張國臂掖，故云張掖」。武帝猶感於張騫之言，取斷匈奴右臂爲義，因有此名耳。

〔一一〕師古曰：爲騫之副，而各令持節。

〔一二〕【補注】宋祁曰：古本及浙本「遣」字下並有一「遣」字。何焯曰：於道中，騫得便宜遣其副也。先謙曰：古本、浙本「遣」字下當是「遺」字，而後人誤書爲遣也。遣下加遣，則文不成義。宋所見，蓋元是遺字，若是遺字，則當云「重一遺字」，不得云「有一遺字」矣。史記作「道可使，使遺之他旁國」。

〔一三〕師古曰：以天子意指曉告之。

〔一四〕【補注】先謙曰：「大夏」下，史記有「安息、身毒、于寘、扜罙諸國」。

〔一五〕師古曰：道讀曰導。

〔一六〕師古曰：與騫相隨而來，報謝天子。

騫還，拜爲大行。歲餘，騫卒。〔一〕後歲餘〔二〕其所遣副使通大夏之屬者，皆頗與其人俱來，〔三〕於是西北國始通於漢矣。然騫鑿空，〔四〕諸後使往者皆稱博望侯，以爲質於外國，〔五〕外國由是信之。其後，烏孫竟與漢結婚。

〔一〕【補注】先謙曰：公卿表，元鼎二年，騫爲大行。三年，卒。與此異。

〔二〕【補注】宋祁曰：古本「騫卒」下複「騫卒」二字。

〔三〕晉灼曰：其國人。

〔四〕蘇林曰：鑿，開也。空，通也。騫始開通西域道也。師古曰：空，孔也。猶言始鑿其孔穴也。故此下言「當空道」，而西域傳謂「孔道」也。

〔五〕李奇曰：質，信也。

初，天子發書易，〔一〕曰「神馬當從西北來」。得烏孫馬好，名曰「天馬」。及得宛汗血馬，益壯，更名烏孫馬曰「西極馬」，宛馬曰「天馬」云。而漢始築令居以西，〔二〕初置酒泉郡，以通西北國。因益發使抵安息、奄蔡、犛軒、條支、身毒國。〔三〕而天子好宛馬，使者相望於道，一輩大者數百，少者百餘人，所齎操，大放博望侯時。〔四〕其後益習而衰少焉。〔五〕漢率一歲中使者多者十餘，少者五六輩，遠者八九歲，近者數歲而反。〔六〕

〔一〕鄧展曰：發易書以卜。【補注】宋祁曰：古本作「發易書」。先謙曰：史記亦作「發書易」，然詳鄧說，則古本是也。

〔二〕臣瓚曰：令居，縣名也，屬金城。築塞西至酒泉也。師古曰：令音零。

〔三〕李奇曰：軒音劇。服虔曰：犛軒，張掖縣名也。師古曰：抵，至也。自安息以下五國皆西域胡也。犛軒，即大秦國也。張掖驪軒縣，蓋取此國爲名耳。驪、犛聲相近。軒讀與軒同。李奇音是也，服說非也。【補注】郭嵩燾曰：西域傳「康居西北二千里，有奄蔡國，臨大澤，無厓，即北海」。其地距安息諸國絕遠，疑所謂北海者，即雷翥海之北境，今謂之裏海。其南境之烏滸河，界波斯。故自奄蔡達安息、黎軒諸國，皆所通西域至遠之地。終西漢之世，惟安息遣使貢獻，餘國雖經遣使，固未一通中國也。後漢西域傳「大秦國一名犂鞬」。即今意大利，西隔地中海，爲安息所閡，漢使亦未能一至。班史亦約畧言之，不詳其始末也。先謙曰：史記「犛軒」作「黎軒」。官本注「劇」作「軒」。

〔四〕師古曰：操，持也。所齎持，謂節及幣也。放，依也，音甫往反。【補注】先謙曰：官本「數百」下有「人」字。

〔五〕師古曰：以其串習，故不多發人。

〔六〕師古曰：道遠則還遲，近則來疾。

是時，漢既滅越，蜀所通西南夷皆震，請吏。置牂柯、越嶲、益州、沈黎、文山郡，〔一〕欲地接以前通大夏。〔二〕乃遣使歲十餘輩，出此初郡，〔三〕皆復閉昆明，〔四〕爲所殺，奪幣物。於是漢發兵擊昆明，斬首數萬。〔五〕後復遣使，竟不得通。語在西南夷傳。

〔一〕【補注】錢大昭曰：地志無沈黎、文山二郡。沈黎省於天漢四年，文山省於地節三年，皆併蜀。

〔二〕李奇曰：欲地界相接至大夏也。【補注】先謙曰：前，往也。

〔三〕師古曰：文山以上初置者。【補注】先謙曰：史記「遣使」下，有「柏始昌、呂越人等」。索隱「謂之初郡者，後皆叛而併廢之」。

〔四〕如淳曰：爲昆明所閉。【補注】宋祁曰：越本無「皆」字。

〔五〕【補注】先謙曰：集解引徐廣曰「元封二年」。

自騫開外國道以尊貴，其吏士爭上書，言外國奇怪利害，求使。天子爲其絶遠，非人所樂，聽其言，〔一〕予節，募吏民無問所從來，〔二〕爲具備人衆遣之，以廣其道。〔三〕來還不能無侵盜幣物，及使失指，〔四〕天子爲其習之，輒覆按致重罪，〔五〕以激怒令贖，〔六〕復求使。使端無窮，而輕犯法。其吏卒亦輒復盛推外國所有，言大者予節，言小者爲副，故妄言無行之徒皆爭相效。其使皆私縣官齎物，〔七〕欲賤市以私其利。〔八〕外國亦厭漢使人人有言輕重，〔九〕度漢兵遠，不能至，〔一〇〕而禁其食物，以苦漢使。〔一一〕漢使乏絶，責怨，至相攻擊。樓蘭、姑師小國，當空道，〔一二〕攻劫漢使王恢等尤甚。而匈奴奇兵又時時遮擊之。使者爭言外國利害，〔一三〕皆有城邑，兵弱易擊。於是天子遣從票侯破奴〔一四〕將屬國騎及郡兵數萬以擊胡，胡皆去。明年，擊破姑師，虜樓蘭王。酒泉列亭鄣至玉門矣。〔一五〕而大宛諸國發使隨漢使來，觀漢廣大，以大鳥卵及犛靬眩人，獻於漢，〔一六〕天子大説。〔一七〕而漢使窮河源，〔一八〕其山多玉石，采來，〔一九〕天子案古圖書，名河所出山曰昆侖云。〔二〇〕

〔一〕師古曰：凡人皆不樂去，故有自請爲使者，即聽而遣之。【補注】先謙曰：史記「樂」下有「往」字。

〔二〕師古曰：不爲限禁遠近，雖家人私隷並許應募。【補注】先謙曰：予節，予求使者節也，屬上爲句。募吏民，則從往之人衆耳。官本顔注在「吕廣其道」下。

〔三〕【補注】先謙曰：「具備人衆」，官本作「備衆」。錢大昕云：宋大字本「備衆」作「具備人衆」。

〔四〕師古曰：乖天子指意。

〔五〕師古曰：言其串習，不以爲難，必當更求充使也。

〔六〕師古曰：令立功以贖罪。【補注】郭嵩燾曰：顔注非也。漢法，死罪皆聽贖，罪愈重則贖金愈多。所侵盜幣，不足當重罪，輒加覆按，致之重罪，使躅所侵盜以贖。既贖，而復求使，是以其事益習，而其犯法益輕。

〔七〕師古曰：言所齎官物，竊自用之，同於私有。【補注】先謙曰：史記「其使」下有「皆貧人子」四字。

〔八〕師古曰：所市之物，得利多者，不盡入官也。【補注】先謙曰：謂外國市漢使所齎官物，使者以賤直上聞，而自私其利也。

〔九〕服虔曰：漢使言於外國，人人輕重不實。

〔一〇〕師古曰：度，計也。

〔一一〕師古曰：令其困苦也。

〔一二〕師古曰：空即孔也。【補注】宋祁曰：「怨」，浙本作「怒」。先謙曰：「責」，史記作「積」。姑師，集解引徐廣曰「即車師」。

〔一三〕師古曰：言服之則利，不討則爲害。【補注】先謙曰：史記作「災害」，與此義異。

〔一四〕師古曰：趙破奴。【補注】周壽昌曰：時從票已失侯，因此役更封浞野侯也。此應稱故從票侯。

〔一五〕韋昭曰：玉門關在龍勒界。【補注】先謙曰：據功臣表，破奴元封三年封浞野侯。所謂明年，即元封三年也，與破奴傳云後一年合。

〔一六〕應劭曰：卵大如一二石甕也。眩，相詐惑也。鄧太后時，西夷檀國來朝賀，詔令爲之。而諫大夫陳禪以爲夷狄僞道不可施行。後數日，尚書陳忠案漢舊書，乃知世宗時犛靬獻見幻人，天子大悦，與俱巡狩，乃知古有此事。師古曰：鳥卵如汲水之甕耳，無一二石也。應説失之。眩讀與幻同。即今吞刀吐火，植瓜種樹，屠人截馬之術皆是也。本從西域來。甕音瓮。【補注】宋祁曰：如只曰大鳥，則成一事。當云大鳥及卵。「犛靬」，越本作「黎軒」者非。又注文甕，予按西域烏弋傳，師古音甕於龍反，汲水瓶也。今甕與瓮是一字，同從瓦，無容别音瓮。必無二音，亦當云一音瓮。郭嵩燾曰：西域傳「安息王以大鳥卵及犛靬眩人獻於漢」。而於烏弋山離國亦云「有大鳥，卵如甕」。後漢西域傳「條支國出大雀，其卵如甕。永元十三年，安息獻條支大鳥，時謂之安息雀」。安息，今波斯。烏弋山離，今俾路芝。條支，今阿剌伯。據西域傳，獻大鳥卵者，安息也，而其種實出條支、烏弋山離，蓋皆近海炎地也。其性不能耐寒，僅後漢時一來獻，餘皆獻卵而已。今阿剌伯出此鳥，名駝鳥，其形如駝，可以挽車，西人尤重其卵，以爲供具，或朱緑之，飾以金銀。宋祁謂大鳥與卵并獻，蓋未究知其實耳。先謙曰：犛靬，史記並作黎軒。外國地名，多同聲異字。越本亦未遽非。宋説皆未當。

〔一七〕師古曰：説讀曰悦。

〔一八〕【補注】先謙曰：此句下，史記有「河源出于寘」五字。

〔一九〕臣瓚曰：漢使采取，持來至漢。

〔二〇〕【補注】王闓運曰：爾雅「西方之美者，有昆侖虛之球琳琅玕」。故以玉石名河，所出山爲昆侖。

是時，上方數巡狩海上，乃悉從外國客，大都多人過之，則散財帛賞賜，厚具饒給之，〔一〕以覽視漢富厚焉。〔二〕大角氐，〔三〕出奇戲諸怪物，多聚觀者，〔四〕行賞賜，酒池肉林，令外國客遍觀各倉庫府臧之積，欲以見漢廣大，傾駭之。〔五〕及加其眩者之工，而角氐奇戲歲增變，其益興，自此始。〔六〕而外國使更來更去。〔七〕大宛以西皆自恃遠，尚驕恣，未可詘以禮羈縻而使也。

〔一〕【補注】先謙曰：史記「則」字在「過」之上，文義更顯，所以示外國富庶也。「帛」下、「具」下並有「以」字。

〔二〕師古曰：視讀曰示。言示之令其觀覽。

〔三〕師古曰：氐音丁禮反。解在武紀。

〔四〕師古曰：聚都邑人，令觀看，以誇示之。觀音工喚反。

〔五〕師古曰：見，顯示。

〔六〕【補注】先謙曰：「其」，史記作「甚盛」二字。

〔七〕師古曰：遞互來去，前後不絕。更音工衡反。

漢使往既多，其少從率進孰於天子，〔一〕言大宛有善馬在貳師城，匿不肯示漢使。天子既好宛馬，聞之甘心，〔二〕使壯士車令等持千金及金馬以請宛王貳師城善馬。宛國饒漢物，〔三〕相與謀曰：「漢去我遠，而鹽水中數有敗，〔四〕出其北有胡寇，出其南乏水草，又且往往而絶邑，〔五〕乏食者多。漢使數百人爲輩來，常乏食，死者過半，是安能致大軍乎？且貳師馬，宛寶馬也。」遂不肯予漢使。漢使怒，妄言，椎金馬而去。〔六〕宛中貴人怒曰：〔七〕「漢使至輕我！」遣漢使去，令其東邊郁成王遮攻，殺漢使，取其財物。天子大怒。諸嘗使宛姚定漢等言：「宛兵弱，誠以漢兵不過三千人，强弩射之，即破宛矣。」天子以嘗使浞野侯攻樓蘭，以七百騎先至，虜其王，以定漢等言爲然，而欲侯寵姬李氏，〔八〕乃以李廣利爲將軍，伐宛。

〔一〕孟康曰：少從，不如計也。或曰，少者，少年從行之微者也。進孰，美語如成孰也。晉灼曰：多進虚美之言，必成之計於天子，而率不果也。師古曰：漢時謂隨使而出外國者爲少從，總言其少年而從使也。從音材用反。事見班固與弟仲升書。進孰者，但空進成孰之言。【補注】王闓運曰：進孰言，進見孰習也，以習孰故無所不言，而言及馬矣。先謙曰：王説是。

〔二〕師古曰：志懷美悦，專事求之。

〔三〕師古曰：素有漢地財物，故不貪金馬之幣。

〔四〕服虔曰：水名，道從水中行。師古曰：沙磧之中不生草木，水又鹹苦，即今敦煌西北惡磧者也。數有敗，言每自死亡也。【補注】先謙曰：胡三省云「裴矩西域記，鹽水在西州高昌縣東，東南去瓜州一千三百里，並沙磧之地，道路不可準，惟以人畜骸骨及駝馬糞爲標驗，由此數有死亡」。

〔五〕師古曰：言近道之處無城郭之居也。【補注】先謙曰：官本注無「言」字及上「之」字。

〔六〕如淳曰：罵，詈也。師古曰：椎破金馬也。椎音直追反，其字從木。【補注】先謙曰：椎破金馬，擕之而去，示絶宛也。

〔七〕師古曰：中貴人，中臣之貴者。【補注】周壽昌曰：顔注非也。此言宛國中之貴臣，不得以中貴人連讀。觀李廣利傳云「宛貴人皆以爲然」，又云「虜宛貴人勇將煎靡」可證。

〔八〕師古曰：欲封其兄弟。

騫孫猛，字子游，有俊才，元帝時爲光禄大夫，使匈奴，給事中，爲石顯所譖，自殺。

李廣利，〔一〕女弟李夫人有寵於上，産昌邑哀王。太初元年，以廣利爲貳師將軍，發屬國六千騎及郡國惡少年數萬人以往，〔二〕期至貳師城取善馬，故號「貳師將軍」。故浩侯王恢使道軍。〔三〕既西過鹽水，當道小國各堅城守，不肯給食，攻之不能下。下者得食，不下者數日則去。比至郁成，士財有數千，〔四〕皆飢罷。〔五〕攻郁成城，郁成距之，所殺傷甚衆。貳師將軍與左右計：「至郁成尚不能舉，況至其王都乎？」引而還。往來二歲，至敦煌，士不過什一二。〔六〕使使上書言：「道遠，多乏食，且士卒不患戰而患飢。人少，不足以拔宛。願且罷兵，益發而復往。」〔七〕天子聞之，大怒，使使遮玉門關，曰：「軍有敢入，斬之。」貳師恐，因留屯敦煌。

〔一〕【補注】周壽昌曰：廣利，中山人。

〔二〕師古曰：惡少年，謂無行義者。

〔三〕【補注】齊召南曰：徐廣云「恢先受封一年，坐使酒泉矯制，爵除」。案，此王恢以擊破車師功封浩侯，與元光中設計馬邑，以大行令爲將軍下獄死者不同。此在後。先謙曰：史記「故浩侯」上有「趙始成爲軍正」六字，此下有「而李哆爲校尉，制軍事」九字。

〔四〕師古曰：比音必寐反。財與才同。【補注】先謙曰：官本「師古曰比音必寐反」在「郁成」下。「財與才同」與「罷讀曰疲」，併在「皆飢罷」下，省下「師古曰」三字。

〔五〕師古曰：罷讀曰疲。

〔六〕師古曰：十人之中，一二人得還。

〔七〕師古曰：益，多也。

其夏，漢亡浞野之兵二萬餘於匈奴，〔一〕公卿議者皆願罷宛軍，專力攻胡。天子業出兵誅宛，宛小國而不能下，則大夏之屬漸輕漢，而宛善馬絕不來，烏孫、輪臺易苦漢使，〔二〕爲外國笑。乃案言伐宛尤不便者鄧光等。〔三〕赦囚徒扞寇盜，〔四〕發惡少年及邊騎，歲餘而出敦煌六萬人，〔五〕負私從者不與。〔六〕牛十萬，馬三萬匹，驢、橐駝以萬數齎糧，〔七〕兵弩甚設。〔八〕天下騷動，轉相奉伐宛，五十餘校尉。宛城中無井，汲城外流水，於是遣水工徙其城下水空以穴其城。〔九〕益發戍甲卒十八萬酒泉、張掖北，置居延、休屠以衞酒泉。〔一〇〕而發天下七科適，〔一一〕及載糒給貳師，〔一二〕轉車人徒相連屬至敦煌。〔一三〕而拜習馬者二人爲執驅馬校尉，〔一四〕備破宛擇取其善馬云。

〔一〕師古曰：趙破奴後封浞野侯。浞音士角反。【補注】先謙曰：據武紀「太初二年，秋，遣浞野擊匈奴，不還」。「其夏」，當作「其秋」。史記亦誤。

〔二〕晉灼曰：易，輕也。師古曰：輪臺，亦國名。【補注】先謙曰：「輪臺」，史記作「侖頭」。

〔三〕師古曰：案其罪而行罰。

〔四〕如淳曰：放囚徒使其扞御寇盜。師古曰：使從軍爲斥候。【補注】王闓運曰：寇盜，嘗爲寇盜當刑者也。扞讀若扞掫之扞，謂以人監守之耳。郭嵩燾曰：案王説非也。秦法，弛刑徒戍邊爲發謫，漢因之，有七科發謫，所發之惡少年亡命，則亦寇盜之流也。刑徒兼及死罪，而從未云發及寇盜，蓋亦古人正名之義。疑赦囚徒扞寇盜，當時常語然也。弛刑徒有罪者，隸之兵籍，校尉領之，當以兵法部勒，無資扞掫。如王説，則此扞字，與上赦字、下發字相牾，而義不可通矣。顏注以使從軍爲斥候，釋「扞寇盜」三字亦陋。斥候，軍中一事，發謫從征萬里外，豈得專爲斥候而已。先謙曰：官本注「徒」作「徙」，是。

〔五〕師古曰：興發部署，歲餘乃得行。

〔六〕師古曰：負私糧食及私從者，不在六萬人數中也。與讀曰豫。【補注】王念孫曰：此謂負私裝以從者，不在六萬人中也。顏誤分負私與從爲二事。匈奴傳「私負從馬凡十四萬匹」，亦謂私負裝以從之馬也。顏云「私負衣裝者及私將馬從者」，亦誤分爲二事。

〔七〕【補注】先謙曰：史記「驢」下有「騾」字，「齎」上有「多」字。

〔八〕師古曰：施張甚具也。

〔九〕師古曰：空，孔也。徙其城下水者，令從他道流，不迫其城也。空以穴其城者，圍而攻之，令作孔使穿穴也。下云「決其水原移之」，又云「圍其城攻之」，皆再敘其事也。一曰，既徙其水，不令於城下流，而因其舊引水入城之孔，攻而穴之。【補注】沈欽韓曰：瀉水使涸，就其空爲地穴攻城也。墨子備穴篇「善攻者穴土而入」。郭嵩燾曰：大宛當今浩罕地，北依納林河。城外流水，蓋環城山溪，注納林河者。先謙曰：此敘遣水工之故，尚未至宛。而顏云下再敘其事，誤也。此文作一句讀，徙水穴城，不分二事，一説近之。空讀如字，沈説優矣。

〔一〇〕如淳曰：立二縣以衛邊也。或曰，置二部都尉。【補注】先謙曰：地理志，居延張掖縣、休屠武威縣皆都尉治。武紀，太初三年，遣路博德築居延澤。蓋二縣於是時置。居延、休屠皆匈奴地，取於元狩中。而志云二郡縣太初所開也，衞酒泉者，以備胡。觀武紀、匈奴傳甚明。
〔一一〕師古曰：適讀曰謫。七科，解在武紀。
〔一二〕師古曰：精，乾飯，音備。
〔一三〕師古曰：屬音之欲反。【補注】宋祁曰：車當作運。
〔一四〕師古曰：習猶便也。一人爲執馬校尉，一人爲驅馬校尉。【補注】先謙曰：史記「驅」下無「馬」字。

於是貳師後復行，兵〔一〕多，所至小國莫不迎，出食給軍。〔二〕至輪臺，輪臺不下，攻數日，屠之。自此而西，平行至宛城，〔三〕兵到者三萬。宛兵迎擊漢兵，漢兵射敗之，宛兵走入保其城。貳師欲攻郁成城，恐留行而令宛益生詐，〔四〕乃先至宛，決其水原，移之，〔五〕則宛固已憂困。圍其城，攻之四十餘日。宛貴人謀曰：「王毋寡匿善馬，殺漢使。〔六〕今殺王而出善馬，漢兵宜解；即不，〔七〕乃力戰而死，未晚也。」宛貴人皆以爲然，共殺王。其外城壞，虜宛貴人勇將煎靡。〔八〕宛大恐，走入中城，相與謀曰：「漢所爲攻宛，以王毋寡。」〔九〕持其頭，遣人使貳師，約曰：「漢無攻我，我盡出善馬，恣所取，而給漢軍食。即不聽我，我盡殺善馬，康居之救又且至。至，我居內，康居居外，與漢軍戰，孰計之，何從？」〔一〇〕是時，康居候視漢兵尚盛，不敢進。貳師聞宛城中新得漢人知穿井，而其內食尚多。〔一一〕計以爲來誅首惡者毋寡，毋寡頭已至，如此不許，則堅守，而康居候漢兵罷來救宛，破漢軍必矣。〔一二〕軍吏皆以爲然，許宛之約。宛乃出其馬，令漢自擇之，而多出食食漢軍。〔一三〕漢軍取其善馬數十匹，中馬以下牝牡三千餘匹，而立宛貴人之故時遇漢善者名昧蔡爲宛王，〔一四〕與盟而罷兵。終不得入中城，罷而引歸。

〔一〕【補注】宋祁曰：古無「後」字。予謂「後」字當存爲是。案「古」下脱「本」字。先謙曰：「兵」字應下屬，與「多」字連文爲句，明小國畏服之由。宋誤讀。史記作「兵多，而所至小國莫不迎」。知多字單文不成句。

〔二〕【補注】沈欽韓曰：御覽三百四十五引漢書曰「李廣利征大宛，軍中無水，拔佩刀刺山，飛泉涌出」。蓋傳言夸誕，不知出何書也。

〔三〕師古曰：平行，言無寇難。

〔四〕師古曰：留行謂留止軍廢其行。

〔五〕【補注】宋祁曰：古本作「源」。先謙曰：史記亦作「源」，同。

〔六〕師古曰：毋寡，宛王名。

〔七〕【補注】宋祁曰：「不」字下當有「解」字。先謙曰：不即否字，本書用不字讀句者甚多。宋因史記有解字而云然，未當。

〔八〕師古曰：宛之貴人爲將而勇者名煎靡也。煎音子延反。

〔九〕【補注】王念孫曰：「其外城壞」至「以王毋寡」，錯簡正文六十九字。當依史記移置「攻之四十餘日」下。「宛貴人謀曰王毋寡」八字衍。當依史記删。

〔一〇〕師古曰：令貳師孰計之，而欲攻戰乎？欲不攻而取馬乎？

〔一一〕【補注】先謙曰：史記「漢人」作「秦人」。外夷稱中國，秦漢一也。亦見匈奴傳。

〔一二〕師古曰：罷讀曰疲。

〔一三〕師古曰：下食讀曰飤。

〔一四〕服虔曰：蔡音楚言蔡。師古曰：昧音本末之末。蔡音千曷反。【補注】繆荃孫曰：按服説，言蔡字當以楚言讀之。説文䰐下云「讀若江南謂酢母爲䰐」。淮南俶務訓注「訬，讀燕人言趮操善趍者謂之訬」。本字爲音，漢魏注家此例甚多。蓋漢人未有反切，徒以聲相譬況，聲不足明，則又爲内言、外言、緩氣言、急氣言、籠口言、閉口言、急舌言，作江淮閒人言，以舌頭、以舌腹言諸法，委曲曉示之。近儒段若膺獨不明乎此，注説文於此等處，均改他字，不知漢人本有此例也。先謙曰：史記「時」作「待」，「漢」下有「使」字，文義較明。昧蔡後事在西域傳。

初，貳師起敦煌西，爲人多，道上國不能食，〔一〕分爲數軍，從南北道。校尉王申生、故鴻臚壺充國等〔二〕千餘人別至郁成，城〔三〕守不肯給食。申生去大軍二百里，負而輕之，〔四〕攻郁成急。〔五〕郁成窺知申生軍少，晨用三千人攻殺申生等，數人脱亡，走貳師。〔六〕貳師令搜粟都尉上官桀〔七〕往攻破郁成，郁成降。其王亡走康居，桀追至康居。康居聞漢已破宛，出郁成王與桀。桀令四騎士縛守詣大將軍。〔八〕四人相謂：「郁成，漢所毒，〔九〕今生將，卒失大事。」〔一〇〕欲殺，莫適先擊。〔一一〕上邽騎士趙弟拔劍擊斬郁成王。桀等遂追及大將軍。

〔一〕師古曰：起，發也。道上國，近道諸國也。食讀曰飤。【補注】先謙曰：爲音于僞反。史記「爲」上有「以」字，則爲讀本音。

〔二〕【補注】先謙曰：壺充國，太初元年爲鴻臚，二年免。見公卿表。

〔三〕【補注】宋祁曰：「成城」，古本、浙本作「都城」。王闓運曰：「郁成」下當重「郁成」二字，與「城守」爲一句。先謙曰：宋誤讀斷守字。王説是也。史記正作「別到郁城。郁成城守」。古本、浙本蓋因「郁」、「都」形近，誤郁爲都，其上下文脱兩成字也。

〔四〕師古曰：負，恃也，恃大軍之威而輕敵人。【補注】先謙曰：史記「負」作「偵」。疑本書誤脱「偵」字之半，後人見貞字無義，遂改爲負。師古依文立訓耳。

〔五〕【補注】先謙曰：史記但云「責郁成」。未嘗急攻，情事不同。

〔六〕師古曰：走音奏。

〔七〕【補注】齊召南曰：外戚傳並不言左將軍桀從貳師伐宛有功。則此搜粟都尉後爲少府者，另是一人。公卿表，太初元年搜粟都尉上官桀爲少府，年老免。即合此傳。而顔注乃謂疑此非上官桀，表誤。何哉？左將軍上官桀與霍光同輔政者，在此人後，姓名偶同耳。

〔八〕如淳曰：時多别將，故謂貳師爲大將軍。【補注】何焯曰：「將」字衍文，如注强爲之説耳。下同。先謙曰：此與下文「大將軍」，史記並同，則是班用元文，非衍也。諸將獨貳師尊貴，因而稱之大者，大其爲將軍耳。要是駁文，不合史例。

〔九〕師古曰：言毒恨。

〔一〇〕師古曰：卒讀曰猝。【補注】李慈銘曰：生將，謂生致之也。將讀將送之將。先謙曰：史記「將」下有「去」字，文義更明。恐其猝佚去，事重大也。

〔一一〕師古曰：適，主也。無有主意先擊者也。音丁歷反。

初，貳師後行，〔一〕天子使使告烏孫大發兵擊宛。烏孫發二千騎往，持兩端，不肯前。貳師將軍之東，〔二〕諸所過小國聞宛破，皆使其子弟從入貢獻，見天子，因爲質焉。軍還，入玉門者萬餘人，馬千餘匹。後行，非乏食，〔三〕戰死不甚多，而將吏貪，不愛卒，侵牟之，以此物故者衆。〔四〕天子爲萬里而伐，不録其過，乃下詔曰：〔五〕「匈奴爲害久矣，今雖徙幕北，與旁國謀共要絶大月氏使，遮殺中郎將江、故雁門守攘。〔六〕危須以西及大宛皆合約殺期門車令、〔七〕中郎將朝及身毒國使，隔東西道。貳師將軍廣利征討厥罪，伐勝大宛。賴天之靈，從泝河山，涉流沙，通西海，山雪不積，〔八〕士大夫徑度，〔九〕獲王首虜，珍怪之物畢陳於闕。其封廣利爲海西侯，食邑八千户。」又封斬郁成王者趙弟爲新畤侯；〔一〇〕軍正趙始成功最多，爲光禄大夫；上官桀敢深入，爲少府；李哆有計謀，爲上黨太守。〔一一〕軍官吏爲九卿者三人，諸侯相、郡守、二千石百餘人，千石以下千餘人。奮行者官過其望，〔一二〕以適過行者皆黜其勞。〔一三〕士卒賜直四萬錢。〔一四〕。伐宛再反，〔一五〕凡四歲而得罷焉。

〔一〕【補注】先謙曰：後行，上文所謂後復行也。

〔二〕師古曰：東，旋軍東出。【補注】先謙曰：將，即諒反。

〔三〕【補注】先謙曰：後行，與上義同。史記作「貳師後行，軍非乏食」。

〔四〕師古曰：侵牟，言如牟賊之食苗也。物故，謂死也。解具在景紀及蘇武傳。【補注】沈欽韓曰：楚策「下牟百姓」亦作侔，荀子榮辱篇「侔侔然惟利之見」。集韻「牟，取也，大也」。此爲侵取之義，顔注非。先謙曰：牟訓取，是也。食貨志注「牟，取也」。景紀「侵牟萬民」。李奇注「牟，食苗根蟲也」。則顔説所本。

〔五〕【補注】何焯曰：張騫傳云「並南山至鹽澤，空無匈奴。匈奴時有候者到，而稀矣」。所以爲此詔起本，深明其事不實，而兵爲得已也。先謙曰：案武紀太初三年，路博德築居延。後匈奴復入酒泉、張掖，殺都尉。匈奴傳「聞貳師將軍破大宛，斬其王還，單于欲遮之，不敢」。蓋匈奴雖徙幕北，侵掠未已，何據騫傳數語，遽謂詔書不實？臆説失理之甚！

〔六〕【補注】先謙曰：江、攘，名。

〔七〕服虔曰：危須，國名也。文穎曰：漢使期門郎也，車令，姓名也。

〔八〕張晏曰：是歲雪少，故得往還，喜得天人之應也。師古曰：從，由也。泝，逆流而上也。言路由山險，又泝河也。泝音素。【補注】郭嵩燾曰：案河山，即張騫傳所云「天子按古圖書，名河所出山曰昆侖」是也。河源所出凡二，一北出蔥嶺，一南出于寘，同匯於蒲昌海，東南海爲星宿海。而騫傳云「漢使窮河源，其山多玉石」。疑所據爲河源者，于寘山也。自玉門陽關以西，皆流沙地。水道提綱以今青海當西海，則所云河山，爲河所出之山明甚。從河上泝，而名所出山曰昆侖。顔注析河山爲二，而不詳其地，與「涉流沙，通西海」自爲虛實，恐未然也。李慈銘曰：泝，正字當作瀕，今作溯。先謙曰：地理志張掖郡居延下云「居延澤在東北，古文以爲流沙」。先使路博德築城，其地爲貳師軍行所必經也。

〔九〕師古曰：言無屯難也。

〔一〇〕【補注】先謙曰：嘉其能勇決，審輕重，斬王首。

〔一一〕師古曰：哆音昌野反。

〔一二〕孟康曰：奮，迅也。自樂而行者。

〔一三〕師古曰：適讀曰謫。言以罪謫而行者，免其所犯，不敘功勞。【補注】郭嵩燾曰：漢法，七科發謫，一曰吏有罪者。此云黜其勞，主軍官吏言之，蓋吏之有罪者也。但許其立功贖罪，而不授官，故曰黜其勞。意在示人以重犯法也。

〔一四〕師古曰：或以他財物充之，故云直。【補注】先謙曰：史記作「四萬金」。郭嵩燾云：食貨志「黄金一斤，直錢萬」。史記平準書注「秦以一鎰爲一金，漢以一斤爲一金」。上文還入玉門者萬餘人，而爲軍官吏千餘人，是士卒受賜約萬人。史記云「四萬金」，直錢四萬萬，蓋通言之。此云「四萬錢」，則一士卒所得之賜也。漢法，凡賞賜有帛，有金，有錢，各分數品云。直四萬錢，通金幣數者合計之，無以他財物充賞者。顏注未審。張騫傳云，齎金幣帛直數千鉅萬。亦可證。

〔一五〕師古曰：再反猶今言兩迴。

後十一〔一〕歲，征和三年，貳師復將七萬騎出五原，擊匈奴，度郅居水。〔二〕兵敗，降匈奴，爲單于所殺。語在匈奴傳。

〔一〕師古曰：郅音質。

贊曰：禹本紀言河出昆侖，昆侖高二千五百里餘，〔一〕日月所相避隱爲光明也。自張騫使大夏之後，窮河原，惡睹所謂昆侖者乎？〔二〕故言九州山川，尚書近之矣。至禹本紀、山經所有，放哉！〔三〕

〔一〕【補注】先謙曰：史記「餘」在「里」字上，此誤倒。

〔二〕鄧展曰：漢以窮河原，於何見昆侖乎？尚書曰「道河積石」，是謂河原出於積石。積石在金城河關，不言出昆侖也。師古曰：惡音烏。【補注】王闓運曰：惡睹所謂昆侖，言無二千五百里高之山也。

〔三〕如淳曰：放蕩迂闊，不可信也。師古曰：如說是也。荀悦誤以「放」爲「效」字，因解爲不效，蓋失之矣。【補注】先謙曰：此全本史記大宛傳贊，不敢斥言武帝志窮荒遠之失，舉昆侖之非，實以寓諷也。武帝所名昆侖非真河源，然因此並疑昆侖，則蔽所不見之失也。謹案：康熙四十三年，聖祖命侍衛拉錫等窮河源，至星宿海。乾隆四十七年，高宗命侍衛阿彌達窮河源。還奏：星宿海西南一河，名阿勒坦郭勒。蒙古語，「阿勒坦」即黄金，「郭勒」即河也。河水色黄，回旋三百餘里，入星宿海。阿勒坦郭勒之西有巨石，高數丈，名阿勒坦噶達素齊老。蒙古語，「噶達素」，北極星；「齊老」，石也。其崖壁黃赤色，壁上爲天池，池中流泉噴涌，釃爲百道，皆作金色，入阿勒坦郭勒，則真黃河之上源。伏讀高宗御製文集有河源按語、河源簡明語二篇，恭録於此，以曉學者，餘詳西域傳。御製河源按語曰「按班固漢書張騫傳『天子使窮河源，其山多玉石，采來，天子按古圖書，名河所出山曰昆侖云』。又固贊又謂『騫使大夏之後，窮河源，惡睹所謂昆侖者乎？故言九州山川，尚書近之』。於是鄧展遂謂河源出於積石。是皆拘墟未見顏色之言，蓋千古以上，中國以外，紀載已舛，言語不通，而欲定其確實，何異北轅適越？考元史始有星宿海之名，而以爲河源。元，蒙古也。『鄂敦』即星宿，彼時譌譯爲『火敦』，則漢人不通蒙古語耳。此爲近之。今則更溯以上，遂得真源，然昆侖之語亦不爲無因。蓋昆侖在今回部中，回部諸水，皆東注蒲昌海，即鹽澤也。鹽澤之水，皆入地伏流，至青海始出，則星宿海諸水皆是也。而大河之源獨黃色爲靈異，更在星宿海之上，非昆侖之水伏地至此以出而挾星宿海諸水爲河瀆而何？濟水三伏三見，此亦一證矣。獨漢書所云采玉，則因昆侖出玉，未免牽就。詢之阿彌達，則稱河源皆土山，無石。無石安能有玉？夫非精通蒙古語及漢書，更問之親履其地之人，率欲定此事體大而地遠理博之事，不亦甚難乎？於甚難而得決疑傳正，亦一大快也」。御製河源簡明語曰「予既爲河源詩並按語，繼讀宋史河渠志，有文命輯河源紀略。有諭：茲以體大物博，考今證古，不無費辭。雖彼此細勘事則明，恐毫釐或差義乃紊。茲爲簡明之語，庶因提要而便覽。蓋河源究以張騫所探蒲昌海鹽澤及漢武所定昆侖爲是，雖山海經、水經注皆略具其説，但山海經劉歆稱伯益所著，本無所據。水經注則桑欽、酈道元，皆張騫後人，實祖其説而廣之，以至於煩文。且昆侖在回部，原出玉也，獨未明揭伏流至青海於阿勒坦噶達素之天池而出耳。歷唐宋以至元，乃有鄂敦諾爾爲河源之語。『鄂敦』爲蒙古語，漢語即星宿海也。彼時雖未考至天池，而中國之河源實由此，頗見梗槩矣。溯伏流以至蒲昌海鹽澤，非河源而何？星宿海亦鹽澤之伏流，至青海而出爲清水，黃河挾之以流，始爲微淡，後爲純黃。是二水本一源，至中國出地爲二色，而終歸於一。若夫曲折纖細，則見近所爲詩文及紀略之書，獨敘其簡明崖略如此」。

司馬遷傳第三十二

昔在顓頊，〔一〕命南正重司天，火正黎司地。〔二〕唐虞之際，紹重黎之後，使復典之，至於夏商，故重黎氏世序天地。〔三〕其在周，程伯休甫其後也。〔四〕當宣王時，官失其守，而爲司馬氏。〔五〕司馬氏世典周史。〔六〕惠襄之間，司馬氏適晉。〔七〕晉中軍隨會犇魏，〔八〕而司馬氏入少梁。〔九〕

〔一〕【補注】錢大昕曰：劉知幾謂篇首當云司馬遷，字子長，馮翊夏陽人，繼以其自序曰云云，方合著述之體。其説固然，然此例人所共知，孟堅命世大才，詎猶未了。蓋叔皮父子踵史遷而作書，故自敘一篇，悉因舊文，附以後事，取述而不作之義，意主撝謙，非失於檢照也。

〔二〕張晏曰：南方，陽也。火，水配也。水爲陰，故命南正重主天，火正黎兼地職也。臣瓚曰：重、黎司天地之官也。唐虞謂之羲和，則司地者宜曰北正。古文作北正。師古曰：瓚説非也。據班氏幽通賦云「黎淳燿於高辛」，則此爲火正是也。【補注】郭嵩燾曰：律曆志「太陽者，南方南任也」。淮南天文訓「天道圓，圓者主明」。南正者，主明之義也。淮南亦云「積陽之熱氣生火，火氣之精者爲日」。故天用莫如日，人用莫如火。司天屬神者主日，司地屬民者主火。南正向明以測日，火正順時以改火，各據所用言之。先謙曰：郭説是。尚書孔疏引左傳稱重爲句芒，黎爲祝融。祝融，火官，可得稱爲火正。句芒，木官，不得號爲南正。且木不主天，火不主地，而外傳稱顓頊命南正司天、火正司地者，蓋使木官兼掌天，火官兼掌地。南爲陽地，故掌天，謂之南正。黎稱火官，故掌地，猶爲火正。據此以兼職言稍異，然火正之不爲北正，益可見矣。史記「火」作「北」，傳寫誤耳。索隱援顏注正之，又引國語曰「黎爲火正，以淳曜敦大，光照四海」。此班賦所本。又引瓚注「古文作北正」。作「古文作火字非也」七字，明古無作北正之本。此注引誤。

〔三〕【補注】錢大昭曰：楚語「少皞之衰也，九黎亂德，顓頊受之，乃命南正重司天以屬神，命火正黎司地以屬民，使復舊常，無相侵瀆。其後三苗復九黎之德，堯復育重黎之後，不忘舊者，使復典之，以至于夏商。故重黎氏世序天地，而別其分主者也。其在周，程伯休父其後也，當宣王時，失其官守，而爲司馬氏」。

〔四〕應劭曰：封爲程國伯，休甫，字也。【補注】繆荃孫曰：續志「雒陽有上程聚，古程伯休父之國」。先謙曰：索隱「據左氏，重是少昊之子，黎乃顓頊之胤，二氏二正，所出各別，而遷意欲合二氏爲一，故總云『在周，程伯休甫其後』，非也。按彪之序及干寶皆云司馬氏，黎之後是也。今總稱伯休甫是重黎之後者，凡言地即舉天，稱黎則兼重，自是相對之文，其實二官亦通職。然休甫則黎之後也，亦是太史公欲以史爲己任，故言先代天官，所以兼稱重耳」。先謙案：楚世家索隱引劉氏云「少昊氏之後曰重，顓頊氏之後曰重黎，對彼重則單稱黎，若自言當家則稱重黎。故楚及司馬氏皆重黎之後，非關少昊之重」。小司馬以彼說爲當，不應於此反不瞭也。大戴禮帝繫篇亦云「老童產重黎」。是黎本名重黎，且此文皆本國語，小司馬以爲遷誣其先，失理遠矣。

〔五〕師古曰：失其守之職也。【補注】何焯曰：詩常武「王謂尹氏，命程伯休父」。毛傳「尹氏掌命卿士，程伯休父始命爲大司馬，正當宣王之時，已失典司天地之守，故僅以時王所命之官，別爲司馬氏也」。先謙曰：官本注「其」下有「所」字，是。

〔六〕【補注】宋祁曰：浙本此句無「司馬氏」三字。先謙曰：索隱「司馬，夏官卿，不掌國史，自是先代兼爲史。衞宏云

『司馬氏，周史佚之後』，恐或有所據」。王啟原云：史佚，逸周書或稱尹逸，則佚，姞姓，黄帝後也。春秋尹氏是其胄，靈景時猶貴盛，爲公卿，未嘗中衰。佚後爲司馬氏，別無他證，未能與史公爭審矣。

〔七〕張晏曰：周惠王、襄王有子頹、叔帶之難，故司馬氏奔晉也。

〔八〕如淳曰：左氏傳，晉僞使魏壽餘誘士會於秦譟而還時也。師古曰：犇，古奔字也。據春秋，隨會奔秦，其後自秦入魏而還晉。今此言隨會奔魏，司馬氏因入少梁，則似謂自晉出奔魏耳。但魏國在獻公時已滅爲邑，封畢萬矣。既非別國，不得言奔。未詳遷之所説。【補注】齊召南曰：奔魏，史記作奔秦，是也。漢書本誤作魏耳。又案隨會奔秦時，未爲中軍將也，史文以後官冠其名。先謙曰：索隱「會自晉奔秦，後乃奔魏，自魏還晉，故漢書云會奔魏也」。先謙案，奔秦、奔魏，理元可通，遷説自不誤，顏之獻疑適增其謬。

〔九〕師古曰：少梁，本梁國也，爲秦所滅，號爲少梁。

自司馬氏去周適晉，分散，或在衛，或在趙，或在秦。其在衛者，相中山。〔一〕在趙者，以傳劍論顯，〔二〕蒯聵其後也。〔三〕在秦者錯，與張儀爭論，〔四〕於是惠王使錯將兵伐蜀，遂拔，因而守之。〔五〕錯孫蘄，〔六〕事武安君白起。而少梁更名夏陽。〔七〕蘄與武安君阬趙長平軍，〔八〕還而與之俱賜死杜郵，〔九〕葬於華池。〔一〇〕蘄孫昌，爲秦王鐵官。〔一一〕當始皇之時，蒯聵玄孫卬〔一二〕爲武信君將而徇朝歌。〔一三〕諸侯之相王，王卬於殷。〔一四〕漢之伐楚，卬歸漢，以其地爲河内郡。昌生毋懌，〔一五〕毋懌爲漢市長。〔一六〕毋懌生喜，喜爲五大夫，〔一七〕卒，皆葬高門。〔一八〕喜生談，談爲太史公。〔一九〕

〔一〕張晏曰：司馬喜爲中山相。【補注】先謙曰：見國策、呂覽及人表。

〔二〕服虔曰：世善劍也。師古曰：劍論，劍術之論也。論，來頓反。【補注】先謙曰：正義「何法盛晉書及晉譙王司馬無忌司馬氏系本，皆云名凱」。集解引蘇林曰「傳手搏論而釋之」。此讀傳爲搏也。又引晉灼云「史記吴起贊曰『非信仁廉勇，不能傳劍論兵書』也」。劍論、兵書，相對爲文，蓋善劍術者著論傳世。晉、顏説是。集解引服説，「善」下有「傳」字。官本「來」上有「音」字。

〔三〕如淳曰：刺客傳之蒯聵也。師古曰：蒯，苦怪反。聵，五怪反。【補注】沈欽韓曰：淮南主術訓「握術劍鋒，以離北宫，司馬蒯聵，不使應敵」。非刺客傳中人。張文虎曰：刺客傳無蒯聵，惟荆軻嘗游過榆次，與蓋聶論劍云云。疑蓋聶即蒯聵之誤。榆次本趙地。古蒯字本作蔽，與蓋並從艸，㕟與盇形相涉。爾雅釋詁㕟釋文云「又作聵」。説文耳部聵字重文作䎸，與聶字形皆相涉，蓋傳寫錯亂。如淳魏時人，或尚見史記舊文，索隱云，蓋姓、聶名，則所見本已訛矣。

〔四〕應劭曰：秦惠王欲伐蜀，張儀曰，不如伐韓，司馬錯以當先伐蜀。惠王從之，起兵伐蜀，取之。師古曰：錯音千古反。【補注】先謙曰：官本「古」作「各」是。

〔五〕蘇林曰：爲郡守。

〔六〕師古曰：音祈。【補注】先謙曰：「蘄」，史記作「靳」。

〔七〕【補注】沈欽韓曰：秦紀「惠文王十二年，更名少梁曰夏陽」。張儀傳「説魏王入上郡少梁以謝秦」。是入秦即名夏陽。上句云事武安君白起，則爲昭襄王時，此語殊乖次第。先謙曰：少梁更名夏陽，尚在惠文後九年，錯拔蜀之前，此文補述之也。

〔八〕文穎曰：趙孝成王時，趙括爲將。

〔九〕李奇曰：地名，在咸陽西十里。師古曰：郵音尤。

〔一〇〕晉灼曰：池名也，在鄠縣。師古曰：晉説非也。華池在左馮翊界，近夏陽，非鄠縣。【補注】先謙曰：正義「括地志，華池在同州韓城縣西南七十里，在夏陽城西北四里」。有司馬遷碑。

〔一一〕【補注】先謙曰：「王」，史記作「主」。

〔一二〕【補注】先謙曰：索隱「司馬氏系本云，蒯聵生昭預，昭預生憲，憲生卬」。

〔一三〕師古曰：武信君即武臣也，未爲趙王之前號武信君。項籍傳曰「趙將司馬卬」，是知爲武臣之將也。【補注】劉攽曰：此言當始皇時，爲武信君將，則武信君非武臣也。王念孫曰：蒯通傳云「武臣略定趙地，號武信君」，是武信君即武臣也。此秦二世時事，而云當始皇之時，記者之誤耳。誤本史記。始皇之時，卬安得爲武信君將而徇朝歌乎？貢父據此一句，而輒生異説，謬矣。先謙曰：本書項籍傳「趙將司馬卬定河内，數有功，封爲殷王」。史記秦楚之際月表「卬爲殷王，都朝歌」。卬降漢，地爲河内郡。是徇朝歌、定河内實一事。武信君之爲武臣，更無可疑。劉説非也。但此文本言昌爲鐵官，當始皇時，屬上讀，與卬事無涉，後人自誤會耳。王謂史記誤，亦非。

〔一四〕師古曰：項羽封卬爲殷王。

〔一五〕師古曰：懌，弋赤反。【補注】先謙曰：史記作「無澤」，索隱「漢書作毋擇」，是小司馬所見漢書本不作懌也。繙王本史記索隱，擇仍作懌。

〔一六〕【補注】先謙曰：百官表，長安四市有四長。

〔一七〕【補注】先謙曰：百官表，爵九級曰五大夫。

〔一八〕蘇林曰：長安北門也。師古曰：蘇説非也。高門，地名，在夏陽西北，而東去華池三里。【補注】先謙曰：正義「括地志云，高門原俗名馬門原，在同州韓城縣西南十八里。漢司馬遷墓在韓城縣南二十二里」。

〔一九〕如淳曰：漢儀注，太史公，武帝置，位在丞相上。天下計書先上太史公，副上丞相，序事如古春秋。遷死後，宣帝以其官爲令，行太史公文書而已。晉灼曰：百官表無太史公在丞相上。又衞宏所説多不實，未可以爲正。師古曰：談爲太史令耳，遷尊其父，故謂之爲公。如説非也。【補注】劉攽曰：周制，外史掌四方之志，布在諸侯國，其位上士，皆在諸侯之卿上。秦亦有之，故漢儀注所謂太史公在丞相上，謂此也。衛宏所説，亦不可謂之全非。

宋祁曰：遷與任安書，自言「僕之先人，文史星曆近乎卜祝之間，故上所戲弄，倡優畜之，流俗之所輕也」。若其位在丞相上，安得有此言耶？百官表不著其官，信其非也。吴仁傑曰：韋昭云「史記稱遷爲太史公者，外孫楊惲所稱」。志林以爲「古者主天官皆上公，至漢官屬，仍以舊名，尊而稱公」。案遷報任少卿書亦以太史公自稱，則非官屬與外孫尊之矣。文選報任少卿書云「太史公牛馬走」。五臣注「太史公，遷之父」。按遷被刑，談死久矣，安得以父故官爲稱？史記自序「太史公曰，先人有言」。索隱「先人謂先代賢人」。意以太史公爲談自稱。按遷此書，言「僕之先人」，又非先代賢人之謂。又遷自序云「談爲太史公」，謂尊其父可也。下文「太史公遭李陵之禍」，則遷自謂矣。安有官爲令，而自尊曰公者？蓋春秋之世，楚邑令皆稱爲公。漢書音義「陳涉爲楚王，沛公起應涉，故從楚制稱公。史記有柘公、留公，索隱，柘縣留縣令也。故曹參爲戚令，稱戚公；夏侯嬰爲滕令，稱滕公是也」。按茂陵書，談由太史丞爲太史令，本傳言，談卒三歲，而遷爲太史公。則是遷父子官爲令耳，其稱公者，如柘、留、戚、滕之比，非尊其父而然。李慈銘曰：太史公，自是當時官府通稱，固非官名，亦非尊加。如後世之稱太史氏，亦非有此官名也。流俗相沿，如晉之中書令稱令君，唐之御史稱端公，不必以其尊官也。衛説不過因公字而附會之。至官曹稱謂，例不見於百官志，亦不必疑。朱一新曰：衛宏所説，謂位在丞相上者，蓋謂朝會之位，以其國史所關，使之密邇至尊，以便記注，非以其爵秩，亦非必以尊寵也。正義引志林已有朝會坐位之説，特其論過泥。此如唐之起居舍人，秩從六品上，而分侍左右秉筆，隨宰相入殿，蓋其職事使然。惟言遷死後，宣帝以其官爲令，則非其實。本傳言「卒三歲，而遷爲太史令」。李陵傳言「太史令司馬遷」。是遷官爲太史令無疑。李云，太史公爲當時通稱，其説甚確。遷自云「廁下大夫之列」。百官志「太史令六百石」。索隱引博物志「太史令茂陵顯武里大夫司馬，年二十八，三年六月除六百石」。本紀「宣帝詔史六百石，位大夫」。合以史公自言，則其官爲太史令，其秩爲六百石，安有如衛氏所云者？惟漢舊儀言「太史公秩二千石」爲異，此則或談任職時，增其秩以示寵，或官秩尊卑，隨時升降，或記者偶失其實，闕疑可矣。先謙曰：遷言「近乎卜祝之間，廁下大夫之列」，官職自明。宋、晉、吴氏駮衞説，是。遷自謂太史公，則太史令實有太史公之稱。顔謂遷尊其父爲公，韋昭謂楊惲尊遷爲公，合之遷書，理不可通。李、朱二説得之，吴氏縣公之説，失之鑿矣。

太史公學天官於唐都，〔一〕受易於楊何，〔二〕習道論於黄子。〔三〕太史公仕於建元、元封之間，愍學者不達其意而師誖，〔四〕乃論六家之要指曰：

〔一〕師古曰：即律曆志所云方士唐都者。
〔二〕師古曰：何字叔元，菑川人，見儒林傳。
〔三〕師古曰：景帝時人也，儒林傳謂之黄生，與轅固爭論於上前，謂湯武非受命，乃殺也。
〔四〕師古曰：誖，惑也。各習師法，惑於所見。誖音布内反。【補注】先謙曰：史記「誖」作「悖」，集解引顔注，亦作「悖」，「法」作「書」。

易大傳曰：〔一〕「天下一致而百慮，同歸而殊塗。」〔二〕夫陰陽、儒、墨、名、法、道德，此務爲治者也，直所從言之異路，有省不省耳。〔三〕嘗竊觀陰陽之術，大詳而衆忌諱，〔四〕使人拘而多畏，〔五〕然其序四時之大順，不可失也。儒者博而寡要，勞而少功，是以其事難盡從，然其敘君臣父子之禮，列夫婦長幼之别，不可易也。〔六〕墨者儉而難遵，〔七〕是以其事不可遍循，〔八〕然其彊本節用，不可廢也。法家嚴而少恩，然其正君臣上下之分，不可改也。名家使人儉而善失真，〔九〕然其正名實，不可不察也。道家使人精神專一，動合無形，澹足萬物，〔一〇〕其爲術也，因陰陽之大順，采儒、墨之善，撮名、法之要，〔一一〕與時遷徙，應物變化，立俗施事，無所不宜，指約而易操，事少而功多。〔一二〕儒者則不然，以爲人主天下之儀表也，君唱臣和，主先臣隨。〔一三〕如此，則主勞而臣佚。至於大道之要，去健羨，〔一四〕黜聰明，〔一五〕釋此而任術。夫神大用則竭，形大勞則敝；神形蚤衰，〔一六〕欲與天地長久，非所聞也。

〔一〕【補注】宋祁曰：越本無「曰」字。

〔二〕張晏曰：大傳謂易繫辭。

〔三〕師古曰：言發跡雖殊，同歸於治，但學者不能省察，昧其端緒耳。直猶但也。【補注】郭嵩燾曰：言六家同務爲治，而所施異宜，不相爲用，務此則忽彼，故曰有省不省。下言道家爲術，無所不宜，則亦無所不省也。顏注誤。

〔四〕【補注】李慈銘曰：史記「詳」作「祥」。古詳、祥字通。易「視履考祥」，釋文本或作詳。孟子「申詳」，檀弓作祥。先謙曰：衆猶多也。

〔五〕李奇曰：陰陽之術，月令星官，是其枝葉也。師古曰：拘，曲礙也。【補注】李楨曰：褚補史記日者傳言「孝文時，聚會占家問之，某日可取婦乎？五行家曰可，堪輿家曰不可，建除家曰不吉，叢神家曰大凶，曆家曰小凶，天人家曰小吉，太一家曰大吉。辨訟不決，以狀聞。制曰『避諸死忌，以五行家爲主』。人取諸五行者也」。據此，知忌諱拘畏，西漢時，已如是。

〔六〕師古曰：易，變也。

〔七〕【補注】先謙曰：正義引韋昭云「墨翟之術也，尚儉」。

〔八〕師古曰：言難盡用。

〔九〕師古曰：劉向别録云，名家者流，出於禮官。古者名位不同，禮亦異數。孔子曰「必也正名乎」。【補注】李慈銘曰：梁玉繩史記志疑以「儉」字爲未的，引評林董份説爲「檢」字之誤。案，梁説是也。名家以察覈名實爲務，不得云使人儉，蓋檢即斂也。孟子「狗彘食人食而不知檢」。趙注「檢，斂也」。本書食貨志作「不知斂」。名家以繩墨檢察人，使各約束於禮，而不得肆，故曰使人檢而善失真。若作儉，則與墨家義犯矣。繆荃孫曰：古檢、儉、險多通用。易「君子以儉德避難」，虞翻云「一作險」。「險且枕」，釋文云「古文鄭本作檢」。可證。

〔一〇〕師古曰：澹，古贍字。【補注】先謙曰：史記作「贍」。

〔一一〕師古曰：撮，總取也，音千活反。

〔一二〕師古曰：操，執持也，音千高反。

〔一三〕師古曰：佚，樂也，字與逸同。

〔一四〕服虔曰：門户健壯也。如淳曰：知雄守雌，是去健也。不見可欲，使心不亂，是去羨也。晉灼曰：老子曰「善閉者無關楗」。嚴君平曰「拆關破楗，使姦者自止」。服説是也。師古曰：二義並通。健，其偃反，然今書本字皆作健字也。【補注】沈欽韓曰：荀子哀公篇「孔子曰，無取健」。注，健羨之人。説苑尊賢篇「健者必欲兼，不可以爲法也」。王先惠曰：玩晉説，則服注健壯似當作健牡，蓋以健爲楗。楗即鍵。禮月令「修鍵閉」，注，鍵牡、閉牝也。周禮司門注，鍵謂牡。楗牡，户牡也。服讀健爲楗，不如本義。集解獨取如説，顔意亦不右服也。先謙曰：健，其偃反。官本「健」作「揵」，是。此注楗字，官本皆從手，亦漢書通作如此。

〔一五〕如淳曰：不尚賢，絶聖棄知也。晉灼曰：嚴君平曰「黜聰棄明，倚依太素，反本歸真，則理得而海内鈞也」。師古曰：黜，廢也。【補注】先謙曰：史記「黜」作「絀」。

〔一六〕師古曰：蚤，古早字。【補注】先謙曰：「蚤衰」，史記作「騷動」。

夫陰陽，四時、八位、十二度、二十四節，各有教令，〔一〕曰順之者昌，逆之者亡，未必然也，故曰「使人拘而多畏」。夫春生夏長，秋收冬藏，此天道之大經也，〔二〕弗順則無以爲天下紀綱，故曰「四時之大順，不可失也」。

〔一〕張晏曰：八位，八卦位也。十二度，十二次也。二十四節，就中氣也。各有禁，謂月令也。【補注】先謙曰：集解引「禁」下有「忌」字，「月令」作「日月」。

〔二〕師古曰：經，常法。

夫儒者，以六藝爲法，六藝經傳以千萬數，累世不能通其學，當年不能究其禮，〔一〕故曰「博而寡要，勞而少功」。若夫列君臣父子之禮，序夫婦長幼之別，雖百家弗能易也。

〔一〕師古曰：究，盡也。【補注】蘇輿曰：晏子外篇載「晏子沮，景公封。仲尼云，兼壽不能殫其教，當年不能究其禮」。墨子所載，語意大同。是太史公所稱儒者，即謂孔子，爲後世非儒之漸，故班贊正之，謂遷先黃老而後六經，蓋其家學然也。當年猶丁年，釋詁「丁，當也」。淮南齊俗訓「丈夫丁壯而不耕，婦人當年而不織」。當年與丁壯對文同義。管子輕重丁篇「男女當壯」，戊篇又作「丁壯」。丁、當雙聲互訓，是其證。此言禮文繁縟，年雖丁壯，不能究盡。

墨者亦上堯舜，言其德行曰：「堂高三尺，土階三等，茅茨不翦，採椽不斲；〔一〕飯土簋，歠土刑，〔二〕糲粱之食，〔三〕藜藿之羹；〔四〕夏日葛衣，冬日鹿裘。」其送死，桐棺三寸，〔五〕舉音不盡其哀。教喪禮，必以此爲萬民率。故天下共若此，則尊卑無別也。〔六〕夫世異時移，事業不必同，故曰「儉而難遵」也。要曰彊本節用，則人給家足之道也。〔七〕此墨子之所長，雖百家不能廢也。

〔一〕師古曰：屋蓋曰茨。茅茨，以茅覆屋也。棌，柞木也。茨音疾茲反。棌音采，又音菜。【補注】沈欽韓曰：玉篇「棌，槲也」。釋木樕樸心注「槲，樕別名」。李時珍云「槲有二種，一種叢生小者，名枹，見爾雅；一高者名大葉櫟，樹葉俱似栗，長大粗厚，冬月凋落，其木理粗，不及櫟木，即柞木。所謂樗櫟之材指此」。師古以棌爲柞，非也。先謙曰：詩「柞棫拔矣」，箋「柞，櫟也」。山海經「大時之山上多穀柞」，注云「柞櫟」。風土記「吳越之間名柞爲櫟」。陸璣詩秦風疏「秦人謂柞櫟爲櫟」。據諸說，是柞即櫟也。史記自序韋昭注訓采爲櫟，顏承其誤。於此傳及藝文志「茅屋采椽」，揚雄傳「唐虞棌椽」，皆釋爲柞。先謙案：柞即皁斗槲木，與櫟相似，亦有斗槲，即樸樕。說文樸下云「樸，樕木」。李燾本作「樸樕小木」。繫傳云即今小槲栗之類也。詩「野有死麕」。正義云「釋木，樸樕心。某氏曰，樸樕，斛樕也，有心能溼，江河閒以作柱」。傳云「樸樕，小木也」。據此，則爲椽之棌，即江河閒作柱之斛樕小木。玉篇訓棌爲槲，是其明證。因其似櫟，又蒙櫟名，故昔人或誤混爲一。沈駁顏說，是也。說文無「棌」字。藝文志作「采」，是。此及雄傳並後人妄加木旁。史記自序亦作采。始皇紀「棌椽不刮」，注云「一作采椽不斲，言質素也」。官本棌作採，亦通作。

〔二〕師古曰：簋所以盛飯也，刑以盛羹也。土謂燒土爲之，即瓦器也。飯，扶晚反。簋音軌。歠，尺悅反。【補注】先謙曰：正義引顏注「刑」下有「所」字，此脫。官本「扶」上有「音」字。集解引徐廣云「簋，一作溜」。「歠」，史作「啜」。案，溜當作塯。

〔三〕服虔曰：糲，粗米也。張晏曰：一斛粟七斗米爲糲，音賴。師古曰：食，飯也。【補注】沈欽韓曰：張云，一斛粟七斗米爲糲，非也。九章算術「粟米法，粟率五十，糲米三十，粺二十七，鑿二十四，御米二十一」。言粟五升，爲糲米三升以下，米益精，則數亦漸減，至御米得二升一合也」。夏侯陽算經「粟五斗，爲糲米三斗，三十乘之，五十而一，其法亦同」。則一斛粟止得糲米六斗也。王念孫曰：服虔云，糲，粗米也。賈逵晉語注「粱食之精者」。見文選陸機君子有所思行注。是⿰米萬粗而粱精，不得以⿰米萬粱連文。粱當爲粢字之誤也。案粢、粱字形相近，傳寫往往訛溷。曲禮「稷曰明粢」，釋文「一本作明粱」。淮南人閒篇「飯黍粱」。今本粱誤作粢。爾雅「粢，稷」。桓二年左傳「粢食不鑿」。玉藻「稷食菜羹」。論語鄉黨篇「疏食菜羹」。粢食、稷食、疏食，異名而同實也。粢與糲皆食之粗者。李斯傳「堯之有天下也，粢糲之食，藜藿之羹」。韓子五蠹篇「堯之王天下也，糲粢之食，藜藿之羹」。淮南精神篇「珍怪奇味，人之所美也，而堯糲粢之飯，藜藿之羹」。主術篇「堯太羹不和，粢食不毇」。皆其證也。列子力命篇「北宫子謂西門子曰，朕衣則裋褐，食則粢糲；子衣則文錦，食則粱肉」。以糲粢與粱肉對言。淮南人閒篇「陳駢子對孟嘗君曰，臣之處於齊也，糲粢之飯，藜藿之羹，以身歸君，食芻豢，飯黍粱」。今本粱誤作粢。上文云，豢以芻，豢黍粱；下文云，服輕煖，乘牢良。與粱爲韻，今據改。以糲粢與黍粱對言，是粱精而糲粗，可言糲粢，不可言⿰米萬粱也。先謙曰：官本「⿰米萬」作「糲」，注「賴」作「辣」，引宋祁曰「景本糲作⿰米萬，注同越本。糲音賴」。先謙案：⿰米萬是糲之俗省。説文無「⿰米萬」有「糲」，糲下云「粟重一秳，爲十六斗大半斗，舂爲米一斛曰糲」。史自序瓚注「五斗粟三斗米爲糲」。沈駁張説，是。粱當爲粢，王説是。

〔四〕師古曰：藜，草似蓬也。藿，豆葉也。

〔五〕【補注】先謙曰：正義「以桐木爲棺，厚三寸也」。

〔六〕【補注】宋祁曰：越本「共」作「法」。先謙曰：史記「故」作「使」，「共」作「法」。

〔七〕師古曰：給亦足也。人人家家皆得足也。

法家不別親疏，不殊貴賤，壹斷於法，則親親尊尊之恩絶矣，可以行一時之計，而不可長用也，故曰「嚴而少恩」。若尊主卑臣，明分職不得相踰越，雖百家不能改也。〔一〕

〔一〕師古曰：分，扶問反。【補注】先謙曰：官本「分」下有「音」字。

名家苛察繳繞，〔一〕使人不得反其意，剸決於名，時失人情，〔二〕故曰「使人儉而善失真」。若夫控名責實，參伍不失，〔三〕此不可不察也。

〔一〕如淳曰：繳繞猶纏繞也。師古曰：繳，公鳥反。【補注】先謙曰：集解引如淳「纏繞」下有「不通大體」四字。

〔二〕師古曰：剸讀與專同，又音章免反。【補注】先謙曰：「剸」，史記作「專」，「時」作「而」。

〔三〕晉灼曰：引名責實，參錯交互，明知事情也。【補注】沈欽韓曰：鄧析子無厚篇「循名責實，君之事也」。

道家無爲，又曰無不爲，〔一〕其實易行，其辭難知。〔二〕其術以虛無爲本，以因循爲用。〔三〕無成勢，無常形，故能究萬物之情。不爲物先後，〔四〕故能爲萬物主。有法無法，因時爲業，有度無度，因物興舍。〔五〕故曰「聖人不巧，時變是守」。〔六〕虛者道之常也，〔七〕因者君之綱也。〔八〕羣臣並至，使各自明也。其實中其聲者謂之端，實不中其聲者謂之款。〔九〕款言不聽，姦乃不生，〔一〇〕賢不肖自分，白黑乃形。〔一一〕在所欲用耳，何事不成！乃合大道，混混冥冥。〔一二〕光燿天下，復反無名。〔一三〕凡人所生者神也，〔一四〕所託者形也。神大用則竭，形大勞則敝，形神離則死。死者不可復生，離者不可復合，故聖人重之。〔一五〕由此觀之，神者生之本，形者生之具。不先定其神形，而曰我有以治天下，何由哉？〔一六〕

〔一〕師古曰：無爲者，守靜一也。無不爲者，功利大也。【補注】王啟原曰：道經云「道常無爲而無不爲」。

〔二〕師古曰：言指趣幽遠。

〔三〕師古曰：任自然也。

〔四〕【補注】先謙曰：史記作「不爲物先，不爲物後」。集解引韋昭曰「因物爲制」。

〔五〕師古曰：興，起也。舍，廢也。【補注】王念孫曰：史記作「因物與舍」，於義爲長。舍者，居也。言因物與居而無成心也。鶡冠子世兵篇亦云「聖人捐物從理與舍」。因物與舍與因時爲業，相對爲文。先謙曰：法度與時物爲變通，神而明之，故曰有法無法，有度無度，因物興舍。後漢馮衍傳下引作「與物趨舍」，官本史記作「因物與合」，正義「因其萬物之形成度與合也」。

〔六〕師古曰：無機巧之心，但順時也。【補注】先謙曰：「巧」，史記作「朽」。

〔七〕【補注】王啟原曰：韓非解老云「虚者之無爲也，不以無爲有常」。

〔八〕師古曰：言因百姓之心以爲教，但執其綱而已。

〔九〕服虔曰：款，空也。李奇曰：聲則名也。師古曰：中，當也，充也，音竹仲反。【補注】沈欽韓曰：爾雅釋器「款足者謂之鬲」。封禪書「其空足曰鬲」。索隱云「款者，空也，亦同窾」。莊子養生主云「道大窾」。音義云「空也」。先謙曰：「款」，史記作「窾」。下同。言爲心聲，有實者爲正言，無實者爲空言，觀上下文甚明。李奇及索隱訓聲爲名，以爲實不稱名，非是。

〔一〇〕【補注】先謙曰：索隱引申子云「款言無成」。

〔一一〕師古曰：形，見也。

〔一二〕師古曰：元氣之貌也。混音胡本反。

〔一三〕師古曰：反，還也。

〔一四〕【補注】宋祁曰：浙本「所」字下有「以」字。

〔一五〕【補注】先謙曰：「合」，史記作「反」。

〔一六〕師古曰：凡此皆言道家之教爲長也。【補注】先謙曰：史記無「形」字。

太史公既掌天官，不治民。有子曰遷。

遷生龍門，〔一〕耕牧河山之陽。〔二〕年十歲則誦古文。〔三〕二十而南游江淮，上會稽，探禹穴，窺九疑，〔四〕浮沅湘。〔五〕北涉汶泗，〔六〕講業齊魯之都，觀夫子遺風，鄉射鄒嶧；〔七〕阸困蕃、薛、彭城，〔八〕過梁楚以歸。於是遷仕爲郎中，奉使西征巴蜀以南，略邛、筰、昆明，〔九〕還報命。〔一〇〕

〔一〕蘇林曰：禹所鑿龍門也。師古曰：龍門山，其東則在今秦州龍門縣北，其西則在今同州韓城縣北，而河從其中下流。【補注】齊召南曰：地理志「左馮翊夏陽縣，故少梁。禹貢梁山在西北，龍門山在北」。即遷所生之地。顏注所云「其西在今同州韓城縣北」者也。龍門一山跨河，故注先言東岸耳。「秦州」，應作「泰州」。唐武德元年，於隋汾陰縣置泰州。二年，徙治龍門縣，在漢爲河東皮氏縣地，與夏陽隔河相望。今曰河津縣，非遷所生地在西岸者也。

〔二〕師古曰：河之北，山之南也。

〔三〕【補注】周壽昌曰：索隱云「遷及事伏生，是學誦古文尚書。劉氏以爲左傳、國語、系本等書，是亦名之古文也」。案遷生於景帝後元年，距鼂錯之死十一年。錯，孝文時受書伏生，生已九十餘。孝文在位二十三年，計伏生當遷生時應百三十餘歲。遷十歲誦古文，及事伏生，生不已百四十餘耶？伏生不聞有此大年，揆之情事亦不合。史公從安國問，故索隱蓋誤以孔爲伏。

〔四〕張晏曰：禹巡狩至會稽而崩，因葬焉。上有孔穴，民間云禹入此穴。九疑，舜墓在焉。師古曰：會稽，山名，本茅山也。禹於此會諸侯之計，因名曰會稽。九疑山有九峰，解在司馬相如傳。【補注】先謙曰：會稽，顔據越絶書爲説。

〔五〕師古曰：沅水出牂柯，湘水出零陵，二水皆入江。

〔六〕師古曰：汶、泗兩水名，在地理志。汶音問。

〔七〕師古曰：鄒，縣名也。嶧，山名也，近曲阜地也。於此行鄉射之禮。嶧音懌。

〔八〕師古曰：蕃，縣名也，音皮。【補注】先謙曰：蕃、薛並魯國縣。蕃，今兖州府滕縣治。薛在滕縣東南四十四里。

〔九〕師古曰：筰，才各反。

〔一〇〕【補注】先謙曰：集解引徐廣曰「元鼎六年，平西南夷，以爲五郡。其明年，元封元年是也」。

是歲，天子始建漢家之封，而太史公留滯周南，〔一〕不得與從事，〔二〕發憤且卒。而子遷適反，見父於河雒之間。太史公執遷手而泣曰：「予先，周室之太史也。自上世嘗顯功名虞夏，典天官事。後世中衰，絶於予乎？汝復爲太史，則續吾祖矣。今天子接千歲之統，封泰山，而予不得從行，是命也夫！命也夫！予死，爾必爲太史；爲太史，毋忘吾所欲論著矣。且夫孝，始於事親，中於事君，終於立身；揚名於後世，以顯父母，此孝之大也。〔三〕夫天下稱周公，〔四〕言其能論歌文武之德，宣周召之風，〔五〕達大王王季思慮，爰及公劉，以尊后稷也。〔六〕幽厲之後，王道缺，禮樂衰，孔子脩舊起廢，論詩書，作春秋，則學者至今則之。自獲麟以來，四百有餘歲，〔七〕而諸侯相兼，史記放絶。今漢興，海内壹統，明主賢君，忠臣義士，〔八〕予爲太史而不論載，廢天下之文，予甚懼焉，爾其念哉！」〔九〕遷俯首流涕曰：「小子不敏，請悉論先人所次舊聞，不敢闕。」卒三歲，而遷爲太史令，紬史記石室金鐀之書。〔一〇〕五年而當太初元年，〔一一〕十一月甲子朔旦冬至，天曆始改，建於明堂，諸神受記。〔一二〕

〔一〕如淳曰：周南，洛陽也。張晏曰：洛陽而謂周南者，自陝以東皆周南之地也。

〔二〕師古曰：與讀曰豫。

〔三〕師古曰：此孔子説孝經之辭也。

〔四〕【補注】先謙曰：史記「稱」下有「誦」字。

〔五〕師古曰：召讀曰邵。

〔六〕師古曰：爰，曰也，發語辭也。一曰，爰，於也。

〔七〕【補注】先謙曰：集解「年表魯哀公十四年獲麟，至漢元封元年，三百七十一年」。

〔八〕【補注】先謙曰：「義士」，史記作「死義之士」。

〔九〕【補注】先謙曰：史記「文」上有「史」字。

〔一〇〕如淳曰：紬徹舊書故事而次述之。師古曰：此説非也。紬謂綴集之，音胄。鐀與匱同。【補注】周壽昌曰：談卒於元封元年。先謙曰：索隱引如説「紬作抽」。李慈銘云：紬即籀字，亦作抽。詩鄘風「不可讀也」。毛傳「讀，抽也」。説文「籀，讀書也」。方言「抽，讀也」。故亦曰紬繹，言讀而尋繹之也。索隱「石室、金匱，皆國家藏書之處」。

〔一一〕李奇曰：遷爲太史後五年，適當武帝太初元年，時述史記也。

〔一二〕張晏曰：以元新改，立明堂，朝諸侯及郡守受正朔，各有山川之祀，故曰諸神受記。孟康曰：明堂班十二月之政，曆紀四時，故云建於明堂。諸神受記，若句芒、祝融之屬，皆受瑞記。遷因此而作。師古曰：張説是矣。【補注】

何焯曰：謂自此初用夏正也。先謙曰：「記」，史作「紀」。官本「云」作「改」。

太史公曰：「先人有言：〔一〕『自周公卒五百歲而有孔子，孔子至於今五百歲，有能紹而明之，正易傳，繼春秋，本詩書禮樂之際。』意在斯乎！意在斯乎！小子何敢攘焉！」〔二〕

〔一〕【補注】先謙曰：正義「太史公，遷自稱。先人謂談」。

〔二〕師古曰：攘，古讓字。言當述成先人之業，何敢自謙，當五百歲而讓之也。【補注】先謙曰：案史記「至」上有「卒後」二字，「紹而明之」作「紹明世」，「攘」作「讓」。顔注襲晉灼，見索隱引作「何敢自嫌值五百歲而讓之也」。明此「謙」爲「嫌」之訛。

上大夫壺遂曰：「昔孔子爲何作春秋哉？」〔一〕太史公曰：「余聞之董生：〔二〕『周道廢，孔子爲魯司寇，諸侯害之，大夫壅之。孔子知時之不用，道之不行也，是非二百四十二年之中，〔三〕以爲天下儀表，貶諸侯，討大夫，以達王事而已矣。』〔四〕子曰：『我欲載之空言，不如見之於行事之深切著明也。』〔五〕春秋上明三王之道，下辨人事之經紀，別嫌疑，明是非，定猶與，〔六〕善善惡惡，賢賢賤不肖，存亡國，繼絶世，補弊起廢，王道之大者也。〔七〕易著天地、陰陽、四時、五行，故長於變；〔八〕禮綱紀人倫，故長於行；書記先王之事，故長於政；詩記山川谿谷、禽獸草木、牝牡雌雄，故長於風；樂樂所以立，故長於和；春秋辯是非，故長於治人。是故禮以節人，樂以發和，書以道事，詩以達意，易以道化，春秋以道義。〔九〕撥亂世反之正，莫近於春秋。春秋文成數萬，其指數千。〔一〇〕萬物之散聚皆在春秋。〔一一〕春秋之中，弒君三十六，亡國五十二，諸侯奔走，不得保社稷者不可勝數。〔一二〕察其所以，皆失其本已。〔一三〕故易曰『差以豪氂，謬以千里』。〔一四〕故『臣弒君，子弒父，非一朝一夕之故，其漸久矣』。〔一五〕有國者不可以不知春秋，前有讒而不見，後有賊而不知。爲人臣者不可以不知春秋，守經事而不知其宜，遭變事而不知其權。〔一六〕爲人君父者〔一七〕而不通於春秋之義者，必蒙首惡之名。〔一八〕爲人臣子不通於春秋之義者，必陷篡弒誅死之罪。其實皆以善爲之，而不知其義，〔一九〕被之空言不敢辭。〔二〇〕夫不通禮義之指，至於君不君，臣不臣，父不父，子不子。夫君不君則犯，〔二一〕臣不臣則誅，父不父則無道，子不子則不孝。此四行者，天下之大過也。以天下大過予之，受而不敢辭。故春秋者，禮義之大宗也。夫禮禁未然之前，法施已然之後；法之所爲用者易見，而禮之所爲禁者難知。」

〔一〕【補注】先謙曰：索隱「遂爲詹事，秩二千石，故位上大夫也」。

〔二〕服虔曰：仲舒也。【補注】周壽昌曰：生亦先生也。遷自居後學，故稱先生。

〔三〕師古曰：是非謂本其得失。【補注】先謙曰：是非猶褒貶。

〔四〕師古曰：時諸侯僭侈，大夫擅權，故貶討之也。貶，退也。討，治也。【補注】先謙曰：史記「貶」下有「天子退」三字，蓋班氏删之。

〔五〕【補注】李楨曰：繁露俞序篇「吾因其行事而加乎王心焉，以爲見之空言，不如見之行事博深切明」。其文正與此同。史公自言聞之董生。正義云「此春秋緯文」。王應麟以爲緯書述張守節語耳。先謙曰：謂空言義理以教人，不如附見諸侯大夫僭逆之行事，垂誡尤切。

〔六〕師古曰：與讀曰豫。【補注】先謙曰：史記無「紀」字。

〔七〕【補注】先謙曰：「弊」，官本作「敝」。史記同。

〔八〕師古曰：以變化之道爲長也。長讀如本字。一曰，長謂崇長之也，音竹兩反。下皆類此。【補注】宋祁曰：淳化本作「長於變化」，予準「書記」等語，不當有「化」字，傳者見注中有化字，誤足之。先謙曰：一説非。

〔九〕師古曰：道，言也。

〔一〇〕張晏曰：春秋萬八千字，當言減，而云成，字誤也。師古曰：張説非也。一萬之外即以萬言之，故云數萬，何乃忽言減乎？學者又爲曲解，云公羊經傳凡四萬四千餘字，尤疏謬矣。史遷豈謂公羊之傳爲春秋乎？【補注】張文虎曰：説文「數，計也」。徐音「爽主切」。蓋云文以萬計，指以千計。諸人誤讀如數目之數，遂多窒礙。先謙曰：顔所云曲解，乃裴駰説。裴謂遷此辭是述董生之言，董生治公羊，故云云。何焯以爲裴説得之。沈欽韓亦謂公羊爲董生所習，合本經與師説，文有數萬，又其條例舛雜猥瑣，如三科、九旨、五始、七等、六輔、二類、七缺之目，故云其指數千。繁露十指篇「春秋大略，約有十指」。則又約而言之。先謙案：一萬之外，何得即以萬言而稱爲數萬？顔説終不可通。所謂文成數萬，其指數千，蓋指公羊推演春秋之文義。裴意非謂遷以公羊傳爲春秋也。時公羊之學特顯，故舉以見春秋之閎深不窮。何、沈説是。文虎説亦通。官本注在「數萬」下。

〔一一〕【補注】郭嵩燾曰：物，猶事也。萬物之散聚，謂會盟侵伐，散見諸國，合而聚之，其事皆可觀，而其義皆可尋。下云弑君亡國，舉其重者。

〔一二〕師古曰：解並在劉向傳。【補注】先謙曰：春秋書弑君三十四，亡國四十一，説見向傳。

〔一三〕師古曰：已，語終之辭。

〔一四〕師古曰：今之易經及彖象繫辭，並無此語。所稱易緯者，則有之焉，斯蓋易家之别説者也。【補注】沈欽韓曰：禮記經解篇、大戴禮察篇皆引此爲易。文選注六十引作乾鑿度，今通卦驗亦有之。先謙曰：史記作「失之豪釐，差以千里」。徐廣引一本，與此同。

〔一五〕師古曰：易坤卦文言之辭。

〔一六〕師古曰：經，常也。

〔一七〕【補注】宋祁曰：浙本無「者」字。先謙曰：浙本是也。此與爲人臣子對舉爲文，且下文有者字，此複出，則文不成義。史記亦無「者」字。

〔一八〕師古曰：蒙猶被也。

〔一九〕師古曰：其心雖善，以不知義理之故，則陷於惡也。

〔二〇〕蘇林曰：趙盾不知討賊，而不敢辭弑君之罪。

〔二一〕師古曰：爲臣下所干犯也。曰，違犯禮義也。【補注】先謙曰：官本「曰」上有「一」字，正義引此作「一云違犯禮義」，明此奪「一」字。瞿鴻禨云：景祐本注文正作「一曰」。

壺遂曰：「孔子之時，上無明君，下不得任用，故作春秋，垂空文以斷禮義，〔一〕當一王之法。今夫子上遇明天子，下得守職，萬事既具，咸各序其宜，夫子所論，欲以何明？」太史公曰：「唯唯，否否，〔二〕不然。余聞之先人曰：『虙戲至純厚，作易八卦。〔三〕堯舜之盛，尚書載之，禮樂作焉。湯武之隆，詩人歌之。春秋采善貶惡，推三代之德，褒周室，非獨刺譏而已也。』漢興已來，至明天子，獲符瑞，封禪，改正朔，易服色，受命於穆清，〔四〕澤流罔極，〔五〕海外殊俗重譯款塞，〔六〕請來獻見者，不可勝道。〔七〕臣下百官力誦聖德，猶不能宣盡其意。〔八〕且士賢能矣，而不用，有國者恥也；主上明聖，德不布聞，有司之過也。且余掌其官，廢明聖盛德不載，滅功臣賢大夫之業不述，墮先人所言，〔九〕罪莫大焉。余所謂述故事，整齊其世傳，〔一〇〕非所謂作也，而君比之春秋，謬矣。」

〔一〕師古曰：斷，決也，決之於禮義也。
〔二〕晉灼曰：唯唯，謙應也。否否，不通也。師古曰：唯，弋癸反。
〔三〕師古曰：虙讀與伏同。
〔四〕師古曰：於，歎辭也。穆，美也。言天子有美德而政化清也。於讀曰烏。【補注】劉攽曰：言於穆清，遂不成文理。穆清，天也。先謙曰：劉說是。正義引注「政」作「教」。
〔五〕師古曰：罔，無也。極，止也。
〔六〕師古曰：款，叩也。
〔七〕師古曰：道，言也。
〔八〕師古曰：力，勤也。【補注】先謙曰：「宣盡」，官本作「盡宣」。
〔九〕師古曰：墮，毁也，謂不修之也。音火規反。【補注】先謙曰：史記「功臣」下有「世家」二字。
〔一〇〕【補注】宋祁曰：本無「世」字。

於是論次其文。十年而遭李陵之禍，幽於纍紲。〔一〕乃喟然而歎曰：「是余之辠〔二〕夫！身虧不用矣。」退而深惟曰：〔三〕「夫詩書隱約者，欲遂其志之思也。」〔四〕卒述陶唐以來，至於麟止，〔五〕自黄帝始。〔六〕五帝本紀第一，夏本紀第二，殷本紀第三，周本紀第四，秦本紀第五，始皇本紀第六，項羽本紀第七，高祖本紀第八，吕后本紀第九，孝文本紀第十，孝景本紀第十一，今上本紀第十二。三代世表第一，十二諸侯年表第二，六國年表第三，秦楚之際月表第四，漢諸侯年表第五，高祖功臣年表第六，惠景閒功臣年表第七，建元以來侯者年表第八，王子侯者年表第九，漢興以來將相名臣年表第十。禮書第一，樂書第二，律書第三，曆書第四，天官書第五，封禪書第六，河渠書第七，平準書第八。吴太伯世家第一，齊太公世家第二，魯周公世家第三，燕召公世家第四，〔七〕管蔡世家第五，陳杞世家第六，衞康叔世家第七，宋微子世家第八，晉世家第九，楚世家第十，越世家第十一，鄭世家第十二，趙世家第十三，魏世家第十四，韓世家第十五，田完世家第十六，孔子世家第十七，陳涉世家第十八，外戚世家第十九，楚元王世家第二十，荆燕王世家第二十一，齊悼惠王世家第二十二，蕭相國世家第二十三，曹相國世家第二十四，留侯世家第二十五，陳丞相世家第二十六，絳侯世家第二十七，梁孝王世家第二十八，五宗世家第二十九，〔八〕三王世家第三十。伯夷列傳第一，管晏列傳第二，老子韓非列傳第三，司馬穰苴列傳第四，〔九〕孫子吴起列傳第五，伍子胥列傳第六，仲尼弟子列傳第七，商君列傳第八，蘇秦列傳第九，張儀列傳第十，樗里甘茂列傳第十一，穰侯列傳第十二，白起王翦列傳第十三，孟子荀卿列傳第十四，平原虞卿列傳第十五，孟嘗君列傳第十六，〔一〇〕魏公子列傳第十七，春申君列傳第十八，范睢蔡澤列傳第十九，樂毅列傳第二十，廉頗藺相如列傳第二十一，田單列傳第二十二，魯仲連列傳第二十三，屈原賈生列傳第二十四，吕不韋列傳第二十五，刺客列傳第二十六，李斯列傳第二十七，蒙恬列傳第二十八，張耳陳餘列傳第二十九，魏豹彭越列傳第三十，黥布列傳第三十一，淮陰侯韓信列傳第三十二，韓信盧綰列傳第三十三，〔一〕田儋列傳第三十四，樊酈滕灌列傳第三十五，張丞相倉列傳第三十六，酈生陸賈列傳第三十七，傅靳蒯成侯列傳第三十八，〔二〕劉敬叔孫通列傳第三十九，季布欒布列傳第四十，爰盎朝錯列傳第四十一，張釋之馮唐列傳第四十二，萬石張叔列傳第四十三，田叔列傳第四十四，扁鵲倉公列傳第四十五，吴王濞列傳第四十六，魏其武安列傳第四十七，韓長孺列傳第四十八，李將軍列傳第四十九，衛將軍驃騎列傳第五十，平津主父列傳第五十一，匈奴列傳第五十二，〔三〕南越列傳第五十三，閩越列傳第五十四，朝鮮列傳第五十五，西南夷列傳第五十六，司馬相如列傳第五十七，淮南衡山列傳第五十八，循吏列傳第五十九，汲鄭列傳第六十，儒林列傳第六十一，酷吏列傳第六十二，大宛列傳第六十三，游俠列傳第六十四，佞幸列傳第六十五，滑稽列傳第六十六，日者列傳第六十七，龜策列傳第六十八，貨殖列傳第六十九。

〔一〕師古曰：纍，係也。紲，長繩也。纍音力追反。紲音先列反。【補注】何焯曰：「十年」，史作「七年」。徐廣注「天漢三年」。作「七」爲是。瞿鴻禨曰：乾道本作「七年」。朱一新曰：陵降在天漢二年冬，豈史公受刑以三年春歟？

〔二〕師古曰：喟然，歎息貌也。音邱位反。【補注】宋祁曰：浙本「皋」字下有「也」字。先謙曰：官本注在「夫」字下，是。「貌」作「聲」。史記作「是余之罪也夫」，重一句。

〔三〕師古曰：惟，思也。

〔四〕師古曰：隱，憂也。約，屈也。【補注】先謙曰：索隱「謂其義隱微而言約」。正義「遷深惟欲依其隱約而成其志意也」。此下「昔西伯拘羑里」一段，班氏删之。

〔五〕服虔曰：武帝得白麟，而鑄金作麟足形。作史記止於此也。張晏曰：武帝獲麟，遷以爲述事之端，上記黄帝，下至麟止，猶春秋止於獲麟也。師古曰：遷序事盡太初，故言至麟而止。張説是也。【補注】吴仁傑曰：自太初改元，至太始改元之明年，適盈十年。是歲更黄金爲麟趾，趾與止通，遷所謂至於麟止者此也。張謂遷以獲麟爲述事之端。按獲白麟，在元狩元年，子長嗣父職，在元封三年，獲白麟之歲，未爲史官也，安得以爲述事之端？顔是，晏説失之。又云遷序事盡太初。按太初盡四年，又更天漢、太始，凡六年而後至麟止，遺此何耶？蓋不究遷自序之文，故麟止之説，前後失據，而論序事所止，亦不得其實。先謙曰：史記成於天漢，要以太初爲限。史記高祖功臣表序、荀紀、後書班彪傳及本書敍傳可證。武帝獲麟，改號元狩，至太初四年，凡廿二歲；至太始二年，凡廿八歲。更黄金爲麟趾，追紀前瑞，時雖遼隔，事本一端。遷借以終其史，特假託是事，取象春秋，猶曰終於獲麟之代云爾。班彪傳載彪論遷作史記云「上自黄帝，下訖獲麟」，則彪已解此爲獲麟矣。孔子卒，至太初之元，三百七十五年。而遷云五百歲。又史記之作，不爲感麟，遷仰希聖經，取義絶筆，文人恢奇，難可拘閡。讀止爲趾，意切事理，實傷文辭，未可從也。索隱引服説「作麟足形」下，有「故云麟止」四字，顔删之，則文義不明。「止於此」下，有「猶春秋終於獲麟然」八字。集解引張説「記」作「包」。

〔六〕師古曰：遷之書序，衆篇各别有辭，班氏以其文多，故略而不載，但取最後一首，故此單目盡於六十九。至「惟漢繼五帝末流」之後，乃言第七十。讀者不詳其意，或於目中加云「敍傳第七十」，此大妄矣。

〔七〕師古曰：召讀曰邵。

〔八〕師古曰：景帝子凡十三人爲王，而母五人所生。遷謂同母者爲一宗，故云五宗也。

〔九〕師古曰：苴音子閭反。

〔一〇〕【補注】繆荃孫曰：今本史記，孟嘗君傳第十五，平原虞卿傳第十六。

〔一一〕【補注】先謙曰：「韓」下脱「王」字，官本有。

〔一二〕師古曰：鄘成侯，周緤也。鄘音普肯反，又音陪。【補注】先謙曰：官本「鄘」作「蒯」。

〔一三〕【補注】繆荃孫曰：今本史記，匈奴列傳第五十，衞將軍驃騎列傳第五十一，平津主父列傳第五十二。

惟漢繼五帝末流，接三代絶業。〔一〕周道既廢，秦撥去古文，焚滅詩書，故明堂石室金鐀玉版圖籍散亂。〔二〕漢興，蕭何次律令，韓信申軍法，張倉爲章程，〔三〕叔孫通定禮儀，則文學彬彬稍進，詩書往往間出。〔四〕自曹參薦蓋公言黄老，〔五〕而賈誼、朝錯明申韓，〔六〕公孫弘以儒顯，百年之間，天下遺文古事靡不畢集。太史公仍父子相繼纂其職，〔七〕曰：「於戲！〔八〕余維先人嘗掌斯事，顯於唐虞，至於周，復典之。故司馬氏世主天官，〔九〕至於余乎，欽念哉！」〔一〇〕罔羅天下放失舊聞，〔一一〕王跡所興，原始察終，見盛觀衰，論考之行事，略三代，〔一二〕録秦漢，上記軒轅，下至於兹，著十二本紀，既科條之矣。並時異世，年差不明，作十表。〔一三〕禮樂損益，律曆改易，兵權山川鬼神，天人之際，承敝通變，作八書。〔一四〕二十八宿環北辰，三十輻共一轂，運行無窮，〔一五〕輔弼股肱之臣配焉，忠信行道以奉主上，作三十世家。扶義俶儻，不令己失時，〔一六〕立功名於天下，作七十列傳。凡百三十篇，五十二萬六千五百字，爲太史公書。序〔一七〕略，以拾遺補藝，成一家言，〔一八〕協六經異傳，〔一九〕齊百家雜語，〔二〇〕臧之名山，副在京師，〔二一〕以竢後聖君子。第七十，〔二二〕遷之自敘云爾。〔二三〕而十篇缺，有録無書。〔二四〕

〔一〕【補注】先謙曰：史記「絶」作「統」。
〔二〕如淳曰：玉版，刻玉版畫爲文字也。【補注】先謙曰：集解引「畫」作「以」，是。否則畫字當在刻字下矣。
〔三〕【補注】先謙曰：「倉」，官本作「蒼」。集解引如淳曰「章，曆數之章術也。程者，權衡丈尺斛斗之平法也」。瓚曰「茂陵書『丞相爲工用程數其中』，言百工用材多少之量及制度之程品者是也」。
〔四〕師古曰：彬彬，文章貌。彬音邠。閒音居莧反。
〔五〕【補注】先謙曰：事見參傳。
〔六〕【補注】先謙曰：史記「韓」作「商」。
〔七〕師古曰：纂讀與撰同。【補注】宋祁曰：纂，當作簒。何焯曰：敘當代文獻足徵，以見述而不作之意。仍推本先世，以終前文之緒。
〔八〕師古曰：於戲，歎聲也。於讀曰烏，戲讀曰呼。古字或作烏虖，今字或作烏呼，音義皆同耳。而俗之讀者，隨字而別，又曲爲解釋，云有吉凶美惡之殊，是不通其大指也。義例具在詩及尚書，不可一一遍舉之。
〔九〕【補注】先謙曰：天官統太史之職，故云。
〔一〇〕師古曰：欽，敬也。
〔一一〕【補注】先謙曰：索隱「舊聞有遺失放逸者，網羅而考論之」。
〔一二〕【補注】先謙曰：史記「略」下有「推」字。
〔一三〕師古曰：並時則年曆差殊，異代則難以明辨，故作表也。【補注】先謙曰：科條之，謂本紀既成自黄帝，至今科分條列，大綱已舉也。並時，謂侯國同時。異世，謂世家傳嗣。其年曆差互，皆非表不明。
〔一四〕【補注】先謙曰：索隱「兵權，即兵書也。遷歿之後，亡，褚少孫以律書補之。今律書亦略言兵也。山川，即河渠書也。鬼神，即封禪書也。故云山川鬼神也」。先謙案：天人之際，謂天官書。承敝通變，謂平準書也。

〔二五〕孟康曰：象黃帝以下三十家也。老子言車三十輻，運行無窮，以象王者如此也。師古曰：此説非也。言衆星共繞北辰，諸輻咸歸車轂，若文武之臣尊輔天子也。【補注】朱一新曰：集解引孟注「三十」下有「世」字，是。

〔二六〕師古曰：俶儻，大節也。俶，吐歷反。【補注】先謙曰：索隱「已音紀。言扶義倜儻之士，能立功名於當代，不後於時也」。

〔二七〕【補注】錢大昕曰：案太史公以官名書，桓譚云「遷著書示東方朔，朔署曰『太史公』」。署之者，名其書也。漢志「太史公百三十篇，馮商所續太史公七篇」，俱入春秋家。後漢范升傳、楊終傳俱稱太史公，無稱史記者。

〔二八〕孟康曰：蓺音褹。謂裳下壞褹。李奇曰：蓺，六蓺也。師古曰：李説是也。蓺，古藝字。【補注】宋祁曰：越本「補」字下有「闕」字。先謙曰：史記亦作「補蓺」。索隱「漢書作補闕，此作蓺，謂補六蓺之闕也」。是小司馬所見漢書與今本異。越本作闕，又有蓺字，蓋亦兩存而未刊定耳。

〔二九〕【補注】先謙曰：協，合也，言稽合同異，折衷取裁。索隱謂「遷言所撰取協於〔六〕經、異傳、諸家之説，謙不敢比經蓺」。非也。異傳者，正義以爲如春秋外傳國語、子夏易傳、毛公詩傳、韓詩外傳、伏生尚書大傳之流是也。

〔三〇〕【補注】先謙曰：史記「齊」上有「整」字。

〔三一〕師古曰：藏於山者，備亡失也。其副貳本乃留京師也。

〔三二〕師古曰：竢，古俟字。

〔三三〕師古曰：自此以前，皆其自敘之辭也。自此以後，乃班氏作傳語耳。

〔三四〕張晏曰：遷沒之後，亡景紀、武紀、禮書、樂書、兵書、漢興以來將相年表、日者列傳、三王世家、龜策列傳、傅靳列傳。元成之間，褚先生補缺，作武帝紀、三王世家、龜策、日者傳，言辭鄙陋，非遷本意也。師古曰：序目本無兵書，張云亡失，此説非也。【補注】劉奉世曰：兵書即律書，蓋當時有爾。先謙曰：如顏所駮，缺者不足十篇。前人皆謂律書即兵書，當從之。

遷既被刑之後，爲中書令，尊寵任職。故人益州刺史任安〔一〕予遷書，責以古賢臣之義。遷報之曰：

〔一〕師古曰：故人者，言其舊交也。

少卿足下：〔一〕曩者辱賜書，教以慎於接物，推賢進士爲務，意氣勤勤懇懇，〔二〕若望僕不相師用，〔三〕而流俗人之言。〔四〕僕非敢如是也。雖罷駑，亦嘗側聞長者遺風矣。〔五〕顧自以爲身殘處穢，動而見尤，〔六〕欲益反損，是以抑鬱而無誰語。〔七〕諺曰：「誰爲爲之？孰令聽之？」〔八〕蓋鍾子期死，伯牙終身不復鼓琴。〔九〕何則？士爲知己用，女爲說己容。〔一〇〕若僕大質已虧缺，雖材懷隨和，行若由夷，〔一一〕終不可以爲榮，適足以發笑而自點耳。〔一二〕

〔一〕如淳曰：少卿，任安字。【補注】先謙曰：文選起句作「太史公牛馬走司馬遷再拜言，少卿足下」。

〔二〕師古曰：懇懇，至誠也。音墾。

〔三〕師古曰：望，怨也。

〔四〕師古曰：謂隨俗人之言，而流移其志。【補注】齊召南曰：文選作「若望僕不相師，而用流俗人之言」。倒「用」字於「而」字下，甚順。先謙曰：顏說非也。齊說亦非。王念孫云：蘇林曰「而，猶如也」。見文選注。不相師用，而流俗人之言，謂視少卿之言如流俗人之言，而不相師用也。文選張銑注「而，如也。言少卿書若怨望我不相師用，以少卿勸戒之詞，如流俗之人所言，我非敢如此」。流俗人，猶言世俗人。今本文選「用」字在「而」字下，乃後人所改。又文選志餘云

「六臣本注云『而用』，善本作『用而』」。若如今本作「不相師而用流俗人之言」，則「而」字不得訓爲「如」矣。又案張銑注云云，則五臣本亦作「不相師用，而流俗人之言」明矣。今本作「而用」，後人以意改之也。六臣本注引李善本作「用而」，而今本亦作「而用」，又後人據已誤之五臣本改之也。此傳作「用而」，足以互證。

〔五〕師古曰：罷讀曰疲。【補注】宋祁曰：「者」字下當有「之」字。先謙曰：文選有「之」字，蓋班删之，非必當有也。

〔六〕師古曰：顧，思念也。尤，過也。

〔七〕師古曰：無誰語者，言無相知心之人，誰可告語？

〔八〕師古曰：言無知己者，設欲修名節，立言行，誰可爲作之？又令誰聽之？上「爲」音于僞反。【補注】先謙曰：文選注「誰爲，猶爲誰也。言己假欲爲善，當爲誰爲之乎」？顏注未明。

〔九〕師古曰：伯牙、鍾子期皆楚人也。伯牙鼓琴，子期聽之。方鼓琴而志在泰山，子期曰「巍巍乎若泰山」。既而志在流水，子期又曰「湯湯乎若流水」。及子期死，伯牙破琴絶弦，終身不復鼓琴，以時人無足復爲鼓琴耳。【補注】先謙曰：事在呂覽。

〔一〇〕師古曰：説讀曰悦。【補注】宋祁曰：浙本「容」字下有「也」字。王啟原曰：趙策「豫讓曰，士爲知己者死，女爲悦己者容」。文選注引之，「死」亦作「用」，與此同。

〔一一〕應劭曰：由，夷，許由、伯夷也。師古曰：隨，隨侯珠也。和，和氏璧。【補注】先謙曰：官本注末有「也」字。

〔一二〕師古曰：點，汙也。

書辭宜答，〔一〕會東從上來，〔二〕又迫賤事，〔三〕相見日淺，卒卒無須臾之間得竭指意。〔四〕今少卿抱不測之罪，〔五〕涉旬月，迫季冬，〔六〕僕又薄從上上雍，〔七〕恐卒然不可諱。〔八〕是僕終已不得舒憤懣以曉左右，〔九〕則長逝者魂魄私恨無窮。〔一〇〕請略陳固陋。

闕然不報，幸勿過。〔一二〕

〔一〕師古曰：宜早答。

〔二〕服虔曰：從武帝還也。【補注】先謙曰：官本作「會從東上來」。文選與此同。

〔三〕孟康曰：卑賤之事，苦煩務也。晉灼曰：賤事，家之私事，賤小者也。師古曰：謂所供職事也。孟説是也。【補注】先謙曰：官本「苦」作「若」，「職」下奪「事」字。文選注引「苦」亦作「若」。

〔四〕文穎曰：卒言倉卒。師古曰：卒卒，促遽之意也。間，隙也。卒音千忽反。【補注】先謙曰：官本文注作「卒言急也」，引宋祁曰「越本注文『文穎曰：卒言倉卒。』與此不同」。先謙案：文選注引文穎作「卒卒，促遽之意也。間，隙也」。又與此異。

〔五〕如淳曰：平居時，遷不肯報其書。今有罪在獄，故報往日書，欲使其恕以度己也。師古曰：不測謂深也。

〔六〕【補注】何焯曰：謂恐行法也。時安爲北軍使者，坐受戾太子節，當腰斬。沈欽韓曰：戾太子事在征和二年七月。武紀「三年正月，上行幸雍」。安以懷貳心要斬，而猶繫至冬盡，則漢法之異於後也。周壽昌曰：衛青傳「故人門下多去事去病，獨任安不肯去」。顔注「安，滎陽人，後爲益州刺史，即遺司馬遷書者」。

〔七〕李奇曰：薄，迫也，迫當從行也。如淳曰：遷時從上在鹵簿中也。師古曰：李説是也。【補注】先謙曰：文選不重「上」字，是。

〔八〕師古曰：卒讀曰猝。不可諱，謂安死也。

〔九〕師古曰：懣，煩悶也。曉，告喻也。懣音滿。

〔一〇〕師古曰：謂任安恨不見報。

〔一一〕師古曰：謂中間久不報也。【補注】宋祁曰：浙本「不」字上有「久」字。先謙曰：過，責也。

僕聞之，修身者智之府也，〔一〕愛施者仁之端也，取予者義之符也，〔二〕耻辱者勇之決也，立名者行之極也。士有此五者，然後可以託於世，列於君子之林矣。〔三〕故禍莫憯於欲利，〔四〕悲莫痛於傷心，〔五〕行莫醜於辱先，而詬莫大於宮刑。〔六〕刑餘之人，無所比數，非一世也，〔七〕所從來遠矣。昔衛靈公與雍渠載，孔子適陳；〔八〕商鞅因景監見，趙良寒心；〔九〕同子參乘，爰絲變色：〔一〇〕自古而耻之。夫中材之人，事關於宦豎，〔一一〕莫不傷氣，況忼慨之士乎！〔一二〕如今朝雖乏人，奈何令刀鋸之餘，薦天下豪儁哉！僕賴先人緒業，得待罪輦轂下，二十餘年矣。〔一三〕所以自惟：〔一四〕上之，不能納忠效信，〔一五〕有奇策材力之譽，自結明主；次之，又不能拾遺補闕，招賢進能，顯巖穴之士；外之，不能備行伍，攻城戰野，有斬將搴旗之功；〔一六〕下之，不能累日積勞，〔一七〕取尊官厚禄，以爲宗族交遊光寵。四者無一遂，苟合取容，無所短長之效，可見於此矣。鄉者，僕亦嘗廁下大夫之列，〔一八〕陪外廷末議。不以此時引維綱，〔一九〕盡思慮，今已虧形〔二〇〕爲埽除之隸，在闒茸之中，〔二一〕乃欲卬首信眉，論列是非，〔二二〕不亦輕朝廷，羞當世之士邪！〔二三〕嗟乎！嗟乎！如僕，尚何言哉！尚何言哉！〔二四〕

〔一〕師古曰：府者，所聚之處也。【補注】沈欽韓曰：以下四語，亦見説苑、孔叢，蓋古語。先謙曰：文選「府」作「符」。

〔二〕師古曰：符，信也。【補注】先謙曰：文選「符」作「表」。

〔三〕【補注】宋祁曰：浙本「列」字上有「而」字。

〔四〕師古曰：憯亦痛也。音千敢反。【補注】沈欽韓曰：韓非解老篇「苦痛雜於腸胃之間，則傷人也憯。憯則退而自咎，退而自咎也生於欲利。故曰，咎莫憯於欲利」。

〔五〕【補注】沈欽韓曰：管子侈靡篇「傷心者不可以致功」。

〔六〕師古曰：詬，恥也，音垢。

〔七〕【補注】宋祁曰：越本無「世」字。

〔八〕應劭曰：雍渠，奄人也，靈公近之。【補注】先謙曰：文選注引家語曰「孔子居衞月餘，靈公與夫人同車出，令宦者雍渠參乘，使孔子爲次乘，遊過市。孔子曰：『吾未見好德如好色。』於是恥之，去衞過曹」。此言適陳，未詳。

〔九〕應劭曰：景監，秦嬖人也。服虔曰：趙良，賢者。【補注】先謙曰：見史記商君傳。

〔一〇〕蘇林曰：趙談也。與遷父同諱，故曰同子。【補注】王啟原曰：趙同而曰同子，猶田盼稱盼子，匡章稱章子也。

〔一一〕【補注】宋祁曰：浙本「事」字下有「有」字。先謙曰：絲，爰盎字，見本書盎傳。

〔一二〕師古曰：忼音口朗反。

〔一三〕師古曰：言侍從天子之車輿。

〔一四〕師古曰：惟，思也。

〔一五〕師古曰：效，致也。

〔一六〕師古曰：搴，拔也，拔取敵人之旗也。搴音蹇。【補注】先謙曰：官本「戰野」作「野戰」。文選同。注「蹇」，官本作「騫」。

〔一七〕【補注】先謙曰：謂循年資平進也。

〔一八〕韋昭曰：周官，太史位下大夫也。臣瓚曰：漢太史令千石，故比下大夫。師古曰：鄉讀曰嚮。嚮，曩昔時也。

【補注】沈欽韓曰：百官志「太史令六百石」。宣帝黄龍元年，詔曰「吏六百石位大夫，有罪先請」。瓚以太史令爲千古，非也。

〔一九〕【補注】瞿鴻禨曰：文選注引臣瓚曰「外廷即今僕射外朝也」。又劉逵曰「漢氏大司馬、侍中、散騎諸吏爲中朝；丞相、六百石爲外朝」。「維綱」，今本文選作「綱維」。宋本文選與此同。

〔二〇〕【補注】沈欽韓曰：呂不韋傳「嫪毐詐論腐，拔其鬚眉，爲宦者」。則論腐刑皆去鬚眉，故云虧形。韓非十過「豎刁自殰」。注「殰，虧勢也」。先謙曰：虧形即虧勢也。前説非是。毐詐爲宦者狀耳，非論腐刑則去鬚眉也。

〔二一〕師古曰：闒茸，猥賤也。闒，下也。茸，細毛也。言非豪桀也。闒，吐合反。茸，人勇反。【補注】先謙曰：文選注引張揖訓詁以爲「闒，獰劣也」。呂忱字林「闒茸，不肖也」。

〔二二〕師古曰：卬讀曰仰。信讀曰伸。列，陳也。

〔二三〕師古曰：羞，辱也。

〔二四〕【補注】宋祁曰：越本「尚何言哉」，無復句。余按太史公語多重復，此自一體，不可削也。

且事本末未易明也。僕少負不羈之材，長無鄉曲之譽，〔一〕主上幸以先人之故，使得奉薄技，出入周衞之中。〔二〕僕以爲戴盆何以望天，〔三〕故絶賓客之知，忘室家之業，日夜思竭其不肖之材力，務壹心營職，以求親媚於主上。而事乃有大謬不然者。夫僕與李陵俱居門下，〔四〕素非相善也，趣舍異路，〔五〕未嘗銜盃酒接殷勤之歡。然僕觀其爲人自奇士，事親孝，與士信，臨財廉，取予義，分別有讓，恭儉下人，〔六〕常思奮不顧身以徇國家之急。〔七〕其素所畜積也，〔八〕僕以爲有國士之風。夫人臣出萬死不顧一生之計，赴公家之難，斯已奇矣。今舉事壹不當，而全軀保妻子之臣隨而媒孽其短，〔九〕僕誠私心痛之。且李陵提步卒不滿五千，深踐戎馬之地，足歷王庭，垂餌虎口，橫挑彊胡，〔一〇〕卬億萬之師，〔一一〕與單于連戰十餘日，所殺過當。〔一二〕虜救死扶傷不給，〔一三〕旃裘之君長咸震怖，〔一四〕乃悉徵左右賢王，舉引弓之民，〔一五〕一國共攻而圍之。轉鬭千里，矢盡道窮，救兵不至，士卒死傷如積。然李陵一呼勞軍，〔一六〕士無不起，躬流涕，沫血飲泣，張空弮，冒白刃，北首爭死敵。〔一七〕陵未没時，使有來報，漢公卿王侯皆奉觴上壽。後數日，陵敗書聞，主上爲之食不甘味，聽朝不怡。大臣憂懼，不知所出。僕竊不自料其卑賤，〔一八〕見主上慘悽怛悼，誠欲效其款款之愚。以爲李陵素與士大夫絶甘分少，〔一九〕能得人之死力，雖古名將不過也。身雖陷敗，彼觀其意，且欲得其當而報漢。〔二〇〕事已無可奈何，其所摧敗，功亦足以暴於天下。〔二一〕僕懷欲陳之，而未有路。適會召問，即以此指推言陵功，〔二二〕欲以廣主上之意，塞睚眦之辭。未能盡明，〔二三〕明主不深曉，以爲僕沮貳師，而爲李陵游説，〔二四〕遂下於理。〔二五〕拳拳之忠，終不能自列，〔二六〕因爲誣上，卒從吏議。〔二七〕家貧，財賂不足以自贖，交遊莫救，左右親近不爲壹言。身非木石，獨與法吏爲伍，深幽囹圄之中，誰可告愬者！此正少卿所親見，僕行事豈不然邪？李陵既生降，隤其家聲，〔二八〕而僕又茸以蠶室，〔二九〕重爲天下觀笑。〔三〇〕悲夫！悲夫！

〔一〕師古曰：不羈，言其材質高遠，不可羈繫也。負者，亦言無此事也。【補注】瞿鴻禨曰：宋本文選注引燕丹子「夏扶曰，士無鄉曲之譽，未可以論行也」。先謙曰：負才，猶言恃才。説文「負，恃也。从人守貝，有所恃也」。本書注訓負爲恃者甚多，顔解失之。

〔二〕服虔曰：薄技，薄材也。師古曰：周衛，言宿衛周密也。

〔三〕如淳曰：頭戴盆則不得望天，望天則不得戴盆，事不可兼施。言己方有所造，不暇脩人事也。師古曰：言營職務耳，未論造書也。如説失之。【補注】王啟原曰：易林「戴盆望天，不見星辰」。後漢書第五倫云「戴盆望天，事不兩施」。疑漢世有此諺，故史遷、焦贛、第五倫俱引之。如氏未可兼施之説，與倫語同，此本義也。何焯曰：造書即其職務，下文亦自云，草刱未就，適會此禍。則如説是也。先謙曰：造書固是職務，然與下文意隔，且遷意豈以望天喻造書耶？特言壹意親媚主上，故披豁一切，以營職爲受知地耳。天以喻上，何右如説，乃非其指。

〔四〕【補注】沈欽韓曰公羊疏「漢主謂司馬遷曰：『李陵非汝同門之朋，同志之友乎？』」按，陵侍中，則遷亦以太史令侍中也。唐六典「志云，初秦漢置侍中曹，無臺省之名，自晉始有門下省」。今此云門下，則其名肇端於漢。

〔五〕師古曰：趣，所嚮也。舍，所廢也。

〔六〕師古曰：下音胡亞反。

〔七〕師古曰：徇，從也，營也。

〔八〕師古曰：畜讀曰蓄。

〔九〕臣瓚曰：媒謂遘合會之，孽謂爲生其罪釁也。師古曰：媒如媒娉之媒，孽如鞠孽之孽。一曰，齊人謂鞠餅爲媒也。【補注】先謙曰：文選「孽」作「蘖」。注引瓚「謂」下無「爲」字。

〔一〇〕李奇曰：挑音銚。師古曰：音徒了反。【補注】先謙曰：「銚」，官本作「誂」。文選引李奇作「挑，身獨戰，不須衆。挑，茶弔切」，不云「挑音銚」。又引「説文曰，挑，相呼也。臣瓚曰，挑，挑敵求戰也。古謂之致師」。

〔一一〕師古曰：卬讀曰仰。漢軍北向，匈奴南下，北方地高，故云然。【補注】劉奉世曰：匈奴乘高攻，故曰卬也。李慈銘曰：印即迎之省，古印、迎字通。先謙曰：玉篇「卬，向也」。李説並通，顏、劉説鑿。李陵傳作「抑數萬之師」，謂戰勝匈奴，抑之在下，義得兩通。疑文字脱誤，致不同也。

〔一二〕師古曰：率計戰士，殺敵數多，故云過當也。

〔一三〕師古曰：給猶供也。

〔一四〕【補注】先謙曰：文選「旃」作「氈」。注「氈裘，匈奴所服也，故曰氈裘之君」。先謙案，「君」下當有「長」字。

〔一五〕師古曰：能引弓者皆發之。

〔一六〕師古曰：呼音火故反。

〔一七〕孟康曰：沬音頮。李奇曰：弮，弩弓也。師古曰：沬，古頮字。頮，洒面也。言流血在面如盥頮。冒，犯也。首，嚮也。沬音呼内反，字從午未之未。弮音丘權反，又音眷。冒音莫克反。首音式救反。讀者乃以拳擊之拳，大謬矣。拳則屈指，不當言張。陵時矢盡，故張弩之空弓，非是手拳也。【補注】沈欽韓曰：弮當爲絭。廣韻「絭，弦也」。集韻「弩絭，或從弓爲弮」。説文「絭，攘臂繩也」。又弩弓有臂，説文「臂繩」上似脱一「弩」字。張晏注李陵傳云「連弩三十，絭共一臂」。則絭乃扣弩臂之繩。宋神臂弩之名，亦取於此。李慈銘曰：沬，今靧字。先謙曰：「起躬流涕」爲句，猶言流涕而起立。此文至「爭死敵」，皆屬士言，二十二字讀如一句。不指陵。文選「躬」下有「自」字，淺學人所加。王念孫亦謂不當有自字，見讀書志餘。注「乃以」下疑奪「弮爲」二字。

〔一八〕師古曰：料，量也，音聊。

〔一九〕師古曰：自絶旨甘，而與衆人分之，共同其少多也。【補注】先謙曰：文選注引孝經援神契曰「母之於子，絶少分甘」。宋均注「少則自絶，甘則分之」。文選亦作「絶甘分少」，義得並通也。

〔二〇〕師古曰：欲於匈奴立功而歸，以其當破敗之罪。【補注】先謙曰：官本「其當」作「當其」，是。案，當謂適可也，欲得其當，謂欲伺適可之事會而動。顏云以當其破敗之罪，非也。

〔二一〕師古曰：謂摧破匈奴之兵也。

〔二二〕師古曰：指，意也。

〔二三〕師古曰：睚眦，舉目眥也，猶言顧瞻之頃也。睚音厓。眥音才賜反。【補注】周壽昌曰：睚眦之辭，怨家之辭也，恐素怨陵者，藉此報陵而有辭，故以此塞之。先謙曰：文選注，言欲廣主上之意，及塞羣臣睚眦之辭。靈樞經癲狂篇注「眥者，睛外之眼角也。凡人正眡則目上指，側眡則目指眥」。本書杜欽傳「報睚眦怨」。注「睚，舉眼也。眦，目匡也。言舉目相忤者必報之也」。陵敗降胡，舉朝怨恨，羣詆之，故謂之睚眦之辭。周説以爲素怨陵者，藉此報陵，於義並通。顔訓睚眦爲顧瞻之頃，失之遠矣。

〔二四〕師古曰：沮，毁壞也。音才汝反。

〔二五〕【補注】周壽昌曰：景帝中六年，更廷尉名大理。武帝時復爲廷尉。此稱理者，從舊名也。

〔二六〕師古曰：拳拳，忠謹之貌。劉向傳作「惓惓」字，音義同耳。列，陳也。

〔二七〕師古曰：卒，終也。

〔二八〕孟康曰：家世爲將有名聲，陵降而隤之也。師古曰：隤，墜也，音頹。【補注】先謙曰：文選注引「孟康」作「蘇林」。

〔二九〕蘇林曰：茸，次也，若人相俾次。師古曰：此説非也。茸音人勇反，推也。蠶室，初腐刑所居温密之室也。謂推致蠶室之中也。【補注】劉奉世曰：茸讀如闒茸之茸。先謙曰：文選「茸」作「佴」。引蘇林作如淳曰「佴，次也。若人相次也」。此俾字疑即佴字之誤。如淳、蘇林，傳寫更變耳。瞿鴻禨云，説文挾下云「俾持」，夾下云「蔽人俾夾」。蘇云「若人相俾次」，正即俾持俾夾之義。蓋當時語也，似非佴字之誤。其説亦通。説文「佴，佽也」。小徐作「次也」。釋言「佴，貳也」。郭云「佴次即副貳」。遷言陵降後族誅，隤其家聲，已又以救陵下蠶室，罪居其次也。蘇解茸爲次，則亦讀茸爲佴耳。官本注「初」作「乃」，是。

〔三〇〕師古曰：觀視之而笑也。

事未易一二爲俗人言也。僕之先人非有剖符丹書之功，〔一〕文史星曆，近乎卜祝之間，固主上所戲弄，倡優畜之，流俗之所輕也。假令僕伏法受誅，若九牛亡一毛，與螻蟻何異？〔二〕而世又不與能死節者比，〔三〕特以爲智窮罪極，不能自免，卒就死耳。何也？素所自樹立使然。人固有一死，死有重於泰山，或輕於鴻毛，用之所趨異也。〔四〕太上不辱先，其次不辱身，其次不辱理色，〔五〕其次不辱辭令，其次詘體受辱，其次易服受辱，〔六〕其次關木索被箠楚受辱，〔七〕其次鬄毛髮嬰金鐵受辱，〔八〕其次毀肌膚斷支體受辱，〔九〕最下腐刑，極矣。〔一〇〕傳曰「刑不上大夫」，此言士節不可不厲也。猛虎處深山，百獸震恐，及其在穽檻之中，搖尾而求食，〔一一〕積威約之漸也。〔一二〕故士有畫地爲牢勢不入，削木爲吏議不對，定計於鮮也。〔一三〕今交手足，受木索，暴肌膚，受榜箠，〔一四〕幽於圜牆之中，〔一五〕當此之時，見獄吏則頭槍地，〔一六〕視徒隸則心惕息。〔一七〕何者？積威約之勢也。及已至此，言不辱者，所謂彊顏耳，曷足貴乎！〔一八〕且西伯，伯也，拘牖里；李斯，相也，具五刑；〔一九〕淮陰，王也，受械於陳；〔二〇〕彭越、張敖南鄉稱孤，繫獄具罪；〔二一〕絳侯誅諸呂，權傾五伯，囚於請室；〔二二〕魏其，大將也，衣赭關三木；〔二三〕季布爲朱家鉗奴；灌夫受辱居室。此人皆身至王侯將相，聲聞鄰國，及罪至罔加，不能引決自財。〔二四〕在塵埃之中，古今一體，安在其不辱也！由此言之，勇怯，勢也；彊弱，形也。審矣，〔二五〕

曷足怪乎！且人不能蚤自財繩墨之外，已稍陵夷至於鞭箠之間，〔二六〕乃欲引節，斯不亦遠乎！古人所以重施刑於大夫者，殆爲此也。〔二七〕夫人情莫不貪生惡死，念親戚，顧妻子，〔二八〕至激於義理者不然，〔二九〕乃有不得已也。〔三〇〕今僕不幸，蚤失二親，無兄弟之親，獨身孤立，少卿視僕於妻子何如哉？且勇者不必死節，怯夫慕義，何處不勉焉！〔三一〕僕雖怯耎欲苟活，〔三二〕亦頗識去就之分矣，〔三三〕何至自湛溺累紲之辱哉！〔三四〕且夫臧獲婢妾猶能引決，〔三五〕況若僕之不得已乎！所以隱忍苟活，函糞土之中而不辭者，〔三六〕恨私心有所不盡，鄙沒世而文采不表於後也。〔三七〕

〔一〕【補注】先謙曰：文選注「漢初功臣剖符世爵，申以丹書之信」。

〔二〕師古曰：螻，螻蛄也。螘，蚍蜉也。皆蟲之微小者。螻音樓。

〔三〕師古曰：與，許也。不許其能死節。【補注】王念孫曰：「比」字後人所加。據顏云「與，許也」，不許其能死節，則無比字明矣。文選李善本無「比」字。注云「與，如也。言時人以我之死，不如能死節者」。皆其明證也。劉良注「言世人輕我見誅死，不與死王事者相比」，則所見本已有比字。今五臣本作「而世俗又不能與死節者次比」。將「與能」二字倒轉，又於「世」下加「俗」字，「比」上加「次」字，揆之李、劉二注，均不相符。此後人妄改，非五臣原本也。蓋與字，顏訓爲許，李訓爲如，於義均有未安。後人不得其解，因於句末加「比」字耳。今案，與猶謂也。言世人不謂我能死節者，特謂我罪固當死，無可解免耳。古者「與」與「謂」同義。夏小正傳「獺獻魚，其必與之獻，何也？與之獻，謂之獻也。來降燕乃睇室，舊本脱「室」字，今據傳文補。與之室，何也？與之室，謂之室也」。韓詩外傳「子路與巫馬期曰」，與巫馬期，謂巫馬期也。史高紀「劉季乃書帛射城上，謂沛父老曰」，漢書「謂」作「與」，是與與謂同義。不與能死節，即不謂能死節也。後人不達，而於句末加比字，斯爲謬矣。與字顔訓爲許，李訓爲如，若於句末加比字，則許、如二訓皆不可通矣。

〔四〕師古曰：趨讀曰趣。趣，嚮也。【補注】瞿鴻禨曰：選作「趣」。宋本文選仍作「趨」。王啟原曰：燕丹子「荆軻曰，側聞烈士之節，死有重於太山，有輕於鴻毛者，但問用之所在耳」。遷書蓋本軻語。

〔五〕【補注】先謙曰：文選注「理，道理也。色，顔色也」。先謙案，如選注，理色二字，義不相屬。荀子解蔽篇注「理，肌膚之文理」。又正名篇「形體色理以自異」。色理，猶理色也。不辱理色，即謂不辱顔色。

〔六〕【補注】先謙曰：文選注「詘體，被縲繫。易服，著赭衣」。

〔七〕師古曰：箠，杖也，音止縈反。

〔八〕師古曰：嬰，繞也。鬄音吐計反。【補注】先謙曰：文選注「謂髡鉗」。

〔九〕【補注】先謙曰：謂劓刵臏黥之屬。

〔一〇〕師古曰：腐刑，解在景紀。

〔一一〕師古曰：穽，掘地以陷獸也，音才性反。

〔一二〕【補注】先謙曰：文選注「言威爲人制約，積漸至此」。先謙案，言人以威制約，非指獸威。下「積威約之孰也」句可證。

〔一三〕文穎曰：未遇刑自殺，爲鮮明也。【補注】錢大昭曰：釋詁「鮮，善也」。詩邶風「籧篨不鮮」，小雅「鮮我方將」。鄭箋並訓鮮爲善。此言定計爲善不遭刑辱。文解爲鮮明，未當。沈欽韓曰：左昭五年傳「葬鮮者」，杜預云「不以壽終爲鮮」。此言定計自裁，不必復轉作鮮明。先謙曰：錢、沈說並通。

〔一四〕師古曰：榜音彭。

〔一五〕師古曰：圜牆，獄也。周禮謂之圜土。

〔一六〕師古曰：槍，千羊反。【補注】先謙曰：官本「千」上有「音」字。

〔一七〕師古曰：惕，懼也。息，喘息也。

〔一八〕師古曰：強音其兩反。

〔一九〕師古曰：説在刑法志。

〔二〇〕師古曰：高祖僞遊雲夢，而信至陳上謁，助見囚執。械謂桎梏之。【補注】先謙曰：官本「助」作「即」，是。

〔二一〕師古曰：或繫於獄，或至大罪也。鄉讀曰嚮。【補注】王念孫曰：如顏注，則正文本作「繫獄氐罪」。氐者，至也。故注言至大罪。氐字或作抵。禮樂志「大氐皆因秦舊事焉」，師古曰「其後字或作抵，音義竝同」。文選作「繫獄抵罪」，是其明證也。今本作具罪者，氐譌爲且，隸書氐字或作互，又作互，形與且相似，因譌爲且。史記高祖功臣侯者年表「稾祗侯陳鍇」，漢表祗作祖。地理志「常山郡元氏泜水，首受中邱西山窮泉谷」，今本泜譌作沮。皆其例也。後人又改爲具耳。説文「氐，至也」。呂覽必已篇「宋桓司馬抵罪出亡」，高誘曰「抵，當也」。本書高紀「傷人及盜抵罪」。應劭曰「抵，至也，當也，除秦酷政，但至於罪也」。見史記集解。杜延年傳「或抵其罪法」，師古曰「抵，至也。致之於罪法」。以上凡言抵罪者，皆謂至於罪也。抵與氐同，故此注云，或至大罪。若改氐罪爲具罪，則非其義矣。

〔二二〕師古曰：伯讀曰霸。

〔二三〕師古曰：三木，在頸及手足。

〔二四〕師古曰：財與（栽）〔裁〕同，古通用字。

〔二五〕【補注】沈欽韓曰：勇怯二語，見孫子兵勢篇。

〔二六〕【補注】先謙曰：早自財，則朝廷不更繩以法，是引身繩墨之外也。已、以同。文選作「以」。稍，漸也。

〔二七〕師古曰：重，難也。

〔二八〕【補注】先謙曰：親戚，謂父母兄弟。

〔二九〕師古曰：言激於義理者，則不顧念親戚妻子。

〔三〇〕【補注】先謙曰：言非不顧念，特義理所在，勢不可止。

〔三一〕師古曰：勇敢之人闇於分理，未必能死名節。怯懦之夫心知慕義，則處處皆能勉勵也。【補注】宋祁曰：越本「勉」作「免」，非。

〔三二〕師古曰：耎，柔弱也，音人阮反。

〔三三〕【補注】先謙曰：去就，謂舍生就義。

〔三四〕師古曰：湛讀曰沈。累音力追反。

〔三五〕應劭曰：揚雄方言云：「海岱之間，罵奴曰臧，罵婢曰獲。燕之北郊，民而聟婢謂之臧，女而婦奴謂之獲。」晉灼曰：臧獲，敗敵所被虜獲爲奴隸者。師古曰：應說是也。

〔三六〕【補注】王念孫曰：案函訓爲容。容糞土之中，則爲不辭。函當爲臽。臽本作臽，形與函相似，因譌而爲函。說詳經義述聞。李善本文選作「幽於糞土之中」，幽又函之譌。說文「臽，小阱也。今經史通作陷」。廣雅「臽，坑也」。漢武都太守李翕天井道碑「堅無臽潰」。西狹頌「刻臽確嵬」。其字皆作臽，今經史相承作陷，未必非後人所改也。此傳臽糞土之中，若非譌作函，則後人亦必改爲陷矣。臽者，墜入之謂。玉篇「陷，墜入地也」。故曰，臽糞土之中。猶僖四年公羊傳云「大陷于沛澤之中」也。漢紀作「身陷糞土之中」，是其明證矣。楚語「若合而函吾中」，韋注「函，入也」。函亦臽字之譌，故韋訓爲入。舊音及補音皆音咸，失之矣。史記禮書「函及士大夫」。集解「函音含」。索隱作啗，云「啗音含。鄒誕生音徒濫反」。案函亦臽之譌。臽、啗聲相近，故鄒誕生本作啗。裴駰、司馬貞音含，亦失之矣。經史中臽字既相承作陷，而國語之「臽吾中」，史記之「臽及士大夫」，及此傳之「臽糞土之中」，又皆譌而爲函。後人多見函，少見臽，遂莫有能正其失者矣。

〔三七〕【補注】先謙曰：「鄙」下文選有「陋」字。王念孫志餘云「鄙，恥也。楚辭九章「君子所鄙」。王注「鄙，恥也」。廣雅同。恥没世而文不著也。此句鄙字，與上句恨字相對爲文，後人於鄙下加陋字，謬矣」。

古者富貴而名摩滅，不可勝記，〔一〕唯俶儻非常之人稱焉。蓋西伯拘而演周易；仲尼戹而作春秋；屈原放逐，乃賦離騷；左丘失明，厥有國語；〔二〕孫子髕腳，兵法修列；〔三〕不韋遷蜀，世傳呂覽；〔四〕韓非囚秦，説難、孤憤。〔五〕詩三百篇，大氐賢聖發憤之所爲作也。〔六〕此人皆意有所鬱結，不得通其道，故述往事，思來者。〔七〕及如左丘明無目，〔八〕孫子斷足，終不可用，退論書策以舒其憤，思垂空文以自見。〔九〕僕竊不遜，近自託於無能之辭，網羅天下放失舊聞，考之行事，稽其成敗〔一〇〕興壞之理，〔一一〕凡百三十篇，亦欲以究天人之際，通古今之變，成一家之言。草創未就，適會此禍，惜其不成，是以就極刑而無愠色。僕誠已著此書，藏之名山，傳之其人通邑大都，〔一二〕則僕償前辱之責，雖萬被戮，豈有悔哉！然此可爲智者道，難爲俗人言也。

〔一〕【補注】周壽昌曰：摩即磨。詩「如琢如磨」。釋文本作「摩」。莊子徐無鬼篇「循古而不摩」。釋文「一本作磨」。漢州輔碑「所謂摩而不磷」，即用論語「磨而不磷」之文。

〔二〕【補注】宋祁曰：「左丘」當作「左丘明」，疑脱「明」字。王啟原曰：左丘明作春秋内外傳，茲舉國語，避上「春秋」字。先謙曰：宋説非也。文選亦無「明」字。此省文便句，而宋不解，致爲淺陋。

〔三〕文穎曰：孫子與龐涓學，而爲龐涓所斷足。師古曰：髕音頻忍反。

〔四〕蘇林曰：呂氏春秋篇名八覽、六論。

〔五〕師古曰：説難、孤憤，韓子之篇名。【補注】齊召南曰：呂覽爲不韋相秦日著，故能懸之市門。即韓非書，亦在游秦之前也。此大意言二人身雖遭難，其所著作已傳當世耳。下文爲自己發憤著書比例，故專引孫臏、丘明。

〔六〕師古曰：氐，歸也，音丁禮反。

〔七〕師古曰：令將來之人，見己志也。

〔八〕【補注】宋祁曰：越本無「明」字。王念孫曰：越本是也。無明字者，省文便句耳。上文「左丘失明」，即其證。後人不達，而增入明字，則累於詞矣。景祐本及文選皆無「明」字。

〔九〕師古曰：見，胡電反。

〔一〇〕師古曰：稽，計也。

〔一一〕【補注】先謙曰：官本此四字在顏注上，是。

〔一二〕師古曰：其人謂能行其書者。

且負下未易居，〔一〕下流多謗議。〔二〕僕以口語遇遭此禍，重爲鄉黨戮笑，汙辱先人，亦何面目復上父母之丘墓乎？雖累百世，垢彌甚耳！是以腸一日而九回，居則忽忽若有所亡，出則不知所如往。〔三〕每念斯恥，汗未嘗不發背霑衣也。身直爲閨閤之臣，寧得自引深藏於巖穴耶！故且從俗浮湛，與時俯仰，〔四〕以通其狂惑。〔五〕今少卿乃教以推賢進士，無乃與僕之私指謬乎。〔六〕今雖欲自彫瑑，〔七〕曼辭以自解，〔八〕無益，於俗不信，祇取辱耳。〔九〕要之死日，然後是非乃定。書不能盡意，故略陳固陋。

〔一〕【補注】先謙曰：文選注「負累之下，未易可居」。官本考證云「文選作『負累之下未易居』，似較此文爲明顯」。蓋誤記注爲正文。郭嵩燾云：負下，猶言所憑汙下。文選注疑屬曲解。

〔二〕【補注】先謙曰：官本作「上流」，引宋祁曰「上流『上』字，景本、越本並作『下』」。瞿鴻禨云：宋本文選亦作「下」，引論語「君子惡居下流」爲注。

〔三〕師古曰：如亦往也。

〔四〕師古曰：湛讀曰沈。

〔五〕【補注】先謙曰：文選注引鬻子曰「吾聞之於政也，知善不行者謂之狂，惡不改者謂之惑。夫狂與惑者，聖人之戒也」。先謙案，如選注意，則遷以不能自（栽）〔裁〕免辱，而復浮湛任職爲狂惑也。正文五字，官本在顔注七字上。

〔六〕師古曰：指，意也。

〔七〕師古曰：瑑，刻也，音篆。

〔八〕如淳曰：曼，美也。師古曰：曼音萬。

〔九〕師古曰：祇，適也。

遷既死後，其書稍出。宣帝時，遷外孫平通侯楊惲祖述其書，遂宣布焉。至王莽時，求封遷後，爲史通子。〔一〕

〔一〕應劭曰：以遷世爲史宜，通於古今也。李奇曰：史通國，子爵也。【補注】宋祁曰：越本無「至」字。周壽昌曰：地志及莽所更名，俱無此地名。是蓋美稱，如奉春平國之類，非實有此國也。先謙曰：周説是。注「宜」字誤，官本作「官」。

贊曰：〔一〕自古書契之作而有史官，其載籍博矣。至孔氏纂之，〔二〕上（繼）〔斷〕唐堯，下訖秦繆。唐虞以前雖有遺文，其語不經，〔三〕故言黄帝、顓頊之事未可明也。及孔子因魯史記而作春秋，而左丘明論輯其本事以爲之傳，〔四〕又籑異同爲國語。又有世本，録黄帝以來至春秋時帝王公侯卿大夫祖世所出。春秋之後，七國並爭，〔五〕秦兼諸侯，有戰國策。漢興伐秦定天下，有楚漢春秋。故司馬遷據左氏、國語，〔六〕采世本、戰國策，述楚漢春秋，接其後事，訖於〔大〕〔天〕漢。其言秦漢，詳矣。至於采經摭傳，〔七〕分散數家之事，甚多疏略，或有抵梧。〔八〕亦其涉獵者廣博，貫穿經傳，馳騁古今，上下數千載間，斯以勤矣。又其是非頗繆於聖人，〔九〕論大道則先黄老而後六經，序遊俠則退處士而進姦雄，述貨殖則崇勢利而羞賤貧，此其所蔽也。然自劉向、揚雄博極羣書，皆稱遷有良史之材，服其善序事理，辨而不華，質而不俚，〔一〇〕其文直，其事核，〔一一〕不虛美，不隱惡，故謂之實録。〔一二〕烏呼！以遷之博物洽聞，而不能以知自全，既陷極刑，幽而發憤，書亦信矣。〔一三〕跡其所以自傷悼，小雅巷伯之倫。〔一四〕夫唯大雅「既明且哲，能保其身」，難矣哉！〔一五〕

〔一〕【補注】何焯曰：此贊本叔皮之論。蘇輿曰自「嗚呼」以下，則固自譔。詳玩後書固傳論詞可見。

〔二〕師古曰：纂與撰同。

〔三〕師古曰：非經典所説。

〔四〕師古曰：輯與集同。【補注】宋祁曰：舊本「以」字上有「是」字。

〔五〕服虔曰：關東六國，與秦七國。【補注】宋祁曰：注文當云「與秦爲七國」。

〔六〕【補注】瞿鴻禨曰：乾道本「伐秦」作「代秦」。王念孫曰：「左氏」下脱「春秋」二字，則文義不全。漢紀、孝武紀引此贊，正作「據左氏春秋、國語」。

〔七〕師古曰：摭，拾也，音之亦反。

〔八〕如淳曰：梧讀曰迕，相觸迕也。師古曰：抵，觸也。梧，相支柱不安也。梧音悟。【補注】周壽昌曰：「抵梧」正應作「抵牾」。説文「抵，觸也。牾，猶忤也，俗多誤作牾」。王莽傳「亡所牾意」。後書桓典傳「以牾宦官，賞不行」。皆牾字，俗譌也。此抵梧借字耳。先謙曰：據如讀、顔訓，當時漢書本已作梧。

〔九〕師古曰：頗，普我反。

〔一〇〕劉德曰：俚，鄙也。如淳曰：言雖質，猶不如閭里之鄙言也。師古曰：劉説是也。俚音里。

〔一一〕師古曰：核，堅實也。

〔一二〕應劭曰：言其録事實。【補注】先謙曰：自唐後，每帝修實録，義取於此。

〔一三〕師古曰：言其報任安書，自陳己志，信不謬。

〔一四〕師古曰：巷伯，奄官也，遇讒而作詩，列在小雅。其詩曰「萋兮菲兮，成是貝錦」是也。

〔一五〕師古曰：尹吉甫作烝民之詩，美宣王而論仲山甫之德，曰「既明且哲，以保其身」。其詩列於大雅，故贊云然。【補注】蘇輿曰：班氏西都賦云「大雅宏達」。文選注「大雅，謂有大雅之才者，詩有大雅，故以立稱焉」。此大雅義與彼同，不因引詩。景十三王傳贊「夫惟大雅，卓爾不羣」。亦是通贊其才。顔注稍泥此言，惟大雅乃能保身，用爲遷惜。後書范論，稱固傷遷博物洽聞，不能以智免極刑，然亦身陷大戮云云，因此贊而發也。

武五子傳第三十三〔一〕

〔一〕師古曰：諸帝子傳皆言王，而此獨云子者，以戾太子在其中也。

孝武皇帝六男。衞皇后生戾太子，趙倢伃生孝昭帝，王夫人生齊懷王閎，〔一〕李姬生燕剌王旦、廣陵厲王胥，〔二〕李夫人生昌邑哀王髆。〔三〕

〔一〕師古曰：閎音宏。

〔二〕師古曰：不知官秩，故云李姬。謚法「暴戾無親曰剌」。剌音來葛反。

〔三〕師古曰：髆音博。

戾太子據，〔一〕元狩元年立為皇太子，年七歲矣。初，上年二十九乃得太子，甚喜，為立禖，〔二〕使東方朔、枚皋作禖祝。〔三〕少壯，詔受公羊春秋，〔四〕又從瑕丘江公受穀梁。〔五〕及冠就宮，上為立博望苑，〔六〕使通賓客，從其所好，〔七〕故多以異端進者。元鼎四年，納史良娣，〔八〕產子男進，號曰史皇孫。〔九〕

〔一〕【補注】先謙曰：「戾太子」，官本及他本提行，是。

〔二〕師古曰：禖，求子之神也。解在枚臯傳。【補注】王文彬曰：詩「天命玄鳥，降而生商」，傳「湯之先祖，有娀女簡狄配高辛氏帝，帝率與之祈於郊禖而生契」。禮月令注「高辛之世，玄鳥遺卵，娀簡吞之而生契。後王以爲媒官嘉祥而立其祠焉。變媒言禖，神之也」。又「克禋克祀，以弗無子」，傳「弗，去也，去無子求有子，古者必立郊禖焉」。疏先毛於此及玄鳥傳，皆依作郊禖，則讀高爲郊。是前代立禖在未生子之先。漢初無高禖之祀，武帝生太子，始立禖，蓋因得子之晚，祀禖以誌喜，故云爲太子立禖也。枚臯傳云「立皇子禖」。以立禖屬之皇子，其義正同。先謙曰：御覽一百四十七引此傳「爲立禖」下，有「張晏曰：禖者求子。月令曰『祀于高禖』」是十五字。註文與今本異，今臯傳亦無張註。

〔三〕師古曰：祝，禖之祝辭。【補注】周壽昌曰：據朔、臯傳，朔臯又作皇太子生賦。

〔四〕師古曰：少壯者，言漸長大也。少讀如本字。

〔五〕【補注】先謙曰：江公，魯申公弟子。太子既通公羊，復私問穀梁而善之。事見儒林傳。

〔六〕師古曰：取其廣博觀望也。【補注】先謙曰：黃圖「苑在長安杜門外五里」。

〔七〕【補注】周壽昌曰：從讀曰縱。

〔八〕韋昭曰：良娣，太子之内官也。太子有妃，有良娣，有孺子，凡三等。師古曰：娣音弟。

〔九〕張晏曰：皆以舅氏姓爲氏，以相别也。師古曰：進者，皇孫名。【補注】繆荃孫曰：臨江王，栗姬所生，號栗太子；館陶公主，竇太后所生，號竇太主，皆是。

武帝末，衛后寵衰，江充用事。充與太子及衛氏有隙，〔一〕恐上晏駕後爲太子所誅，會巫蠱事起，充因此爲姦。是時，上春秋高，意多所惡，以爲左右皆爲蠱道祝詛，窮治其事。丞相公孫賀父子，陽石、諸邑公主〔二〕及皇后弟子長平侯衛伉皆坐誅。〔三〕語在公孫賀、江充傳。

〔一〕師古曰：充爲直指使者，劾太子家車行馳道上，沒入車馬，太子求充，充不聽也。【補注】先謙曰：事見充傳。

〔二〕師古曰：兩公主。【補注】沈欽韓曰：公主所封縣稱邑，陽石不書邑者，史省文。

〔三〕師古曰：伉音抗，又音剛。【補注】先謙曰：伉誅事，賀、充傳不見。巫蠱獄在征和二年。伉兩失侯，傳云「坐法」，表云「元鼎元年坐撟制不害免」。又「太初元年嗣侯，五年，闌入宮，完爲城旦」。五年，實天漢元年也，距征和二年，懸隔十載。伉失侯久，故坐誅不載於傳表中，此文長平侯，追溯稱之。

充典治巫蠱，既知上意，白言宮中有蠱氣，入宮至省中，壞御座掘地。上使按道侯韓說、御史章贛、黃門蘇文等助充。〔一〕充遂至太子宮掘蠱，得桐木人。〔二〕時上疾，辟暑甘泉宮，〔三〕獨皇后、太子在。〔四〕太子召問少傅石德，〔五〕德懼爲師傅并誅，因謂太子曰：「前丞相父子、兩公主及衞氏皆坐此，今巫與使者掘地得徵驗，不知巫置之邪，將實有也，無以自明，可矯以節收捕充等繫獄，〔六〕窮治其姦詐。且上疾在甘泉，皇后及家吏請問皆不報，〔七〕上存亡未可知，而姦臣如此，太子將不念秦扶蘇事耶？」〔八〕太子急，然德言。

〔一〕師古曰：說讀曰悅。贛音貢。

〔二〕【補注】朱一新曰：禮記王制疏云「掘得桐人六枚，盡以鍼刺之」。瞿鴻禨曰：偶，桐木人也。得桐木人，猶言得木偶矣。

〔三〕師古曰：辟讀曰避。【補注】沈欽韓曰：御覽三百六十七引三輔故事曰「衞太子嶽鼻。太子來省疾，至甘泉宮，江充告『太子勿入，陛下有詔，惡太子嶽鼻。尚以紙蔽其鼻』。充語武帝曰『太子不欲聞陛下膿臭，故蔽鼻』。武帝怒太子，太子走還」。北堂書鈔百五引三輔故事作「太子大鼻」。

〔四〕師古曰：在京師。

〔五〕師古曰：石慶子。【補注】周壽昌曰：石奮傳，「奮子慶。慶子德，後爲太常，坐法免，國除」。百官表「德爲太常。三年，坐廟牲瘦入穀論」。恩澤侯表「德，天漢元年坐爲太常失法罔上，祠不如令，完爲城旦」。是德未官太子少傅，且免官失侯在天漢元年，距征和二年已十年，無緣復爲太子少傅。據劉屈氂傳、功臣表，景建以獲德侯。屈氂傳又云「其隨太子發兵，以反法族」。是德以隨太子發兵反，應族誅矣。而萬石君傳及各表無之。此別一石德，非慶子也。師古偶未審耳。

〔六〕師古曰：矯，託也，託詔命也。

〔七〕蘇林曰：家吏，皇后吏也。臣瓚曰：太子稱家，家吏是太子吏也。師古曰：既言皇后及家吏，此爲皇后吏及太子吏耳。瓚説是也。【補注】沈欽韓曰：西京雜記「皇太子官稱家臣」。

〔八〕韋昭曰：始皇死，趙高詐殺扶蘇而立胡亥也。

征和二年七月壬午，乃使客爲使者收捕充等。按道侯説疑使者有詔，〔一〕不肯受詔，客格殺説。御史章贛被創突亡，自歸甘泉。太子使舍人無且〔二〕持節夜入未央宮殿長秋門，〔三〕因長御倚華〔四〕具白皇后，發中廄車載射士，〔五〕出武庫兵，發長樂宮衛，告令百官曰江充反。乃斬充以徇，炙胡巫上林中。〔六〕遂部賓客爲將率，與丞相劉屈氂等戰。〔七〕長安中擾亂，言太子反，以故衆不肯附。太子兵敗，亡，不得。〔八〕

〔一〕【補注】錢大昭曰：「詔」當作「詐」。先謙曰：官本作「詐」。

〔二〕師古曰：且音子閭反。

〔三〕【補注】繆荃孫曰：黄圖有長秋殿，云「后宫在西，秋之象也」。此門即長秋殿門。

〔四〕鄭氏曰：長音長者。如淳曰：漢儀注「女長御比侍中，皇后見姪娥以下，長御稱謝」。倚華，字也。師古曰：倚音於綺反。

〔五〕師古曰：中廄，皇后車馬所在也。【補注】先謙曰：通鑑胡注「廄者，天子之内廄也。秦二世時，公子高曰，中廄之寶馬得賜之。非專主皇后車馬也」。先謙案，黄圖「都廄，天子車馬所在。中廄，皇后車馬所在」。顔註不誤，胡據秦語以駮漢制，失之。

〔六〕服虔曰：作巫蠱之胡人也。炙，燒也。師古曰：胡巫受充意指，妄作蠱狀，太子特忿，且欲得其情實，故以火炙之，令毒痛耳。

〔七〕【補注】先謙曰：詳屈氂傳。

〔八〕師古曰：太子出亡，而吏追捕不得也。【補注】宋祁曰：「不肯」，越本無「肯」字。

上怒甚，羣下憂懼，不知所出。〔一〕壺關三老茂上書曰：〔二〕「臣聞父者猶天，母者猶地，子猶萬物也。故天平地安，陰陽和調，物乃茂成；父慈母愛，室家之中，子乃孝順。陰陽不和，則萬物夭傷；父子不和，則室家散亡。〔三〕故父不父，則子不子，君不君，則臣不臣，雖有粟，吾豈得而食諸！〔四〕昔者虞舜，孝之至也，而不中於瞽叟；〔五〕孝己被謗，伯奇放流，〔六〕骨肉至親，父子相疑。何者？積毁之所生也。由是觀之，子無不孝，而父有不察。今皇太子爲漢適嗣，〔七〕承萬世之業，體祖宗之重，親則皇帝之宗子也。江充，布衣之人，閭閻之隸臣耳，〔八〕陛下顯而用之，銜至尊之命，以迫蹵皇太子，〔九〕造飾姦詐，羣邪錯謬，是以親戚之路鬲塞而不通。〔一〇〕太子進則不得上見，退則困於亂臣，獨冤結而亡告，不忍忿忿之心，起而殺充，恐懼逋逃，〔一一〕子盜父兵，以救難自免耳，臣竊以爲無邪心。詩云：〔一二〕『營營青蠅，止于藩。愷悌君子，無信讒言。讒言罔極，交亂四國。』〔一三〕往者江充讒殺趙太子，天下莫不聞，其罪固宜。〔一四〕陛下不省察，深過太子，〔一五〕發盛怒，舉大兵而求之，三公自將，智者不敢言，辯士不敢説，臣竊痛之。臣聞子胥盡忠而忘其號，〔一六〕比干盡仁而遺其身，〔一七〕忠臣竭誠不顧鈇鉞之誅〔一八〕以陳其愚，志在匡君安社稷也。〔一九〕詩云：『取彼譖人，投畀豺虎。』〔二〇〕唯陛下寬心慰意，少察所親，〔二一〕毋患太子之非，〔二二〕亟罷甲兵，無令太子久亡。〔二三〕臣不勝惓惓，〔二四〕出一旦之命，待罪建章闕下。」書奏，天子感寤。

〔一〕師古曰：計無所出。

〔二〕師古曰：壺關，上黨之縣也。荀悅漢紀云令狐茂，班史不載其姓，不知於何得也。【補注】沈欽韓曰：班氏偶失記耳。劉昭續漢志注引上黨記、魏收地形志、水經注皆載令狐徵君墓，豈可誣者？今刊本漢紀脱「令狐茂」三字。梁玉繩曰：漢武故事作「鄭茂」，梁元帝同姓名録從之，未知孰是。濁漳水注作「壺關三老公乘興」，乃誤以訟王尊之湖三老爲茂耳。繆荃孫曰：後漢張皓傳李注「太子死後，壺關三老令狐茂上書訟太子冤，見前書」。疑舊本有「令狐」二字，顔本偶脱，反以荀紀爲異也。

〔三〕【補注】錢大昭曰：「散」，南監本、閩本作「喪」。先謙曰：官本作「喪」。

〔四〕師古曰：論語云「齊景公問政於孔子，孔子對曰：『君君，臣臣，父父，子子。』公曰：『善哉！信如君不君，臣不臣，父不父，子不子，雖有粟，吾豈得而食諸！』」言父子君臣之道不立，則國必危亡，倉廩雖多，吾不得食也。【補注】朱一新曰：此文引論語及顔注，均有「豈」字，與皇疏本合。史記孔子世家亦有「豈」字。釋文本亦作「焉得而食諸」。焉、豈義同。周壽昌曰：阮元校勘記：高麗本「吾」下有「豈」字。御覽二十二引作「吾惡得而食諸」。

〔五〕師古曰：中，當也。瞽叟，舜父也。言不當其意也。中音竹仲反。

〔六〕師古曰：孝己、伯奇並已解於上。

〔七〕師古曰：適讀曰嫡。【補注】錢大昭曰：「令」當作「今」。先謙曰：官本作「今」。

〔八〕師古曰：隸，賤也。

〔九〕師古曰：蹵音千六反。【補注】繆荃孫曰：廣雅釋詁「迫，急也」。吕覽貴生篇「註，促也」。此於急促義近。説文「蹵，躡也」。先謙曰：迫之使不得退，蹵之使不得進。

〔一〇〕師古曰：鬲與隔同。

〔一一〕師古曰：逋，亡也。

〔一二〕【補注】先謙曰：「云」，官本作「曰」。

〔一三〕師古曰：小雅青蠅之詩也。營營，往來之貌也。藩，籬也。愷，樂；悌，易也。言青蠅來往，止於藩籬，變白作黑，讒人搆毁，間親令疏，樂易之君子不當信用。若讒言無極，則四國亦以交亂，宜深察也。【補注】周壽昌曰：「藩」，毛詩作「樊」。昌邑王傳，龔遂引此詩亦作藩。蓋魯詩本如是。史記滑稽傳作「止于蕃」，即藩也。先謙曰：漢紀引詩下「讒言」仍作「讒人」。

〔一四〕師古曰：充宜得罪也。【補注】先謙曰：趙太子事在充傳。

〔一五〕師古曰：以太子爲罪過而深責之。【補注】先謙曰：深過太子，深責太子也。過有責義。淮南覽冥訓「過歸雁於碣石」，注「過，讀過責之過」。吕覽審威篇「煩爲教而過不識」，注「過，責也」。顔云以太子爲罪過而深責之，訓過爲罪過，而加責之，於下，則深過二字不辭。高紀「聞將軍有意督過之」，亦謂督責之也。顔注督謂視責也，捨過字不釋，而不知過之即爲責矣。

〔一六〕師古曰：忘，亡也。吴王殺之，被以惡名，失其善稱號。【補注】先謙曰：被惡名而不顧，所謂忘其號也。顔訓忘爲亡失，非。

〔一七〕師古曰：比干，殷之賢臣，以道諫紂，紂怒殺之，而剖其心也。

〔一八〕師古曰：鈇，所以斫人，如今莝刃也，音膚。

〔一九〕師古曰：匡，正也。正其失也。

〔二〇〕師古曰：小雅巷伯之詩。言譖讒之人，誠可疾惡，願投與猛獸食之。畀音必寐反。

〔二一〕師古曰：父子之道，天性之親也。

〔二二〕【補注】先謙曰：非，謂逆亂也。

〔二三〕師古曰：亟，急也，音居力反。

〔二四〕師古曰：惓讀曰拳，解在劉向傳。

太子之亡也，東至湖，〔一〕臧匿泉鳩里。〔二〕主人家貧，常賣屨以給太子。太子有故人在湖，聞其富贍，使人呼之〔三〕而發覺。吏圍捕太子，太子自度不得脱，〔四〕即入室距户自經。山陽男子張富昌爲卒，足蹋開户，新安令史李壽趨抱解太子，主人公遂格鬭死，皇孫二人皆并遇害。〔五〕上既傷太子，乃下詔曰：「蓋行疑賞，所以申信也。其封李壽爲邘侯，〔六〕張富昌爲題侯。」〔七〕

〔一〕師古曰：湖，縣名，今虢州閿鄉、湖城二縣皆其地也。【補注】先謙曰：湖，京兆縣，今陝州閿鄉縣東四十里。

〔二〕師古曰：泉鳩水今在閿鄉縣東南十五里，見有戾太子冢，冢在澗東也。【補注】先謙曰：河南通志「戾太子墓在今閿鄉縣南泉鳩里」。河水注「河水又東逕閿鄉城南，東與全鳩澗水合。水出南山北，逕皇天原東。述征記曰，全鳩，地名也。其西名桃原，古之桃林，周武王克殷，休牛之地」。先謙案，全鳩，即泉鳩，字隨音變。今河水自陝西東流入河南界，逕虎踞山北，玉溪河注之，又東有十二澗水注之，又東逕盤豆鎮，盤豆河入之。河南通志輿圖，盤豆河作盤澗水。玉溪河即酈注所云「河水又東北玉澗水注之，水南出玉溪者」也。盤澗水即注所云「河水又會槃澗水」也。注見下引。稽合圖記，泉鳩水殆十二澗水之一矣。

〔三〕師古曰：贍，足也。

〔四〕師古曰：度音大各反。

〔五〕【補注】周壽昌曰：皇孫，進弟也，失其名。

〔六〕韋昭曰：邗在河內。師古曰：爲其解救太子也。邗音于。【補注】先謙曰：壽抱解太子，以其自經，欲生得之，非救之也。上文云亡，不得云三公自將求之。時上方以反購太子，覽壺關三老書而感寤，然無明詔赦之也。富昌、壽乃吏卒，相從圍捕太子者，既獲之後，上雖傷太子之死，不能不賞獲者功，故曰疑賞申信。功臣表「壽以得衞太子，侯」。豈以解救太子封乎？如顏註之謬，上下文義皆不可通矣。

〔七〕孟康曰：縣名也。晉灼曰：地理志無也。功臣表食邑鉅鹿。師古曰：晉說是也。【補注】先謙曰：荀紀作「抱侯」，「蹋踶侯」，蓋是雜采他書之謬，不足據證。

久之，巫蠱事多不信。上知太子惶恐無他意，而車千秋復訟太子冤，〔一〕上遂擢千秋爲丞相，而族滅江充家，焚蘇文於横橋上，〔二〕及泉鳩里加兵刃於太子者，初爲北地太守，後族。〔三〕上憐太子無辜，乃作思子宮，爲歸來望思之臺於湖。〔四〕天下聞而悲之。

〔一〕【補注】先謙曰：詳千秋傳。

〔二〕師古曰：橫音光。師古曰：即橫門渭橋也。【補注】先謙曰：此橫門橫橋也，非渭橋。黄圖引三輔舊事云「秦造橫橋，漢承秦制，廣六丈三百八十步，置都水令以掌之，號爲石柱橋」。又云「渭橋，秦始皇造」。元注「渭橋在長安北三里，跨渭水爲橋」。畢校本如此。玉海百七十二引此並合。玉海渭橋下注引初學記云「秦造渭橋及橫橋」。此明是二橋，師古誤合爲一。案玉海橫橋下引雍州圖曰「在長安北二里橫門外。而渭橋在北三里」。此亦橫、渭異橋之證。孫星衍校黄圖必欲定爲一橋，謂今本黄圖爲誤，遂併玉海駁之，未敢從。渭水注「長安城北出西頭第一門，本名橫門，王莽更名霸都門左幽亭」。如淳曰：音光，故曰光門。此謂時俗音呼曰光也。橫、光字古同音而通用。上言「西出南頭第三門，曰西城門，又曰光門」，則是本名光門，昔人動緣兩光門致疑，斯未審耳。注上「師古」，官本作「孟康」，是。

〔三〕【補注】周壽昌曰：失其名，疑「者」下有脱文。先謙曰：洪邁容齋隨筆云戾太子條「李壽加兵刃於太子，亦以他事族」。此誤記史文，非有他據。功臣表「壽坐爲衛尉居守，擅出長安界，送海西侯至高橋，又使吏謀殺方士，不道，誅」。不以北地太守族也。

〔四〕師古曰：言已望而思之，庶太子之魂來歸也。其臺在今湖城縣之西，閿鄉之東，基趾猶存。【補注】先謙曰：河水注「河水又會槃澗水。水出湖縣夸父山北，逕漢武帝思子宮歸來望思臺東，又北流入於河」。河南通志「思子宮城在閿鄉城東北二十里。歸來望思臺在其西北」。今本黄圖於甘泉宮門列入思子宮，疑誤。孫校本無，但云「思子宮，武帝竊戾太子無辜被殺，作思子宮，爲歸來望思之臺於湖」。荀紀云「爲思子臺於湖」。則併宮與臺爲一。

初，太子有三男一女，女者平輿侯嗣子尚焉。〔一〕及太子敗，皆同時遇害。衛侯、史良娣葬長安城南。〔二〕史皇孫、皇孫妃王夫人及皇女孫葬廣明。〔三〕皇孫二人隨太子者，與太子并葬湖。〔四〕

〔一〕【補注】錢大昭曰：史表無平輿侯。
〔二〕【補注】錢大昭曰：「侯」當作「后」。外戚傳「瘞之城南桐柏」。先謙曰：官本作「后」。
〔三〕蘇林曰：苑名也。
〔四〕師古曰：今太子冢北有二冢相次，則二皇孫也。

太子有遺孫一人，史皇孫子，王夫人男，年十八即尊位，是爲孝宣帝。帝初即位，帝詔曰：〔一〕「故皇太子在湖，未有號謚，歲時祠，其議謚，置園邑。」〔二〕有司奏請：「禮『爲人後者，爲之子也』，〔三〕故降其父母不得祭，〔四〕尊祖之義也。陛下爲孝昭帝後，承祖宗之祀，制禮不踰閑。〔五〕謹行視孝昭帝所爲故皇太子起位在湖，〔六〕史良娣冢在博望苑北，親史皇孫位在廣明郭北。〔七〕謚法曰『謚者，行之跡也』，愚以爲親謚宜曰悼皇，〔八〕母曰悼后，比諸侯王園，置奉邑三百家。故皇太子謚曰戾，置奉邑二百家。史良娣曰戾夫人，置守冢三十家。園置長丞，〔九〕周衛奉守如法。」以湖閿鄉邪里聚爲戾園，〔一〇〕長安白亭東爲戾后園，〔一一〕廣明成鄉爲悼園。〔一二〕皆改葬焉。

〔一〕【補注】先謙曰：「詔」上「帝」字，官本作「下」，是。
〔二〕【補注】宋祁曰：楊本云，多「歲時祠其議謚」六字。
〔三〕【補注】齊召南曰：按韋玄成傳，此議本始元年丞相蔡義等所奏也，後八歲，有司復言云云。元康元年，丞相魏相等所奏也。
〔四〕師古曰：謂本生之父母也。

〔五〕師古曰：閑猶限也。

〔六〕文穎曰：位，冢位也。師古曰：行音下更反。【補注】先謙曰：冢不得以位言。周禮小宗伯「成葬而祭墓爲位」。鄭注「位，壇位也。先祖形體託於此地，祀其神以安之」。今爲太子議謚置邑，則宜就墓爲位，有司歲時祠之，故言起位，不言冢也。

〔七〕如淳曰：親謂父也。

〔八〕【補注】王念孫曰：景祐本無「皇」字，是也。下文云「比諸侯王園」，則不得稱悼皇明矣。此涉下文「悼園宜稱尊號曰皇考」而誤。通典禮三十二、通鑑漢紀十六，並作「宜曰悼」，漢紀作「宜曰悼考」，皆無皇字。先謙曰：皇字後人誤加，王説是。又或以下悼后爲疑，不知漢制，諸侯王母妻得稱太后、后也。

〔九〕【補注】先謙曰：百官志「諸廟寢園，有食官令、長丞」。

〔一〇〕師古曰：闅，古閺字，從門中旻。建安中正作聞。師古曰：旻，舉目使人也。旻音許密反。闅字本從旻，其後轉訛誤，遂作門中受耳。而郭璞乃音汝授反，蓋失理遠耳。【補注】先謙曰：上「師古」，官本作「孟康」，「聞」作「闅」，是。「轉」下脱「寫」字。

〔一一〕【補注】沈欽韓曰：渭水注「昆明故渠之北有白亭、博望苑」。長安志「漢博望苑在長安縣北五里」。寰宇記「戾園本秦白亭，在金城坊。博望苑在金城坊戾園東南，本長安杜門外大道東」。先謙曰：顧炎武云，下云「後八歲尊戾夫人曰戾后，置園奉邑」，此戾后園之目，豫見於八年之前。蓋兩收而未貫通也。

〔一二〕【補注】沈欽韓曰：渭水注「昆明故渠東逕奉明縣廣成鄉之廣明苑南，戴校「廣明」作「廉明」，非。史皇孫及王夫人葬於郭北，宣帝遷苑南，爲悼園，在東都門」。長安志「皇城西第一街次南休祥坊南，有漢奉明園。園之北，漢奉明縣」。寰宇記訛爲鳳鳴園。一統志「戾后園、悼園並在長安縣北」。先謙曰：據酈注「成鄉」上應有「廣」字，未知其審。

後八歲，有司復言：「禮『父爲士，子爲天子，祭以天子』。悼園宜稱尊號曰皇考，立廟，因園爲寢，以時薦享焉。益奉園民滿千六百家，以爲奉明縣。〔一〕尊戾夫人曰戾后，置園奉邑，及益戾園各滿三百家。」

〔一〕【補注】先謙曰：京兆縣也。今西安府長安縣北。

齊懷王閎與燕王旦、廣陵王胥同日立，皆賜策，各以國土風俗申戒焉，〔一〕曰：「惟元狩六年四月乙巳，〔二〕皇帝使御史大夫湯〔三〕廟立子閎爲齊王，〔四〕曰：嗚呼！小子閎，受茲青社。〔五〕朕承天序，惟稽古，建爾國家，〔六〕封于東土，世爲漢藩輔。嗚呼！念哉，共朕之詔。〔七〕惟命不于常，〔八〕人之好德，克明顯光，義之不圖，俾君子怠。〔九〕悉爾心，允執其中，天祿永終。〔一〇〕厥有愆不臧，乃凶于乃國，而害于爾躬。〔一一〕嗚呼！保國乂民，可不敬與！王其戒之！」〔一二〕閎母王夫人有寵，閎尤愛幸，立八年，薨，無子，國除。〔一三〕

〔一〕【補注】錢大昭曰：本紀，是年初作誥，故三王俱載賜策。先謙曰：三王定位建國，大司馬霍去病建議。詳載三王世家。

〔二〕【補注】先謙曰：據三王世家，四月戊寅朔。則乙巳，二十八日。

〔三〕師古曰：張湯。

〔四〕師古曰：於廟授策也。

〔五〕張晏曰：王者以五色土爲太社，封四方諸侯，各以其方色土與之，苴以白茅，歸以立社。

〔六〕師古曰：言考於古道而立子爲王。【補注】先謙曰：「天序」，史記作「祖考」。

〔七〕師古曰：共讀曰恭。言敬聽我詔。

〔八〕師古曰：言皇天無親，惟德是輔，善則得之，惡則失之。

〔九〕師古曰：言人若好德，則能明顯有光輝；若不圖於義，則君子懈怠，無歸附之者。圖，謀也。俾，使也。【補注】曾廣鈞曰：公羊傳「俾君子易怠」。此蓋承用其文。

〔一〇〕師古曰：能盡爾心，信執中和之得，則能終天禄者也。【補注】先謙曰：「得」，官本作「德」，是。

〔一一〕師古曰：臧，善也。乃，汝也。

〔一二〕師古曰：保，安也。乂，治也。與讀曰歟。

〔一三〕【補注】先謙曰：王夫人，趙人。閎且立爲王而病，請王閎雒陽，帝不許，言關東國莫大於齊，夫人謝。及死，帝痛之，使使奉璧一，拜爲齊王太后。閎不幸早死，國絶，天下稱齊不宜王云。詳三王世家。閎，元封元年薨。

燕剌王旦賜策曰：「嗚呼！小子旦，受茲玄社，建爾國家，〔一〕封于北土，世爲漢藩輔。嗚呼！葷鬻氏虐老獸心，以姦巧邊甿。〔二〕朕命將率，徂征厥罪。〔三〕萬夫長，千夫長，三十有二帥，〔四〕降旗奔師。〔五〕葷鬻徙域，〔六〕北州以妥。〔七〕悉爾心，毋作怨，毋作棐德，〔八〕毋乃廢備。〔九〕非教士不得從徵。〔一〇〕王其戒之！」〔一一〕

〔一〕【補注】先謙曰：官本「社」作「土」。史記此及厲王策「社」下皆有「朕承祖考惟稽古」七字，漢書無，蓋班氏删之。

〔二〕服虔曰：葷鬻，堯時匈奴號也。孟康曰：甿音萌。師古曰：虐老，謂貴少壯而食甘肥，賤耆老而與粗惡也。獸心，言貪暴而無仁義也。甿，庶人。薰音勳。鬻音育。【補注】先謙曰：「薰鬻」，史記作「葷粥」，音同字異耳。下同。「心」下作「侵犯寇盜，加以姦巧邊萌」十字。顔說本匈奴傳。

〔三〕師古曰：徂，往也。【補注】先謙曰：「朕」上，史記有「於戲」二字。

〔四〕張晏曰：時所獲三十二帥也。【補注】宋祁曰：別本「三十」並作「三千」，誤。齊召南曰：事見霍去病傳「上嘉去病之功，曰，渾邪王及厥衆萌，咸奔於率，降異國之王三十二」。先謙曰：「帥」，史記作「君」，下有「皆來」二字。

〔五〕如淳曰：昆邪王偃其旗鼓而來降也。

〔六〕張晏曰：匈奴徙東。【補注】劉奉世曰：匈奴徙漠北。先謙曰：劉說是。

〔七〕孟康曰：古綏字也。臣瓚曰：妥，安也。師古曰：瓚說是也。妥音他果反。【補注】李慈銘曰：妥者，綏之省。古無妥字，段玉裁補入說文女部，非也。先謙曰：孟說是也。禮曲禮「下大夫則綏之」，注「國君綏視」，注並云「綏，讀曰妥」。士相見禮「妥而後傳言」，注云「古文妥爲綏」。妥、綏古通用，並訓爲安。史記妥作綏。集解引臣瓚曰「綏，安也」。是瓚說本亦作綏，顔是瓚而舍孟，由不知古義耳。

〔八〕服虔曰：棐，薄也。師古曰：棐，古匪字也。匪，非也。【補注】朱一新曰：食貨志「賦入貢棐」。應劭注「竹器也」。師古注「棐讀與匪同」。知匪、棐古通用。說文「匪，器似竹筐，從匚非聲。篚，車笭也，從竹匪聲」。經傳中「匪」多以「篚」爲之。今篚行而匪之本義晦。漢書凡篚、匪之匪皆作棐。地理志中屢見之。顔彼注云「棐讀與篚同」，蓋篚字從俗也。匪之叚借則爲非，故顔注以棐爲古匪字而訓非。至敍傳亦云「實棐諶而相順」，則用尚書大誥「天棐諶辭」之語。顔注既引大誥，而又引詩「其命匪諶」，謂棐讀與匪同，則非其本訓矣。先謙曰：史記「棐」作「俷」。集解徐廣曰「俷一作非」。索隱蘇林云「非，廢也。本亦作俷。俷，敗也」。孔文祥云，非，薄也。漢書作「棐」。

〔九〕師古曰：禦邊之備不可廢。

〔一〇〕張晏曰：士不素習不得應召。【補注】沈欽韓曰：管子小匡篇「君有此教士三萬人，以横行於天下」。呂覽簡選篇

「齊桓公教卒萬人，以爲兵首」。先謙曰：索隱引韋昭云「士非素教習，不得從軍徵發，故孔子曰『不教而戰，是謂棄之』」，正謂此也」。案，承上「毋廢備」言，韋、沈說勝。褚先生解云「非習禮義，不得在於側也」，則張說所本。

〔一二〕【補注】先謙曰：史記此及厲王策王上皆有「於戲，保國艾民，可不敬與」十字，亦班氏刪省。

旦壯大就國，爲人辨略，博學經書雜說，好星曆數術、倡優射獵之事，招致游士。及衛太子敗，齊懷王又薨，旦自以次第當立，上書求入宿衛。上怒，下其使獄。〔一〕後坐臧匿亡命，削良鄉、安次、文安三縣。武帝由是惡旦，後遂立少子爲太子。

〔一〕【補注】先謙曰：三王世家「孝武見其書，擊地，怒曰：『生子當置之齊魯禮義之鄉，乃置之燕趙，果有爭心，不讓之端見矣！』於是使使即斬其使者於(門)〔闕〕下」。

帝崩，太子立，是爲孝昭帝，賜諸侯王璽書。旦得書，不肯哭，曰：「璽書封小。〔一〕京師疑有變。」遣幸臣壽西長、〔二〕孫縱之、王孺等之長安，〔三〕以問禮儀爲名。王孺見執金吾廣義，〔四〕問帝崩所病，〔五〕立者誰子，年幾歲。廣意言待詔五莋宮，〔六〕宮中讙言帝崩，諸將軍共立太子爲帝，年八九歲，葬時不出臨。〔七〕歸以報王。王曰：「上棄羣臣，無語言，蓋主又不得見，甚可怪也。」復遣中大夫至京師，上書言：「竊見孝武皇帝躬聖道，孝宗廟，慈愛骨肉，和集兆民，德配天地，明並日月，威武洋溢，〔八〕遠方執寶而朝，增郡數十，斥地且倍，〔九〕封泰山，禪梁父，巡狩天下，遠方珍物陳于太廟，德甚休盛，〔一〇〕請立廟郡國。」奏報聞。時大將軍霍光秉政，褒賜燕王錢三千萬，益封萬三千户。旦怒曰：「我當爲帝，何賜也！」遂與宗室中山哀王子劉長、齊孝王孫劉澤等結謀，詐言以武帝時受詔，得職吏事，修武備，備非常。〔一一〕長於是爲旦命令羣臣曰：「寡人賴先帝休德，〔一二〕獲奉北藩，親受明詔，職吏事，領庫兵，飭武備，〔一三〕任重職大，夙夜兢兢，子大夫將何以規佐寡人？且燕國雖小，成周之建國也，〔一四〕上自召公，下及昭襄，〔一五〕于今千載，豈可謂無賢哉？寡人束帶聽朝三十餘年，曾無聞焉。其者寡人之不及與？〔一六〕意亦子大夫之思有所不至乎？其咎安在？方今寡人欲撟邪防非，章聞揚和，〔一七〕撫慰百姓，移風易俗，厥路何由？子大夫其各悉心以對，寡人將察焉。」羣臣皆免冠謝。郎中成軫謂旦曰：「大王失職，獨可起而索，不可坐而得也。〔一八〕大王壹起，國中雖女子皆奮臂隨大王。」旦曰：「前高后時，僞立子弘爲皇帝，諸侯交手事之八年。〔一九〕呂太后崩，大臣誅諸呂，迎立文帝，天下乃知非孝惠子也。我親武帝長子，反不得立，上書請立廟，又不聽。立者疑非劉氏。」

〔一〕張晏曰：文少則封小。

〔二〕【補注】先謙曰：廣韻壽下云「前漢燕王遣壽西長之長安」。「蘇林云：壽西，姓也」。是宋本漢書「長」下有註七字，而後奪之。

〔三〕師古曰：之，往也。

〔四〕師古曰：郭廣義。【補注】錢大昭曰：「義」字疑誤。下文作「廣意」，公卿表亦作「廣意」。先謙曰：官本正文及註並作「意」。

〔五〕師古曰：因何病而崩。

〔六〕師古曰：莋讀與柞同。
〔七〕師古曰：臨音力禁反。
〔八〕師古曰：洋溢，言盛多也。洋音羊。
〔九〕師古曰：斥，開也。
〔一〇〕師古曰：休，美也。
〔一一〕如淳曰：「諸侯不得治民與職事，是以爲詐言受詔，得知職事，發兵爲備也。」【補注】王念孫曰：爾雅「職，主也」。謂得主其國中之吏事耳。如解職字，義未確。先謙曰：如説詐義，是。王説職義，是。
〔一二〕師古曰：休，美也。
〔一三〕師古曰：飭讀與勑同。飭，整也。
〔一四〕師古曰：自周以來即爲燕國，言以久遠。
〔一五〕師古曰：召公，謂召公奭也。昭、襄，六國時燕之二王也。召讀曰邵。
〔一六〕師古曰：與讀曰歟。【補注】錢大昕曰：者讀如諸。
〔一七〕師古曰：撟，正也。章，表也。撟與矯同，其字從手也。
〔一八〕師古曰：失職，謂當爲漢嗣而不被用也。索，求也。
〔一九〕師古曰：交手，謂拱手也。

即與劉澤謀爲姦書，言少帝非武帝子，〔一〕大臣所共立，天下宜共伐之。使人傳行郡國，以摇動百姓。澤謀歸發兵臨淄，與燕王俱起。旦遂招來郡國姦人，賦斂銅鐵作甲兵，數閲其車騎材官卒，建旌旗鼓車，旄頭先敺，〔二〕郎中侍從者著貂羽，黄金附蟬，〔三〕皆號侍中。旦從相、中尉以下，勒車騎，發民會圍，大獵文安縣，〔四〕以講士馬，須期日。〔五〕郎中韓義等數諫旦，旦殺義等凡十五人。會缾侯劉成知澤等謀，〔六〕告之青州刺史雋不疑，不疑收捕澤以聞。天子遣大鴻臚丞治，〔七〕連引燕王。有詔弗治，〔八〕而劉澤等皆伏誅。益封缾侯。〔九〕

〔一〕【補注】先謙曰：褚補史記云「旦出言曰，我安得弟在者？今立者乃大將軍子也」。

〔二〕師古曰：敺與驅同。

〔三〕晉灼曰：以翠羽飾冠也。師古曰：貂羽，以貂尾爲冠之羽也。附蟬，謂金蟬以附冠前也。凡此旄頭先驅，皆天子之制。而貂羽附蟬，又天子侍中之飾，王僭爲之。【補注】先謙曰：後漢輿服志「武冠一曰武弁大冠，諸武官冠之。侍中、中常侍加黄金璫，附蟬爲文，貂尾爲飾，謂之趙惠文冠」。胡廣説曰「趙武靈王效胡服，以金璫飾首，前插貂尾，爲貴職。秦滅趙，以其君冠賜近臣」。據此，顔説是也。官本注「謂」作「爲」。

〔四〕【補注】先謙曰：顧炎武云，上文言武帝時，旦坐削良鄉、安次、文安三縣，是文安已削，不屬燕。又云，昭帝立，襃賜燕王，益封萬三千户。然則文安之仍屬於燕，必在益封之後也。史文之互見者，可以參考得之。

〔五〕師古曰：講，習也。須，待也。

〔六〕師古曰：缾侯，菑川靖王子也。缾音步丁反。

〔七〕【補注】周壽昌曰：劉德傳「德爲宗正丞，雜治劉澤詔獄，徙大鴻臚丞」。

〔八〕【補注】先謙曰：漢遣宗正與太中大夫公户滿意等風諭旦，旦恐懼謝過。事詳三王世家。

〔九〕【補注】周壽昌曰：成薨，謚敬侯。先謙曰：不疑擢京兆尹。

久之，旦姊鄂邑蓋長公主、〔一〕左將軍上官桀父子與霍光爭權有隙，皆知旦怨光，即私與燕交通。旦遣孫縱之等前後十餘輩，多齎金寶走馬，〔二〕賂遺蓋主。上官桀及御史大夫桑弘羊等皆與交通，數記疏光過失與旦，令上書告之。桀欲從中下其章。〔三〕旦聞之喜，上疏曰：「昔秦據南面之位，制一世之命，威服四夷，輕弱骨肉，〔四〕顯重異族，廢道任刑，無恩宗室。其後尉佗入南夷，陳涉呼楚澤，〔五〕近狎作亂，內外俱發，〔六〕趙氏無炊火焉。〔七〕高皇帝覽蹤跡，觀得失，見秦建本非是，故改其路，規土連城，布王子孫，〔八〕是以支葉扶疏，異姓不得間也。〔九〕今陛下承明繼成，〔一〇〕委任公卿，羣臣連與成朋，非毀宗室，〔一一〕膚受之愬，日騁於廷，惡吏廢法立威，主恩不及下究。〔一二〕臣聞武帝使中郎將蘇武使匈奴，見留二十年不降，還亶爲典屬國。〔一三〕今大將軍長史敞無勞，爲搜粟都尉。〔一四〕又將軍都郎羽林，〔一五〕道上移蹕，〔一六〕太官先置。〔一七〕臣旦願歸符璽，入宿衞，察姦臣之變。」是時昭帝年十四，覺其有詐，遂親信霍光，而疏上官桀等。桀等因謀共殺光，廢帝，迎立燕王爲天子。旦置譯書，往來相報，許立桀爲王，外連郡國豪桀以千數。旦以語相平，平曰：「大王前與劉澤結謀，事未成而發覺者，以劉澤素夸，好侵陵也。平聞左將軍素輕易，車騎將軍少而驕，臣恐其如劉澤時不能成，又恐既成，反大王也。」旦曰：「前日一男子詣闕，自謂故太子，〔一八〕長安中民趣鄉之，〔一九〕正讙不可止，〔二〇〕大將軍恐，出兵陳之，以自備耳。〔二一〕我帝長子，天下所信，何憂見反？」後謂羣臣：「蓋主報言，獨患大將軍與右將軍王莽。〔二二〕今右將軍物故，〔二三〕丞相病，幸事必成，徵不久。」令羣臣皆裝。

〔一〕張晏曰：食邑鄂，蓋侯王信妻也。師古曰：爲蓋侯妻是也，非王信。信者，武帝之舅耳，不取鄂邑主爲妻，當是信子頃侯充耳。【補注】先謙曰：信，武帝舅。信子充，疑不得取武帝女爲妻。據表，充子受嗣侯，以元鼎五年坐酎金，免。則主當是受妻。受免侯後薨，主遂私近丁外人也。李慈銘云：據昭紀言，公主子文信。則主不得爲信妻及子婦益明。

〔二〕師古曰：走馬，馬之善走者。

〔三〕師古曰：下音胡稼反。

〔四〕【補注】宋祁曰：浙本「輕」字上有「然」字。

〔五〕師古曰：呼音火故反。

〔六〕師古曰：狎，習也。近習之人，謂趙高也。

〔七〕韋昭曰：趙，秦之別氏。師古曰：無炊火，言絶祀也。【補注】錢大昭曰：秦之先造父封於趙城，更爲趙氏，故秦亦稱趙。

〔八〕師古曰：規，畫也。

〔九〕師古曰：閒音(土)〔工〕莧反。

〔一〇〕師古曰：承聖明之後，繼已成之業。

〔一一〕師古曰：與謂黨與也。

〔一二〕師古曰：究，竟也。言不終竟於下。【補注】王念孫曰：景祐本無「及」字，疑後人所加。據註云「不終竟於下」，則正文但作「不下究」而無「及」字，明矣。武紀亦云「化不下究」。

〔一三〕師古曰：亶音但。【補注】先謙曰：武在匈奴十九年，曰二十年，舉成數也。

〔一四〕師古曰：楊敞也。

〔一五〕張晏曰：都試郎、羽林也。師古曰：都，大也，謂大會試之。漢光禄挈令「諸當試者，不會都所，免之」。【補注】宋祁曰：「又將軍」，浙本作「又聞大將軍」。沈欽韓曰：此漢世教練禁衛之制，至宋始詳。宋史兵志「禁軍日習武技」。容齋隨筆「國朝宿衛禁旅遷補之制」。可參證。註云「諸當試者不會都所，免之」，與宋御前不赴堆垛沙汰者，其制同也。先謙曰：都，謂都肄也。霍光傳、漢紀皆作「都肄郎、羽林」，此去「肄」言「都」，文省而義自見。都之爲言大總也，謂總郎屬而閱之。若如顔註，單釋爲大，都郎、羽林爲大郎羽林。光傳「都郎屬耳」，爲「大郎屬耳」，文不成義矣。光傳「都肄」，顔云「謂總閱試，習武備也」。亦訓都爲總，而於此失之。

〔一六〕如淳曰：移猶傳也。

〔一七〕師古曰：昭紀云「詐令人爲燕王旦上書」，又云「上曰，朕知此書詐也。將軍都郎屬耳，燕王何以得知之」？而此傳乃云旦自上疏，此下又云帝覺有詐，遂親信光。參錯不同，疑此傳爲誤。【補注】王闓運曰：顔注隔絶章句，當移在「喜上疏曰」之下爲合。先謙曰：桀令旦上書告光，而桀下其章，欲速成事，故詐令人爲旦上書。旦實知情預謀，即與旦自上疏一也。昭紀、光傳言，詐令人爲旦上書，帝以調校尉不及十日，燕不及知，決其詐，所以著當時事實。此云旦自上疏，所以著旦逆迹，本無參錯，顔説非也。註「朕知此書」云云，乃光傳語。又下當有「霍光傳」三字，而傳寫奪之。

〔一八〕【補注】先謙曰：男子，張延年。詳昭紀、雋不疑傳。

〔一九〕師古曰：鄉讀曰嚮。

〔二〇〕師古曰：人衆既多，故讙譁也。

〔二一〕【補注】先謙曰：言非桀、安謀洩也。

〔二二〕張晏曰：天水人也，字稚叔。

〔二三〕師古曰：謂死也。【補注】先謙曰：公卿表「莽，元鳳元年卒」。

是時天雨，虹下屬宮中〔一〕飲井水，水泉竭。〔二〕廁中豕羣出，壞大官竈。〔三〕烏鵲鬥死。〔四〕鼠舞殿端門中。〔五〕殿上户自閉，不可開。天火燒城門。大風壞宮城樓，折拔樹木。流星下墯。后妃以下皆恐。王驚病，使人祠葭水、台水。〔六〕王客吕廣等知星，〔七〕爲王言：「當有兵圍城，期在九月、十月，漢當有大臣戮死者。」語具在五行志。

〔一〕師古曰：屬猶注也，音之欲反。

〔二〕【補注】宋祁曰：越本無「泉」字。王念孫曰：越本是也。景祐本亦無「井水」二字，即承上文言之，不當更有「泉」字。此是一本作「水」，一本作「泉」，而後人誤合之也。開元占經虹蜺占篇、初學記天部下、白帖二引此，並作「井水竭」。漢紀同。先謙曰：官本作「井水泉竭」。

〔三〕師古曰：廁，養豕圂也。圂音胡困反。【補注】先謙曰：説文「圂，廁也。象豕在囗中」。廣雅、一切經音義並云「圊、圂、屏，廁也」。晉語「少溲於豕牢」。韋昭云「豕牢，廁也」。五行志「燕王宮永巷中豕出圂，壞都竈，銜其鬴六七枚置殿前」。故顔訓廁爲圂。大官竈，顔五行志註，以爲「烝炊之大竈是也」。

〔四〕【補注】先謙曰：五行志「烏與鵲鬭宮中池上，烏墮池死」。

〔五〕師古曰：端門，正門也。【補注】先謙曰：五行志「王使吏以酒脯祠，鼠舞不休，一日一夜死」。

〔六〕晉灼曰：地理志「葭水在廣平南和。台水在雁門」。師古曰：葭音家。台音怡。【補注】先謙曰：官本「妃」作「姬」。下「后妃」同。是妃當爲姬之誤。地理志，廣平國南和下「列葭水東入滱」。此無「列」字，或時俗省文稱之。今長蘆水也。雁門郡陰館下「累頭山，治水所出，東至泉州入海。過郡六行千一百里」。師古曰「治」，燕刺王傳作「台」字。治水今桑乾河上源，其下流爲永定河也。説詳志。晉注「雁門」下奪「陰館」二字，以南和例知之。

〔七〕【補注】錢大昭曰：天文志有燕王候星者吴莫如。

王愈憂恐，謂廣等曰：「謀事不成，妖祥數見，兵氣且至，奈何？」會蓋主舍人父燕倉知其謀，告之，由是發覺。丞相賜璽書，部中二千石逐捕孫縱之及左將軍桀等，皆伏誅。旦聞之，召相平曰：「事敗，遂發兵乎？」平曰：「左將軍已死，百姓皆知之，不可發也。」王憂懣，〔一〕置酒萬載宮，會賓客、羣臣、妃妾坐飲。王自歌曰：「歸空城兮，狗不吠，雞不鳴。橫術何廣廣兮，固知國中之無人！」〔二〕華容夫人起舞曰：「髮紛紛兮寘渠，〔三〕骨籍籍兮亡居。〔四〕母求死子兮，妻求死夫。裴回兩渠閒兮，君子獨安居！」〔五〕坐者皆泣。

〔一〕師古曰：懣音滿，又音悶。解在司馬遷傳。

〔二〕蘇林曰：廣音曠。臣瓚曰：術，道路也。師古曰：廣讀如本字。此歌意，言身死之後，國當空也。【補注】王念孫曰：蘇音是也。曠曠者，虛無人之貌，故下云固知國中之無人。若讀爲廣大之廣，則與下句義不相屬矣。莊子天道篇「廣廣乎其無不容也」。荀子非十二子篇「恢恢然，廣廣然」。義並與曠同。

〔三〕孟康曰：寘音羃。髮歷羃挂岸也。臣瓚曰：寘塞溝渠。師古曰：瓚說是也。寘音徒一反。【補注】沈欽韓曰：「寘」當作「窴」。說文「窴，塞也。从穴，真聲」。集韻「或從土爲填」。周壽昌曰：寘音闐。李慈銘曰：謂人首相從填渠也，非專謂髮。先謙曰：沈說、周音、李說並是。注「一」字，汪本、南監本、官本作「干」，是。

〔四〕師古曰：籍籍，從橫貌也。居，處也。

〔五〕師古曰：置酒之宮，池沼所在，其閒有渠，故即其所見以爲歌辭也。

有赦令到，王讀之，曰：「嗟乎！獨赦吏民，不赦我。」〔一〕因迎后姬諸夫人之明光殿，王曰：「老虜曹爲事當族！」〔二〕欲自殺。左右曰：「黨得削國，〔三〕幸不死。」后妃夫人共啼泣止王。〔四〕會天子使使者賜燕王璽書曰：「昔高皇帝王天下，建立子弟以藩屏社稷。先日諸呂陰謀大逆，劉氏不絕若髮，賴絳侯等誅討賊亂，尊立孝文，以安宗廟，非以中外有人，表裏相應故邪？樊、酈、曹、灌攜劍推鋒，〔五〕從高帝〔六〕墾菑除害，耘鉏海內，〔七〕勤苦至矣，然其賞不過諸侯。〔八〕今宗室子孫曾無暴衣露冠之勞，裂地而王之，分財而賜之，父死子繼，兄終弟及。〔九〕今王骨肉至親，敵吾一體，〔一〇〕乃與他姓異族謀害社稷，親其所疏，疏其所親，有逆悖之心，無忠愛之義。如使古人有知，當何面目復舉齊酎見高祖之廟乎！」〔一一〕旦得書，以符璽屬醫工長，〔一二〕謝相二千石：「奉事不謹，死矣。」即以綬自絞。后夫人隨旦自殺者二十餘人。天子加恩，赦王太子建爲庶人，賜旦謚曰剌王。旦立三十八年而誅，〔一三〕國除。

〔一〕【補注】先謙曰：先赦吏民，所以散逆黨。

〔二〕師古曰：曹，輩也。【補注】沈欽韓曰：索隱「虜，奴隸也」。說苑反質篇「始皇見侯生，大怒曰，老虜不良」。

〔三〕師古曰：黨音他朗反。

〔四〕【補注】先謙曰：官本「妃」作「姬」，是。

〔五〕師古曰：樊噲、酈商、曹參、灌嬰等。

〔六〕【補注】先謙曰：官本「高」下有「皇」字。

〔七〕師古曰：菑，古災字。【補注】錢大昭曰：此下脫正文「當此之時，頭如蓬葆」八字。又註文「頭久不理，如蓬草羽葆也。師古曰，草叢生曰葆，音保」二十字。當據南監本、閩本補。先謙曰：官本有此二十八字，又引宋祁曰「浙本注文『頭』字上有『服虔曰』三字」。

〔八〕【補注】先謙曰：官本「諸」作「封」，是。

〔九〕【補注】沈欽韓曰：春秋莊三十二年公羊傳注「兄終弟繼曰及」。

〔一〇〕師古曰：言若四支之一也。

〔一一〕師古曰：古人，謂先人。【補注】先謙曰：「舉」，官本作「奉」，是。

〔一二〕師古曰：屬，委也。醫工長，王官之醫者也。屬音之欲反。【補注】先謙曰：「醫者」上，官本有「主」字，是。

〔一三〕【補注】先謙曰：元鳳元年十月。

後六年，宣帝即位，封旦兩子，慶爲新昌侯，賢爲定安侯，〔一〕又立故太子建，是爲廣陽頃王，〔二〕二十九年薨。子穆王舜嗣，二十一年薨。子思王璜嗣，二十年薨。〔三〕子嘉嗣。王莽時，皆廢漢藩王爲家人，嘉獨以獻符命封扶美侯，賜姓王氏。〔四〕

〔一〕【補注】先謙曰：慶，本始四年封。賢，元年封。「定安」，官本作「安定」，是。表亦作「安定」。

〔二〕【補注】先謙曰：本始元年立。

〔三〕【補注】宋祁曰：「二十年」，浙本作「二十九年」。錢大昭曰：表云「二十一年」。先謙曰：據表，嘉以建平四年立。是璜薨於建平三年，距陽朔二年璜立之歲，恰二十年。浙本及表誤。

〔四〕【補注】周壽昌曰：表云「莽貶嘉爲公，明年廢」。未獻符命前事。

廣陵厲王胥賜策曰：「嗚呼！小子胥，受茲赤社，建爾國家，封于南土，世世爲漢藩輔。〔一〕古人有言曰：『大江之南，〔二〕五湖之間，〔三〕其人輕心。揚州保彊，〔四〕三代要服，不及以正。』〔五〕嗚呼！悉爾心，祗祗兢兢，乃惠乃順，〔六〕毋桐好逸，毋邇宵人，〔七〕惟法惟則！〔八〕書云『臣不作福，不作威』，〔九〕靡有後羞。王其戒之！」〔一〇〕

〔一〕【補注】劉攽曰：多一「世」字。

〔二〕【補注】先謙曰：正義「謂京口南至荆州以南也」。

〔三〕【補注】先謙曰：索隱「五湖者，具區、洮滆、彭蠡、青草、洞庭。或曰，太湖五百里，故曰五湖也」。

〔四〕李奇曰：保，恃也。【補注】先謙曰：集解引徐廣云「彊，一作疆」。則謂恃其疆域阻深也。

〔五〕師古曰：要服，次荒服之內者也。正，政也。要音一遥反。【補注】先謙曰：史記「正」作「政」，褚先生解云「三代之時，迫要使從中國俗服，不大及以政教，以意御之而已」。

〔六〕師古曰：祗祗，敬也。兢兢，慎也。言當慈惠于下，忠順于上也。【補注】先謙曰：「祗祗」，史記作「戰戰」。

〔七〕應劭曰：無好逸游之事，邇近小人也。張晏曰：桐音同。師古曰：桐音通。桐，輕脱之貌也。【補注】王念孫曰：桐字若訓爲輕脱之貌，則毋桐好逸，殊爲不辭。按三王世家作「毋侗好佚」，佚與逸同。褚釋曰「毋長好佚樂，馳騁弋獵」。是侗訓爲長也。侗爲長久之長，亦爲長大之長。論衡齊世篇「上世之人，侗長佼好」。是也。作桐者，叚借字耳。侗與桐，古字通。楊子學行篇「桐子之命」。宋咸曰「桐當爲侗」。侗之爲長，乃漢人常訓，故應註但言無好逸游，而不釋桐字。李慈銘曰：據法言「桐子之命也」，注「桐，洞也。桐子，洞然未有所知之時」。蓋桐與童通。此毋桐好逸，言毋童心好逸游也。先謙曰：史記張晏註「侗音同」。此張注作「桐」，疑顔改以就正文。顔音通，而訓爲通脱意，與禮樂志注「桐讀爲通」，同是顔所見漢書本作「桐」。王謂侗、桐叚借字，是也。漢世文字未正，因轉寫而生通叚，至於鄙別雜揉，不可爬梳。今人動謂當時字少，取用相代者，誤也。侗之爲桐，猶菲之爲棐矣。李説並通。「宵人」，索隱云，或作「佞人」。

〔八〕師古曰：言當依法則。

〔九〕師古曰：周書洪範云「臣無有作威作福」也。

〔一〇〕師古曰：言宜戒慎，勿令後有羞辱之事也。

胥壯大，好倡樂逸游，力扛鼎，〔一〕空手搏熊彘猛獸。〔二〕動作無法度，故終不得爲漢嗣。〔三〕

〔一〕師古曰：扛，舉也，音江。

〔二〕【補注】沈欽韓曰：西京雜記「胥於别囿學格熊，後遂能空手搏之，莫不絶脰。後爲獸所傷，陷胸而死」。按末句誤，或當作幾死。

〔三〕【補注】先謙曰：霍光傳，昭帝崩，羣臣議立王，有郎上書言不可承宗廟。遂立昌邑。故云終不得。

昭帝初立，益封胥萬三千户。元鳳中入朝，復益萬户，賜錢二千萬，黄金二千斤，安車駟馬寶劍。及宣帝即位，封胥四子聖、曾、寶、昌皆爲列侯，〔一〕又立胥小子弘爲高密王。所以褒賞甚厚。

〔一〕【補注】錢大昕曰：下文云「胥子南利侯寶，坐殺人，奪爵」。即四侯之一也。予弟大昭曰，攷王子侯表，但有朝陽荒侯聖、平曲節侯曾、南利侯昌三人，别無名寶者。表稱「南利侯昌，地節二年坐賊殺人，免」。此傳云「南利侯寶」，疑誤。先謙曰：此文本作「聖、曾、昌皆爲列侯」，淺學者以爲不足四子之數，見下「南利侯寶」之誤文，而謬加入「寶」字也。「封胥四子」句絶。與燕王傳封旦兩子句絶一例。四子者，併弘數之。下文云又立弘爲王者，與胥同時王，故言又立也。三王世家云「以本始元年中，裂漢地盡以封廣陵王胥四子：一子爲朝陽侯，一子爲平曲侯，一子爲南利侯，最愛少子弘立以爲高密王」。與此脗合，是不得有「寶」字明矣。

始，昭帝時，胥見上年少無子，有覬欲心。〔一〕而楚地巫鬼，〔二〕胥迎女巫李女須，使下神祝詛。〔三〕女須泣曰：「孝武帝下我。」〔四〕左右皆服。〔五〕言「吾必令胥爲天子」。胥多賜女須錢，使禱巫山。〔六〕會昭帝崩，胥曰：「女須良巫也！」殺牛塞禱。〔七〕及昌邑王徵，復使巫祝詛之。後王廢，胥寖信女須等，〔八〕數賜予錢物。宣帝即位，胥曰：「太子孫何以反得立？」復令女須祝詛如前。又胥女爲楚王延壽后弟婦，數相餽遺，通私書。〔九〕後延壽坐謀反誅，辭連及胥。有詔勿治，賜胥黄金前後五千斤，它器物甚衆。胥又聞漢立太子，謂姬南等曰：「我終不得立矣。」乃止不詛。後胥子南利侯寶〔一〇〕坐殺人奪爵，還歸廣陵，與胥姬左修姦。事發覺，繫獄，棄市。相勝之奏奪王射陂草田，以賦貧民，〔一一〕奏可。胥復使巫祝詛如前。

〔一〕師古曰：覬音冀。

〔二〕師古曰：言其土俗尊尚巫鬼之事。

〔三〕師古曰：女須者，巫之名也。

〔四〕【補注】先謙曰：顧炎武云，言孝武帝降憑其身而言也。

〔五〕師古曰：見女須云武帝神下，故伏而聽之。【補注】錢大昭曰：「服」，南監本、閩本作「伏」。周壽昌曰：服、伏一也。衛青傳「服聽」，史記作「伏聽」，與此同。先謙曰：註言伏而聽之，是顔所見漢書本作「伏」也。官本正作「伏」。

〔六〕師古曰：即楚地之巫山也。【補注】沈欽韓曰：越絶記地云「巫山者，越䰠神巫之官也，死葬其上，去山陰縣十三里許」。又吴地記「虞山者，巫咸所出也，虞故神出奇怪」。按所禱在吴、越，俱未可知，顔指爲夔州之巫山，何由泝江數千里而祈禱乎？

〔七〕師古曰：以爲因禱祝詛而崩也。塞音先代反。【補注】沈欽韓曰：韓非右儲説「秦襄王病，百姓爲之禱。病愈，殺牛塞禱」。今俗作賽。朱一新曰：塞字，郊祀志中屢見。説文新附收入「賽」字，非。然後書曹節傳注已云「塞當爲賽，通用」，則賽字行而塞義漸晦，唐初已然。觀阮嗣宗爲鄭沖勸晉王牋「西塞江源，望祀岷山」，尚作塞，知晉時賽字尚未行也。

〔八〕師古曰：寖，古浸字也。寖，漸也，益也。【補注】先謙曰：寖訓益，是。

〔九〕師古曰：餽亦饋字。

〔一〇〕【補注】先謙曰：據表，「寶」應作「昌」，説見上。

〔一一〕張晏曰：射水之陂，在射陽縣。【補注】先謙曰：地理志，射陽屬臨淮。寰宇記「射陽湖在今楚州山陽縣東南八十里」。漢書，廣陵王胥有罪，其相勝之奏奪王射陂，即此。與鹽城、寶應三縣分湖爲界，縈回三百里」。一統志「射陽湖在今淮安府山陽縣東南七十里，古射陂也」。

胥宮園中棗樹生十餘莖，莖正赤，〔一〕葉白如素。池水變赤，魚死。有鼠晝立舞王后廷中。〔二〕胥謂姬南等曰：「棗水魚鼠之怪，甚可惡也。」居數月，祝詛事發覺，有司按驗，胥惶恐，藥殺巫及宮人二十餘人以絶口。公卿請誅胥，天子遣廷尉、大鴻臚即訊。〔三〕胥謝曰：「罪死有餘，誠皆有之。〔四〕事久遠，請歸思念具對。」胥既見使者還，置酒顯陽殿，召太子霸及子女董訾、胡生等夜飲，〔五〕使所幸八子郭昭君、家人子趙左君等鼓瑟歌舞。〔六〕王自歌曰：「欲久生兮無終，長不樂兮安窮！〔七〕奉天期兮不得須臾，〔八〕千里馬兮駐待路。〔九〕黄泉下兮幽深，人生要死，何爲苦心！〔一〇〕何用爲樂心所喜，出入無悰爲樂亟。〔一一〕蒿里召兮郭門閱，〔一二〕死不得取代庸，身自逝。」〔一三〕左右悉更涕泣奏酒，〔一四〕至雞鳴時罷。胥謂太子霸曰：「上遇我厚，今負之甚。我死，骸骨當暴。幸而得葬，薄之，無厚也。」〔一五〕即以綬自絞死。及八子郭昭君等二人皆自殺。〔一六〕天子加恩，赦王諸子皆爲庶人，賜謚曰厲王。立六十四年而誅，〔一七〕國除。

〔一〕【補注】先謙曰：「正」，官本作「上」。

〔二〕【補注】先謙曰：「廷」，官本作「庭」。

〔三〕師古曰：就問也。【補注】宋祁曰：浙本「鴻臚」字下有「卿」字。先謙曰：據公卿表「廷尉于定國，大鴻臚王禹」也。

〔四〕師古曰：誠，實也。

〔五〕師古曰：董訾、胡生，皆女名。【補注】宋祁曰：注文當云「皆其女名」。

〔六〕師古曰：八子，姬妾之秩號也。家人子，無官秩者也。【補注】周壽昌曰：八子，秩視千石，比中更，爲第十三爵。家人子視有秩斗食。斗食，佐史也。

〔七〕師古曰：人所以欲久生者，貴其安豫無有終極，而我在生，長不歡樂，焉用窮盡年壽也。【補注】先謙曰：言冀望久生，而不幸無終，既死爲鬼，則長不樂，安有窮極也？文自明了，顔注迂晦。

〔八〕張晏曰：奉天子期，當死，不得復延年。

〔九〕張晏曰：二卿亭驛待，以答詔命。

〔一〇〕師古曰：言人生必當有死，無假勞心懷悲戚。

〔一一〕韋昭曰：悰亦樂也，音裁宗反。亟，數，亦疾也，謂不久也。言人生以何爲樂，但以心志所喜好耳。今我出入皆無歡怡，不得久長也。喜音許吏反。亟音邱吏反。【補注】先謙曰：亟猶促也。

〔一二〕師古曰：蒿里，死人里。

〔一三〕師古曰：言死當自去，不如他徭役得顧庸自代也。逝，合韻音上列反。【補注】王念孫曰：代字句絶。庸、用古字通。堯典「三十徵庸」，論衡氣壽篇，庸作用。皋陶謨「五刑五用哉」，後漢梁統傳，用作庸。「帝庸作歌」，史記夏本紀庸作用。蒼頡篇「用以也」。見一切經音義七。言死不得取代，當以身自往也。如顏説，則當以「死不得取代庸」爲句，大爲不詞矣。

〔一四〕師古曰：更，互也。奏，進也。更音工衡反。

〔一五〕【補注】沈欽韓曰：馬永卿嬾真子「揚州天長道中，地名甘泉，有大古冢如山，未到三十里已見之，土人呼爲琉璃王冢。按廣陵王胥，賜謚曰厲，爲劉厲王，轉訛爲琉璃王。旁有居民數十家，地名甘泉，恐胥僭擬云」。李慈銘曰：阮元揅經室三集甘泉山獲石記云「揚州甘泉山，舊志皆以爲漢厲王冢，旱鳴鼓攻之，輒致雨。今冢基不可覛，而西峰有靈雨壇舊阯，土人亦言山有琉璃王墳。琉璃，劉厲之傳譌也。嘉慶十一年，甘泉山惠照寺階下獲四石，其二石有『中殿第廿八』，字體在篆隸間，江鄭堂謂即淮南厲王冢上石也」。

〔一六〕【補注】先謙曰：官本「及」作「父」，引宋祁曰：姚本「父」作「及」。

〔一七〕【補注】錢大昭曰：表作「六十三年」。先謙曰：胥，五鳳四年正月誅，恰六十四年。表誤。

後七年，元帝復立胥太子霸，是爲孝王，〔一〕十三年薨。子共王意嗣，〔二〕三年薨。〔三〕子哀王護嗣，十六年薨，無子，絶。〔四〕後六年，成帝復立孝王子守，〔五〕是爲靖王，立二十年薨。〔六〕子宏嗣，王莽時絶。

〔一〕【補注】先謙曰：初元二年立。

〔二〕師古曰：共讀曰恭。

〔三〕【補注】先謙曰：表「十三年薨」。案，護以建始二年嗣，則意薨於建始元年，距建昭五年立，恰三年。表誤。

〔四〕【補注】先謙曰：表「十五年薨」。案下云，後六年立守。表在元延二年，逆數至永始元年，爲六年。則護以鴻嘉四年薨，距建始三年嗣，恰十五年。表是，此誤。

〔五〕【補注】先謙曰：官本「復」作「後」，引宋祁曰：「後立」，姚本作「復立」。

〔六〕【補注】先謙曰：表「十七年薨」。案宏以居攝二年嗣，則守薨於居攝元年，距元延二年立，恰十七年。表是，此誤。

初，高密哀王弘本始元年以廣陵王胥少子立，九年薨。〔一〕子頃王章嗣，〔二〕三十三年薨。〔三〕子懷王寬嗣，十一年薨。子慎嗣，王莽時絶。

〔一〕【補注】先謙曰：表「八年薨」。案章以元康元年立，則弘薨於地節四年，距本始元年，恰八年。表是，此誤。

〔二〕【補注】先謙曰：以弘薨在胥得罪前，天子加恩，不除國。

〔三〕【補注】先謙曰：表「三十四年薨」。案寬以建始二年嗣，則章薨於建始元年，距元康元年，恰三十四年。表是，此誤。

昌邑哀王髆天漢四年立，十一年薨，子賀嗣。立十三年，〔一〕昭帝崩，無嗣，大將軍霍光徵王賀典喪。〔二〕璽書曰：「制詔昌邑王：〔三〕使行大鴻臚事少府樂成、〔四〕宗正德、光祿大夫吉、〔五〕中郎將利漢〔六〕徵王，乘七乘傳〔七〕詣長安邸。」夜漏未盡一刻，以火發書。其日中，賀發，晡時至定陶，行百三十五里，侍從者馬死相望於道。〔八〕郎中令龔遂諫王，令還郎謁者五十餘人。賀到濟陽，求長鳴雞，〔九〕道買積竹杖。〔一〇〕過弘農，使大奴善以衣車載女子。〔一一〕至湖，〔一二〕使者以讓相安樂。〔一三〕安樂告遂，遂入問賀，賀曰：「無有。」遂曰：「即無有，何愛一善以毁行義。請收屬吏，〔一四〕以湔洒大王。」〔一五〕即捽善，屬衞士長行法。〔一六〕

〔一〕【補注】先謙曰：表作「十二年」，誤。
〔二〕師古曰：令爲喪主。【補注】先謙曰：「今」，官本作「令」，是。
〔三〕師古曰：太后璽書。
〔四〕師古曰：史樂成。
〔五〕師古曰：丙吉也。
〔六〕師古曰：不知姓。
〔七〕【補注】先謙曰：通鑑胡注「文帝之入立，乘六乘傳。今乘七乘傳」。
〔八〕【補注】先謙曰：從人衆也。
〔九〕師古曰：鳴聲長者也。【補注】先謙曰：御覽九百十八引西京雜記曰「成帝時，交阯越巂獻長鳴雞，即下漏驗之，晷刻無差。長鳴雞，一鳴一食時不絶，長距善鬭」。吴録曰「魏文帝遣使於吴，求長鳴、短鳴雞」。江表傳曰「南郡獻長鳴承露雞」。南越志曰「雞冠四開如蓮花，鳴清聲徹也」。
〔一〇〕文穎曰：合竹作杖也。【補注】錢大昭曰：説文「欑，積竹杖也」。先謙曰：御覽七百十引新序「昌邑王置積竹刺杖二枚。龔遂諫曰『積竹刺杖者，驕蹇少年杖也』」。説文「籚，積竹矛戟矜也。殳以積竹，八觚」。徐鍇曰「積竹木，謂合竹木爲之也。若今之杖多然」。又説殳字云「積竹，謂削去白，取其青處合爲之，取其有力也」。據此，蓋以竹縷合纏作杖，若今之矛稍猶然。

〔一一〕師古曰：凡言大奴者，謂奴之尤長大者也。【補注】沈欽韓曰：衣車，輜軿也。詩毛傳「帷裳，婦人之車也」。正義「大夫之車立乘，有蓋無帷裳」。周壽昌曰：大奴，謂羣奴之長也。王尊傳「匡衡又使官大奴入殿中」。是亦官奴長，故使入殿中，豈必須長大者耶？又云「劉輔嘗醉過尊大奴利家」。則尊用事之奴也。先謙曰：後書梁冀傳注引蒼頡篇「軿，衣車也」。軿車制詳後書輿服志注。大奴，周説是。

〔一二〕師古曰：即湖縣。

〔一三〕張晏曰：使者，長安使人也。師古曰：讓，責也。

〔一四〕師古曰：以善付吏也。屬音之欲反。其下亦同。

〔一五〕師古曰：湔，濺也。洒，濯也。湔音子顛反。洒音先禮反。

〔一六〕師古曰：捽，持頭也。衞士長，主衞之官。捽音材兀反。

賀到霸上，大鴻臚郊迎，騶奉乘輿車。王使僕壽成御，郎中令遂參乘。旦至廣明東都門。〔一〕遂曰：「禮，奔喪望見國都哭。此長安東郭門也。」賀曰：「我嗌痛，不能哭。」〔二〕至城門，遂復言，〔三〕賀曰：「城門與郭門等耳。」且至未央宮東闕。〔四〕遂曰：「昌邑帳在是闕外，馳道北，〔五〕未至帳所，有南北行道，馬足未至數步，大王宜下車，鄉闕西面伏，哭盡哀止。」〔六〕王曰：「諾。」到，哭如儀。

〔一〕【補注】先謙曰：此郭門，亦蒙東都門之稱，故遂謂是長安東郭門也。黃圖「長安城東出北頭第一門，曰宣平門，民間謂東都門，其郭門亦曰東都」。畢校本據玉海改郭，誤。「亦」者，承上「東都」言，則郭門必是東都。玉海引黃圖於此下即引昌邑傳「至廣明東都門」。龔遂曰，此長安東郭門也」爲注，足證玉海本作「都」，不作「郭」。而今本傳訛也。孫校本作「亦曰東都」，注云，後漢書注引作「其外郭門名東都門」。亦其塙證。特疑上「民間謂東都門」，「都」字當爲「城」，又誤矣。渭水注「東出北頭第一門，本名宣平門，王莽更名春王門正月亭，亦曰東城門，其郭門亦曰東都門，即逢萌挂冠處也」。下文昆明渠下云「其一渠東逕奉明縣廣成鄉之廣明苑南。史皇孫及王夫人葬於郭北。宣帝遷苑南，卜以爲悼園，益園民千六百家，立奉明縣以奉二園。園在東都門。昌邑王賀自霸上御法駕，郎中令龔遂驂乘，至廣明東都門是也」。

〔二〕師古曰：嗌，喉咽也，音益。

〔三〕【補注】先謙曰：此城門則宣平門。

〔四〕【補注】先謙曰：蕭何造未央宮，立東闕、北闕。北闕爲正門。説詳高紀。

〔五〕文穎曰：弔哭帳也。師古曰：是謂此。【補注】沈欽韓曰：帳，周禮之次也。鄭云「大次，初往所止居；小次，即官待事之處」。

〔六〕師古曰：鄉讀曰嚮。【補注】先謙曰：在東闕，故面西伏也。

王受皇帝璽綬，襲尊號。即位二十七日，行淫亂。大將軍光與羣臣議，白孝昭皇后，廢賀歸故國，賜湯沐邑二千户，故王家財物皆與賀。及哀王女四人，各賜湯沐邑千户。語在霍光傳。國除，爲山陽郡。

初賀在國時，數有怪。嘗見白犬，高三尺，無頭，〔一〕其頸以下似人，而冠方山冠。〔二〕後見熊，〔三〕左右皆莫見。又大鳥飛集宫中。王知，惡之，輒以問郎中令遂，遂爲言其故。語在五行志。王卬天歎曰：「不祥何爲數來！」〔四〕遂叩頭曰：「臣不敢隱忠，數言危亡之戒，大王不説。〔五〕夫國之存亡，豈在臣言哉？願王内自揆度。〔六〕大王誦詩三百五篇，人事浹，王道備，〔七〕王之所行中詩一篇何等也？〔八〕大王位爲諸侯王，行汙於庶人，〔九〕以存難，以亡易，宜深察之。」後又血汙王坐席，王問遂，遂叫然號曰：「宮空不久，祅祥數至。血者，陰憂象也。〔一〇〕宜畏慎自省。」賀終不改節。居無何，徵。既即位，後王夢青蠅之矢積西階東，可五六石，以屋版瓦覆，〔一一〕發視之，青蠅矢也。以問遂，遂曰：「陛下之詩不云乎？〔一二〕『營營青蠅，至于藩。愷悌君子，毋信讒言。』〔一三〕陛下左側讒人衆多，如是青蠅惡矣。〔一四〕宜進先帝大臣子孫親近以爲左右。如不忍昌邑故人，〔一五〕信用讒諛，必有凶咎。願詭禍爲福，皆放逐之。〔一六〕臣當先逐矣。」賀不用其言，卒至於廢。

〔一〕【補注】先謙曰：通鑑考異云「五行志云『無尾』，且云『不得置後之象』。傳誤也」。沈欽韓云：列女傳「莊姪曰，有龍無尾者，年既四十無太子也」。亦以無尾爲絶嗣之徵。此誤。先謙案，下云，頸以下似人。若無頭，何由知爲犬？考異及沈説是。

〔二〕【補注】先謙曰：董巴漢輿服志云「方山冠似進賢冠，以五彩縠爲之」。五行志「賀常冠方山冠」。

〔三〕【補注】宋祁曰：浙本「後」作「復」。王念孫曰：浙本是也。見犬見熊，皆一時之事，故總言之曰，左右皆莫見。不當云後見熊也。御覽皇王部十四引此，正作「復見熊」。

〔四〕師古曰：卬讀曰仰。

〔五〕師古曰：説讀曰悦。

〔六〕師古曰：度音徒各反。

〔七〕師古曰：浹，徹也，音子牒反。【補注】沈欽韓曰：説苑至公篇「夫子修春秋，人事浹，王道備，上通於天而麟至」。

〔八〕師古曰：言王所行，皆不合法度。王自謂當於何詩之文也。中音竹仲反。

〔九〕師古曰：汙，濁穢。【補注】先謙曰：官本「穢」作「也」。

〔一〇〕【補注】沈欽韓曰：大戴少間篇「血者猶血」。盧辯注「血，憂色也」。

〔一一〕師古曰：瓬瓦，大瓦也。【補注】李慈銘曰：「王夢」下「青蠅之」三字衍，不則下語贅矣。「矢」本字作「𦳊」，見說文。「瓬」當作「瓪」，說文「瓪，敗瓦也」。玉篇、廣韻「瓪，牝瓦也」。牝瓦者，瓦之仰者也。

〔一二〕蘇林曰：猶言陛下所讀之詩也。

〔一三〕師古曰：已解於上。【補注】先謙曰：「至」，詩作「止」。官本與此同。

〔一四〕師古曰：惡即矢也。越王句踐爲吳王嘗惡，亦其義也。【補注】王念孫曰：案，君側有讒人，不當獨指左側言之。「左側」當爲「在側」，字之誤也。藝文類聚蟲豸部、御覽蟲豸部一引此，並作「在側」。李慈銘曰：惡，當讀烏路反，與污通。凡不潔之物皆污薉，可憎惡也。今江浙方音尚如是。瞿鴻禨曰：「如是」六字爲句，猶言如此青蠅矢也。先謙曰：左側，猶今言左近，即旁近之意，非專指左言。宋書樂志「漢鐃歌『遠如期曲，處天左側，大樂萬歲，與天亡極。』」不得謂彼文爲處天在側也。郭茂倩樂府所載亦作「左側」。王說誤會文義，所引亦係誤本，不足據。

〔一五〕師古曰：如，若也。不忍謂不能疏遠也。【補注】朱一新曰：晉語「以忍去過」。注「忍以義斷也」。顏注義未備。

〔一六〕師古曰：詭猶反。【補注】先謙曰：六字，官本在「皆」字上。

大將軍光更尊立武帝曾孫，是爲孝宣帝。即位，心內忌賀。元康二年，遣使者賜山陽太守張敞璽書曰：「制詔山陽太守：其謹備盜賊，察往來過客。毋下所賜書。」〔一〕敞於是條奏賀居處，著其廢亡之效，〔二〕曰：「臣敞地節三年五月視事，故昌邑王居故宮，奴婢在中者百八十三人，閉大門，開小門，廉吏一人，〔三〕爲領錢物市買，朝內食物，〔四〕它不得出入。〔五〕督盜一人，別主徼循，察往來者。以王家錢取卒，迾宮清中備盜賊。〔六〕臣敞數遣丞吏行察。〔七〕四年九月中，臣敞入視居處狀，故王年二十六七，爲人青黑色，小目，鼻末鋭卑，少須眉，身體長大，疾痿，行步不便。〔八〕衣短衣大絝，冠惠文冠，〔九〕佩玉環，簪筆持牘趨謁。〔一〇〕臣敞與坐語中庭，閱妻子奴婢。臣敞欲動觀其意，即以惡鳥感之，曰：『昌邑多梟。』故王應曰：『然。前賀西至長安，殊無梟。復來，東至濟陽，乃復聞梟聲。』臣敞閱至子女持轡，〔一一〕故王跪曰：『持轡母，嚴長孫女也。』臣敞故知執金吾嚴延年字長孫，女羅紨，〔一二〕前爲故王妻。察故王衣服、言語、跪起，清狂不惠。〔一三〕妻十六人，子二十二人，其十一人男，十一人女。昧死奏名籍及奴婢財物簿。臣敞前書言：〔一四〕『昌邑哀王歌舞者張修等十人，無子，又非姬，但良人，無官名，王薨當罷歸。太傅豹等擅留，以爲哀王園中人，所不當得爲，〔一五〕請罷歸。』故王聞之曰：『中人守園，疾者當勿治，相殺傷者當勿法，〔一六〕欲令亟死，太守柰何而欲罷之？』〔一七〕其天資喜由亂亡，終不見仁義如此。〔一八〕後丞相御史以臣敞書聞，奏可。皆以遣。」〔一九〕上由此知賀不足忌。

〔一〕師古曰：密令警察，不欲宣露也。

〔二〕師古曰：著，明也。

〔三〕【補注】先謙曰：廉察選使之，非吏以廉察爲名也。

〔四〕師古曰：每旦一內之。

〔五〕師古曰：食物之外，皆不得妄有出入。

〔六〕李奇曰：迾，遮也。鄧展曰：令其宫中清靖，不得妄有異人也。師古曰：以王家錢顧人爲卒也。【補注】周壽昌曰：巡迾宫垣，清除中禁，皆以備匪人也。中猶内，即上奴婢在中者之中。「迾宫」與「清中」對舉，鄧説是，特「清中」二字義未析。

〔七〕師古曰：行音下更反。

〔八〕師古曰：痿，風痺疾也，音人佳反。

〔九〕蘇林曰：治獄法冠也。孟康曰：今侍中所著也。服虔曰：武冠也。或曰，趙惠文王所服，故曰惠文。晉灼曰：柱後惠文，法冠也。但言惠文，侍中冠。孟説是也。【補注】先謙曰：惠文冠，已見上補注。御覽六百八十八引徐廣輿服雜注曰「武官皆惠文冠，本趙服也，一名武弁大冠，凡侍臣加貂蟬。不論加貂蟬與否，統名惠文」。孟、服二説並是也。柱後惠文高五寸，以纚爲展筩，鐵柱卷，執法者服之，與此不同。

〔一〇〕師古曰：簪筆，插筆於首也。牘，木簡也。

〔一一〕師古曰：賀之子女名持轡。

〔一二〕師古曰：羅紨，其名也。紨音敷。【補注】齊召南曰：此即公卿表地節三年所書之執金吾延年，與酷吏傳嚴延年字次卿者不同。周壽昌曰：嚴次卿同時，正爲涿郡太守，故稱字長孫以别之。羅紨即羅敷，古美人名。故漢女子多取爲名，如秦羅敷之類。瞿鴻禨曰：王士正香祖筆記引馬永卿之言曰：「李西臺小詞中，書『羅敷』爲『羅紨』，不知何故？」蓋未知羅敷即羅紨，而「紨」乃「紨」之訛也。

〔一三〕蘇林曰：凡狂者，陰陽脈盡濁。今此人不狂似狂者，故言清狂也。或曰，色理清徐而心不慧，曰清狂。清狂，如今曰癡也。【補注】先謙曰：官本「曰癡」作「白癡」，是。周壽昌云，左成十八年傳「周子有兄而無慧」。杜注「不慧，蓋世所謂白癡」。此注所本。惠、慧古通。列子穆王篇「逢氏有子少而惠」。後漢孔融傳「將不早惠乎」。皆謂慧也。

〔一四〕【補注】先謙曰：以書白丞相、御史也。

〔一五〕師古曰：於法不當然。

〔一六〕【補注】曾廣鈞曰：法亦治也。

〔一七〕師古曰：亟，急也，音居力反。

〔一八〕師古曰：喜，好也。由，從也。喜音許吏反。

〔一九〕【補注】先謙曰：以、已字通。

其明年春，乃下詔曰：「蓋聞象有罪，舜封之，骨肉之親，析而不殊。〔一〕其封故昌邑王賀爲海昏侯，食邑四千户。」〔二〕侍中衞尉金安上上書言：「賀天之所棄，陛下至仁，復封爲列侯。賀嚚頑放廢之人，不宜得奉宗廟朝聘之禮。」奏可。賀就國豫章。數年，揚州刺史柯奏賀〔三〕與故太守卒史孫萬世交通，萬世問賀：「前見廢時，何不堅守毋出宫，斬大將軍，而聽人奪璽綬乎？」賀曰：「然。失之。」萬世又以賀且王豫章，不久爲列侯。賀曰：「且然，〔四〕非所宜言。」〔五〕有司案驗，請逮捕。制曰：「削户三千。」後薨。〔六〕

〔一〕師古曰：析，分也。殊，絶也。

〔二〕師古曰：海昏，豫章之縣。【補注】沈欽韓曰：贛水注「繚水東北逕昌邑城而東出豫章大江，謂之慨口。漢昌邑王封海昏，每乘流東望，輒憤慨而還，世因名焉」。

〔三〕師古曰：柯者，刺史之名也。

〔四〕師古曰：謂亦將如此。
〔五〕【補注】先謙曰：以上二語，皆非賀所應言也。
〔六〕【補注】先謙曰：表「神爵三年薨」。

豫章太守廖奏言：「舜封象於有鼻，〔一〕死不爲置後，以爲暴亂之人，不宜爲太祖。〔二〕海昏侯賀死，上當爲後者子充國；〔三〕充國死，復上弟奉親；奉親復死，是天絶之也。陛下聖仁，於賀甚厚，雖舜於象無以加也。宜以禮絶賀，以奉天意。願下有司議。」議皆以爲不宜爲立嗣。國除。

〔一〕師古曰：廖，太守名也。有鼻在零陵，今鼻亭是也。廖音聊。
〔二〕師古曰：謂一國之始祖。
〔三〕師古曰：上謂由上其名於有司。【補注】瞿鴻禨曰：「由」當作「申」。唐人詩「州家申名使家抑」，正是申上其名也。

元帝即位，復封賀子代宗爲海昏侯，傳子至孫，今見爲。〔一〕

〔一〕【補注】先謙曰：案，顧炎武云「後漢書光武紀，建武二年詔宗室列侯並復故國。十三年下云，其宗室及絶國封侯者，凡一百三十七人。然漢書表、傳中，往往言王莽篡位絶。惟此傳言『今見爲侯』。表云，釐侯代宗以賀子紹封，傳孫原侯保世，曾孫會邑免，建武復封。又，安衆侯寵以建武二年紹封，十三年侯松嗣。今見，蓋光武時，亦但隨宜封拜，未嘗徧及。安衆以褒忠，海昏以嘗居尊位，故特紹封與？」錢大昭曰：「爲」下，南監本、閩本有「侯」字。先謙曰：官本有「侯」字。

贊曰：巫蠱之禍，豈不哀哉！此不唯一江充之辜，亦有天時，非人力所致焉。建元六年，蚩尤之旗見，其長竟天。後遂命將出征，略取河南，建置朔方。其春，戾太子生。〔一〕自是之後，師行三十年，兵所誅屠夷滅死者，不可勝數。及巫蠱事起，京師流血，僵尸數萬，〔二〕太子子父皆敗。故太子生長於兵，與之終始，何獨一嬖臣哉！秦始皇即位三十九年，〔三〕內平六國，外攘四夷，死人如亂麻，暴骨長城之下，頭盧相屬於道，〔四〕不一日而無兵。由是山東之難興，四方潰而逆秦。秦將吏外畔，〔五〕賊臣內發，亂作蕭牆，禍成二世。〔六〕故曰「兵猶火也，弗戢必自焚」，〔七〕信矣。〔八〕是以倉頡作書，止戈爲武。〔九〕聖人以武禁暴整亂，止息干戈，非以爲殘而興縱之也。易曰：「天之所助者順也，人之所助者信也。君子履信思順，自天祐之，吉無不利也。」〔一〇〕故車千秋指明蠱情，章太子之冤。千秋材知未必能過人也，以其銷惡運，遏亂原，〔一一〕因衰激極，道迎善氣，〔一二〕傳得天人之祐助云。〔一三〕

〔一〕【補注】劉奉世曰：案，武紀建元六年長星見，更元光。至元朔元年春，戾太子始生。贊殊爲乖誤。錢大昕曰：本傳戾太子，元狩元年立爲皇太子，年七歲。初，上年二十九，乃得太子。以年歲推之，戾太子生於元朔元年，非建元六年。衞青傳「元朔元年春，衞夫人有男」。外戚傳「衞皇后元朔元年生男」。據皆與本傳合，贊語似未推校年歲。若衞青收河南，置朔方郡，則在元朔二年，又在戾太子生之後矣。李慈銘曰：此等大事，班氏不宜錯誤，讀者不得其解耳。此贊蓋謂自建元六年長星見，遂有征胡之事，至建置朔方之年，而其春戾太子生。史家省文，連屬言之耳。攷武帝太初元年始用夏正，以春孟爲歲首，其前皆建亥，以冬十月爲歲首。建朔方郡在元朔二年春二月以後，戾太子蓋生於是年歲首。至太初用夏正之後，以前時月，皆追正之，故以戾太子爲元朔元年生。班氏志其實，遂以爲其春生矣。蓋元朔二年之三四月間，夏正之十二月正月間也。先謙曰：武帝命將出征，自建元六年遣王恢等擊閩越始，長星見後也。先惟嚴助持節發會稽兵，未嘗命將。贊推原禍始，歷敘兵凶，其云後遂命將出征，則推之建元六年以後，未嘗以戾太子生屬之建元六年也。既云後，即不得更言其春。如以其春屬建元六年，下不得複言自是之後。即以行文言，班氏亦未至如此。劉、錢妄譏，殊爲不審。惟取河南置朔方，在戾太子生後一年，而云其春，則當如李説。

〔二〕師古曰：僵，偃也，音居羊反。

〔三〕【補注】王念孫曰：「九」當爲「七」，見史記秦始皇紀及六國表。御覽皇王部十一引此作「九」，亦後人以誤本漢書改之。其人事部四引此正作「七」。

〔四〕師古曰：盧，頟骨也。屬，連也，音之欲反。

〔五〕【補注】宋祁曰：一本無下「秦」字。

〔六〕師古曰：蕭牆謂屏牆也。解在五行志。

〔七〕師古曰：左傳隱四年，衞有州吁之亂，公問於衆仲曰：「州吁其成乎？」對曰：「兵猶火也，不戢將自焚也。」言兵不可妄動，久而不戢，則自焚燒。戢，斂也。

〔八〕【補注】何焯曰：舉秦以見漢之得禍未極，猶有倖焉。痛其詞以著戒也。

〔九〕師古曰：武字從止、從戈，所謂會意。

〔一〇〕師古曰：易上繫辭也。

〔一一〕師古曰：遏，止也，音一曷反。

〔一二〕師古曰：激去至極之災，引致福善之氣也。道讀曰導。【補注】先謙曰：千秋適因惡運之衰，激於禍亂之極，而建言以寤主也。

〔一三〕師古曰：傳，引也。【補注】先謙曰：傳猶稱也。

嚴朱吾丘主父徐嚴終王賈傳第三十四上〔一〕

漢書六十四

〔一〕師古曰：分嚴安以後爲下卷。

嚴助，會稽吳人，嚴夫子子也，〔一〕或言族家子也。〔二〕郡舉賢良，對策百餘人，武帝善助對，繇是獨擢助爲中大夫。〔三〕後得朱買臣、吾丘壽王、司馬相如、主父偃、徐樂、嚴安、東方朔、枚皋、膠倉、終軍、嚴葱奇等，並在左右。〔四〕是時征伐四夷，開置邊郡，軍旅數發，內改制度，朝廷多事，婁舉賢良文學之士。〔五〕公孫弘起徒步，數年至丞相，開東閤，延賢人與謀議，〔六〕朝覲奏事，因言國家便宜。上令助等與大臣辨論，中外相應以義理之文，〔七〕大臣數詘。〔八〕其尤親幸者：東方朔、枚皋、嚴助、吾丘壽王、司馬相如。相如常稱疾避事。朔、皋不根持論，上頗俳優畜之。〔九〕唯助與壽王見任用，而助最先進。

〔一〕張晏曰：夫子，嚴忌也。【補注】先謙曰：忌見藝文志，鄒陽、司馬相如傳。

〔二〕師古曰：亦云夫子之族子也。

〔三〕【補注】齊召南曰：助對策在建元元年。

〔四〕【補注】齊召南曰：膠倉，藝文志作「聊蒼」，縱横家，有待詔金馬聊蒼三篇，班自注「趙人」。嚴葱奇，志作「莊怱奇」，官常侍郎，有賦十一篇，班自注「枚皋同時」。蓋其人本姓莊，史因避明帝諱，改爲嚴，猶莊忌、莊助，稱嚴忌、嚴助也。周壽昌曰：藝文志顔注引七略云「葱奇，或言莊夫子子，或言族家子莊助昆弟」。

〔五〕師古曰：婁，古屢字。

〔六〕【補注】先謙曰：官本「閤」作「閣」。

〔七〕師古曰：中謂天子之賓客，若嚴助之輩也。外謂公卿大夫也。

〔八〕師古曰：謂計議不如助等，每詘服也。音丘勿反。

〔九〕師古曰：論議委隨，不能持正，如樹木之無根柢也。

建元三年，閩越舉兵圍東甌，東甌告急於漢。〔一〕時武帝年未二十，以問太尉田蚡。〔二〕蚡以爲越人相攻擊，其常事，又數反覆，不足煩中國往救也，自秦時棄不屬。〔三〕於是助詰蚡曰：「特患力不能救，德不能覆，誠能，何故棄之？且秦舉咸陽而棄之，何但越也！〔四〕今小國以窮困來告急，天子不振，尚安所愬，〔五〕又何以子萬國乎？」〔六〕上曰：「太尉不足與計。吾新即位，不欲出虎符發兵郡國。」〔七〕乃遣助以節發兵會稽。〔八〕會稽守欲距法，不爲發。〔九〕助乃斬一司馬，諭意指，〔一〇〕遂發兵浮海救東甌。未至，閩越引兵罷。

〔一〕【補注】沈欽韓曰：温州府志「東甌故城在永嘉縣西南三十里」。

〔二〕【補注】繆荃孫曰：田蚡傳「蚡以侯家居，雖不任職，以王太后故親幸，數言事」。此其證矣。先謙曰：通鑑考異云「是時蚡不爲太尉，云太尉，誤也。下云太尉不足與計，蓋亦追呼其官，或亦誤耳」。郭嵩燾云：百官表「太尉官，建元二年省」。是田蚡免，並罷太尉，故可仍其舊稱，非誤也。

〔三〕師古曰：言不臣屬於中華。

〔四〕師古曰：舉，總也。言總天下乃至京師皆棄也。

〔五〕師古曰：振，舉也，起也。安，焉也。【補注】王念孫曰：振，救也。見月令「哀公問」注，昭十四年左傳注，及周語、魯語、吴語注。故漢紀作「天子不能救」。先謙曰：王説是。

〔六〕師古曰：子謂畜爲臣子也。

〔七〕【補注】沈欽韓曰：以銅爲符，鑄虎爲飾，中分之，頒其右而藏其左。起軍旅時，則出以合中外之契。唐用銅魚符，宋用虎豹符。明以金牌用寶調發，非古制。

〔八〕【補注】沈欽韓曰：唐六典云「旌以專賞，節以專殺」。故助得斬司馬也。按周禮地官「掌節，惟道路用旌節」。注云「今使者所擁節是也」。司常注「全羽、析羽皆五采，繫之於旞旌之上，所謂注旄於干首也」。夏采注「緌，以旄牛尾爲之，綴於橦上，所謂注旄於干首者。王建大常，今以之復去其旒，異之於王」。然則漢之使節，但繫旄徒緌，亦去旒不用，故蘇武得臥起操持。明志「禮部奏，漢光武時，以竹爲節，柄長八尺，其旄三重」。黄公紹韻會注「漢節柄長三尺」。朱一新曰：案，武紀及兩粵傳，建元三年事。

〔九〕師古曰：以法距之，爲無符驗也。【補注】先謙曰：距同拒。

〔一〇〕師古曰：以天子意指曉告之。

後三歲，閩越復興兵擊南越，南越守天子約，不敢擅發兵，而上書以聞。上多其義，〔一〕大爲發興，〔二〕遣兩將軍將兵誅閩越。〔三〕淮南王安上書諫曰：

〔一〕師古曰：多猶重也。

〔二〕【補注】先謙曰：興謂軍興。

〔三〕【補注】周壽昌曰：建元六年事。兩將軍：王恢、韓安國。

陛下臨天下，布德施惠，緩刑罰，薄賦斂，哀鰥寡，恤孤獨，養耆老，振匱乏，盛德上隆，和澤下洽，近者親附，遠者懷德，天下攝然，〔一〕人安其生，自以身不見兵革。〔二〕今聞有司舉兵將以誅越，臣安竊爲陛下重之。〔三〕越，方外之地，劗髮文身之民也，〔四〕不可以冠帶之國法度理也。自三代之盛，胡越不與受正朔，〔五〕非彊弗能服，威弗能制也，以爲不居之地，不牧之民，不足以煩中國也。〔六〕故古者封内甸服，〔七〕封外侯服，〔八〕侯衞賓服，〔九〕蠻夷要服，〔一〇〕戎狄荒服，〔一一〕遠近埶異也。自漢初定已來七十二年，吴越人相攻擊者不可勝數，然天子未嘗舉兵而入其地也。

〔一〕孟康曰：攝，安也，音奴協反。【補注】先謙曰：詩既醉疏「攝者，收斂之」。言訓安，微隔，且與下「人安其生」意複。

〔二〕【補注】錢大昭曰：「自以」下脱「没」字，南監本、閩本皆有。先謙曰：官本有。

〔三〕師古曰：重，難也。

〔四〕晉灼曰：淮南云「越人劗髮」，張揖以爲古翦字也。師古曰：劗與翦同，晉説是也。【補注】先謙曰：治要正作「翦」。官本下「晉」作「張」，是。

〔五〕師古曰：與讀曰豫。

〔六〕師古曰：地不可居，而民不可牧養也。

〔七〕師古曰：封内謂封圻千里之内也。甸服，主治王田以供祭祀也。

〔八〕師古曰：封外，千里之外也。侯，候也，爲王者斥候。【補注】錢大昭曰：此用國語文，避高祖諱，故作「封」。

〔九〕服虔曰：侯服之外，又有衞服。賓，賓見於王也。侯、衞二服同爲賓也。

〔一〇〕師古曰：又在侯衞之外，而居九州之地也。要，言以文德要來之耳，音一遥反。【補注】先謙曰：官本「地」作「内」，是。

〔一一〕師古曰：此在九州之外者也。荒，言其荒忽絶遠，來去無常也。

臣聞越非有城郭邑里也，處谿谷之間，篁竹之中，〔一〕習於水鬥，便於用舟，地深昧而多水險，〔二〕中國之人不知其埶阻而入其地，雖百不當其一。得其地，不可郡縣也；攻之，不可暴取也。以地圖察其山川要塞，相去不過寸數，而間獨數百千里，〔三〕阻險林叢弗能盡著。〔四〕視之若易，行之甚難。天下賴宗廟之靈，方内大寧，戴白之老不見兵革，〔五〕民得夫婦相守，父子相保，陛下之德也。越人名爲藩臣，貢酎之奉，不輸大内，〔六〕一卒之用不給上事。〔七〕自相攻擊，而陛下發兵救之，是反以中國而勞蠻夷也。〔八〕且越人愚戇輕薄，負約反覆，其不可用天子之法度，非一日之積也。〔九〕壹不奉詔，舉兵誅之，臣恐後兵革無時得息也。

〔一〕服虔曰：竹叢也。音皇。師古曰：竹田曰篁。【補注】先謙曰：顔説是。説文及史記樂毅傳集解引徐廣同。

〔二〕師古曰：昧，暗也。言多草木。

〔三〕師古曰：間，中間也。或八九百里，或千里也。【補注】郭嵩燾曰：説文「間，隙也」。言其隙地與所著山川要塞，曠遠不相屬，其中險阻林叢必尚多，弗能詳也。間讀爲古莧切，謂相間隔之意。

〔四〕師古曰：不可盡載於圖也。著音竹助反。

〔五〕師古曰：戴白，言白髮在首。

〔六〕應劭曰：越國僻遠，珍奇之貢，宗廟之祭，皆不與也。大内，都内也，國家寶藏也。師古曰：百官公卿表云，治粟屬官，有都内令丞也。【補注】姚鼐曰：後人率稱天子宫中爲大内，誤會此書之語。應、顔以官解之，是也。而即以大内爲都内，則尚非也。蓋武帝太初以後，國家穀貨統於大司農，若漢初之制，則治粟内史自掌穀粟，大内自掌財貨，故景帝紀云「中六年，以治粟内史爲大農，以大内爲二千石，置左右内官屬大内」。引見史記。是大農、大内，各爲一職之徵也。淮南上書在建元六年，其時大内之官固在。及後更定官制，裁大内之官，而左右内官之名亦去，更設均輸、平準、都内之官，以領左右内官之舊職，而皆屬於大司農。然則大司農誠掌穀貨矣，若爲治粟内史之時，但掌穀耳。百官表蓋未稽其分合，因大農原於治粟，遂先書云「治粟内史，秦官，掌穀貨」。表内更不載大内之名，則已疏矣。應、顔因班表爲注，固有未盡悉者。若大内之官，蓋亦本於周之職内，非秦官也。又律曆志言度者，分、寸、（丈、尺）〔尺、丈〕，其法用銅，又用竹爲引，職在内官。顔注引「宗正屬之内官長丞」。余疑此内官，乃本大内屬之左右内官，後爲都内，主財貨者。若爲宗正之内官，恐是主宫内者，非律曆志之内官也。先謙曰：通鑑胡注「言越國僻遠，既不輸土貢，又不輸酎金於中國，得其地無益也」。

〔七〕師古曰：給，供也。

〔八〕師古曰：疲勞中國之人於蠻夷之地。

〔九〕師古曰：積，久也。【補注】先謙曰：官本無「可」字。

間者，數年歲比不登，民待賣爵贅子以接衣食，〔一〕賴陛下德澤振救之，得毋轉死溝壑。四年不登，五年復蝗，民生未復。〔二〕今發兵行數千里，資衣糧，入越地，〔三〕輿轎而隃領，〔四〕挖舟而入水，〔五〕行數百千里，夾以深林叢竹，水道上下擊石，〔六〕林中多蝮蛇猛獸，〔七〕夏月暑時，歐泄霍亂之病相隨屬也，〔八〕曾未施兵接刃，死傷者必衆矣。前時南海王反，陛下先臣使將軍間忌將兵擊之，〔九〕以其軍降，處之上淦。〔一〇〕後復反，會天暑多雨，樓船卒水居擊櫂，〔一一〕未戰而疾死者過半。親老涕泣，孤子謕號，〔一二〕破家散業，迎尸千里之外，裹骸骨而歸。悲哀之氣，數年不息，長老至今以爲記。〔一三〕曾未入其地而禍已至此矣。

〔一〕如淳曰：淮南俗賣子與人作奴婢，名爲贅子，三年不能贖，遂爲奴婢。師古曰：贅，質也。一説，云贅子者，謂令子出就婦家爲贅婿耳。贅婿解在賈誼傳。【補注】沈欽韓曰：韓愈柳子厚墓誌銘「柳州俗，以男女質錢，約不時贖，子本相貿，則没爲奴婢」。如説非虚也。淮南本經訓「贅妻鬻子」。注「贅，從嫁也，或作賃妻」。與此贅子義同。説文「贅，以物質錢也。从敖、貝，〔贅〕〔敖〕者猶放，貝當復取之」。先謙曰：文紀「後六年夏，大旱，蝗。發倉庾以振民。民得賣爵」。蓋即武紀所謂移賣也。贅子，一説非。

〔二〕師古曰：生謂生業。復音拱目反。【補注】先謙曰：官本「拱」作「扶」，是。

〔三〕師古曰：資猶齎。

〔四〕服虔曰：轎音橋梁，謂隘道輿車也。臣瓚曰：今竹輿車也，江表作竹輿以行是也。項昭曰：陵絶水曰轎，音旗廟反。領，山領也。不通船車，運轉皆擔輿也。師古曰：服音、瓚説是也。項氏謬矣。此直言以轎過領耳，何云陵絶水乎？又旗廟之音，無所依據。喻與踰同。【補注】劉攽曰：按，今南方竹輿正作旗廟音。項亦未可全非。先謙曰：俞正燮云，河渠書「山行即橋」。徐廣云「橋，近遥反，直轅車也」。橋當即是轎。轎者，橋也，狀如橋中空離地。胡注「江南人又謂之籃輿，不通舟車，故用肩輿以行」。「謂」上，官本無「梁」字。「領」，官本作「嶺」。

〔五〕師古曰：拕，曳也，音它。【補注】先謙曰：正文及注「拕」，官本皆作「柁」。案，當從手。

〔六〕師古曰：謂船觸石，難以行也。

〔七〕師古曰：蝮，惡虵也，音敷福反。解在田儋傳。

〔八〕師古曰：泄，吐也，音弋制反。屬音之欲反。【補注】先謙曰：泄無吐義。説文「歐，吐也」，或作嘔。疑顔注當作「歐，吐也。泄音弋制反」。寫者脱歐字，又倒泄字於吐上耳。通鑑注作「歐，吐也。泄，利也」。亦其證。

〔九〕文穎曰：先臣，淮南厲王長也。間忌，人姓名。師古曰：淮南王傳作「簡忌」，此本作間，轉寫字誤省耳。

〔一〇〕蘇林曰：淦音耿弇之弇。師古曰：音工含反。【補注】沈欽韓曰：地理志有新淦縣，無上淦。紀要「淦水在臨江府南三十里。新淦縣既遷，水遂屬清江縣，源自縣東南茂材鄉之離嶺，經紫淦山，出洋湖，至清江鎮，會蛇溪水入贛江」。又寰宇記「信州玉山縣東五里有上干溪水」。一統志「上饒江在廣信府城南，上源即上干溪」。干、淦聲近，或今之上干溪與？

〔一一〕師古曰：言常居舟中水上，而又有擊櫂行舟之役，故多死也。櫂音直孝反。

〔一二〕師古曰：謕，古啼字。

〔一三〕【補注】先謙曰：書其事爲監戒。

臣聞軍旅之後必有凶年，言民之各以其愁苦之氣，薄陰陽之和，感天地之精，〔一〕而災氣爲之生也。陛下德配天地，明象日月，恩至禽獸，澤及草木，一人有飢寒不終其天年而死者，爲之悽愴於心。今方内無狗吠之警，〔二〕而使陛下甲卒死亡，暴露中原，霑漬山谷，邊境之民，爲之早閉晏開，〔三〕鼂不及夕，〔四〕臣安竊爲陛下重之。〔五〕

〔一〕師古曰：薄，迫也。

〔二〕師古曰：方内，中國四方之内也。

〔三〕師古曰：晏，晚也。言有兵難，故邊城早閉而晚開也。

〔四〕師古曰：鼂，古朝字也。言憂危亡不自保也。

〔五〕師古曰：重，難也。

不習南方地形者，多以越爲人衆兵彊，能難邊城。〔一〕淮南全國之時，多爲邊吏，〔二〕臣竊聞之，與中國異。〔三〕限以高山，人跡所絶，車道不通，天地所以隔外内也。其入中國，必下領水，領水之山峭峻，漂石破舟，〔四〕不可以大船載食糧下也。越人欲爲變，必先田餘干界中，〔五〕積食糧，乃入伐材治船。〔六〕邊城守候誠謹，越人有入伐材者，輒收捕，焚其積聚，雖百越奈邊城何！〔七〕且越人緜力薄材，〔八〕不能陸戰，又無車騎弓弩之用，然而不可入者，以保地險，而中國之人不能其水土也。〔九〕臣聞越甲卒不下數十萬，所以入之，五倍乃足，〔一〇〕輓車奉饟者，不在其中。〔一一〕南方暑濕，近夏癉熱，〔一二〕暴露水居，蝮蛇蠚生，〔一三〕疾癘多作，〔一四〕兵未血刃而病死者什二三，雖舉越國而虜之，不足以償所亡。〔一五〕

〔一〕服虔曰：爲邊城作難也。

〔二〕師古曰：全國謂未分爲三之時也。淮南人於邊爲吏，與越接境，故知其地形也。

〔三〕師古曰：言其風土不同。

〔四〕師古曰：言水流湍急，石爲之漂轉，觸破舟船也。漂音匹遥反。【補注】沈欽韓曰：一統志「自贛水而上，信豐、甯都俱有石磧險阻，號「十八灘」。此所云下領水，蓋由貢水上流入贛江，此閩越之徑也。領水之山，即今大庾嶺矣。郭嵩燾曰：時所擊者閩越，非南越。淮南立國之初，兼有豫章之地，南越、閩越並其邊境，自秦時通謂之百越，皆有嶺間之。如今新城之杉嶺水出黎灘，名黎川，歷南城，下入盱江。鉛山分水嶺水北流，合紫金溪，出鉛山河口，入上饒江。江山之仙霞嶺水一名鹿溪，北流至大溪灘，又北爲衢江。環豫章、會稽兩郡嶺水，皆峭石回旋。下云「田餘干界中」，則所下之嶺水，蓋建昌之四望嶺、杉嶺水出盱江者也。服虔但以山嶺爲訓，嶺路蓋多，無可指名也。沈氏據爲大庾嶺，恐失之。

〔五〕韋昭曰：越邑，今鄱陽縣也。【補注】齊召南曰：韋注非也。餘干即志所謂餘汗，屬豫章郡，非越邑也。越人先於餘干縣接界之地治田耳。先謙曰：今饒州府餘干縣治。

〔六〕【補注】沈欽韓曰：越船不能過嶺，故須於嶺北別治船。晉時盧循入寇，先於豫章伐材治船。見晉書循傳。

〔七〕【補注】宋祁曰：浙本「奈」字上有「無」字。

〔八〕孟康曰：緜音滅，薄力也。師古曰：緜，弱也，言其柔弱如緜，讀如本字。孟說非也。

〔九〕師古曰：能，堪也。【補注】錢大昕曰：能、耐二字，古書多通用。食貨志「能風與旱」。鼂錯傳「其性能寒」。其性能暑」。趙充國傳「漢馬不能冬」。西域傳「不能饑渴」。顏皆讀如耐，此亦當從耐音。先謙曰：通鑑改作「耐」。

〔一〇〕師古曰：不下，言不滅也。漢軍多之五倍，然後可入其地也。

〔一一〕師古曰：輓，引也，音晚。饟亦餉字。

〔一二〕師古曰：癉，黄病，音丁幹反。【補注】王念孫曰：訓癉爲黄病，則癉、熱二字義不相屬，顏說非也。今案癉者，盛也。周語「陽癉憤盈」，言陽盛憤盈也。字通作僤，又作憚。大雅板篇「下民卒癉」。釋文「癉，一作僤」。釋詁注引小雅大東篇「哀我癉人」。今本癉作憚。大雅桑柔篇「逢天僤怒」，言盛怒也。秦策「王之威亦憚矣」，言威之盛也。呂覽重已篇「衣不燀熱」。高注「燀讀曰亶。亶，厚也」。義與癉熱亦相近。癉熱即盛熱，言南方暑濕之地，近夏則盛熱也。下文疾癘多作，乃始言疾病耳。

〔一三〕師古曰：蠚，毒也，音壑。【補注】宋祁曰：浙本「生」作「蟲」。

〔一四〕【補注】宋祁曰：景本「癘」作「災」。

〔一五〕師古曰：舉謂總取也。

臣聞道路言，閩越王弟甲弒而殺之，〔一〕甲以誅死，其民未有所屬。陛下若欲來內，〔二〕處之中國，使重臣臨存，〔三〕施德垂賞以招致之，此必攜幼扶老以歸聖德。若陛下無所用之，則繼其絕世，存其亡國，建其王侯，以爲畜越，〔四〕此必委質爲藩臣，世共貢職。〔五〕陛下以方寸之印，丈二之組，填撫方外，〔六〕不勞一卒，不頓一戟，〔七〕而威德並行。今以兵入其地，此必震恐，以有司爲欲屠滅之也，必雉兔逃入山林險阻。〔八〕背而去之，則復相羣聚；留而守之，歷歲經年，則士卒罷勌，食糧乏絕，〔九〕男子不得耕稼種樹，〔一〇〕婦人不得紡績織紝，〔一一〕丁壯從軍，老弱轉餉，〔一二〕居者無食，行者無糧。民苦兵事，亡逃者必衆，隨而誅之，不可勝盡，盜賊必起。

〔一〕師古曰：甲者，閩王弟之名。【補注】先謙曰：顧炎武云，即下文所云閩越王弟餘善殺王以降者也。當淮南王上書時，不知其名，故謂之甲，猶云某甲耳。顔注非。

〔二〕【補注】先謙曰：內與納同。來內，猶言招納。

〔三〕師古曰：存謂省問之。

〔四〕李奇曰：如人畜養六畜也。師古曰：直謂畜養之耳，非六畜也。

〔五〕師古曰：共讀曰供。
〔六〕師古曰：組者，印之綬。【補注】先謙曰：填音竹刃反。
〔七〕師古曰：頓，壞也。一曰頓讀曰鈍。
〔八〕師古曰：如雉兔之逃竄而入山林險阻之中。
〔九〕師古曰：罷讀曰疲。勌亦倦字。
〔一〇〕【補注】先謙曰：官本作「樹種」。
〔一一〕師古曰：樹，植也。機縷曰紝。紝音人禁反。
〔一二〕師古曰：餉亦饟字。

臣聞長老言，秦之時嘗使尉屠睢擊越，〔一〕又使監禄鑿渠通道。〔二〕越人逃入深山林叢，不可得攻。留軍屯守空地，曠日持久，〔三〕士卒勞倦，越乃出擊之。〔四〕秦兵大破，乃發適戍以備之。〔五〕當此之時，外内騷動，百姓靡敝，〔六〕行者不還，往者莫反，〔七〕皆不聊生，亡逃相從，羣爲盜賊，於是山東之難始興。此老子所謂「師之所處，荆棘生之」者也。〔八〕兵者凶事，一方有急，四面皆從。〔九〕臣恐變故之生，姦邪之作，由此始也。周易曰：「高宗伐鬼方，三年而克之。」〔一〇〕鬼方，小蠻夷；高宗，殷之盛天子也。以盛天子伐小蠻夷，三年而後克，言用兵之不可不重也。

〔一〕張晏曰：郡都尉，姓屠名睢也。
〔二〕張晏曰：監郡御史也，名禄。【補注】沈欽韓曰：淮南人間訓「使監禄轉餉，以卒鑿渠通糧道」，注云「鑿通湘水、離水之渠」。寰宇記「秦鑿渠在桂州興安縣二十里，本灕水自柘山之陰，西北流至縣西南，合零渠，五里始分爲二水。昔秦命御史監禄自零陵鑿渠至桂林。故漢歸義侯嚴爲戈船將軍，出零陵，下灕水即此」。後漢馬援、唐李渤、魚孟威因秦舊瀆，續有興造，詳輿地廣記及范成大石湖集。先謙曰：渠在今廣西興安縣西北一十里。

〔三〕【補注】宋祁曰：越本「持」作「引」。王念孫曰：景祐本亦作「引」。引與持字不相似，若本是持字，無緣而譌爲引。疑後人熟於曠日持久之語，而輒改之也。引久者，長久也。過秦論「曠日長久而社稷安」是也。漢紀作「曠日彌久」。彌亦長也。

〔四〕【補注】宋祁曰：越本無「乃」字。

〔五〕師古曰：適讀曰讁。【補注】沈欽韓曰：明志「桂林府臨桂縣北有秦城，相傳秦時戍守處」。

〔六〕師古曰：靡，散也，音縻。

〔七〕【補注】先謙曰：「菓」，官本作「莫」，是。

〔八〕師古曰：老子道經之言也。師旅行，必殺傷士衆，侵暴田畝，故致荒殘而生荆棘也。【補注】先謙曰：官本無「致」字。

〔九〕【補注】王念孫曰：「從」字，師古無音。案，當讀爲聳。聳，動也，言一方有急，而四方皆聳動也。聳或作竦。文選海賦「莫振莫竦」。李善曰「竦，動也」。韋賢傳云「一方有急，三面救之，是天下皆動而被其害也」。彼言皆動，猶此言皆聳也。作「從」者，借字耳。故漢紀作「四面皆聳」。先謙曰：通鑑亦作「聳」。

〔一〇〕師古曰：既濟九三爻辭。

臣聞天子之兵有征而無戰，言莫敢校也。〔一〕如使越人蒙死徼幸，以逆執事之顔行，〔二〕廝輿之卒，有一不備而歸者，〔三〕雖得越王之首，臣猶竊爲大漢羞之。陛下以四海爲境，九州爲家，八蔬爲囿，江〔海〕〔漢〕爲池，〔四〕生民之屬皆爲臣妾。人徒之衆，足以奉千官之共，〔五〕租稅之收，足以給乘輿之御。玩心神明，秉執聖道，負黼依，〔六〕馮玉几，〔七〕南面而聽斷，號令天下，四海之内莫不嚮應。〔八〕陛下垂德惠以覆露之，〔九〕使元元之民，安生樂業，則澤被萬世，傳之子孫，施之無窮。天下之安，猶泰山而四維之也，〔一〇〕夷狄之地，何足以爲一日之間，〔一一〕而煩汗馬之勞乎！詩云：「王猶允塞，徐方既來」，〔一二〕言王道甚大，而遠方懷之也。臣聞之，農夫勞而君子養焉，〔一三〕愚者言而智者擇焉。〔一四〕臣安幸得爲陛下守藩，以身爲鄣蔽，人臣之任也。邊境有警，愛身之死而不畢其愚，非忠臣也。〔一五〕臣安竊恐將吏之以十萬之師，爲一使之任也。〔一六〕

〔一〕師古曰：挍，計也。不敢與計彊弱曲直。【補注】先謙曰：官本「挍」作「校」。伐罪而弔其民，故莫敢校。顏說未當。

〔二〕文穎曰：顏行猶雁行，在前行，故曰顏也。師古曰：蒙，犯也。行音胡郎反。【補注】宋祁曰：越本無「死」字。先謙曰：顏、雁一聲之轉，文說是也。顏之爲雁，猶岸之爲顏，皆以聲轉通用。因管子輕重甲篇有「士爭前戰爲顏行」之語，後世遂謂戰士在前者爲顏行也。

〔三〕張晏曰：廝，微。輿，衆也。師古曰：廝，析薪者。輿，主駕車者。此皆言賤役之人。【補注】沈欽韓曰：鶡冠博選篇「四曰廝輿，五曰徒隸」。何休公羊注「刈草爲防曰廝」。先謙曰：不備，謂有損傷。

〔四〕師古曰：八藪，謂魯有大野，晉有大陸，秦有楊汙，宋有孟諸，楚有雲夢，吴越之間有具區，齊有海隅，鄭有圃田。【補注】先謙曰：「蔬」，官本作「藪」，是。

〔五〕師古曰：千官猶百官也，多言之耳。共讀曰供。

〔六〕師古曰：負，背也。白與黑畫爲斧文，謂之黼也。依讀曰扆。扆形如屏風而曲之，畫以黼文，張於户牖之間。

〔七〕師古曰：馮讀曰凭。

〔八〕師古曰：嚮讀曰響。【補注】先謙曰：嚮讀如字，亦通。

〔九〕師古曰：露謂使之沾潤澤也。或露或覆，言養育也。

〔一〇〕師古曰：維謂聯繫之。【補注】沈欽韓曰：秦策，吕不韋説陽泉君曰「寧于泰山四維」。

〔一一〕如淳曰：得其地物，不足爲一日閒暇之虞也。【補注】郭嵩燾曰：説文「閒，隙也」；「隙，壁際也」。引申之，凡有罅釁皆曰隙。閒者，隙之可尋者也，有隙則兩相閒隔，言天下大安，閩粤相攻，不足爲中國閒隙。當讀爲古莧切，如説恐未然。先謙曰：虞，娱通。

〔一二〕師古曰：大雅常武之詩。猶，道也。允，信也。塞，滿也。既，盡也。言王道信充滿於天下，則徐方淮夷盡來服也。

〔一三〕師古曰：言農夫勤力於耕稼，所得五穀以養君子也。

〔一四〕【補注】沈欽韓曰：語見文子上德篇。趙策，武靈王胡服，趙文諫語同。

〔一五〕師古曰：畢，盡也，盡言其意也。

〔一六〕師古曰：言漢發一使鎮撫之，則越人賓服，不煩兵往。

是時，漢兵遂出，踰領，〔一〕適會閩越王弟餘善殺王以降。漢兵罷。上嘉淮南之意，美將卒之功，〔二〕乃令嚴助諭意風指於南越。〔三〕南越王頓首曰：〔四〕「天子乃幸興兵誅閩越，死無以報！」即遣太子隨助入侍。助還，又諭淮南曰：「皇帝問淮南王：使中大夫玉上書言事，聞之。〔五〕朕奉先帝之休德，夙興夜昧，〔六〕明不能燭，〔七〕重以不德，〔八〕是以比年凶菑害衆。〔九〕夫以眇眇之身，託于王侯之上，内有飢寒之民，南夷相攘，〔一〇〕使邊騷然不安，朕甚懼焉。今王深惟重慮，〔一一〕明太平以弼朕失，稱三代至盛，際天接地，人迹所及，咸盡賓服，藐然甚慚。〔一二〕嘉王之意，靡有所終，〔一三〕使中大夫助諭朕意，告王越事。」助諭意曰：「今者大王以發屯臨越事上書，陛下故遣臣助告王其事。王居遠，事薄遽，不與王同其計。〔一四〕朝有闕政，遺王之憂，〔一五〕陛下甚恨之。夫兵固凶器，明主之所重出也。〔一六〕然自五帝三王禁暴止亂，非兵，未之聞也。漢爲天下宗，操殺生之柄，〔一七〕以制海内之命，危者望安，亂者卬治。〔一八〕今閩越王狼戾不仁，〔一九〕殺其骨肉，離其親戚，所爲甚多不義，又數舉兵侵陵百越，并兼鄰國，以爲暴彊，陰計奇策，入燔尋陽樓船，〔二〇〕欲招會稽之地，以踐句踐之迹。〔二一〕今者，邊又言閩王率兩國擊南越。陛下爲萬民安危久遠之計，使人諭告之曰：『天下安寧，各繼世撫民，禁毋敢相并。』有司疑其以虎狼之心，貪據百越之利，或於逆順，〔二二〕不奉明詔，則會稽、豫章必有長患。且天子誅而不伐，焉有勞百姓苦士卒乎？〔二三〕故遣兩將屯於境上，震威武，揚聲鄉。〔二四〕屯曾未會，〔二五〕天誘其衷，閩王隕命，輒遣使者罷屯，毋後農時。〔二六〕南越王甚嘉被惠澤，蒙休德，願革心易行，身從使者入謝。〔二七〕有狗馬之病，不能勝服，〔二八〕故遣太子嬰齊入侍；病有瘳，願伏北闕，望大廷，以報盛德。〔二九〕閩王以八月舉兵於冶南，〔三〇〕士卒罷倦，〔三一〕三王之衆相與攻之，因其弱弟餘善以成其謀。〔三二〕至今國空虛，遣使者上符節，請所立，不敢自立，以待天子之明詔。此一舉，不挫一兵之鋒，不用一卒之死，而閩王伏辜，南越被澤，威震暴王，義存危國，此則陛下深計遠慮之所出也。事效見前，〔三三〕故使臣助來諭王意。」於是王謝曰：「雖湯伐桀，文王伐崇，誠不過此。臣安妄以愚意狂言，陛下不忍加誅，使使者臨詔臣安以所不聞，〔三四〕臣不勝厚幸！」助由是與淮南王相結而還。上大說。〔三五〕

〔一〕【補注】宋祁曰：一本「踰」字上有「未」字。王念孫曰：一本是也。漢紀作「兵已出，未逾五嶺。」南粵、閩粵兩傳皆云「兵未踰領」。史記同。先謙曰：遂，竟也。

〔二〕【補注】宋祁曰：浙本「卒」作「率」。王念孫曰：浙本是也。率即帥字。漢紀作「美將帥之功」，是其證。隸書率與卒相近，因譌爲卒。

〔三〕師古曰：風讀曰諷，以天子之意指諷告也。【補注】宋祁曰：一本「南越」下有「王」字。

〔四〕【補注】先謙曰：王，趙佗孫胡。

〔五〕【補注】先謙曰：所上書已得聞也。

〔六〕【補注】先謙曰：「昧」，官本作「寐」，是。

〔七〕師古曰：燭，照也。

〔八〕師古曰：重音直用反。

〔九〕師古曰：菑，古災字。

〔一〇〕師古曰：攘謂相侵奪也，音人羊反。

〔一一〕師古曰：惟，思也。慮，計也。

〔一二〕如淳曰：王之所言藐然，聞之甚慚也。師古曰：藐，遠也。言不可及也。藐音武卓反。

〔一三〕師古曰：靡，無也。終，極也。

〔一四〕如淳曰：薄，迫也。言事迫，不暇得先與王共議之。或曰薄，語助也。師古曰：薄，迫，是也。遽，速也，音其據反。

〔一五〕師古曰：言朝政有闕，乃使王有憂也。遺猶與也。【補注】先謙曰：官本注無「言」字。

〔一六〕師古曰：重，難也。

〔一七〕師古曰：操，執持也，音千高反。

〔一八〕師古曰：卬讀曰仰，謂仰而望之。

〔一九〕師古曰：狼性貪戾，凡言狼戾者，謂貪而戾。【補注】王念孫曰：顔以狼爲豺狼之狼，非也。狼亦戾也。戾字亦作盭。廣雅「狼戾，很也」。又曰「狼很，盭也」。是狼與戾同義。燕策「趙王狼戾無親」。淮南要略「秦國之俗貪狼」。狼戾、貪狼，皆兩字平列，非謂如狼之戾、如狼之貪也。文選洞簫賦「貪饕者聽之而廉隅，狼戾者聞之而不懟」。長笛賦「氣噴勃以布覆，乍跱蹠以狼戾」。貪饕、布覆、狼戾，亦皆兩字平列。惟吳都賦曰「料其虓勇，則鷳悍狼戾」。狼戾與鷳悍相對，則始誤以狼爲豺狼之狼矣。不知狼戾乃雙聲之字，不可分爲二義，若必謂如狼之戾，則「樂歲粒米狼戾」，又將何説乎？

〔二〇〕師古曰：漢有樓船，貯在尋陽也。

〔二一〕師古曰：先是越王句踐稱霸中國，今越王欲慕之。句音工侯反。【補注】先謙曰：招，古義訓爲舉也。陳項傳贊「招八州而朝同列」。蘇林曰「招，舉也」。

〔二二〕【補注】先謙曰：或與惑同。

〔二三〕師古曰：王者之兵，但行誅耳，無有戰鬥，故云不伐也。

〔二四〕師古曰：鄉讀曰響。

〔二五〕師古曰：言兵未盡集。

〔二六〕師古曰：令及農時，不待後也。

〔二七〕師古曰：革，改也。

〔二八〕師古曰：服謂朝服也。

〔二九〕【補注】先謙曰：事詳南粤傳。

〔三〇〕蘇林曰：山名也，今名東冶，屬會稽。【補注】沈欽韓曰：紀要「故冶縣在福州府治北。吴録云，越句踐冶鑄處也。漢閩越國都冶山前，故曰越王山」。先謙曰：閩越傳，師古注「冶即侯官縣是也」。

〔三一〕師古曰：罷讀曰疲。

〔三二〕【補注】郭嵩燾曰：前云閩王率兩國擊南粤，是並劫東粤兵以行。南粤上書以聞，而發兵守邊，則非擅發兵也。先謙曰：三王之衆，並南越、東越及閩越言之。據閩粤傳，建元三年，東越内徙江淮閒，其地當遂爲閩越所併，故此云率兩國。

〔三三〕師古曰：見，顯也。前謂目前。【補注】先謙曰：「謀」，官本作「誅」，是。

〔三四〕師古曰：先未聞者，今得聞也。

〔三五〕師古曰：説讀曰悦。

助侍燕從容，〔一〕上問助居鄉里時，助對曰：「家貧，爲友婿富人所辱。」〔二〕上問所欲，對願爲會稽太守。於是拜爲會稽太守。數年，不聞問。〔三〕賜書曰：「制詔會稽太守：君厭承明之廬，〔四〕勞侍從之事，〔五〕懷故土，〔六〕出爲郡吏。會稽東接於海，南近諸越，〔七〕北枕大江。〔八〕間者，闊焉久不聞問，具以春秋對，毋以蘇秦從横。」〔九〕助恐，上書謝稱：「春秋：天王出居于鄭，不能事母，故絶之。〔一〇〕臣事君，猶子事父母也，臣助當伏誅。陛下不忍加誅，願奉三年計最。」〔一一〕詔許，因留侍中。有奇異，輒使爲文，〔一二〕及作賦頌數十篇。

〔一〕師古曰：從容，閒語也。從音千容反。

〔二〕師古曰：友婿，同門之婿。

〔三〕師古曰：無善聲。【補注】李慈銘曰：不聞問，謂不通信問也。故詔云，間者，闊焉久不聞問。而助以不能事父母爲比。顏注非。

〔四〕張晏曰：承明廬在石渠閣外。直宿所止曰廬。【補注】沈欽韓曰：說苑修文篇「天子左右之路寢，謂之承明何也？曰，承乎明堂之後者也」。

〔五〕【補注】先謙曰：以侍從爲勞苦。

〔六〕師古曰：懷，思也。

〔七〕師古曰：越種非一，故言諸。

〔八〕師古曰：枕，臨也。

〔九〕師古曰：從音子容反。

〔一〇〕師古曰：周惠王之子襄王也。弟叔帶有寵於惠后，欲立之，故襄王避難而出奔也。僖二十四年經書：「天王出居於鄭。」公羊傳曰：「王者無外，此其言出何？不能乎母也。」【補注】郭嵩燾曰：春秋據事直書，縱横則飾辯而已。詔蓋詰其所以不樂侍中而外求郡之指，助據春秋天王出居於鄭爲對，正承詔言之，然不自述己意，而述公羊說經之意，是其善於立言。

〔一一〕如淳曰：舊法，當使丞奉歲計，令躬自欲入奉也。晉灼曰：最，凡要也。【補注】沈欽韓曰：韓非外儲右篇「西門豹爲鄮令，期年上計」。漢法亦以歲盡上計，預歲首大會而遣歸。此三年計最，蓋遠郡如此。見後漢西南夷傳。先謙曰：注「令躬」，官本作「令助」，是。

〔一二〕師古曰：謂非常之文。

後淮南王來朝，厚賂遺助，交私論議。及淮南王反，事與助相連，上薄其罪，欲勿誅。〔一〕廷尉張湯爭，以爲助出入禁門，腹心之臣，而外與諸侯交私如此，不誅，後不可治。助竟棄市。〔二〕

〔一〕師古曰：以其過爲輕小。

〔二〕【補注】先謙曰：助得罪在元狩元年。

朱買臣字翁子，吳人也。〔一〕家貧，好讀書，不治產業，常艾薪樵，賣以給食，〔二〕擔束薪，行且誦書。其妻亦負戴相隨，數止買臣毋歌嘔道中。〔三〕買臣愈益疾歌，妻羞之，求去。買臣笑曰：「我年五十當富貴，〔四〕今已四十餘矣。女苦日久，待我富貴報女功。」〔五〕妻恚怒曰：「如公等，終餓死溝中耳，何能富貴？」買臣不能留，即聽去。其後買臣獨行歌道中，負薪墓間。故妻與夫家俱上冢，見買臣飢寒，呼飯飲之。〔六〕

〔一〕【補注】沈欽韓曰：一統志「朱買臣宅在吳縣穹隆山，相傳寺基故址也」。李慈銘曰：翁子即公子也，如儒林傳劉公子，游俠傳高公子、羽公子，尹翁歸傳暴公子之比，後漢薛漢亦字公子。

〔二〕師古曰：艾讀曰刈。給，供也。
〔三〕師古曰：嘔讀曰謳，音一侯反。【補注】沈欽韓曰：淮南泰族訓「趙王遷思故鄉，作爲山水之嘔」。嘔，古謳字。
〔四〕【補注】宋祁曰：浙本無「富」字。
〔五〕師古曰：女皆讀曰汝。
〔六〕師古曰：飯謂飤之，音扶晚反。飲音於禁反。【補注】先謙曰：飯飲之，猶言飲食之也。

後數歲，買臣隨上計吏爲卒，將重車至長安，〔一〕詣闕上書，書久不報。待詔公車，糧用乏，上計吏卒更乞匄之。〔二〕會邑子嚴助貴幸，〔三〕薦買臣，召見，說春秋，言楚詞，帝甚說之，〔四〕拜買臣爲中大夫，與嚴助俱侍中。是時方築朔方，〔五〕公孫弘諫以爲罷敝中國。〔六〕上使買臣難詘弘，語在弘傳。後買臣坐事免，久之，召待詔。

〔一〕師古曰：買臣身自充卒，而與計吏將重車也。載衣食具曰重車。重音直用反。【補注】沈欽韓曰：重以大車駕牛。風俗通「汝南戴幼起爲上計吏，獨車載衣資。表：汝南太守上計吏戴紹車」。獨車乃鹿車也，是他計吏固有衣裝大車。計吏職貢方物，所載不止衣食具也。
〔二〕師古曰：更音工衡反。乞音氣。匄音工大反。
〔三〕【補注】錢大昕曰：邑子猶言邑人。助與買臣皆吳人，同邑，故有邑子之稱。疏廣傳「公卿大夫故人邑子設祖道，供帳東都門外」。趙廣漢傳「廣漢疑其邑子榮畜教令」。尹翁歸傳「定國家在東海，欲屬託邑子二人」。皆與此同義。六朝碑多有題邑子者。
〔四〕師古曰：說讀曰悅。
〔五〕【補注】先謙曰：元朔三年築朔方時，助自會稽入侍中也。又三年而助誅。

〔六〕師古曰：罷讀曰疲。

是時，東越數反覆，〔一〕買臣因言：「故東越王居保泉山，〔二〕一人守險，千人不得上。今聞東越王更徙處南行，去泉山五百里，居大澤中。今發兵浮海，直指泉山，陳舟列兵，席卷南行，可破滅也。」上拜買臣會稽太守。上謂買臣曰：「富貴不歸故鄉，如衣繡夜行，今子何如？」買臣頓首辭謝。詔買臣到郡，治樓船，備糧食、水、戰具，須詔書到，軍與俱進。〔三〕

〔一〕【補注】先謙曰：漢誅閩粤後，別立餘善爲東越王，其數反覆。詳閩粤傳。

〔二〕師古曰：泉山即今泉州之山也，臨海，去海十餘里。保者，保守之以自固也。説者乃云保是地名，失之矣。【補注】齊召南曰：泉山今曰清源山，在泉州府城北，去海甚近。而下文乃云「今聞東越王更徙處南行，去泉山五百里，居大澤中」。然則所謂大澤中者，即大海中島嶼歟？郭嵩燾曰：永嘉記「甌水出永寧山，東流爲永嘉江，一名甌江。東甌故城在今永嘉縣西南」。東越始立國時，實都東甌，此云居保泉山，則是其後南徙泉州，據險自守，故曰保大澤。若今泉州之洋嶼，漳州之南澳，蓋皆阻海爲險。是以前討東越王郢，分出豫章、會稽，及討餘善，橫海將軍韓説直浮海擊之。此可以推其用兵之迹者也。齊氏疑大澤爲大海中島嶼，誤。閩越通名泉州，自唐景雲二年置閩州，旋改福州，而泉州相承至今。方輿勝覽云「山顛有清泉，因名泉山。東越王居保泉山，即此」。

〔三〕師古曰：須，待也。

初，買臣免，待詔，常從會稽守邸者寄居飯食。〔一〕拜爲太守，買臣衣故衣，懷其印綬，步歸郡邸。〔二〕直上計時，會稽吏方相與羣飲，〔三〕不視買臣。買臣入室中，〔四〕守邸與共食，食且飽，少見其綬。〔五〕守邸怪之，前引其綬，視其印，會稽太守章也。守邸驚，出語上計掾吏。皆醉，大呼曰：「妄誕耳！」〔六〕守邸曰：「試來視之。」〔七〕其故人素輕買臣者入視之，〔八〕還走，疾呼曰：「實然！」坐中驚駭，白守丞，〔九〕相推排陳列中庭拜謁。買臣徐出户。有頃，長安廄吏乘駟馬車來迎，〔一〇〕買臣遂乘傳去。〔一一〕會稽聞太守且至，發民除道，縣吏並送迎，車百餘乘。入吴界，見其故妻、妻夫治道。買臣駐車，呼令後車載其夫妻，到太守舍，置園中，給食之。〔一二〕居一月，妻自經死，買臣乞其夫錢，令葬。〔一三〕悉召見故人與飲食諸嘗有恩者，皆報復焉。〔一四〕

〔一〕師古曰：飯音扶晚反。

〔二〕【補注】沈欽韓曰：西京雜記「買臣懷章綬，還至舍亭，而國人未知也。所知錢勃，見其暴露，乃勞之曰：『得無罷乎？』遺與紈扇。買臣至郡，引爲上客，尋遷爲掾吏」。先謙曰：郡邸，會稽邸。

〔三〕師古曰：直讀曰值。

〔四〕【補注】錢大昭曰：閩本不重「買臣」二字。先謙曰：顧炎武云，室中，即會稽邸中也。邸如今京師之會館。

〔五〕師古曰：見，顯示也。

〔六〕師古曰：誕，大言也。呼音火故反。次下亦同。

〔七〕【補注】錢大昭曰：閩本無「來」字。

〔八〕【補注】王念孫曰：景祐本「入」下有「内」字，是也。今本無内字者，後人不曉古義而删之耳。入内，即上文所云入室中也。古者謂室爲内，故謂入室爲入内。武紀云「甘泉宫内中産芝」，淮南傳云「閉太子，使與妃同内」，鼂錯傳「家有一堂二内」，皆是也。其他書謂室爲内者甚衆。御覽職官部五十七引此，正作「入内視之」。室謂之内，故臥室謂之臥内。詳見盧綰傳。

〔九〕服虔曰：守邸丞也。張晏曰：漢舊郡國丞、長吏與計吏，俱送計也。師古曰：張説是也。謂之守丞者，繫太守而言也。守音式授反。【補注】周壽昌曰：守丞自一官，顔謂繫太守而言，非也。縣亦有守丞，不必郡太守。熹平時，蒼頡廟碑碑陰題名，有衙守丞臨晉張疇。衙，左馮翊屬縣。朱雲傳「華陰守丞嘉上封事」。華陰，京兆屬縣。此縣有守丞之證。丞以守名，殆亦居守之義。先謙曰：注「舊」下疑脱「儀」字。

〔一〇〕張晏曰：故事，大夫乘官車駕駟，如今州牧刺史矣。

〔一一〕師古曰：傳音張戀反。

〔一二〕師古曰：食讀曰飤。

〔一三〕師古曰：乞音氣。

〔一四〕師古曰：復音扶目反。

居歲餘，買臣受詔將兵，與横海將軍韓説等俱擊破東越，〔一〕有功。徵入爲主爵都尉，列於九卿。

〔一〕師古曰：説讀曰悦。【補注】齊召南曰：按，説出句章浮海，從東方往，即前買臣所畫浮海直指泉山之策也。

數年，坐法免官，〔一〕復爲丞相長史。張湯爲御史大夫。始買臣與嚴助俱侍中，貴用事，湯尚爲小吏，趨走買臣等前。後湯以廷尉治淮南獄，排陷嚴助。買臣怨湯。及買臣爲長史，湯數行丞相事，知買臣素貴，故陵折之。買臣見湯，坐牀上弗爲禮。〔二〕買臣深怨，常欲死之。〔三〕後遂告湯陰事，湯自殺，上亦誅買臣。〔四〕買臣子山拊〔五〕官至郡守，右扶風。〔六〕

〔一〕【補注】先謙曰：上言數反覆，此言與橫海，以閩粵傳證之，即是滅粵之役。朱一新云，説傳以待詔爲橫海將軍，擊破東越，封按道侯。功臣表「按道侯説以元封元年五月封，十九年爲衞太子所殺」。自元封元年，至征和二年衞太子敗時，適得十九年，與説傳合。元封以前，説僅待詔，未嘗爲橫海將軍。此云橫海將軍，即滅粵之役可知矣。先謙案：公卿表於元狩元年書「會稽太守朱買臣爲主爵都尉」，三年書「主爵都尉趙食其」，是買臣爲主爵都尉止二年。此傳及張湯傳云，買臣因湯死誅。案湯死在元鼎二年，公卿表與武紀合。漢滅東越在元封元年，閩粵傳亦與武紀合。是東越之滅，後湯死六年，若買臣以滅東越功爲主爵都尉，又數年而免官，則湯死已久，何至尚有與湯仇害之事？湯死、越滅，紀與表傳年相符合，此大事，不容有誤，蓋買臣實不預滅越。載記流傳，班氏誤採，致有抵牾。漢紀、通鑑載買臣害湯，而削其獻計滅越事。予謂買臣或因倡伐越之謀，拜會稽太守，而未預其功，宜删去上「買臣受詔將兵」三十一字，則情事脗合矣。

〔二〕師古曰：言不動容以禮之也。爲音于僞反。【補注】先謙曰：爲讀如字，不當別音。

〔三〕師古曰：致死以害之。【補注】宋祁曰：越本無「深」字。

〔四〕【補注】先謙曰：事詳湯傳。

〔五〕如淳曰：拊音夫。

〔六〕【補注】先謙曰：公卿表「孝宣本始四年，六安相朱山拊爲右扶風，一年下獄死」。

吾丘壽王〔一〕字子贛，〔二〕趙人也。年少，以善格五召待詔。〔三〕詔使從中大夫董仲舒受春秋，高材通明。遷侍中中郎，坐法免。上書謝罪，願養馬黃門，上不許。〔四〕後願守塞扞寇難，〔五〕復不許。久之，上疏願擊匈奴，詔問狀，壽王對良善，復召爲郎。稍遷，會東郡盜賊起，拜爲東郡都尉。上以壽王爲都尉，不復置太守。是時，軍旅數發，年歲不孰，多盜賊。詔賜壽王璽書曰：「子在朕前之時，知略輻湊，〔六〕以爲天下少雙，海内寡二。及至連十餘城之守，〔七〕任四千石之重，〔八〕職事並廢，盜賊從横，〔九〕甚不稱在前時，何也？」壽王謝罪，因言其狀。

〔一〕【補注】錢大昕曰：兩都賦序作「虞丘」。沈欽韓曰：説苑善説篇作「虞丘」。新序、列女傳，楚莊王令尹有虞丘子，説苑敬慎篇作「吾丘子」。御覽七百六十四作「吾丘」，注「吾，一曰虞」。虞、吾，古同音通用。

〔二〕【補注】先謙曰：治要「贛」作「戇」。

〔三〕蘇林曰：博之類，不用箭，但行梟散。孟康曰：格音各。行伍相各，故言各。劉德曰：格五，棊行。簺法曰，塞白乘五，至五格不得行，故云格五。師古曰：即今戲之簺也。音先代反。【補注】李慈銘曰：案後書梁冀傳注引鮑宏簺經曰「簺有四采，塞、白、乘、五是也。至五即格，不得行，故謂之格五」。是塞白乘五者，簺四采之名。其制雖不得詳，據冀傳注，又引鮑宏博經曰「瓊有五采，刻爲一畫者謂之塞，刻爲兩畫者謂之白，刻爲三畫者謂之黑」。由此推之，則塞白乘五，亦皆刻畫之異名。簺即格五也，與博異。博本字作簙，用六棊、六箸，亦謂之六箭，總曰十二棊。其擲頭謂之瓊，瓊有五采。格五所行者謂之簺，簺有四采。舊唐書經籍志載，鮑宏簺經、鮑宏小簙經各一卷。朱一新曰：太平廣記博戲門引酉陽雜俎云「小戲中，於弈局一枰各布五子，角遲速，名蹙融。段成式讀座右方爲之蹙戎」。是蹙融亦用五子，與格五相類，故夢谿筆談謂蹙融即格五。顏注謂即今之簺，得諸目驗，自必不誤。

〔四〕師古曰：請於黄門供養馬之事。

〔五〕【補注】先謙曰：官本「扞」作「捍」。

〔六〕師古曰：言其無方而至，若車輪之歸於轂。

〔七〕【補注】先謙曰：官本考證「地理志『東郡領二十二縣，都尉治東阿』。壽王時以都尉兼太守，則並屬都尉矣」。

〔八〕師古曰：郡守、都尉皆二千石，以壽王爲都尉，不置太守，兼總二任，故云四千石也。

〔九〕師古曰：從音子庸反。

後徵入爲光禄大夫侍中。〔一〕丞相公孫弘奏言：「民不得挾弓弩。十賊彍弩，百吏不敢前，〔二〕盜賊不輒伏辜，免脱者衆，害寡而利多，此盜賊所以蕃也。〔三〕禁民不得挾弓弩，則盜賊執短兵，短兵接則衆者勝。以衆吏捕寡賊，其執必得。盜賊有害無利，則莫犯法，刑錯之道也。臣愚以爲禁民毋得挾弓弩便。」上下其議。壽王對曰：

〔一〕【補注】周壽昌曰：百官志「太初元年，更名中大夫爲光禄大夫」。案，公孫弘相在元朔五年，踰三年薨，當元狩二年，下距太初元年，凡十八年。此當公孫丞相時，應稱中大夫。云光禄大夫者，史駁文。

〔二〕張晏曰：彍音郭。師古曰：引滿曰彍。【補注】錢大昭曰：彍，説文作彉，云「弩滿也」。淮南子兵略訓「疾如彍弩」。

〔三〕師古曰：蕃亦多也，音扶元反。

臣聞古者作五兵，非以相害，以禁暴討邪也。〔一〕安居則以制猛獸而備非常，有事則以設守衞而施行陣。及至周室衰微，上無明王，諸侯力政，彊侵弱，衆暴寡，海内抏敝，〔二〕是以巧詐並生。知者陷愚，〔三〕勇者威怯，苟以得勝爲務，不顧義理。故機變械飾，所以相賊害之具不可勝數。於是秦兼天下，廢王道，立私議，滅詩書而首法令，〔四〕

去仁恩而任刑戮，〔五〕墮名城，殺豪桀，〔六〕銷甲兵，折鋒刃。其後，民以耰鉏箠梃相撻擊，〔七〕犯法滋衆，盜賊不勝，〔八〕至於赭衣塞路，羣盜滿山，卒以亂亡。故聖王務教化而省禁防，知其不足恃也。

〔一〕師古曰：五兵謂矛、戟、弓、劍、戈。

〔二〕師古曰：抏，訛盡也，音五官反。【補注】先謙曰：抏，摧挫消耗之意也。訛同鈋。

〔三〕【補注】錢大昭曰：南監本、閩本「是以」二字，俱在「巧詐並生」之下。先謙曰：官本與監、閩本同，治要亦同。

〔四〕師古曰：以法令爲首。

〔五〕師古曰：去，除也。

〔六〕師古曰：墮，毁也，音火規反。【補注】先謙曰：官本注文在「殺豪桀」上。

〔七〕師古曰：耰，摩田之器也。箠，馬檛也。梃，大杖也。耰音憂。箠音之累反。梃音大鼎反。

〔八〕師古曰：滋，益也。不勝，言不可勝也。

今陛下昭明德，建太平，舉俊材，興學官，三公有司或由窮巷，起白屋，裂地而封，〔一〕宇內日化，方外鄉風，〔二〕然而盜賊猶有者，郡國二千石之罪，非挾弓弩之過也。禮曰，男子生，桑弧蓬矢以舉之。明示有事也。〔三〕孔子曰：「吾何執？執射乎？」〔四〕大射之禮，自天子降及庶人，三代之道也。詩云：「大侯既抗，弓矢斯張，射夫既同，獻爾發功。」〔五〕言貴中也。〔六〕愚聞聖王合射以明教矣，未聞弓矢之爲禁也。且所爲禁者，爲盜賊之以攻奪也。攻奪之罪死，然而不止者，大姦之於重誅固不避也。臣恐邪人挾之而吏不能止，良民以自備而抵法禁，〔七〕是擅賊威而奪民救也。〔八〕竊以爲無益於禁姦，而廢先王之典，使學者不得習行其禮，大不便。書奏，上以難丞相弘。弘詘服焉。

〔一〕師古曰：白屋，以白茅覆屋也。壽王言此者，並以譏公孫弘。【補注】沈欽韓曰：程大昌演繁露「春秋，莊公丹威宮楹，非禮也。在禮：楹，天子丹，諸侯黝堊，大夫蒼，士黈。黈，黄色也」。按此，則士以上屋楹，方許循等級用采色，庶人則不許，是以謂爲白屋。顏云以白茅覆屋，古無其傳也。後世諸侯王及達官所居屋，皆飾以朱，故曰朱門、朱邸。言朱以別於白也。瞿鴻禨曰：管子乘馬篇「白徒三十人，奉車兩」。魏書食貨志「白民輸五百石，聽依第出身」。北史李敏傳「周宣帝謂樂平公主曰，敏何官？對曰，一白丁耳」。白猶素也，無官業，空一人耳。白屋，即起家無所憑藉之義。顏解近迂。沈説亦未碻。周公致白屋之士，非必庶人，如素王、素臣，不必定以色言也。

〔二〕師古曰：鄉讀曰嚮。

〔三〕師古曰：有四方扞禦之事。

〔四〕師古曰：論語載孔子之言。

〔五〕師古曰：小雅賓之初筵之詩也。侯，所以居的，以皮爲之。天子射豹侯，諸侯射熊侯，卿大夫射麋侯，士射鹿豕侯。抗，舉也。射夫，衆射者也。同，同耦也。言既舉大侯，又張弓矢，分耦而射，則獻其發矢中的之功也。

〔六〕師古曰：中音竹仲反。

〔七〕師古曰：抵，觸也。

〔八〕師古曰：擅，專也。

及汾陰得寶鼎，武帝嘉之，薦見宗廟，臧於甘泉宮。羣臣皆上壽賀曰：「陛下得周鼎。」

壽王獨曰非周鼎。上聞之，召而問之，曰：「今朕得周鼎，羣臣皆以爲然，壽王獨以爲非，何也？有説則可，無説則死。」壽王對曰：「臣安敢無説！臣聞周德始乎后稷，長於公劉，大於大王，〔一〕成於文武，顯於周公。德澤上昭，天下漏泉，〔二〕無所不通。上天報應，鼎爲周出，〔三〕故名曰周鼎。今漢自高祖繼周，亦昭德顯行，布恩施惠，六合和同。至於陛下，恢廓祖業，功德愈盛，天瑞並至，珍祥畢見。昔秦始皇親出鼎於彭城而不能得，天祚有德而寶鼎自出，此天之所以與漢，乃漢寶，非周寶。」〔四〕上曰：「善。」羣臣皆稱萬歲。是日，賜壽王黄金十斤。後坐事誅。〔五〕

〔一〕師古曰：公劉，后稷曾孫也。大王，文王之祖，則古公亶甫也。
〔二〕師古曰：昭，明也。漏，言潤澤下霑，如屋之漏。
〔三〕【補注】沈欽韓曰：公羊桓二年傳注「周家以世孝，天瑞之鼎，以助享祭」。
〔四〕【補注】先謙曰：官本有「也」字。
〔五〕【補注】周壽昌曰：壽王誅死後，武帝頗悔恨。見劉向傳按道侯韓説諫帝語。

主父偃，齊國臨菑人也。學長短從横術，〔一〕晚乃學易、春秋、百家之言。游齊諸子間，〔二〕諸儒生相與排儐，不容於齊。〔三〕家貧，假貣無所得，〔四〕北游燕、趙、中山，皆莫能厚，客甚困。以諸侯莫足游者，元光元年，乃西入關，〔五〕見衛將軍。〔六〕衛將軍數言上，上不省。資用乏，留久，諸侯賓客多厭之，乃上書闕下。朝奏，暮召入見。所言九事，其八事爲律令，一事諫伐匈奴，曰：

〔一〕服虔曰：蘇秦法百家書説也。師古曰：長短解在張湯傳。從横説在蓺文志。

〔二〕師古曰：諸子，諸侯王子。【補注】郭嵩燾曰：史記作「游齊諸生間，莫能厚遇也」。此諸子即諸儒。史記云莫能厚遇者，即據下假貸無所得言之。河間獻王喜儒術，毛生、貫生爲之博士。梁孝王好文，莊忌、枚乘爲客。可云游諸侯，而不可云游諸侯王子間。據本傳及齊悼惠王傳，主父偃無從齊諸王子游事也。顔注恐未然。

〔三〕【補注】錢大昭曰：儐與擯同。説文「儐或作擯」。文王世子云「退儐于西序」。釋文「本亦作擯」。「客」疑當作「容」。先謙曰：官本正作「容」，史記同。

〔四〕師古曰：貣音土得反。

〔五〕【補注】先謙曰：通鑑考異云「漢書謂元光元年，三人上書。按嚴安書云『徇南夷，朝夜郎，降羌僰，略薉州』。其事皆在元光元年以後，蓋誤以『朔』字爲『光』字耳」。先謙案，偃書詞氣實爲始伐匈奴而發。據武紀，元光二年，王恢建議擊匈奴，未成。六年，衞青始爲將軍伐匈奴有功。偃以元光元年入關，衞將軍爲言於上，不見用，乃上書。當在元光六年。惟謂與嚴、徐同上書，上召見三人。考異因據安書，以合偃事，欲易元光爲元朔。案漢紀列三人上書於元光二年，固未當。通鑑載之元朔元年，衞皇后已立之後，亦非也。傳明言元光元年，偃西入關，留久乃上書。未嘗以上書爲元光二年事。竊意三人上書，皆在元光六年，史記載安書「今欲招南夷」云云，欲者，將然之詞，非已成之迹也。本書删去「欲」字，遂滋後人之疑。餘詳安傳。

〔六〕師古曰：衞青。

臣聞明主不惡切諫以博，觀忠臣不避重誅以直諫，是故事無遺策而功流萬世。今臣不敢隱忠避死，以效愚計，願陛下幸赦而少察之。

司馬法曰：「國雖大，好戰必亡；天下雖平，忘戰必危。」〔一〕天下既平，天子大愷，〔二〕春蒐秋獮，諸侯春振旅，秋治兵，所以不忘戰也。〔三〕且怒者逆德也，兵者凶器也，爭者末節也。〔四〕古之人君，一怒必伏尸流血，故聖王重行之。〔五〕夫務戰勝，窮武事，未有不悔者也。

〔一〕師古曰：司馬穰苴善用兵，著書言兵法，謂之司馬法。一說，司馬，古主兵之官，有軍陳用兵之法。【補注】先謙曰：通鑑胡注「史記，齊威王使大夫追論古者司馬兵法，而附穰苴於其中，因號司馬穰苴兵法」。

〔二〕應劭曰：大愷，周禮還師振旅之樂也。【補注】沈欽韓曰：見司馬法仁本篇。

〔三〕師古曰：春爲陽中，其行木也；秋爲陰中，其行金也。金、木，兵器所資，故於此時蒐獮治兵也。蒐，蒐索也，取不孕者。獮，應殺氣也。振，整。旅，衆也。獮音先淺反。

〔四〕【補注】沈欽韓曰：尉繚子兵議篇「兵者，凶器也。爭者，逆德也」。說苑指武篇屈宜咎語同。

〔五〕師古曰：重，難也。

昔秦皇帝任戰勝之威，蠶食天下，并吞戰國，海内爲一，功齊三代。務勝不休，欲攻匈奴，李斯諫曰：「不可。夫匈奴無城郭之居，委積之守，〔一〕遷徙鳥舉，難得而制。輕兵深入，糧食必絶；運糧以行，重不及事。得其地，不足以爲利；得其民，不可調而守也。〔二〕勝必棄之，非民父母。〔三〕靡敝中國，甘心匈奴，〔四〕非完計也。」秦皇帝不聽，遂使蒙恬將兵而攻胡，卻地千里，以河爲境。地固澤鹵，不生五穀，〔五〕然後發天下丁男以守北河。〔六〕暴兵露師，十有餘年，死者不可勝數，終不能踰河而北。是豈人衆之不足，兵革之不備哉？其勢不可也。又使天下飛芻輓粟，〔七〕起於黄、腄、琅邪負海之郡，轉輸北河，〔八〕率三十鍾而致一石。〔九〕男子疾耕，不足於糧餉，〔一〇〕女子紡績，不足於帷幕。百姓靡敝，孤寡老弱不能相養，道死者相望，〔一一〕蓋天下始叛也。

〔一〕【補注】先謙曰：胡注「委積者，倉廩之藏也。鄭氏云，少曰委，多曰積」。

〔二〕李奇曰：不可和調也。

〔三〕【補注】李慈銘曰：謂勝其國而棄其民，非爲民父母之道。先謙曰：史記「棄」作「殺」，似誤。

〔四〕師古曰：靡，散也，音縻。其下類此。

〔五〕師古曰：地多沮澤而鹹鹵。【補注】王念孫曰：顔用薛瓚注而誤。澤鹵即斥鹵，非謂沮澤也。史記作「地固澤鹹鹵」。鹹字後人所加。集解引瓚曰「其地多水澤，又有鹵」，則鹵上本無鹹字。又引徐廣曰「澤一作斥。漢書作澤鹵，漢紀作斥鹵」，是澤鹵即斥鹵。斥鹵之間加一鹹字，則文不成義矣。又案夏本紀「海濱廣潟」。徐廣亦曰「潟，一作澤，又作斥」。禹貢作斥。河渠書「溉澤鹵之地」。索隱云「澤一作寫。本或作斥。寫鹵、澤鹵，並與斥鹵同」。瓚以澤爲水澤，鹵爲鹹鹵，分澤鹵爲二義，亦失之。

〔六〕【補注】錢大昭曰：漢紀作「河北」。先謙曰：漢紀誤也。下云「終不能踰河而北」，何能守河北乎？

〔七〕師古曰：運載芻槁，令其疾至，故云飛芻也。輓謂引車船也，音晚。

〔八〕師古曰：黄、腄二縣名也，並在東萊。言自東萊及琅邪緣海諸郡，皆令轉輸至北河也。腄音直瑞反，又音誰。【補注】先謙曰：胡注「河水逕安定、北地、朔方界，皆北流，至高闕，始屈而東流，過雲中楨林縣，又屈而南流。故朔方、雲中之河謂之北河」。又先謙案：負海，見國策。齊地濱海，故七國時，直稱齊曰負海也。

〔九〕師古曰：六斛四斗爲鍾。計其道路所費，凡用百九十二斛，乃得一石至。

〔一〇〕師古曰：餉亦饟字。

〔一一〕師古曰：道死，謂死於路也。

及至高皇帝定天下，略地於邊，聞匈奴聚代谷之外，而欲擊之。御史成諫曰：「不可。夫匈奴，獸聚而鳥散，從之如搏景，〔一〕今以陛下盛德攻匈奴，臣竊危之。」高帝不聽，遂至代谷，果有平城之圍。高帝悔之，乃使劉敬往結和親，然後天下亡干戈之事。

〔一〕師古曰：搏，擊也。搏人之陰景，言不可得也。【補注】沈欽韓曰：管子兵法篇「善者之爲兵，使敵若據虛，若搏景」。先謙曰：胡注「景，隨物而生者也，存滅不常，難得而搏之」。

故兵法曰：「興師十萬，日費千金。」秦常積衆數十萬人，雖有覆軍殺將，係虜單于，〔一〕適足以結怨深讎，不足以償天下之費。夫匈奴行盜侵敺，所以爲業，天性固然。〔二〕上自虞夏殷周，固不程督，〔三〕禽獸畜之，不比爲人。夫不上觀虞夏殷周之統，而下循近世之失，此臣之所以大恐，百姓所疾苦也。且夫兵久則變生，事苦則慮易。〔四〕使邊境之民，靡敝愁苦，將吏相疑而外市，〔五〕故尉佗、章邯得成其私，〔六〕而秦政不行，權分二子，此得失之效也。故周書曰：「安危在出令，存亡在所用。」〔七〕願陛下孰計之而加察焉。

〔一〕師古曰：覆音芳目反。【補注】先謙曰：官本注文在「係虜單于」上。

〔二〕師古曰：來侵邊竟而毆略人畜也。毆與驅同，其字從攴，音普木反。【補注】先謙曰：官本「毆」竝作「敺」，「從攴」作「從支」。

〔三〕師古曰：程，課也。督，視責也。

〔四〕師古曰：言思慮變易，失其常也。

〔五〕張晏曰：與外國交市己利，若章邯之比也。【補注】先謙曰：治要引注文作「與外國交市，若章邯之比也」。集解引「交市己利」作「交求利也」。

〔六〕師古曰：佗音徒何反。

〔七〕師古曰：此周書者，本尚書之餘。【補注】沈欽韓曰：周書王佩解「存亡在所用，離合在出命」。

是時，徐樂、嚴安亦俱上書言世務。書奏，上召見三人，謂曰：「公皆安在？何相見之晚也！」〔一〕乃拜偃、樂、安皆爲郎中。偃數上疏言事，遷謁者，中郎，中大夫。歲中四遷。

〔一〕師古曰：言皆者，各在何處。【補注】宋祁曰：「皆」字疑作「比」，謂言比來在何處也。若云「皆安在」，則似淺而不雅。郭嵩燾曰：史記作「公等皆安在」，此脱「等」字，則文句不完。宋改皆爲比，無義。

偃說上曰：「古者，諸侯地不過百里，彊弱之形易制。今諸侯或連城數十，地方千里，緩則驕奢易爲淫亂，急則阻其彊而合從，〔一〕以逆京師。今以法割削，則逆節萌起，〔二〕前日朝錯是也。今諸侯子弟或十數，而適嗣代立，〔三〕餘雖骨肉，無尺地之封，則仁孝之道不宣。願陛下令諸侯得推恩分子弟，以地侯之。彼人人喜得所願，上以德施，實分其國，必稍自銷弱矣。」於是上從其計。〔四〕又說上曰：「茂陵初立，天下豪桀兼并之家，亂衆民，皆可徙茂陵，〔五〕

内實京師，外銷姦猾，此所謂不誅而害除。」上又從之。

〔一〕師古曰：從音子容反。

〔二〕師古曰：萌謂事之始生，如草木之萌芽也。

〔三〕師古曰：適讀曰嫡。

〔四〕【補注】錢大昭曰：中山王勝傳云「其後更用主父偃謀，令諸侯以私恩自裂地分其子弟，而漢爲定制封號，輒別屬漢郡」。此偃銷弱之計也。先謙曰：集解引徐廣曰「元朔二年，始令諸侯王分封子弟」。

〔五〕【補注】先謙曰：史記作「亂衆之民」。案文義，此「之」字似不可省。亂猶惑也。

尊立衛皇后及發燕王定國陰事，〔一〕偃有功焉。大臣皆畏其口，賂遺累千金。或說偃曰：「大橫！」〔二〕偃曰：「臣結髮游學四十餘年，身不得遂，〔三〕親不以爲子，昆弟不收，賓客棄我，我阸日久矣。丈夫生不五鼎食，死則五鼎亨耳！〔四〕吾日暮，故倒行逆施之。」〔五〕

〔一〕【補注】先謙曰：敬王澤之孫。

〔二〕師古曰：横音胡孟反。

〔三〕師古曰：遂猶達也。

〔四〕張晏曰：五鼎食，牛、羊、豕、魚、麋也。諸侯五，卿大夫三。師古曰：五鼎亨之，謂被鑊亨之誅。【補注】沈欽韓曰：聘禮注「少牢鼎五，羊豕腸胃魚腊」。是五鼎無牛也。少牢饋食禮「五鼎羊豕膚魚腊，腊用麋」。李慈銘曰：牛惟周禮膳夫之牢鼎九，儀禮聘禮之飪鼎七，始有之，張注明是誤字。偃時爲中大夫，故以大夫禮言之。「生不五鼎食」，非語辭，與下「則」字相應爲文，言不生而五鼎食，則死而五鼎亨耳。先謙曰：胡注引孔穎達曰「少牢陳五鼎，羊一、豕二、膚三、魚四、腊五」，亦不言有牛。

〔五〕師古曰：暮言年齒老也。倒行逆施，謂不遵常理。此語本出五子胥，偃述而稱之。【補注】先謙曰：史記「日暮」下有「途遠」二字。本書「伍子胥」皆作「五」，官本注作「伍」，蓋後人所改。

偃盛言朔方地肥饒，外阻河，蒙恬築城以逐匈奴，〔一〕內省轉輸戍漕，廣中國，滅胡之本也。上覽其說，下公卿議，皆言不便。公孫弘曰：「秦時嘗發三十萬衆築北河，終不可就，〔二〕已而棄之。」朱買臣難詘弘，遂置朔方，本偃計也。

〔一〕【補注】王念孫曰：「築」字後人加之，景祐本所無也。城即築城也。小雅出車曰「城彼朔方」是也，無庸更加築字。史記作「蒙恬城之，以逐匈奴」。

〔二〕師古曰：就，成也。

元朔中，偃言齊王內有淫失之行，〔一〕上拜偃爲齊相。至齊，遍召昆弟賓客，散五百金予之，數曰：〔二〕「始吾貧時，昆弟不我衣食，賓客不我內門，〔三〕今吾相齊，諸君迎我或千里，吾與諸君絶矣，毋復入偃之門！」乃使人以王與姊姦事動王。〔四〕王以爲終不得脱，恐效燕王論死，乃自殺。〔五〕

〔一〕師古曰：失讀曰佚，音尹一反。

〔二〕師古曰：數，責也。數音所具反。

〔三〕師古曰：衣音於既反。食讀曰飤。內門，謂內之於門中也。

〔四〕【補注】先謙曰：官本「以」作「告」，引宋祁曰「越本告作以」。

〔五〕【補注】先謙曰：齊厲王次昌也。事互見齊王肥傳。

偃始爲布衣時，嘗游燕、趙，及其貴，發燕事，趙王恐其爲國患，欲上書言其陰事，爲居中，不敢發。〔一〕及其爲齊相，出關，即使人上書，告偃受諸侯金，以故諸侯子多以得封者。〔二〕及齊王以自殺聞，〔三〕上大怒，以爲偃劫其王令自殺，乃徵下吏治。偃服受諸侯之金，實不劫齊王令自殺。上欲勿誅，公孫弘爭曰：「齊王自殺無後，國除爲郡，入漢，偃本首惡，非誅偃無以謝天下。」乃遂族偃。〔四〕

〔一〕【補注】先謙曰：趙王，景帝子彭祖。

〔二〕【補注】先謙曰：史記「子」下有「弟」字。

〔三〕【補注】宋祁曰：浙本云「及齊以王自殺聞」。

〔四〕【補注】先謙曰：據表「齊厲王元光四年嗣封，五年薨，無後」。薨，當作自殺。史駁文。案元光四年至元朔二年，共五年。燕王自殺，事在元朔二年秋。厲王自殺，亦在二年。偃誅，蓋元朔二三年之交矣。計偃上書貴幸至誅死，先後不及三年。通鑑載偃誅於元朔二年。史記偃傳言，偃誅時，公孫弘爲御史大夫。考弘傳及百官表，弘爲御史大夫在元朔三年，則偃誅以三年矣。通鑑係於二年，誤。

偃方貴幸時，客以千數，及族死，無一人視，獨孔車收葬焉。上聞之，以車爲長者。〔一〕

〔一〕【補注】先謙曰：史記作「洨孔車」。集解引徐廣曰「沛有洨縣」。

徐樂，燕郡無終人也。〔一〕上書曰：

〔一〕【補注】先謙曰：顧炎武云「地理志無燕郡，而無終屬右北平。考燕王定國以元朔二年秋有罪自殺，國除。而元狩六年夏四月，始立皇子旦爲燕王。其間爲燕郡者十年，而志佚之也。徐樂上書，當在此時，而無終於其時屬燕郡，後改屬右北平耳」。錢大昕云「地理志所載郡縣，以元始初版籍爲斷，一代沿革，不能悉書。志末所載十二國分域，如新汲之屬汝南，酸棗之屬河南，北新成之屬涿郡，與本文既已牴牾，蠡吾故屬河間，良鄉、安次、文安故屬燕，陘城故屬趙，皆見列傳，而志不書。衞綰稱代大陵人，公孫弘稱菑川薛人，鄧通稱蜀郡南安人，較之本志皆不合。蓋傳所據者，孝武以前郡縣。徐樂稱燕郡無終，亦其類也。漢初諸侯王封國甚大，涿郡、遼東、西、右北平，皆燕故地。韓廣封遼東王，都無終，未幾即爲臧荼所滅，則仍屬燕矣。徐樂，武帝時人，其時無終屬燕郡，當得其實，未可斷以爲誤」。王念孫云：景祐本及文選別賦注引此，並作「燕無終人也」。治要引作「燕人也」。皆無「郡」字。顧氏據俗本漢書作「燕郡」，謂徐樂上書在元朔二年改國爲郡之後，非也。主父偃傳云，元光元年，偃西入關上書，時徐樂、嚴安亦俱上書言世務，上召見三人，拜爲郎中。史記同。是樂之上書，即在元光元年之後，故漢紀列其事於元光二年，在元朔二年之前，凡六年。其時燕國尚未改爲郡，不得稱燕郡也。郡字乃後人所加。先謙案，樂與主父偃同上書召見，當亦在元光六年，燕王定國未死之前，時國未除爲郡，止當作「燕無終人」，王説是也。但如漢紀作元光二年上書，則未審耳。

臣聞天下之患，在於土崩，不在瓦解，〔一〕古今一也。

〔一〕【補注】朱一新曰：文選東方朔非有先生論「是以輔弼之臣瓦解」。注引春秋考異郵曰「瓦解土崩」。淮南泰族訓「紂士億有餘萬，武王麾之，則瓦解而走，土崩而下」。

何謂土崩？秦之末世是也。陳涉無千乘之尊，尺土之地，〔一〕身非王公大人名族之後，鄉曲之譽，〔二〕非有孔、曾、墨子之賢，陶朱、猗頓之富也。然起窮巷，奮棘矜，〔三〕偏袒大呼，天下從風，〔四〕此其故何也？由民困而主不恤，下怨而上不知，俗已亂而政不修，此三者，陳涉之所以爲資也。此之謂土崩。故曰，天下之患在乎土崩。

〔一〕【補注】宋祁曰：越本「尺」作「疆」。

〔二〕【補注】王念孫曰：史記主父傳作「無鄉曲之譽」，是也。此脱「無」字，則文義不明。

〔三〕師古曰：棘，戟也。矜者，戟之把也。時秦銷兵器，故但有戟之把耳。矜音巨巾反。此下亦同。【補注】朱一新曰：説文「矜，矛柄也」。段注謂「矜當從令，作矜」，説甚確。今案顔注云，矜音巨巾反。則字亦當從令，傳寫誤從今耳。項羽傳贊注云「矜字亦作穫」。

〔四〕師古曰：呼音火故反。【補注】先謙曰：官本注文在「天下從風」上。

何謂瓦解？吳、楚、齊、趙之兵是也。七國謀爲大逆，號皆稱萬乘之君，帶甲數十萬，威足以嚴其境内，財足以勸其士民，然不能西攘尺寸之地，〔一〕而身爲禽於中原者，此其故何也？非權輕於匹夫，而兵弱於陳涉也。當是之時，先帝之德未衰，〔二〕而安土樂俗之民衆，故諸侯無竟外之助。〔三〕此之謂瓦解。故曰，天下之患不在瓦解。

〔一〕師古曰：攘謂侵取漢地。

〔二〕【補注】先謙曰：史記「德」下有「澤」字。

〔三〕師古曰：竟讀曰境。其下同。

由此觀之，天下誠有土崩之埶，雖布衣窮處之士，或首難而危海内，〔一〕陳涉是也，況三晉之君或存乎？〔二〕天下雖未治也，誠能無土崩之埶，雖有彊國勁兵，不得還踵而身爲禽，〔三〕吴楚是也，況羣臣百姓，能爲亂乎？此二體者，安危之明要，賢主之所留意而深察也。

〔一〕師古曰：首難，謂首唱而作難也。

〔二〕師古曰：韓、趙、魏三國本共分晉，故稱三晉。

〔三〕師古曰：還讀曰旋。

間者，關東五穀數不登，〔一〕年歲未復，〔二〕民多窮困，重之以邊境之事，〔三〕推數循理而觀之，民宜有不安其處者矣。不安故易動，易動者，土崩之埶也。故賢主獨觀萬化之原，明於安危之機，修之廟堂之上，而銷未形之患也。其要，期使天下無土崩之埶而已矣。故雖有彊國勁兵，陛下逐走獸，射飛鳥，弘游燕之囿，淫從恣之觀，極馳騁之樂，自若。〔四〕金石絲竹之聲不絶於耳，帷幄之私，〔五〕俳優朱儒之笑，不乏於前，而天下無宿憂。〔六〕名何必夏子，俗何必成康！〔七〕雖然，臣竊以爲陛下天然之質，〔八〕寬仁之資，而誠以天下爲務，則禹湯之名不難侔，而成康之俗未必不復興也。〔九〕此二體者立，然後處尊安之實，揚廣譽於當世，親天下而服四夷，餘恩遺德爲數世隆，南面背依攝袂而揖王公，〔一〇〕此陛下之所服也。〔一一〕臣聞圖王不成，其敝足以安。〔一二〕安則陛下何求而不得，何威而不成，奚征而不服哉？〔一三〕

〔一〕【補注】宋祁曰：浙本無「數」字。先謙曰：治要引有「數」字。

〔二〕師古曰：復音扶目反。

〔三〕師古曰：重音直用反。

〔四〕師古曰：自若者，言如其常，無所廢損也。從讀曰縱。

〔五〕【補注】先謙曰：史記「幄」作「帳」。

〔六〕師古曰：宿，久也。【補注】先謙曰：宿，留也。

〔七〕服虔曰：夏，禹也。子，湯也。湯，子姓。【補注】先謙曰：「夏子」，史記作「湯武」。下「禹湯」亦作「湯武」。蓋班氏改之。

〔八〕【補注】先謙曰：史記「質」作「聖」。

〔九〕師古曰：侔，等也。

〔一〇〕師古曰：依讀曰扆。已解於上。

〔一一〕師古曰：服，事也。

〔一二〕師古曰：言其敝末之法，猶足自安也。【補注】沈欽韓曰：御覽七十七桓譚新論曰「儒者或曰，圖王不成，其敝可以霸」。後漢書王元說隗囂，亦作「霸」。

〔一三〕【補注】周壽昌曰：據史記，樂後遷中大夫。先謙曰：樂拜郎中，見主父偃傳。此下，官本有「師古曰奚何也」注文六字。

嚴朱吾丘主父徐嚴終王賈傳第三十四下〔一〕

漢書六十四

〔一〕師古曰：此卷首尚載嚴、朱、吾丘、主父、徐者，存其本書題目，以示不變易也。

嚴安者，〔二〕臨菑人也。以故丞相史上書曰：

〔二〕【補注】先謙曰：顧炎武云「鄧伯羔謂安自姓嚴。然藝文志曰，莊安一篇。是安一姓莊也。志之稱莊安，班氏所未及改也。史記之稱嚴安，後人所追改也」。

臣聞鄒衍曰：〔一〕「政教文質者，所以云救也，〔二〕當時則用，過則舍之，〔三〕有易則易也，〔四〕故守一而不變者，未睹治之至也。」今天下人民用財侈靡，車馬、衣裘、宮室皆競修飾，調五聲使有節族，〔五〕雜五色使有文章，重五味方丈於前，以觀欲天下。〔六〕彼民之情，見美則願之，是教民以侈也。侈而無節，則不可贍，〔七〕民離本而徼末矣。〔八〕末不可徒得，〔九〕故搢紳者不憚爲詐，帶劍者夸殺人以矯奪，〔一〇〕而世不知媿，故姦軌浸長。〔一一〕夫佳麗珍怪固順於耳目，故養失而泰，樂失而淫，禮失而采，〔一二〕教失而偽。偽、采、淫、泰，非所以範民之道也。〔一三〕是以天下人民逐利無已，犯法者衆。臣願爲民制度以防其淫，使貧富不相燿以和其心。心既和平，其性恬安。恬安不營，則盜賊銷；盜賊銷，則刑罰少；刑罰少，則陰陽和，四時正，風雨時，草木暢茂，五穀蕃孰，六畜遂字，〔一四〕民不夭厲，和之至也。〔一五〕

〔一〕師古曰：鄒衍之書也。【補注】錢大昭曰：「衍」，南監本、閩本並作「子」。先謙曰：官本作「子」。
〔二〕師古曰：以救敝。
〔三〕師古曰：非其時則廢置也。
〔四〕師古曰：可變易者則易也。【補注】先謙曰：官本「也」作「之」。
〔五〕蘇林曰：族音奏。師古曰：節，止也。奏，進也。
〔六〕孟康曰：觀猶顯也。師古曰：顯示之，使其慕欲也。
〔七〕師古曰：贍，足也。
〔八〕師古曰：徼，要求也，音工堯反。
〔九〕師古曰：徒，空也。
〔一〇〕師古曰：夸，大也，競也。矯，偽也。
〔一一〕師古曰：浸，漸也。
〔一二〕如淳曰：采，飾也。師古曰：采者，文過其實也。
〔一三〕師古曰：範謂爲之立法也。
〔一四〕師古曰：蕃，多也。遂，成也。字，生也。蕃音扶元反。

〔一五〕師古曰：厲，病也。【補注】先謙曰：以上史記無。

臣聞周有天下，其治三百餘歲，成康其隆也，刑錯四十餘年而不用。及其衰，亦三百餘年，故五伯更起。〔一〕伯者，常佐天子興利除害，誅暴禁邪，匡正海内，以尊天子。五伯既没，賢聖莫續，〔二〕天子孤弱，號令不行。諸侯恣行，彊陵弱，衆暴寡，田常篡齊，六卿分晉，並爲戰國，此民之始苦也。於是彊國務攻，弱國修守，合從連衡，馳車轂擊，〔三〕介胄生蟣蝨，民無所告愬。

〔一〕師古曰：伯讀曰霸。晉音工衡反。以下並同。【補注】先謙曰：官本「晉」作「更」，是。「以」作「其」。

〔二〕【補注】郭嵩燾曰：孟子「其事則齊桓晉文，其文則史」。此爲深於春秋者。蓋春秋奉一王之大法，以正當時之諸侯。急奬伯者而進之，聖人之不得已也。是以西周亡而王道絶，戰國興而伯道終。聖人之奬伯也，所以濟王道之窮也。孟子之黜伯也，所以傷王道之終不復也。漢初，嚴助諸人皆習春秋，觀嚴安之言，足證當時説春秋之旨，無黜伯之文也。

〔三〕師古曰：車轂相擊，言其衆多也。從音子容反。【補注】王先慎曰：馳車，兵車。周禮大司馬「中冬，教大閲，車馳徒走」。左傳「車馳卒奔」。鄭、杜二注並謂兵車也。

及至秦王，蠶食天下，并吞戰國，稱號皇帝，一海内之政，壞諸侯之城。銷其兵，鑄以爲鍾虡，〔一〕示不復用。元元黎民，既免於戰國，逢明天子，人人自以爲更生。〔二〕鄉使秦緩刑罰，薄賦斂，〔三〕省繇役，貴仁義，賤權利，上篤厚，下佞巧，〔四〕變風易俗，化於海内，則世世必安矣。秦不行是風，循其故俗，爲知巧權利者進，篤厚忠正者退，法嚴令苛，讇諛者衆，〔五〕日聞其美，〔六〕章廣心逸。〔七〕欲威海外，〔八〕使蒙恬將兵以北攻彊胡，辟地進境，〔九〕戍於北河，飛芻輓粟以隨其後。又使尉屠睢將樓船之士攻越，使監禄鑿渠運糧，深入越地，越人遁逃。曠日持久，糧食乏絶，越人擊之，秦兵大敗。秦乃使尉佗將卒以戍越。〔一〇〕當是時，秦禍北構於胡，南挂於越，〔一一〕宿兵於無用之地，〔一二〕進而不得退。行十餘年，丁男被甲，丁女轉輸，苦不聊生，自經於道樹，死者相望。及秦皇帝崩，天下大畔。陳勝、吴廣舉陳，〔一三〕武臣、張耳舉趙，項梁舉吴，田儋舉齊，景駒舉郢，周市舉魏，韓廣舉燕，窮山通谷，豪士並起，不可勝載也。然本皆非公侯之後，非長官之吏，〔一四〕無尺寸之埶，起閭巷，杖棘矜，應時而動，不謀而俱起，不約而同會，壤長地進，至乎伯王，〔一五〕時教使然也。秦貴爲天子，富有天下，滅世絶祀，窮兵之禍也。故周失之弱，秦失之彊，不變之患也。

〔一〕師古曰：虡，懸鍾者也。解在賈山、司馬相如傳。
〔二〕師古曰：言天下既免戰國之苦，若逢明聖之主則可以更生，而秦皇反爲虐政以殘害也。【補注】先謙曰：言秦併六國，示不復用兵，人人以爲逢明天子，有更生之慶。顔注非。官本「既」作「得」，據顔注，作「既」是。
〔三〕師古曰：鄉讀曰嚮。
〔四〕【補注】先謙曰：史記「佞」作「智」。
〔五〕師古曰：讇，古諂字。

〔六〕【補注】先謙曰：「曰」誤，官本作「日」，史記同。

〔七〕【補注】錢大昭曰：「章」當作「意」。先謙曰：官本作「意」，史記同。

〔八〕【補注】先謙曰：史記「欲」下有「肆」字。

〔九〕師古曰：辟讀曰闢。

〔一〇〕【補注】沈欽韓曰：尉佗，任囂之誤，使囂戍越，因爲南海尉。趙佗應以偏裨與行耳。先謙曰：因後尉佗擅越，特舉之，非誤也。上「尉」下，史記有「佗」字，誤衍。

〔一一〕師古曰：挂，懸也。【補注】王念孫曰：挂讀爲絓。絓，結也，言禍結於越也。廣韻「絓，絲結也」。楚辭九章曰「心絓結而不解兮」，上句「秦禍北搆於胡」。搆亦結也。史記律書「秦二世結怨匈奴，絓禍於越」，尤其明證矣。

〔一二〕師古曰：宿，留也。

〔一三〕師古曰：舉謂起兵也。

〔一四〕師古曰：長官謂一官之長也。

〔一五〕張晏曰：長，進益也。師古曰：言其稍稍攻伐，進益土境，以至彊大也。長音竹兩反。伯讀曰霸。

今徇南夷，朝夜郎，〔一〕降羌僰，略薉州，建城邑，〔二〕深入匈奴，燔其龍城，〔三〕議者美之。此人臣之利，非天下之長策也。今中國無狗吠之警，而外累於遠方之備，靡敝國家，〔四〕非所以子民也。〔五〕行無窮之欲，甘心快意，結怨於匈奴，非所以安邊也。禍拏而不解，兵休而復起，〔六〕近者愁苦，遠者驚駭，非所以持久也。今天下鍛甲摩劍，矯箭控弦，〔七〕轉輸軍糧，未見休時，此天下所共憂也。夫兵久而變起，〔八〕事煩而慮生。今外郡之地或幾千里，〔九〕列城數十，形束壤制，〔一〇〕帶脅諸侯，〔一一〕非宗室之利也。上觀齊晉所以亡，公室卑削，六卿大盛也；下覽秦之所以滅，刑嚴文刻，欲大無窮也。今郡守之權，非特六卿之重也；地幾千里，非特閭巷之資也；甲兵器械，非特棘矜之用也；以逢萬世之變，則不可勝諱也。〔一二〕

〔一〕【補注】先謙曰：西南夷傳「唐蒙通夜郎，開犍爲郡」，乃建元六年事。武紀元光五年，發巴蜀，治南夷道。元朔二年罷。自建元六年，凡十年始罷。詳見公孫弘、西南夷諸傳。元狩中，又因張騫之言重開，至元鼎六年始定。安所謂徇南夷、朝夜郎者，指前役而言。是時，夜郎道雖通而未來朝。史記載是書，作「今欲招南夷，朝夜郎」。班删「欲」字，遂啟後人之疑。

〔二〕張晏曰：薉，貉也。師古曰：薉與穢同。【補注】先謙曰：僰即犍爲蠻夷也。建元六年爲郡，見地理志。羌降，自元鼎六年平西羌外，史無明文。據後書西羌傳，景帝時，研種留何率種人求守隴西塞。則諸羌早有保塞者，武帝初，或頗事招徠，未著成效，史遂略而不書。武紀「元朔元年，東夷薉君南閭等口二十八萬人降，爲蒼海郡。三年，罷」。蓋元光末，安上書時，招降薉州事已萌芽也。

〔三〕師古曰：燔，燒也。龍城，匈奴祭天處。燔音扶元反。【補注】先謙曰：「龍」，史記作「蘢」。本書衞青傳作「籠」，武紀與此同。元光六年，青伐匈奴，至龍城也。

〔四〕師古曰：累音力瑞反。

〔五〕師古曰：子謂養之如子也。

〔六〕師古曰：拏，相連引也，音女居反。【補注】錢大昭曰：拏，當作紛挐之挐。霍去病傳「漢、匈奴相紛挐」。先謙曰：官本顏注在「不解」下。正文及注皆作「挐」。此本誤也。觀顏音，則所見本亦作「挐」。

〔七〕師古曰：矯，正曲使直也。控，引也。

〔八〕【補注】先謙曰：官本「久」作「多」，引宋祁曰「多，或作久」。
〔九〕師古曰：幾音鉅依反。次下亦同。
〔一〇〕孟康曰：言其土地形勢，足以束制其民。
〔一一〕師古曰：帶者，言諸侯之於郡守，譬若佩帶，謂輕小也。脅謂其威力足以脅之也。一曰，帶在脅旁，附著之義也。
【補注】先謙曰：史記作「旁脅」。
〔一二〕師古曰：言不可盡諱者，言必滅亡也。

後以安爲騎馬令。〔一〕

〔一〕師古曰：主天子之騎馬也。騎音其寄反。【補注】錢大昭曰：騎馬令屬太僕。

終軍字子雲，濟南人也。少好學，以辨博能屬文聞於郡中。〔一〕年十八，選爲博士弟子。至府受遣，〔二〕太守聞其有異材，召見軍，甚奇之，與交結。軍揖太守而去，至長安上書言事。武帝異其文，拜軍爲謁者給事中。

〔一〕師古曰：屬音之欲反。
〔二〕師古曰：博士弟子屬太常。受遣者，由郡遣詣京師。

從上幸雍祠五畤，獲白麟，一角而五蹄。〔一〕時又得奇木，其枝旁出，輒復合於木上。上異此二物，博謀羣臣。〔二〕軍上對曰：

〔二〕師古曰：每一足有五蹄也。

〔三〕師古曰：訪其徵應也。

臣聞詩頌君德，樂舞后功，異經而同指，明盛德之所隆也。南越竄屏葭葦，與鳥魚羣，〔一〕正朔不及其俗。有司臨境，而東甌内附，閩王伏辜，南越賴救。北胡隨畜薦居，〔二〕禽獸行，虎狼心，上古未能攝。大將軍秉鉞，單于犇幕；〔三〕票騎抗旌，昆邪右衽。〔四〕是澤南洽而威北暢也。〔五〕若罰不阿近，舉不遺遠，設官竢賢，縣賞待功，〔六〕能者進以保禄，罷者退而勞力，〔七〕刑於宇内矣。〔八〕履衆美而不足，懷聖明而不專，〔九〕建三宮之文質，章厥職之所宜，〔一〇〕封禪之君無聞焉。〔一一〕

〔一〕師古曰：葭，蘆也，成長則曰葦。葭音加。

〔二〕蘇林曰：薦，草也。師古曰：蘇説非也。薦讀曰荐。荐，屢也。言隨畜牧屢易故居，不安住也。左傳「戎狄荐居」者也。【補注】宋祁曰：注文中「左」字下當有「氏」字。王念孫曰：師古訓薦爲屢。隨畜屢居，則爲不辭，故於「屢」下加「易故」二字，以曲成其説，謬矣。蘇林訓薦爲草，是也。隨畜薦居，謂隨畜牧而草居也。史記匈奴傳「逐水草遷徙，毋城郭常處耕田之業」。本書趙充國傳「今虜亡其美地薦草」。襄四年左傳「戎狄荐居」，服虔曰「荐，草也，言狄人逐水草而居徙無常處」。杜預曰「荐，聚也」。晉語「戎狄荐處」，韋昭亦曰「荐，聚也」。案韋、杜之説雖與服異，而荐字皆不訓爲屢。師古訓荐爲屢，而引左傳「戎狄荐居」，斯爲誤證矣。劉炫案，莊子云「麋鹿食荐」，則荐是草也。服説是。今本莊子齊物論篇「荐」作「薦」。釋文「薦，司馬云，美草也」。郭璞注三蒼云「六畜所食曰薦」。管子八觀篇「薦草多衍，則六畜易繁也」。問篇曰「其就山藪林澤食薦者幾何」。韓子七術篇「猶獸，鹿也，唯薦草而就」。説文「薦，獸之所食艸。从(鹿)〔廌〕草。古者神人以廌遺黄帝，帝曰，何食？曰，食薦」。此皆古人謂草爲薦之證。

〔三〕師古曰：犇，古奔字。【補注】先謙曰：幕讀曰漠。

〔四〕師古曰：抗，舉也。右衽，從中國化也。昆音下門反。【補注】齊召南曰：按此對在元狩元年冬十月，行幸雍，祠五時，獲白麟時也。昆邪來降，其事在二年秋。終軍此時何以能預言耶？當指元朔六年，衛青率六將軍絶幕克獲，而霍去病以票姚校尉立功封冠軍侯耳。況去病至元狩三年始爲票騎將軍，在元年，何以豫言票騎？疑票騎抗旌二語，後人所改竄，而班氏誤承用也。先謙曰：齊説是也。惟去病爲票騎，在元狩二年，非三年。言票騎抗旌尚可，昆邪右衽，則不可通矣。

〔五〕師古曰：洽，溥也。暢，達也。

〔六〕師古曰：竢，古俟字。次下亦同。

〔七〕師古曰：罷讀曰疲，謂不堪職任者也。勞力，歸農畝也。

〔八〕師古曰：刑，法也，言成法於宇内也。一曰，刑，見也。【補注】先謙曰：一説非。

〔九〕師古曰：言自謙也。

〔一〇〕服虔曰：三宫，明堂、辟雍、靈臺也。鄭氏曰「於三宫班政教，有文質者也」。【補注】先謙曰：言三宫制度，文質得中，各有攸宜。職，主也。鄭説非。

〔一一〕張晏曰：前世封禪之君，不聞若斯之美也。

夫人命初定，萬事草創，〔一〕及臻六合同風，九州共貫，必待明聖潤色，祖業傳於無窮。〔二〕故周至成王，然後制定，而休徵之應見。〔三〕陛下盛日月之光，垂聖思於勒成，〔四〕專神明之敬，奉燔瘞於郊宫，〔五〕獻享之精交神，積和之氣塞明，〔六〕而異獸來獲，宜矣。

昔武王中流未濟，白魚入於王舟，俯取以燎，羣公咸曰「休哉！」〔七〕今郊祀未見於神祇，而獲獸以饋，〔八〕此天之所以示饗，而上通之符合也。宜因昭時令日，改定告元，〔九〕苴以白茅於江淮，發嘉號于營丘，以應緝熙，〔一〇〕使著事者有紀焉。〔一一〕

〔一〕師古曰：謂始受命之君也。【補注】先謙曰：「人」，官本作「天」，是。

〔二〕師古曰：潤色謂光飾之。

〔三〕師古曰：休，美也。徵，證也。

〔四〕【補注】李慈銘曰：勒成者，封禪也。班固東都賦云「憲章稽古，封岱勒成，儀炳乎世宗」。張衡東京賦云「登岱勒封，與黄比崇」。是勒成爲當時常語，故以對郊宫。

〔五〕師古曰：燔，祭天也。瘞，祭地也。祭天則燒之，祭地則薶之。郊宫，謂泰畤及后土也。【補注】劉攽曰：是時未有泰畤后土，顔注失之。先謙曰：官本「瘞」作「瘗」，是。

〔六〕師古曰：塞，荅也。明者，明靈，亦謂神也。【補注】先謙曰：和氣充塞天地，日月所照，無不到也。交神與塞明爲對，言陰陽微顯之交，皆以精氣感孚，故致靈異。顔訓塞爲荅，則讀如今賽字，失之遠矣。

〔七〕師古曰：謂伐紂時。解在董仲舒傳。

〔八〕師古曰：以饋謂充祭俎也。

〔九〕張晏曰：改元年以告神祇也。師古曰：昭，明也。令，善也。【補注】劉奉世曰：軍此對頗可疑。按紀，獲麟在元狩元年，昆邪降在二年，其上對已大綏。又史記封禪書元鼎三年，有司始言，元不宜以一二數，乃云三元爲狩。蓋於此年追述三元也。而軍此云宜改元。史又云「由是改元，有來降者皆可」，疑軍對非真史，誤因之。先謙曰：封禪書、孝武紀皆作「後三年，有司言，元不宜以一二數三元。郊得一角獸曰狩」云。郊祀志作「今郊得一角獸曰狩」

云。案，既云今，則非元鼎中語。後三年三字，蓋誤，當是後一年。故漢紀於獲麟之下，書「由是改元朔爲元狩」。通鑑亦於獲麟下書「久之，有司又言云」，莫能定爲何年。以此傳證之，則獲麟未久改元，不疑。故下文匈奴來降，止後數月事也。

〔一〇〕服虔曰：苴，作席也。張晏曰：江淮職貢三脊茅爲藉也。孟康曰：嘉號，封禪也。泰山在齊分野，故曰營丘也。或曰，登封泰山，以明姓號也。師古曰：苴音祖，又音子豫反。非苞苴之苴也。【補注】先謙曰：「苴」下「以」字衍，官本無。

〔一一〕師古曰：謂史官也。紀，記也。

蓋六鶂退飛，逆也；〔一〕白魚登舟，順也。〔二〕夫明闇之徵，上亂飛鳥，下動淵魚，〔三〕各以類推。今野獸并角，明同本也；〔四〕衆支内附，示無外也。若此之應，殆將有解編髮，削左衽，襲冠帶，要衣裳，而蒙化者焉。〔五〕斯拱而竢之耳！〔六〕

〔一〕張晏曰：六鶂退飛，象諸侯畔逆，宋襄公伯道退也。

〔二〕張晏曰：周，木德也。舟，木也。殷，水德。魚，水物。魚躍登舟，象諸侯順周，以紂畀武王也。臣瓚曰：時論者未以周爲木，殷爲水也，謂武王伐殷而魚入王舟，象征而必獲，故曰順也。師古曰：瓚説是也。

〔三〕師古曰：亂，變也。

〔四〕師古曰：并，合也。獸皆兩角，今此獨一，故云并也。

〔五〕師古曰：要衣裳，謂著中國之衣裳也。編讀曰辮。要音一遥反。【補注】郭嵩燾曰：詩魏風「要之襋之」。毛傳「要，褄也。襋，領也」。士喪禮「復者左執要，右執領」。衣上曰領，裳上曰要。夷狄有衣無裳。要者，衣裳之際也。

〔六〕師古曰：拱手而待之，言其即至。

對奏，上甚異之，由是改元爲元狩。後數月，越地及匈奴名王有率衆來降者，〔一〕時皆以軍言爲中。〔二〕

〔一〕【補注】先謙曰：元狩二年，匈奴昆邪王殺休屠王并將其衆合四萬人來降。見武紀。越地來降者，表傳無攷。武紀及南粵傳所載，故歸義粵侯、嚴甲二人，當是也。

〔二〕師古曰：中音竹仲反。

元鼎中，博士徐偃使行風俗。〔一〕偃矯制，〔二〕使膠東、魯國鼓鑄鹽鐵。〔三〕還，奏事，徙爲太常丞。御史大夫張湯劾偃矯制大害，法至死。〔四〕偃以爲春秋之義，大夫出疆，有可以安社稷，存萬民，顓之可也。〔五〕湯以致其法，〔六〕不能詘其義。有詔下軍問狀，軍詰偃曰：「古者諸侯國異俗分，百里不通，時有聘會之事，安危之埶，呼吸成變，故有不受辭造命顓己之宜。〔七〕今天下爲一，萬里同風，故春秋『王者無外』。偃巡封域之中，稱以出疆何也？且鹽鐵，郡有餘臧，〔八〕正二國廢，國家不足以爲利害，〔九〕而以安社稷存萬民爲辭，何也？」又詰偃：「膠東南近琅邪，〔一〇〕北接北海，魯國西枕泰山，東有東海，受其鹽鐵。偃度四郡口數田地，〔一一〕率其用器食鹽，不足以并給二郡邪？〔一二〕將埶宜有餘，而吏不能也？何以言之？偃矯制而鼓鑄者，欲及春耕種贍民器也。〔一三〕今魯國之鼓，當先具其備，〔一四〕至秋乃能舉火。此言與實反者非？〔一五〕偃已前三奏，無詔，〔一六〕不惟所爲不許，〔一七〕而直矯作威福，以從民望，干名采譽，〔一八〕此明聖所必加誅也。枉尺直尋，孟子稱其不可。〔一九〕今所犯罪重，所就者小，〔二〇〕偃自予必死而爲之邪？」〔一二〕將幸誅不加，欲以采名也？」〔一二〕偃窮詘，服罪當死。軍奏「偃矯制顓行，非奉使體，請下御史徵偃即罪。」〔一三〕奏可。上善其詰，有詔示御史大夫。

〔一〕師古曰：行音下更反。

〔二〕師古曰：矯，託也。託言受詔也。

〔三〕如淳曰：鑄銅鐵，扇熾火，謂之鼓。

〔四〕【補注】沈欽韓曰：功臣侯表注「如淳曰：律，矯詔大害，要斬」。唐職制「諸侯上書奏事，即誤有害者，各加三等」。杖六十上加。注云「有害，謂當言勿原而言原之，當言千匹而言十匹」。

〔五〕師古曰：顓與專同。下亦類此。

〔六〕【補注】先謙曰：以與已同。

〔七〕【補注】沈欽韓曰：繁露精華篇「公子結受命媵陳，道生事，從齊桓盟。春秋弗非，以爲救莊公之危。公子遂命使京師，道生事，之晉。春秋非之，以爲是時僖公安寧無危也。故有危而不專救，謂之不忠；無危而擅生事，是卑君也」。軍義本此。

〔八〕師古曰：先有畜積。

〔九〕【補注】王念孫曰：正猶即也。言即廢二國之鹽鐵，亦無關於國家之利害也。又循吏傳：「黄霸謂督郵曰，許丞廉吏，雖老，尚能拜起送迎，正頗重聽，何傷？」言即頗重聽，亦無傷也。又酷吏傳：「尹賞戒其諸子曰，丈夫爲吏，正坐殘賊免，追思其功效，則復爲吏矣。」言即使坐殘賊免，猶可以前功復用也。又游俠傳：「或譏原涉曰，正復讎取仇，猶不失仁義，何故遂自放縱，爲輕俠之徒乎？」言即復讎取仇，猶不失仁義也。又王莽傳：「嚴尤奏言，貉人犯法，不從騶起，正有它心，宜令州郡且尉安之。」言騶即有它心，亦宜且慰安之也。此五「正」字，師古皆無注，故具解之。

〔一〇〕【補注】沈欽韓曰：地理志「膠東國治即墨」。紀要「即墨故城在今平度州東南六十里，今俗稱爲朱毛城」。案即、朱，墨、毛，聲轉字誤。

〔一一〕師古曰：度，計也，音大各反。

〔一二〕【補注】先謙曰：率，總也。

〔一三〕師古曰：贍，足也。

〔一四〕師古曰：備者，猶今言調度。

〔一五〕師古曰：重問之。【補注】先謙曰：謂此明係言與實反，假能以此語爲非情實乎？正詰責之辭，故顏云重問之。

〔一六〕師古曰：不報聽也。

〔一七〕師古曰：惟，思也。

〔一八〕師古曰：干，求也。采，取也。

〔一九〕師古曰：孟子，孟軻也。八尺曰尋。孟子之書曰，陳代問於孟子曰「枉尺直尋，若可爲也」。孟子曰「子過矣，枉己者未有能直人者也」。尋長而尺短，故陳代言所直者多，而所曲者少，則可爲之。孟子以爲苟有小曲，則害於大直，故不可也。

〔二〇〕師古曰：就，成也。

〔二一〕師古曰：予，許也。

〔二二〕師古曰：幸，冀也。

〔二三〕師古曰：徵，召也。即，就也。【補注】先謙曰：郊祀志載「徐偃云，太常諸生行禮不如魯善」。事在元封元年，是偃即罪後，仍得赦免也。

初，軍從濟南當詣博士，步入關，關吏予軍繻。〔一〕軍問：「以此何爲？」吏曰：「爲復傳，〔二〕還當以合符。」〔三〕軍曰：「大丈夫西游，終不復傳還。」棄繻而去。軍爲謁者，使行郡國，〔四〕建節東出關，關吏識之，曰：「此使者乃前棄繻生也。」軍行郡國，所見便宜以聞。還奏事，上甚説。〔五〕

〔一〕張晏曰：繻音須。繻，符也。書帛裂而分之，若券契矣。蘇林曰：繻，帛邊也。舊關出入皆以傳。傳須因裂繻頭，合以爲符信也。師古曰：蘇説是也。【補注】沈欽韓曰：繻即過所書紙也。盧氏既濟卦注「繻者，布帛端末之識也」。先謙曰：注「傳」下「須」字，官本作「煩」，是。

〔二〕師古曰：復，返也。謂返出關更以爲傳。復音扶福反。傳音張戀反。次下亦同。

〔三〕【補注】劉奉世曰：還當以合符。「還」字宜屬上句。

〔四〕師古曰：行音下更反。其後亦同。

〔五〕師古曰：説讀曰悦。

當發使使匈奴，〔一〕軍自請曰：「軍無横草之功，〔二〕得列宿衛，食禄五年。邊境時有風塵之警，臣宜被堅執鋭，當矢石，啟前行。〔三〕駑下不習金革之事，今聞將遣匈奴使者，臣願盡精厲氣，奉佐明使，畫吉凶於單于之前。臣年少材下，孤於外官，〔四〕不足以亢一方之任，〔五〕竊不勝憤懣。」詔問畫吉凶之狀，上奇軍對，擢爲諫大夫。

〔一〕師古曰：漢朝欲遣人爲使於匈奴也。【補注】王念孫曰：景祐本少一「使」字。念孫案，注云「漢朝欲遣人爲使於匈奴」，則正文似衹有一使字。

〔二〕師古曰：言行草中，使草偃臥，故云横草也。

〔三〕師古曰：行音下郎反。【補注】先謙曰：「啟」當作「開」。此後人回改。

〔四〕師古曰：孤，遠也。外官，謂非侍衛之臣也。【補注】先謙曰：外官，官於外而捍邊境也。自言孤負所願，不任一方之寄。軍給事中，得列宿衛。顏以爲謂非侍衛之臣，非也。

〔五〕師古曰：亢，當也，音抗。

南越與漢和親，乃遣軍使南越，說其王，欲令入朝，比内諸侯。軍自請：「願受長纓，必羈南越王而致之闕下。」〔一〕軍遂往說越王，越王聽許，請舉國内屬。天子大悦，〔二〕賜南越大臣印綬，壹用漢法，以新改其俗，令使者留填撫之。〔三〕越相吕嘉不欲内屬，發兵攻殺其王，及漢使者皆死。語在南越傳。軍死時年二十餘，故世謂之「終童」。

〔一〕師古曰：言如馬羈也。

〔二〕師古曰：說讀曰悦。【補注】先謙曰：「悦」，官本作「説」，是。

〔三〕師古曰：填音竹刃反。

王襃字子淵，蜀人也。宣帝時，修武帝故事，講論六藝羣書，博盡奇異之好，徵能爲楚辭九江被公，〔一〕召見誦讀，〔二〕益召高材劉向、張子僑、華龍、柳襃等待詔金馬門。〔三〕神爵、五鳳之間，天下殷當，〔四〕數有嘉應。上頗作歌詩，欲興協律之事，丞相魏相奏言，知音善鼓雅琴者渤海趙定、梁國龔德，皆召見待詔。〔五〕於是益州刺史王襄欲宣風化於衆庶，聞王襃有俊材，請與相見，使襃作中和、樂職、宣布詩，〔六〕選好事者令依鹿鳴之聲，習而歌之。〔七〕時汜鄉侯何武爲僮子，選在歌中。〔八〕久之，武等學長安，歌太學下，轉而上聞。宣帝召見武等觀之，皆賜帛，謂曰：「此盛德之事，吾何足以當之！」

〔一〕師古曰：被，姓也，音皮義反。

〔二〕【補注】沈欽韓曰：御覽八百五十九「宣帝詔徵被公，見誦楚辭，被公年衰老，每一誦，輒與粥」。

〔三〕師古曰：華音户化反。【補注】周壽昌曰：張子僑、華龍，俱見蕭望之傳。龍爲弘恭、石顯傾望之，非正士。「子僑」作「子蟜」。又見東平王傳「以太中大夫奉璽書諭王」。藝文志詩賦家「光禄大夫張子僑賦三篇，漢中都尉丞華龍賦二篇」，又有「車郎張豐賦三篇」，注云「張子僑子」。是子僑且有子能文也。柳襃無考。

〔四〕【補注】先謙曰：「當」，官本作「富」，是。

〔五〕【補注】錢大昭曰：「龔」當作「龍」。藝文志樂家有「雅琴龍氏九十九篇。名德，梁人」。周壽昌曰：藝文志樂家「雅琴趙氏七篇」，注云「名定，渤海人，宣帝時丞相魏相所奏」。即此趙定也。龔德後拜爲侍郎，見劉向别録。

〔六〕師古曰：中和者，言政治和平也。樂職者，言百官各得其職也。宣布者，風化普洽，無所不被。【補注】郭嵩燾曰：中和、樂職，蓋王襃刱爲之名，即協律之意。晉書樂志云「乃揚節奏，以暢中和」。宋書樂志稱晉荀勗典知樂事，作新律。散騎常侍阮咸譏新律不合中和。是所云中和，實爲協律之義。唐世有中和樂舞，即雅樂中宫調也。樂職，樂官所司。宣布者，作爲詩歌，譜其聲以彰聖德，而依鹿鳴之節，以合雅樂之律，與上欲興協律之事相應。顔注未免望文生義。

〔七〕【補注】沈欽韓曰：鹿鳴之樂，漢見存也。唐行鄉飲酒禮，亦歌鹿鳴。通典禮三十三「開元十八年，宣州刺史裴耀卿上疏曰：「州縣久絶雅聲，不識古樂，請於太常調習雅聲」。則當時歌鹿鳴自有雅聲。宋政和中亦按習之，見宋史樂志。郭嵩燾曰：晉書樂志，魏武平荆州，獲漢雅樂郎河南杜夔，能識舊法，刱定雅樂。又云，杜夔傳舊雅樂四曲：一曰鹿鳴，二曰騶虞，三曰伐檀，四曰文王。及太和中，左延年改騶虞、伐檀、文王三曲，惟因鹿鳴不改。是鹿鳴雅樂，流傳最遠。

〔八〕師古曰：氾音凡。

褒既爲刺史作頌，〔一〕又作其傳，〔二〕益州刺史因奏褒有軼材。〔三〕上乃徵褒。既至，詔褒爲聖主得賢臣頌其意。褒對曰：

〔一〕師古曰：即上中和、樂職、宣布詩也。以美盛德，故謂之頌也。

〔二〕師古曰：解釋頌歌之義，及作者之意。【補注】郭嵩燾曰：顔注非也。傳者，依聲應律，傳其音容節奏，以合雅樂。作，蓋興起之義。即上中和、樂職、宣布詩，所依鹿鳴之聲。不宜異訓。

〔三〕師古曰：軼與逸同。

夫荷旃被毳者，難與道純綿之麗密；〔一〕羹藜唅糗者，不足與論太牢之滋味。〔二〕今臣辟在西蜀，〔三〕生於窮巷之中，長於蓬茨之下，〔四〕無有游觀廣覽之知，顧有至愚極陋之累，〔五〕不足以塞厚望，應明指。〔六〕雖然，敢不略陳愚而抒情素。〔七〕

〔一〕師古曰：純，絲也。謂織爲繒帛之麗，絲纊之密也。一説，純綿，不雜綿也。【補注】先謙曰：文選注，應劭曰「瓚以爲純絲」。此師古前説所本。

〔二〕服虔曰：唅音含。師古曰：糗即今之熬米麥所爲者，音丘九反，又音昌少反。【補注】先謙曰：「黎」，官本作「藜」。

王闓運云，說文「黎，履黏也。黏以黍米」。蓋若今漿粉，故可羹以充飢，與糗之熬米以爲乾糧，二者皆窮餓聊自救之物。若作藜，不甚與糗對。

〔三〕師古曰：辟讀曰僻。

〔四〕師古曰：蓬茨，以蓬蓋屋也。茨音才私反。

〔五〕師古曰：顧猶反也。累音力瑞反。

〔六〕師古曰：塞，當也。【補注】先謙曰：塞，荅也。無當義。

〔七〕師古曰：抒猶泄也，音食汝反。【補注】先謙曰：文選「愚」字下有「心」字。

記曰：共惟春秋法五始之要，〔一〕在乎審己正統而已。夫賢者，國家之器用也。所任賢，則趨舍省而功施普；〔二〕器用利，則用力少而就效衆。故工人之用鈍器也，勞筋苦骨，終日矻矻。〔三〕及至巧冶鑄干將之樸，清水焠其鋒，〔四〕越砥斂其咢，〔五〕水斷蛟龍，陸剸犀革，〔六〕忽若彗氾畫塗。〔七〕如此，則使離婁督繩，公輸削墨，〔八〕雖崇臺五增，延袤百丈，而不溷者，工用相得也。〔九〕庸人之御駑馬，亦傷吻敝策而不進於行，〔一〇〕匈喘膚汗，人極馬倦。及至駕齧厀，驂乘旦，〔一一〕王良執靶，〔一二〕韓哀附輿，〔一三〕縱馳騁騖，忽如景靡，〔一四〕過都越國，蹶如歷塊；〔一五〕追奔電，逐遺風，〔一六〕周流八極，萬里壹息。何其遼哉？人馬相得也。〔一七〕故服絺綌之涼者，不苦盛暑之鬱燠；〔一八〕襲貂狐之煖者，不憂至寒之悽愴。〔一九〕何則？有其具者易其備。賢人君子，亦聖主之所以易海內也。〔二〇〕是以嘔喻受之，〔二一〕開寬裕之路，以延天下英俊也。〔二二〕夫竭知附賢者，必建仁策；索人求士者，必樹伯迹。〔二三〕昔周公躬吐捉之勞，故有圄空之隆；〔二四〕齊桓設庭燎之禮，故有匡合之功。〔二五〕由此觀之，君人者勤於求賢，而逸於得人。〔二六〕

〔一〕服虔曰：共，敬也。張晏曰：要，春秋稱「元年春王正月」，此五始也。師古曰：元者，氣之始。春者，四時之始。王者，受命之始。正月者，政教之始。公即位者，一國之始。是爲五始。共讀曰恭。【補注】沈欽韓曰：說苑尊賢篇「共惟五始之要，治亂之端，在乎審己而任賢也」。先謙曰：張注「要」上疑脱「五始之」三字。

〔二〕師古曰：趨讀曰趣。普，博也。【補注】先謙曰：省亦少也。趨舍省，言不煩改變。

〔三〕應劭曰：矻矻，勞極貌。如淳曰：健作貌也。師古曰：如說是也。矻音口骨反。

〔四〕師古曰：焠謂堯而內水中以堅之也。鋒，刃芒端也。焠音千內反。【補注】先謙曰：「堯」，官本作「燒」，是。

〔五〕晉灼曰：砥百出南昌，故曰越也。師古曰：咢，刃旁也，音五各反。【補注】宋祁曰：別本注文「砥」字下無「石」字。先謙曰：文選注引亦有「石」字。「百」誤，官本作「石」。「越也」，文選注引作「越石」，是。

〔六〕師古曰：剸，截也，音之兗反，又音徒官反。【補注】先謙曰：文選引漢書音義曰「剸，章兗切」。

〔七〕師古曰：彗，帚也。氾，氾灑地也。塗，泥也。如以帚埽氾灑之地，以刀畫泥中，言其易。【補注】宋祁曰：別本注文只一「氾」字。王念孫曰：文選注「如淳曰，若以彗埽於氾灑之處也」。念孫案，如顏以彗爲帚，氾爲氾灑地，則彗、氾二字義不相屬，必於氾字之上加一埽字，而其義始明。案，「彗氾」與「畫塗」相對爲文，彗者，埽也。氾者，污也。謂如以帚埽穢，以刀畫泥耳。後漢光武紀注「彗，埽也」。班固東都賦「戈鋋彗雲，羽旄埽霓」，是也。彗，或作篲。枚乘七發「淩赤岸，篲扶桑」，謂濤勢之大，淩赤岸而埽扶桑。李善以篲爲埽竹，非是。是彗爲埽也。方言「氾，洿也。洿與污同。廣雅「氾，污也」。自關而東，或曰氾」。漢博陵太守孔彪碑「浮斿塵埃之外，皭焉氾而不俗」。是氾爲污也。

〔八〕張晏曰：離婁，黄帝時明目者也。應劭曰：公輸，魯般，性巧者也。師古曰：督，察視也。

〔九〕師古曰：溷，亂也，音胡頓反。【補注】先謙曰：「增」同「層」，文選作「層」。

〔一〇〕師古曰：吻，口角也。策，所以擊馬也。

〔一一〕孟康曰：良馬低頭，口至厀，故曰齧厀。張晏曰：駕則旦至，故曰乘旦。師古曰：乘音食證反。【補注】王念孫曰：張以駕則旦至，釋乘旦二字，甚爲迂曲。今案乘旦，當爲「乘且」字之誤也。且與駔同，駔者，駿馬之名，謂之乘駔者，猶言乘黄、乘牡耳。説文「駔，牡馬也」。楚辭九歎「同駑贏與乘駔兮」，王注「乘駔，駿馬也」。乘駔即乘且。爾雅「奘，駔也」。樊光孫炎本「奘」作「將」，「駔」作「且」。駿馬謂之乘駔，亦謂之繁駔。晏子春秋外篇「景公乘侈輿，服繁駔」。韓子外儲説左篇「作趨駕煩且之乘」。繁駔之爲煩且，猶乘駔之爲乘且，是駔與且，字異而義同。此頌内多用韻之句，乘且之且，古讀若苴，故與輿爲韻。張讀爲旦暮之旦，則失其韻矣。

〔一二〕張晏曰：王良，郵無恤，字伯樂。晉灼曰：靶音霸，謂轡也。師古曰：參驗左氏傳及國語、孟子，郵無恤、郵良、劉無止、王良，總一人也。楚辭云「驥躊躇於敝輂，遇孫陽而得代」。王逸云，孫陽，伯樂姓名也。列子云，伯樂，秦穆公時人。考其年代不相當，張説云良字伯樂，斯失之矣。【補注】吳仁傑曰：案，孟子所稱王良，左傳所稱郵良、郵無恤，國語所稱郵無正，顔氏謂總一人，是固然矣。國語載郵無正，其下云「伯樂與尹鐸有怨，以其賞如伯樂氏」，則伯樂即郵無正，而顔謂晏失之，非也。顔既誤以王良、伯樂爲兩人，而人表又並列郵無恤、王良、柏樂爲三人，豈未嘗考春秋傳耶？良爲趙簡子御得名，未嘗事秦，亦與穆公生不並世。先謙曰：晉語韋昭註與張宴同，顔偶有不照，吳説是也。至列子云「伯樂，秦穆公時人」，此蓋別一伯樂，顔引之以實王良、伯樂之非一人，未全失理。吳氏所駮，非其指矣。李慈銘云，俞正燮癸巳存稿云「古有兩伯樂，趙之伯樂曰王良，曰郵無恤，亦曰郵良，又曰郵無政，曰王子期，曰王子於期。良、樂、無恤是一義，名字相發也。政、期是一義，亦名字相發。蓋簡子時，名無恤，字良，亦字樂，後避襄子名，則改名政，字期。伯樂蓋王族，故曰王，曰王子。其曰郵者，以官氏也。秦之伯樂曰孫陽，曰孫明。莊子馬蹄篇釋文云「伯樂，姓孫，名陽」。呂氏春秋似順論言晉陽事，以國語郵無正爲孫明，疑因伯樂而誤」。以下皆俞說。今案，史天官書、漢天文志皆言有王良星，主車駕。是必先有星名，而後之善御者皆以王良稱之。猶善射者皆偁羿，善占者皆偁羲和也。至伯樂，自是郵無恤之字。開元占經引星名有伯樂，則又後世以伯樂善御，而目王良之星。俞氏謂無政當是避襄子名而改，其説得之。謂伯樂當是王族，未必然。先謙案，注「劉無止」當作「郵無正」。吴引如是，可證宋人所見漢書本尚不誤。

〔一三〕應劭曰：世本「韓哀作御」。師古曰：宋衷云，韓哀，韓文侯也。時已有御，此復言作者，加其精巧也。然則善御者耳，非始作也。【補注】錢大昕曰：宋説非也。呂覽勿躬篇「寒哀作御」。寒、韓古字通，衰、哀字形相似，蓋即一人。呂氏以寒哀與儀狄、伯益、史皇、巫咸諸人並列，則亦夏商以前人矣，豈得謂非始作者乎？

〔一四〕師古曰：亂馳曰騖。景靡者，如光景之徙靡也。

〔一五〕師古曰：如經歷一塊，言其起疾之甚。塊音口内反。【補注】先謙曰：「起」當爲「超」字之誤。官本作「速」。疾速即疾也，疑後人見「起」字未是，以意改之。

〔一六〕師古曰：呂氏春秋云「遺風之乘」，言馬行尤疾，每在風前，故遺風於後。今此言逐遺風，則是風之遺逸在後者，馬能逐及也。【補注】王念孫曰：顔説甚迂。追奔電逐遺風，奔、遺，皆疾意也。鄭注考工記弓人曰「奔猶疾也」。遺讀曰隧。隧風，疾風也。大雅桑柔篇「大風有隧」。有隧者，狀其疾也。説見經義述聞。楚詞九歌「衝風起兮橫波」。王注「衝，隧也。遇隧風大波涌起」。是古謂疾風爲隧風也。隧與遺，古同聲而通用。小雅角弓篇「莫肯下遺」。荀子非相篇「遺」作「隧」。南山經「旄山之尾，其南有谷曰育遺」。遺或作隧」。皆其證也。凡從豕、從貴之字，聲義多相近。説文「隤下，隧也」。小雅小旻篇「是用不潰于成」。毛傳「潰，遂也」。白虎通「襚之爲言遺也」。説文「襚或作䙖」。史記項羽紀「乃分其騎，以爲四隊四嚮」。漢書作「於是引其騎，因四隤山而爲圜陳外嚮」。皆其例也。揚雄傳「輕先疾雷，以駁遺風」。楚辭九章「悲江介之遺風」。義並與此同。呂覽本味篇「馬之美者，遺風之乘」，亦以其疾如隧風名之，非謂行在風前也。文選李善注「遺風，風之疾者」，於義爲長。

〔一七〕師古曰：遼謂所行遠。

〔一八〕師古曰：鬱，熱氣也。燠，温也，音於六反。

〔一九〕師古曰：悽愴，寒冷也。煗音乃短反。

〔二〇〕【補注】先謙曰：「主」，官本作「王」，文選同。

〔二一〕應劭曰：嘔喻，和悦貌。師古曰：嘔音於付反。【補注】先謙曰：文選注「嘔，一侯切」。

〔二二〕師古曰：裕，饒也。

〔二三〕師古曰：伯讀曰霸。

〔二四〕師古曰：一飯三吐飡，一沐三捉髮，以賓賢士，故能成太平之化，刑措不用，囹圄空虚也。【補注】先謙曰：官本「圉」並作「圄」。注「飡」作「食」。文選「捉」作「握」，「圉」作「圄」。注引文子曰「法寬刑緩，囹圄空虚」。先謙案，説文圉下云「囹圉，所以拘辠人」。圄下云「守之也」。圉與禦同。詩桑柔箋、莊子繕性篇釋文、管子輕重甲篇注，可證。圄亦訓禦。釋名釋宮室「圄，禦也」。左定四年經「孔圉」，公羊作「孔圄」，淮南人間訓「馬圉」，論衡逢遇篇作「馬圄」，本書地理志天水郡注「圄讀與圉同」，是二字音義一也。

〔二五〕應劭曰：有以九九求見桓公，桓公不納。其人曰：「九九小術，而君不納之，況大於九九者乎！」於是桓公設庭燎之禮而見之。居無幾，隰朋自遠而至，齊桓逐以霸。師古曰：九九，計數之書，若今算經也。匡謂一匡天下也。合謂九合諸侯。【補注】先謙曰：注「逐」，官本作「遂」，是。

〔二六〕師古曰：逸，間也。【補注】先謙曰：「間」當作「閒」，官本作「閑」。

人臣亦然。昔賢者之未遭遇也，圖事揆策，則君不用其謀，陳見悃誠，則上不然其信，〔一〕進仕不得施效，斥逐又非其愆。是故伊尹勤於鼎俎，太公困於鼓刀，〔二〕百里自鬻，甯子飯牛，〔三〕離此患也。〔四〕及其遇明君、遭聖主也，運籌合上意，諫諍即見聽，進退得關其忠，〔五〕任職得行其術，去卑辱奧渫，而升本朝，〔六〕離疏釋蹻，而享膏粱，〔七〕剖符錫壤，而光祖考，傳之子孫，以資説士。〔八〕故世必有聖知之君，而後有賢明之臣。故虎嘯而冽風，龍興而致雲，〔九〕蟋蟀俟秋唫，蜉蝣出以陰。〔一〇〕易曰：「飛龍在天，利見大人。」〔一一〕詩曰：「思皇多士，生此王國。」〔一二〕故世平主聖，俊艾將自至，〔一三〕若堯、舜、禹、湯、文、武之君，獲稷、契、皋陶、伊尹、呂望，〔一四〕明明在朝，穆穆列布，〔一五〕聚精會神，相得益章。〔一六〕雖伯牙操遞鍾，〔一七〕逢門子彎烏號，〔一八〕猶未足以喻其意也。

〔一〕師古曰：悃，至也，音口本反。

〔二〕師古曰：勤於鼎俎，謂負鼎俎以干湯也。鼓刀，謂屠牛於朝歌也。

〔三〕師古曰：鬻，賣也。呂氏春秋云，百里奚之未遇時也，虞亡而虜縛，鬻以五羊之皮。公孫枝得而悦之，獻諸穆公。飯牛，解在鄒陽傳。鬻音弋六反。

〔四〕師古曰：離，遭也。

〔五〕【補注】先謙曰：關，通也。

〔六〕張晏曰：奧，幽也。渫，狎也，汙也。言敝奧渫汙，不章顯也。師古曰：渫音先列反。【補注】王念孫曰：文選注引如淳曰「奧音郁」。念孫案，張訓奧爲幽，則誤分奧、渫爲二義。如音郁，是也。奧者，濁也，言去卑辱汙濁之中，而升於朝廷也。班固典引「有沇而奧，有浮而清」，蔡邕曰「奧，濁也」，廣雅「澳，濁也」，曹憲音於六反。澳與奧同。

〔七〕應劭曰：離此疏食，釋此木蹻也。臣瓚曰：以繩爲蹻也。師古曰：蹻自今之鞋耳。瓚說是也。蹻音居略反。【補注】先謙曰：正文及注「疏」字，文選作「蔬」。注木下「蹻」作「屩」，爲下「蹻」作「屨」，蓋屩之誤。說文屩下云「屐也」。蹻下云「舉足行高也」。後世屩、蹻通叚。韓非外儲說「猶贏縢而履蹻」。淮南氾論訓「乃爲靻蹻」。史記虞卿傳「躡蹻擔簦」。皆借蹻爲屩也。「自」，官本作「即」。

〔八〕師古曰：談，說也士傳以爲資也。【補注】先謙曰：官本注「說也」作「說之」，是。

〔九〕師古曰：冽冽，風貌也，音列。【補注】先謙曰：官本作「風冽」，通鑑同。文選作「虎嘯而谷風冽，龍興而致雲氣」。

〔一〇〕孟康曰：蜉蝤，渠略也。師古曰：蟋蟀，今之促織也。蜉蝤，甲患也，好叢聚而生也，朝生而夕死。蝤音由，字亦作蝣，其音同也。【補注】先謙曰：文選注引蟲魚疏曰「渠略甲下有翅，能飛，夏月陰時出地中」。官本注「患」作「蟲」，是。

〔一一〕師古曰：乾卦九五爻辭也。言王者居正陽之位，賢才見之，則利用也。

〔一二〕師古曰：大雅文王之詩也。思，語辭也。皇，美也。言美哉，此衆多賢士，生此周王之國也。

〔一三〕師古曰：艾讀曰乂。

〔一四〕師古曰：契讀與卨同，字本作偰，後從省耳。【補注】先謙曰：文選下有「之臣」二字。

〔一五〕師古曰：明明，察也。穆穆，美也。

〔一六〕師古曰：章，明也。

〔一七〕晉灼曰：遞音遞迭之遞。二十四鍾各有節奏，擊之不常，故曰遞。臣瓚曰：楚辭云「奏伯牙之號鍾」。號鍾，琴名也。馬融笛賦曰「號鍾高調」。伯牙以善鼓琴，不聞說能擊鍾也。師古曰：琴名是也，字既作遞，則與楚辭不同，不得即讀爲號，當依晉音耳。【補注】宋祁曰：景本作「號鍾」，校作「遞」。又注文中「當」字上當有「遞」字。王念孫曰：琴無遞鍾之名，作遞者，號之譌耳。淮南修務(篇)〔訓〕亦云「鼓琴者，期於鳴廉修營，而不期於濫脅號鍾」。

沈欽韓曰：宋書樂志「齊桓琴曰號鍾」。雲笈七籤、軒轅本紀「黄帝之琴名號鍾」。作遞者，俗寫誤。先謙曰：文選引注「故曰遞」下有「鍾」字，是也。又「聞」字當在「不」字上，作「伯牙以善鼓琴聞」，句意方足。文選引作「謂伯牙以善鼓琴」，不説能擊鍾也。「不」下亦無「聞」字，是其證。下有「且漢書多借假，或以篴爲號，不得便以迭遞判其音也」二十一字。予案，文選「遞」作「篴」，引晉、瓚注，亦作「篴」，與此「遞」字，皆轉寫之誤。蓋元文作號，與𪛆相似，𪛆即篪字。說文「𪛆或从竹，作篪」。釋樂「大篪謂之沂」。釋文「篪本作𪛆」。號，啼呼也。見易同人、禮曲禮注。𪛆亦取啼呼之義。釋名「篪，嗁也。聲從孔出，如嬰兒嗁聲也」。二字，漢時或以聲義近而相亂，轉寫者誤號爲𪛆，又改𪛆爲篪，因而加辵於篪下爲篴。字書無篴字，其爲由篪加辵顯然。或並誤篴字之竹爲厂而成遞。故文選作「篴鍾」，漢書作「遞鍾」。宋見景本作「號鍾」，而校者改爲「遞」，蓋俗本流傳久，莫知其所從矣。晉灼所見本自作篴，故云音迭遞之遞，若本是遞，何煩作音？此書晉注，乃師古妄改也。

〔一八〕師古曰：逢門，善射者，即逢蒙也。烏號，弓名也。並解在前也。【補注】沈欽韓曰：諸書作蠭門。門、蒙同聲。韓詩外傳（六）〔八〕「齊弓人之妻見景公曰，此弓者，太山之南，烏號之柘」。

故聖主必待賢臣而弘功業，俊士亦俟明主以顯其德。上下俱欲，驩然交欣，千載壹合，論説無疑，翼乎如鴻毛過順風，〔一〕沛乎如巨魚縱大壑。〔二〕其得意若此，則胡禁不止？曷令不行？〔三〕化溢四表，横被無窮，〔四〕遐夷貢獻，萬祥畢溱。〔五〕是以聖王不遍窺望而視已明，〔六〕不單頃耳而聽已聰；〔七〕恩從祥風翱，德與和氣游，〔八〕太平之責塞，優游之望得；〔九〕遵遊自然之埶，恬淡無爲之場，〔一〇〕休徵自至，壽考無疆，雍容垂拱，永永萬年，何必偃卬詘信若彭祖，呴嘘呼吸如僑、松，〔一一〕眇然絶俗離世哉！〔一二〕詩云「濟濟多士，文王以寧」，〔一三〕蓋信乎其以寧也！

〔一〕【補注】先謙曰：「過」，官本作「遇」，引宋祁曰「越本遇作過」。
〔二〕師古曰：巨亦大也。沛音普大反。
〔三〕師古曰：胡、曷皆何也。
〔四〕【補注】先謙曰：此用尚書「光被四表」語。「光被」，今文作「横被」。
〔五〕師古曰：溱字與臻同。【補注】周壽昌曰：王莽傳「聖瑞已溱」，亦同臻。莽傳「百蠻并轃」，又假轃作臻字。
〔六〕【補注】先謙曰：「王」，官本作「主」，文選同。
〔七〕師古曰：單，盡極也。頃讀曰傾。
〔八〕師古曰：翱，翔也。
〔九〕師古曰：塞，滿也。
〔一〇〕【補注】先謙曰：文選注引莊子曰「夫恬淡寂寞，虛無無爲，此天地之平，而道德之至」。
〔一一〕如淳曰：五帝紀，彭祖，堯舜時人。列仙傳「彭祖，殷大夫也歷夏至商末，壽年七百」。師古曰：信讀曰伸。呴、噓皆張口出氣也。僑，王僑。松，赤松子。皆仙人也。呴音許于反。噓音虛。【補注】沈欽韓曰：偃卬屈信者，熊經鳥伸，若五禽之戲也。呴噓呼吸，數息服氣。
〔一二〕師古曰：眇然，高遠之意也。
〔一三〕師古曰：亦文王之詩也。濟濟，盛貌也。言文王能多用賢人，故邦國得以安寧也。

是時，上頗好神僊，故襃對及之。

上令襃與張子僑等並待詔，數從襃等放獵，〔一〕所幸宫館，輒爲歌頌，第其高下，以差賜帛。議者多以爲淫靡不急，上曰：「『不有博弈者乎，爲之猶賢乎已！』〔二〕辭賦大者與古詩同義，小者辯麗可喜。〔三〕辟如女工有綺縠，音樂有鄭衛，〔四〕今世俗猶皆以此虞説耳目，〔五〕辭賦比之，尚有仁義風諭，〔六〕鳥獸草木多聞之觀，賢於倡優博弈遠矣。」頃之，擢褒爲諫大夫。

〔一〕師古曰：放，士衆大獵也。一曰，游放及田獵。【補注】王念孫曰：放獵當爲斿獵，字之誤也。斿與游同。古書言游獵者多矣，未有言放獵者。舊本北堂書鈔設官部八、陳禹謨本，仍改游爲放。藝文部八、此卷游字未改。藝文類聚雜文部二、御覽文部三，引此並作「游獵」。

〔二〕師古曰：此論語載孔子之辭也。言博弈雖非道蓺，無事爲之，猶賢也。弈，今之圍其也。【補注】先謙曰：注「其」官本作「碁」，是。

〔三〕師古曰：喜，好也，音許吏反。

〔四〕師古曰：辟讀曰譬。

〔五〕師古曰：虞與娛同。説讀曰悦。

〔六〕師古曰：風讀曰諷。

其後太子體不安，苦忽忽善忘，不樂。〔一〕詔使褒等皆之太子宮，虞侍太子，〔二〕朝夕誦讀奇文及所自造作。疾平復，乃歸。〔三〕太子喜褒所爲甘泉及洞簫頌，〔四〕令後宮貴人左右皆誦讀之。

〔一〕【補注】先謙曰：事詳外戚傳。

〔二〕師古曰：之，往也。

〔三〕師古曰：復音扶目反。

〔四〕師古曰：喜音許吏反。

後方士言益州有金馬碧雞之寶，可祭祀致也，宣帝使褒往祀焉。〔一〕褒於道病死，上閔惜之。

〔一〕【補注】沈欽韓曰：後漢西南夷傳注「王褒碧雞頌曰『持節使者王褒謹拜南崖，敬移金精神馬、縹碧之雞，處南之荒。深谿回土，非上之鄉。歸來歸來，漢德無疆。廉平唐虞，澤配三皇』」。一統志「金馬山在雲南府昆明縣東二十五里。碧谿山在縣西南三十里」。

賈捐之字君房，賈誼之曾孫也。元帝初即位，上疏言得失，召待詔金馬門。

初，武帝征南越，元封元年立儋耳、珠厓郡，〔一〕皆在南方海中洲居，〔二〕廣袤可千里，〔三〕合十六縣，户二萬三千餘。其民暴惡，自以阻絶，數犯吏禁，吏亦酷之，〔四〕率數年壹反，殺吏，漢輒發兵擊定之。自初爲郡，至昭帝始元元年，二十餘年間，凡六反叛。至其五年，罷儋耳郡，并屬珠厓。至宣帝神爵三年，珠厓三縣復反。反後七年，甘露元年，九縣反，輒發兵擊定之。元帝初元元年，珠厓又反，發兵擊之。諸縣更叛，連年不定。〔五〕上與有司議大發軍，捐之建議，以爲不當擊。上使侍中駙馬都尉樂昌侯王商詰問捐之曰：「珠厓内屬爲郡久矣，今背叛逆節，而云不當擊，長蠻夷之亂，虧先帝功德，經義何以處之？」〔六〕捐之對曰：

〔一〕【補注】錢大昭曰：案本紀，二郡立於元鼎六年。

〔二〕師古曰：居海中之洲也。水中可居者曰洲。【補注】宋祁曰：「海」字上當有「大」字。先謙曰：胡注「海中洲上以黎母山爲主，環山列置諸縣」。下文山南縣，蓋置於黎母山之南。
〔三〕師古曰：衺，長也。
〔四〕【補注】沈欽韓曰：吳志薛綜傳「珠厓之廢，起於長吏，覩其好髮，髡以爲髲」。
〔五〕師古曰：更音工衡反。
〔六〕師古曰：於六經之内，當何者之科條也。

臣幸得遭明盛之朝，蒙危言之策，無忌諱之患，〔一〕敢昧死竭卷卷。〔二〕

〔一〕師古曰：危言，直言也。言出而身危，故云危言。論語稱孔子曰「邦有道，危言行危」。【補注】先謙曰：「行危」，官本作「危行」，是。
〔二〕師古曰：卷讀與拳同。

臣聞堯舜，聖之盛也，禹入聖域而不優，〔一〕故孔子稱堯曰「大哉」，韶曰「盡善」，禹曰「無間」。〔二〕以三聖之德，地方不過數千里，被流沙，〔三〕東漸于海，朔南暨聲教，迄于四海，〔四〕欲與聲教則治之，不欲與者不彊治也。〔五〕故君臣歌德，〔六〕含氣之物各德其宜。〔七〕武丁、成王，殷、周之大仁也，〔八〕然地東不過江、黄，西不過氐、羌，南不過蠻荆，〔九〕北不過朔方。是以頌聲並作，視聽之類咸樂其生，越裳氏重九譯而獻，〔一〇〕此非兵革之所能致。及其衰也，南征不還，〔一一〕齊桓救其難，〔一二〕孔子定其文。〔一三〕以至乎秦，興兵遠攻，〔一四〕貪外虛內，務欲廣地，不慮其害。然地南不過閩越，北不過太原，而天下潰畔，禍卒在於二世之末，〔一五〕長城之歌至今未絕。〔一六〕

〔一〕臣瓚曰：禹之功德，裁入聖人區域，但不能優泰耳。

〔二〕師古曰：論語稱孔子曰「大哉，堯之爲君也」，又曰「韶，盡美矣，又盡善也」，又曰「禹吾無間然矣」。韶，舜樂名。間音工莧反。

〔三〕【補注】先謙曰：「被」上脱「西」字，官本有。

〔四〕師古曰：此引禹貢之辭。漸，入也。一曰，浸也。朔，北方也。暨，及也。迄，至也。

〔五〕師古曰：與讀曰豫。

〔六〕師古曰：言皆有德可歌頌。【補注】先謙曰：帝庸作歌，皋陶載賡，此所謂君臣哥德。顏注微隔。

〔七〕【補注】錢大昭曰：「德」，南監本、閩本作「得」。先謙曰：官本作「得」，是。

〔八〕師古曰：武丁，殷之高宗。

〔九〕【補注】王念孫曰：此及下文詩云「蠢爾蠻荆」，當依通典兵四作「荆蠻」。小雅采芑篇「蠢爾蠻荆」。段玉裁詩經小學曰「漢書韋玄成傳引詩『蠻荆來威』。案毛云『荆州之蠻也』。然則毛詩固作『荆蠻』，傳寫誤倒之也。案今本毛傳云「蠻荆，荆州之蠻也」。蠻荆二字，亦後人所改。世說新語排調篇注引此，正作「荆蠻，荆州之蠻也」。商頌殷武傳云「荆楚，荆州之楚國也」。文義與此同。」晉語「叔向曰，楚爲荆蠻」，韋注「荆州之蠻」。正用毛傳爲說。又齊語「萊、莒、徐夷、吳、越」，韋注「徐夷，徐州之夷也」。可證荆蠻文法。又案，吳都賦「跨躡蠻荆」，李善注引詩「蠢爾荆蠻」，然則唐初詩不誤。左思倒字，以與并、精、坰爲韻耳。後漢李膺傳「應奉疏曰，緄前討荆蠻，均吉甫之功」。毛刻不誤，汪文盛本譌倒作「蠻荆」。注引「蠻荆來威」者，俗人所改易也。文選王仲宣誄「遠竄荆蠻」，注引詩「蠢爾蠻荆」，亦誤倒。顧莼云，正義「宣王承厲王之亂，荆蠻内侵」。是正義本作「荆蠻」。下文皆作「蠻荆」，後世依經注本倒之，而有未盡也。臧和貴云，漢書陳湯傳引詩「蠻荆來威」，師古曰「令荆土之蠻，亦畏威而來」。是本作「荆蠻」。念孫案，段、顧、臧説是也。經傳皆言「荆蠻」。或作「蠻荆」者，後人依誤本毛詩倒之耳。御覽兵部五十八引漢書正作「蠢爾荆蠻」。荆蠻者，羣蠻之一，若史記之言楚蠻，楚世家「周成王封熊繹於楚蠻」。不當倒言「蠻荆」也。揚雄揚州牧箴「獷矣淮夷，蠢蠢荆蠻，翩彼昭王，南征不旋」。蠻與旋爲韻。後魏肅宗詔亦云「蠢爾荆蠻，氛埃不息」，傅休奕鼓吹曲「蠢爾吴蠻，虎視江湖」，句法亦本於詩。

〔一〇〕晉灼曰：遠國使來，因九譯言語乃通也。張晏曰：越不著衣裳，慕中國化，遣譯來著衣裳也，故曰越裳也。師古曰：張説非也。越裳自是國名，非以襲衣裳始爲稱號。王充論衡作越嘗，此則不作衣裳之字明矣。

〔一一〕師古曰：謂昭王也。謂楚所溺也。【補注】先謙曰：官本下「謂」作「爲」。爲、謂古通用。

〔一二〕師古曰：謂襄王也。初爲太子，而惠王欲立王子帶，齊桓公爲首止之盟，以定太子之位。事在左傳僖五年。【補注】宋祁曰：注文「五年」當作「九年」。先謙曰：此言齊桓伐楚以尊周，孔子所謂「微管左衽也」。捐之意以治世不勤遠略，遠人自歸，德衰，則勤遠無益，故周王南巡不還，藉諸侯之伯業，大聖之空文，攘夷尊周，以維持之。顔以捄難爲定太子之位，失其旨矣。

〔一三〕張晏曰：孔子作春秋，夷狄之國雖大，自稱王者皆貶爲子。

〔一四〕【補注】宋祁曰：郭本去「乎」字，似兩通。

〔一五〕師古曰：卒，終也。

〔一六〕【補注】沈欽韓曰：河水注引揚泉物理論曰「秦築長城，死者相屬，民歌曰：『生男慎勿舉，生女哺用脯，不見長城下，屍骸相支拄。』」

賴聖漢初興，爲百姓請命，平定天下。至孝文皇帝，閔中國未安，偃武行文，則斷獄數百，民賦四十，丁男三年而一事。〔一〕時有獻千里馬者，詔曰：「鸞旗在前，屬車在後，〔二〕吉行日五十里，師行二十里，〔三〕朕乘千里之馬，獨先安之？」〔四〕於是還馬，與道里費，而下詔曰：「朕不受獻也，其令四方毋求來獻。」當此之時，逸游之樂絶，奇麗之賂塞，鄭衛之倡微矣。〔五〕夫後〔官〕〔宮〕盛色則賢者隱處，佞人用事則諍臣杜口，而文帝不行，故謚爲孝文，廟稱太宗。至孝武皇帝元狩六年，太倉之粟紅腐而不可食，〔六〕都内之錢貫朽而不可挍。〔七〕乃探平城之事，〔八〕録冒頓以來數爲邊害，籍兵厲馬，因富民以攘服之。〔九〕西連諸國至于安息，東過碣石，以玄菟、樂浪爲郡，〔一〇〕北郤匈奴萬里，更起營塞，〔一一〕制南海以爲八郡，〔一二〕則天下斷獄萬數，〔一三〕民賦數百，造鹽鐵酒榷之利以佐用度，猶不能足。當此之時，寇賊並起，軍旅數發，父戰死於前，子鬥傷於後，女子乘亭鄣，孤兒號於道，老母寡婦飲泣巷哭，〔一四〕遥設虚祭，想魂乎萬里之外。淮南王盜寫虎符，陰聘名士，關東公孫勇等詐爲使者，〔一五〕是皆廓地泰大，征伐不休之故也。

〔一〕如淳曰：常賦歲百二十，歲一事。時天下民多，故出賦四十，三歲而一事。

〔二〕師古曰：鸞旗，編以羽毛，列繫幢旁，載於車上，大駕出則陳於道而先行。屬車，相連屬而陳於後也。屬音之欲反。

【補注】沈欽韓曰：宋史輿服志「鸞旗車，漢爲前驅，赤質曲壁一轅，上載赤旗，繡鸞鳥，駕四馬，駕士十八人」。

〔三〕【補注】先謙曰：官本「二」作「三」，是。

〔四〕師古曰：安之，言何所適往。

〔五〕【補注】宋祁曰：浙本去「求」字。「賂」字當作「路」。王念孫曰：浙本去「求」字，是也。「求」即「來」之誤字，今作求。來獻者，一本作「來」，一本作「求」，而後人誤合之耳。藝文類聚獸部上引此，無「求」字。漢紀孝元紀、通典邊防四，並同。文紀亦云「令郡國無來獻」。先謙曰：治要有「求」字，則唐初本已如此。

〔六〕師古曰：粟久腐壞，則色紅赤也。【補注】劉奉世曰：元狩末，漢以伐匈奴馬少，不復出征，捐之云，蓋其誤也。或者誤以建元爲元狩歟？

〔七〕師古曰：挍謂數計也。【補注】先謙曰：正文及注「挍」，官本作「校」。

〔八〕師古曰：追計其事，故言挍。

〔九〕師古曰：攘，卻也。【補注】宋祁曰：一作「籍兵厲馬」，越本作「籍厲兵馬」。先謙曰：謂取貲富民，以供兵用也。一作籍兵厲馬，或當是籍馬厲兵，否則，宋所見漢書本是籍馬厲兵，故宋云一作籍兵厲馬也。籍馬厲兵，文義較長，官本與此同。

〔一〇〕師古曰：樂音洛。浪音郎。

〔一一〕【補注】先謙曰：「比」，官本作「北」，是。

〔一二〕【補注】王念孫曰：漢紀、孝元紀作「南制南海，以爲八郡」。念孫案，上文言西連諸國，東過碣石，北卻匈奴，則此亦當云南制南海。今本「制」上無「南」字者，因兩南字相亂，而脫其一耳。「八郡」當爲「九郡」。南粵傳「遂以其地爲儋耳、珠崖、南海、蒼梧、鬱林、合浦、交阯、九真、日南九郡」。漢紀孝武紀同，孝元紀亦誤作八郡。五行志「元鼎五年，四將軍衆十萬征南越，開九郡」。皆其證矣。通典邊防四正作「制南海以爲九郡」。案通典「制」上亦脫「南」字。又韋玄成傳「南滅百粵，起七郡」，「七」亦當爲「九」。

〔一三〕【補注】沈欽韓曰：風俗通云，太宗時，民重犯法，治理不能過中宗之世，地節元年，天下斷獄四萬七千餘人。如捐之言，復不類前世斷獄皆以萬數。按捐之言，文帝斷數百，武帝斷萬數，皆謂死刑也。宣帝斷獄四萬七千餘人，蓋通計髡鉗以上。若如應劭之言，豈宣帝時反酷於武帝數倍？必不然矣。

〔一四〕師古曰：淚流被面以入於口，故言飲泣也。

〔一五〕【補注】先謙曰：武紀在征和三年。

今天下獨有關東，關東大者獨有齊楚，民衆久困，連年流離，離其城郭，相枕席於道路。〔一〕人情莫親父母，莫樂夫婦，至嫁妻賣子，法不能禁，義不能止，此社稷之憂也。今陛下不忍悁悁之忿，〔二〕欲驅士衆，擠之大海之中，〔三〕快心幽冥之地，非所以救助飢饉，保全元元也。〔四〕詩云「蠢爾蠻荆，大邦爲讎」，〔五〕言聖人起則後服，中國衰則先畔，動爲國家難，自古而患之久矣，何況乃復其南方萬里之蠻乎？駱越之人父子同川而浴，〔六〕相習以鼻飲，〔七〕與禽獸無異，本不足郡縣置也。顓顓獨居一海之中，〔八〕霧露氣溼，多毒草蟲蛇水土之害，人未見虜，戰士自死。又非獨珠厓有珠犀瑇瑁也，〔九〕棄之不足惜，不擊不損威。其民譬猶魚鼈，何足貪也！

〔一〕如淳曰：席音藉。師古曰：席即藉也，不勞借音。

〔二〕【補注】先謙曰：說文「悁，忿也」。詩陳風「中心悁悁」。

〔三〕師古曰：擠，墜也，音子詣反，又子奚反。【補注】先謙曰：通鑑胡注「擠，排也，推也」。

〔四〕【補注】先謙曰：「救」，官本作「校」，引宋祁曰「校助當作救助」。先謙案，通鑑、治要並作「救助」。

〔五〕師古曰：詩小雅采芑之詩。蠢，動貌也。蠻荆，荆州之蠻也。言敢與大國爲讎敵也。

〔六〕【補注】沈欽韓曰：尚書大傳「吳越之俗，男女同川而浴」。

〔七〕【補注】沈欽韓曰：御覽七百八十六引裴淵廣州記云「烏滸人以鼻飲水口中，進啗如故」。桂海虞衡志「南人習鼻飲，有陶器，旁植一小管若瓶觜」。赤雅「鼻夷，獠族，鼻如垂鉤，隅目好殺，間出市鹽，與之酒，鼻飲輒盡」。皆其類也。

〔八〕師古曰：顓與專同。專專，猶區區也。一曰，圜貌也。【補注】沈欽韓曰：淮南覽冥訓「猛獸食顓民」。先謙曰：說文顓下云「頭顓謹皃」。此言顓顓，狀其蠢蒙無所知識，亦從謹字生訓。

〔九〕師古曰：瑇瑁，文甲也。瑇音代。瑁音妹。

臣竊以往者羌軍言之，〔一〕暴師曾未一年，兵出不踰千里，費四十餘萬萬，大司農錢盡，乃以少府禁錢續之。〔二〕夫一隅爲不善，費尚如此，況於勞師遠攻，亡士毋功乎！求之往古則不合，施之當今又不便。臣愚以爲非冠帶之國，禹貢所及，春秋所治，皆可且無以爲。〔三〕願遂棄珠厓，專用恤關東爲憂。

〔一〕【補注】先謙曰：胡注「此蓋指宣帝神爵元年，羌反時」。

〔二〕師古曰：少府錢主供天子，故曰禁錢。

〔三〕師古曰：爲猶用也。【補注】王引之曰：「皆可。且無以用殊爲不辭。今案，無以者，無用也。爲，語助耳。曾子問正義引一解云『無用爲者，無用此之爲。爲是助語』。言非禹貢所及、春秋所治者，其地皆可無用也。凡言無以爲、何以爲者，皆謂無用也。郊祀志『寶鼎事已決矣，尚何以爲』，言此書尚何用也。論語『叔孫武叔毀仲尼。子貢曰，無以爲也』，言無用毀也。又曰『何以文爲』『何以伐爲』，言何用文，何用伐也。又曰『雖多亦奚以爲』，言雖多何用也。爲字皆是語助，古書若是者多矣。詳見經傳釋詞。

對奏，上以問丞相御史。〔一〕御史大夫陳萬年以爲當擊，丞相于定國以爲「前日興兵擊之連年，護軍都尉、校尉及丞凡十一人，還者二人，卒士及轉輸死者萬人以上，費用三萬萬餘，尚未能盡降。今關東困乏，民難搖動，捐之議是」。上乃從之。遂下詔曰：「珠厓虜殺吏民，背畔爲逆，今廷議者或言可擊，或言可守，或欲棄之，其指各殊。朕日夜惟思議者之言，羞威不行，則欲誅之；狐疑辟難，則守屯田；〔二〕通于時變，則憂萬民。夫萬民之饑餓，與遠蠻之不討，危孰大焉？且宗廟之祭，凶年不備，〔三〕況乎辟不嫌之辱哉！〔四〕今關東大困，倉庫空虛，無以相贍，又以動兵，非特勞民，凶年隨之。其罷珠厓郡。民有慕義欲內屬，便處之；〔五〕不欲，勿彊。」珠厓由是罷。〔六〕

〔一〕【補注】錢大昭曰：「御史」下當有「大夫」二字。先謙曰：不言大夫，省文。通鑑亦無「大夫」二字。本書凡言丞相御史大夫，省去大夫二字者甚多。

〔二〕師古曰：辟讀曰避。次下亦同。

〔三〕【補注】先謙曰：胡注「王制，冢宰制國用，視年之豐耗，祭用數之仂。鄭氏曰，算今年一歲經用之數，用其什一」。夫以凶年之入，制經用之什一以供祭，則宗廟之禮，宜有不備者矣。

〔四〕【補注】先謙曰：胡注「嫌當讀作慊。慊之爲言厭也，意自足也」。先謙案，不嫌之辱，言非甚可羞也。似不煩改讀。

〔五〕師古曰：欲有來入內郡者，所至之處，即安置之。【補注】先謙曰：官本注末作「也」。胡注「便處者，各隨其便而處之也」。先謙案，謂擇便地安處之。

〔六〕【補注】齊召南曰：珠厓始爲郡，在武帝元鼎六年。至元帝初元三年而罷，凡立郡六十五歲。

捐之數召見，言多納用。時中書令石顯用事，捐之數短顯，〔一〕以故不得官，後稀復見。

而長安令楊興新以材能得幸，與捐之相善。捐之欲得召見，謂興曰：「京兆尹缺，〔二〕使我得見，言君蘭，〔三〕京兆尹可立得。」興曰：「縣官嘗言興瘉薛大夫，〔四〕我易助也。君房下筆，言語妙天下，〔五〕使君房爲尚書令，勝五鹿充宗遠甚。」〔六〕捐之曰：「令我得代充宗，君蘭爲京兆，京兆郡國首，尚書百官本，天下真大治，士則不隔矣。」捐之前言平恩侯可爲將軍，〔七〕期思侯並可爲諸曹，〔八〕皆如言；又薦謁者滿宣，立爲冀州刺史；言中謁者不宜受事，宦者不宜入宗廟，立止。〔九〕相薦之信，不當如是乎！」〔一〇〕興曰：「我復見，言君房也。」捐之復短石顯。興曰：「顯鼎貴，〔一一〕上信用之。今欲進，弟從我計，〔一二〕且與合意，即得入矣。」

〔一〕師古曰：談説其長短。【補注】先謙曰：胡注「此言數陳其短耳」。先謙案，此於人前短之，非陳奏也，故下文得復薦奏。

〔二〕【補注】先謙曰：胡注「按百官表，初元四年，京兆尹成。永光四年，光祿大夫琅邪張譚爲京兆尹，四年不勝任免。蓋是時，成已去，而譚未除，是以缺官也」。

〔三〕張晏曰：楊興字。【補注】先謙曰：通鑑考異云，荀紀作「君簡」。

〔四〕張晏曰：瘉也。薛廣德爲御史大夫。師古曰：瘉與愈同。【補注】先謙曰：注「瘉」下脱「勝」字，官本有。

〔五〕師古曰：於天下最爲精妙耳。

〔六〕【補注】先謙曰：胡注「續漢志，尚書令承秦所置，武帝用宦者，更爲中書謁者令。是時石顯爲中書令，五鹿充宗爲尚書令。疑兩官並置也」。百官表，成帝建始元年，尚書令五鹿充宗爲少府，五年，貶爲玄菟太守。逆而數之，則知充宗是年猶爲尚書令也。姓譜「趙大夫食采於五鹿，因以爲氏」。

〔七〕張晏曰：許嘉也。【補注】先謙曰：公卿表，嘉以初元三年爲右將軍。

〔八〕師古曰：期思侯當是賁赫之後嗣也，而表不載。【補注】錢大昕曰：侯並，當是人姓名。期思，其所居之地也。期思侯賁赫薨於文帝時，以無後，國除，安得更有嗣侯者？顏説非。錢大昭曰：期思侯並疑是二人姓名。廣韻期姓下，引風俗通有期思國，不言複姓。若以爲期思地名，則下文滿宣又不言所居之縣，何以侯並獨載居地乎？先謙曰：後錢説是。

〔九〕【補注】先謙曰：成帝建始四年始罷中書宦官，元帝之世，任弘恭、石顯典機要，未嘗止中謁者不受事也。或是止宦者不入宗廟，言二事而從其一；抑或詔皆從之，而未行邪？

〔一〇〕師古曰：冀相薦之效，當如前所言諸事見納用。【補注】先謙曰：官本注「事」作「士」，引宋祁曰：注文「士」字，姚本作「事」。

〔一一〕如淳曰：鼎音釘，言方且欲貴矣。師古曰：方且，是也。讀如今字。【補注】先謙曰：官本「今」作「本」，是。

〔一二〕師古曰：弟，但也。

捐之即與興共爲薦顯奏，曰：「竊見石顯本山東名族，有禮義之家也。持正六年，未嘗有過，明習於事，敏而疾見，〔一〕出公門，入私門。〔二〕宜賜爵關内侯，引其兄弟以爲諸曹。」又共爲薦興奏，曰：「竊見長安令興，幸得以知名數召見。興事父母有曾氏之孝，〔三〕事師有顏閔之材，〔四〕榮名聞於四方。明詔舉茂材，列侯以爲首。爲長安令，吏民敬鄉，〔五〕道路皆稱能。觀其下筆屬文，則董仲舒；進談動辭，則東方生；置之爭臣，則汲直；〔六〕用之介胄，則冠軍侯；施之治民，則趙廣漢；抱公絶私，則尹翁歸。興兼此六人而有之，守道堅固，執義不回，〔七〕臨大節而不可奪，國之良臣也，可試守京兆尹。」

〔一〕【補注】先謙曰：見事速。
〔二〕師古曰：言自公庭出，即歸其家，不妄交游。
〔三〕師古曰：曾參也。
〔四〕師古曰：顔回、閔子騫。
〔五〕師古曰：鄉讀曰嚮。
〔六〕張晏曰：汲黯方直，故世謂之汲直。
〔七〕師古曰：回，邪也。【補注】先謙曰：回，枉也。

石顯聞知，白之上。乃下興、捐之獄，令皇后父陽平侯禁〔一〕與顯共雜治，奏「興、捐之懷詐僞，以上語相風，更相薦譽，〔二〕欲得大位，漏泄省中語，罔上不道。〔三〕書曰：『讒説殄行，震驚朕師。』〔四〕王制：『順非而澤，不聽而誅。』〔五〕請論如法。」捐之竟坐棄市。興減死罪一等，髡鉗爲城旦。〔六〕成帝時，至部刺史。〔七〕

〔一〕【補注】先謙曰：王鳳父。
〔二〕師古曰：風讀曰諷。更音工衡反。
〔三〕【補注】先謙曰：「罔」，官本作「罔」，是。
〔四〕師古曰：虞書舜典之辭也。言讒巧之説，殄絶君子之行，震驚我衆。
〔五〕師古曰：禮記王制云「行僞而堅，言僞而辨，學非而博，順非而澤，以疑衆，殺」。謂人有堅爲辨言，不以誠質，學於非道，雖博無用，飾非文過，辭語順澤，不聽教命，有如此者，皆誅殺也。【補注】劉敞曰：不聽而誅者，即王制所云此四誅者，不以聽耳。何說不聽教命乎？

〔六〕【補注】先謙曰：通鑑列此事於永光元年，蓋據薛廣德爲御史大夫之歲也。

〔七〕【補注】何焯曰：成帝時，諫大夫楊興與博士駟勝對，黄霧四塞終日，咎由太后，諸侯以無功封，不知即君蘭否？

贊曰：詩稱「戎狄是膺，荆舒是懲」，〔一〕久矣其爲諸夏患也。漢興，征伐胡越，於是爲盛。究觀淮南、捐之、主父、嚴安之義，深切著明，〔二〕故備論其語。世稱公孫弘排主父，張湯陷嚴助，石顯譖捐之，察其行迹，主父求欲鼎亨而得族，嚴、賈出入禁門招權利，死皆其所也，亦何排陷之恨哉！

〔一〕師古曰：魯頌閟宫之詩也。膺，當也。懲，創乂也。言魯僖公與齊桓舉義兵，北當戎狄，南創荆蠻與羣舒以靖難。

〔二〕師古曰：究，極也。

東方朔傳第三十五

東方朔字曼倩，〔一〕平原厭次人也。〔二〕武帝初即位，徵天下舉方正賢良文學材力之士，待以不次之位，〔三〕四方士多上書言得失，自衒鬻者以千數，〔四〕其不足采者輒報聞罷。〔五〕朔初來，上書曰：「臣朔少失父母，長養兄嫂。年十三學書，三冬文史足用。〔六〕十五學擊劍，十六學詩書，〔七〕誦二十二萬言。〔八〕十九學孫吳兵法，戰陣之具，鉦鼓之教，〔九〕亦誦二十二萬言。凡臣朔固已誦四十四萬言。又常服子路之言。〔一〇〕臣朔年二十二，長九尺三寸，目若懸珠，齒若編貝，〔一一〕勇若孟賁，〔一二〕捷若慶忌，〔一三〕廉若鮑叔，〔一四〕信若尾生。〔一五〕若此，可以爲天子大臣矣。臣朔昧死再拜以聞。」朔文辭不遜，高自稱譽，上偉之，〔一六〕令待詔公車，〔一七〕奉祿薄，未得省見。〔一八〕

〔一〕師古曰：倩音千見反。

〔二〕師古曰：高祖功臣表有厭次侯爰類，是則厭次之名也其來久矣，而説者乃云後漢始爲縣，於此致疑，斯未通也。厭音一涉反，又音一琰反。【補注】錢大昕曰：案地理志，平原郡有富平侯國。應劭云，明帝更名厭次。後人因疑西京無厭次之名。攷厭次侯爰類傳子，至孝文五年，以謀反誅，國除。而張安世封富平侯，在昭帝時，其封邑本在陳留郡。及子延壽嗣侯，上書讓減户邑，徙封平原，乃宣帝之世。然則昭帝以前，平原無富平侯國也。蓋厭次國除之後，本爲厭次縣，宣帝移富平侯國於此，始去厭次之名。明帝時，仍復其舊。水經注謂厭次故名，非始明帝，蓋復故耳。其説精而當矣。漢時，列侯國除有即爲縣者，如武帝以穰之盧陽鄉、宛之臨駣聚封霍去病爲冠軍侯，去病子嬗薨，國除，爲冠軍縣是也。武帝以高成之平津鄉封公孫丞相爲平津侯，元帝以僮之樂安鄉封匡衡爲樂安侯。而地理志無平津、樂安縣。是國除之後，仍爲鄉矣。南陽郡有博山侯國，故順陽縣，哀帝以封丞相孔光改名，明帝改曰順陽，亦是從其舊名，與厭次正相類。沈欽韓曰：明一統志「厭次故城在濟南府陵縣東北三十里」。周壽昌曰：褚補史記作「齊人」。

〔三〕師古曰：不拘常次，言超擢也。【補注】先謙曰：官本「也」作「之」。

〔四〕師古曰：衒，行賣也。鬻亦賣也。衒音州縣之縣，又音工縣反。

〔五〕師古曰：報云天子已聞其所上之書，而罷之令歸。

〔六〕如淳曰：貧子冬日乃得學書，言文史之事足可用也。【補注】先謙曰：「十三」，官本作「十二」，引宋祁曰「十二，景本作十三」。先謙案，三冬謂三年，猶言三春、三秋耳。學書三年，除十五數之，則十二是也。文者，各書之體。史者，史籀所作，世之通俗文字，諷誦在口者也。足用者，言足用以應試。藝文志「太史試學童，能諷書九千字以上，乃得爲史。又以六體試之」。「六」當爲「八」譌，詳志。説文序「諷書」作「諷籀書」。據此，各體之文與所諷之史並試，皆學童習以待用者也。

〔七〕師古曰：擊劍，遥擊而中之，非斬刺也。【補注】劉攽曰：擊劍，今有此戲，非遥擊也。

〔八〕【補注】沈欽韓曰：釋言刑昺疏論語曰「詩三百，一言以蔽之，曰思無邪」，左傳趙簡子稱「子太叔遺我以九言」，皆以一句爲一言。漢書「東方朔誦二十二萬言」，則以一字爲一言也。邵晉涵云，戰國策「臣請三言而已。曰，海大魚」。左傳疏引易説云「伏羲作十言之教，曰乾、坤、震、巽、坎、離、艮、兑、消、息」。是則一字爲一言，其來已久。

〔九〕師古曰：鉦鼓，所以爲進退士衆之節也。鉦音正。【補注】先謙曰：官本注「正」作「征」。

〔一〇〕服虔曰：無宿諾。【補注】劉攽曰：子路之言，可使有勇者。劉敞曰：既曰「子路之言」，則無宿諾者，非子路之言也。

〔一一〕師古曰：編，列次也，音鞭。【補注】沈欽韓曰：韓詩外傳九引傳曰「目如擗杏，齒如編貝」。古語已久。

〔一二〕師古曰：孟賁，衞人，古之勇士也。尸子説云「人謂孟賁生乎？曰勇。貴乎？曰勇。富乎？曰勇。三者人之所難，而皆不足以易勇，故能攝三軍，服猛獸也」。

〔一三〕師古曰：王子慶忌也。射之，矢滿把不能中，駟馬追之不能及也。

〔一四〕師古曰：齊大夫也，與管仲分財，自取其少。而説者乃妄解云鮑焦，非也。焦自介士耳。

〔一五〕師古曰：尾生，古之信士，與女子期於梁下，待之不至，遇水而死。一曰，即微生高也。【補注】先謙曰：官本注「梁」作「橋」。

〔一六〕師古曰：以爲大奇也。

〔一七〕師古曰：公車令屬衞尉，上書者所詣也。【補注】先謙曰：褚補史記「朔初入長安，至公車上書，凡用三千奏牘。公車令兩人共持舉其書，僅能勝之。人主從上方讀之，止，輒乙其處，讀之二月乃盡」。

〔一八〕師古曰：不被省納，不得見於天子也。奉音扶用反。其下並同。【補注】宋祁曰：一本改「本」作「奉」。先謙曰：據宋説，所見本「奉」作「本」也。官本注無「於」字。

久之，朔紿騶朱儒，〔一〕曰：「上以若曹無益於縣官，〔二〕耕田力作固不及人，臨衆處官不能治民，從軍擊虜不任兵事，無益於國用，徒索衣食，〔三〕今欲盡殺若曹。」朱儒大恐，啼泣。〔四〕

朔教曰：「上即過，叩頭請罪。」居有頃，聞上過，朱儒皆號泣頓首。上問：「何爲？」對曰：「東方朔言上欲盡誅臣等。」上知朔多端，〔五〕召問朔：「何恐朱儒爲？」對曰：「臣朔生亦言，死亦言。朱儒長三尺餘，奉一囊粟，錢二百四十。臣朔長九尺餘，亦奉一囊粟，錢二百四十。朱儒飽欲死，臣朔飢欲死。臣言可用，幸異其禮；不可用，罷之，無令但索長安米。」上大笑，因使待詔金馬門，稍得親近。

〔一〕文穎曰：朱儒之爲騶者也。師古曰：朱儒，短人也。騶本廄之御騶也，後人以爲騎，謂之騶騎。【補注】周壽昌曰：騶，說文「廄御也」。左成十八年傳「程鄭爲乘馬御，六騶屬焉，使訓羣騶知禮」。惠紀「謁者、執楯、執戟、武士、騶比外郎」。顏注「騶本廄之馭者」。百官表有騶僕射。此朱儒蓋屬於騶僕射，所謂羣騶者也。朱儒，禮記作「侏儒」，蓋漢時取短人備供御戲弄，若幸倡之類。御覽四百八十八引語林云「董昭爲魏武重臣，後失勢，文明世，入爲衞尉，昭乃厚加意於侏儒，正朝大會，侏儒作衞尉啼面」云云，是魏承漢制，猶備有此等人，仍名爲侏儒也。先謙曰：官本注「後」下無「人」字。

〔二〕師古曰：若，汝也。曹，輩也。

〔三〕如淳曰：索，盡也。師古曰：音先各反。下云索長安米，亦同也。【補注】先謙曰：索，求也。易繫辭上傳「探賾索隱」，疏云「索謂求索」。

〔四〕【補注】宋祁曰「啼」當刪。王本作「號」。

〔五〕【補注】先謙曰：多端，謂辯知不窮。

上嘗使諸數家射覆，〔一〕置守宮盂下，射之，皆不能中。〔二〕朔自贊曰：「臣嘗受易，請射之。」〔三〕乃別蓍布卦而對曰：〔四〕「臣以爲龍又無角，謂之爲虵又有足，跂跂脈脈善緣壁，是非守宫即蜥蜴。」〔五〕上曰：「善。」賜帛十匹。復使射他物，連中，輒賜帛。〔六〕

〔一〕師古曰：數家，術數之家也。於覆器之下而置諸物，令闇射之，故云射覆。數音所具反。覆音芳目反。

〔二〕師古曰：守宫，蟲名也。術家云，以器養之，食以丹砂，滿七斤，擣治萬杵，以點女人體，終身不滅，若有房室之事，則滅矣。言可以防閑淫逸，故謂之守宫也。今俗呼爲辟宫，辟亦禦扞之義耳。盂，食器也，若盋而大，今之所謂盋盂也。盋音撥。【補注】劉攽曰：守宫生屋壁，如守宫然，故名之。何在防淫逸也？一蟲之微，何能食丹砂七斤？人亦安肯捐七斤丹砂以餌一蟲也？劉敞曰：守宫即人家屋壁中蝘蜓，俗呼爲蝎虎者是也。此物唯在屋壁窗户閒，夜亦出，蓋用此得名耳。術家之説，安有此理？師古乃信之，何哉？沈欽韓曰：御覽三十一引淮南萬畢術云「七月七日，採守宫，陰乾之，合以井華水，和塗女身，有文章，即以丹塗之，不去者不淫，去者有姦」。先謙曰：官本注「呼俗」作「俗呼」，是。

〔三〕師古曰：贊，進也。【補注】沈欽韓曰：東方朔有靈棊經，見藝文志。案管輅射覆，亦以易卦，其卦辭蓋如焦氏易林有立成法也。

〔四〕師古曰：別，分也，音彼列反。

〔五〕師古曰：跂跂，行貌也。脈脈，視貌也。爾雅云「蠑螈，蜥蜴；蜥蜴，蝘蜓；蝘蜓，守宫」，是則一類耳。揚雄方言云「其在澤中者謂之蜥蜴」；故朔曰是非守宫則蜥蜴也。蜥音先歷反。蜴音余赤反。蠑音榮。螈音原。蝘音烏典反。蜓音殄。【補注】宋祁曰：角音盧谷反，獸不童也。先謙曰：官本注不重「蜥蜴」字。「蜒」作「蜓」。「歷」上有「先」字，是。

〔六〕師古曰：中音竹仲反。其下並同。

時有幸倡郭舍人，滑稽不窮，〔一〕常侍左右，曰：「朔狂，幸中耳，非至數也。〔二〕臣願令朔復射，朔中之，臣榜百，不能中，臣賜帛。」〔三〕乃覆樹上寄生，令朔射之。朔曰：「是寠藪也。」〔四〕舍人曰：「果知朔不能中也。」朔曰：「生肉爲膾，乾肉爲脯，著樹爲寄生，盆下爲寠數。」上令倡監榜舍人，舍人不勝痛，呼謈。〔五〕朔笑之曰：「咄！口無毛，聲謷謷，尻益高。」〔六〕舍人恚曰：「朔擅詆欺天子從官，當棄市。」〔七〕上問朔：「何故詆之？」對曰：「臣非敢詆之，乃與爲隱耳。」〔八〕上曰：「隱云何？」朔曰：「夫口無毛者，狗竇也；聲謷謷者，鳥哺鷇也；〔九〕尻益高者，鶴俛啄也。」〔一〇〕舍人不服，因曰：「臣願復問朔隱語，不知，亦當榜。」即妄爲諧語曰：〔一一〕「令壺齟，老柏塗，伊優亞，狋吽牙。何謂也？」〔一二〕朔曰：「令者，命也。壺者，所以盛也。〔一三〕齟者，齒不正也。老者，人所敬也。柏者，鬼之廷也。〔一四〕塗者，漸洳徑也。〔一五〕伊優亞者，辭未定也。狋吽牙者，兩犬爭也。」〔一六〕舍人所問，朔應聲輒對，變詐鋒出，〔一七〕莫能窮者，左右大驚。上以朔爲常侍郎，遂得愛幸。

〔一〕師古曰：幸倡，倡優之見幸遇者也。滑音骨。滑稽，解在公孫弘傳。【補注】沈欽韓曰：西京雜記「郭舍人善投壺，激矢令還，一矢百餘反，謂之爲驍。言如博掔梟於掌中爲驍傑也。每投壺輒賜金帛」。先謙曰：郭舍人事詳褚補史記。

〔二〕師古曰：至，實也。

〔三〕師古曰：榜，擊也，音步行反。【補注】先謙曰：官本「不」上有「朔」字。

〔四〕蘇林曰：寠音貧寠之寠。藪音數錢之數。寠數，鉤灌，四股鉤也。師古曰：寠數，戴器也，以盆盛物戴於頭者，則以寠數薦之，今賣白團餅人所用者是也。寄生者，芝菌之類，淋潦之日，著樹而生，形有周圜象寠數者，今關中俗亦呼爲寄生。非爲蔦之寄生寓木宛童有林葉者也。故朔云「著樹爲寄生，盆下爲寠數」。明其常在盆下。今讀書者不曉其意，謂射覆之物覆在盆下，輒改前「覆守宫盂下」爲「盆」字，失之遠矣。楊惲傳「鼠不容穴，銜寠數也」。盆下之物有飲食氣，故鼠銜之，四股鐵鉤，非所銜也。【補注】劉敞曰：若不緣寄生在盆下，何得曰寠數？前覆守宫自以盂，此以盆，何怪乎？不然，盂亦盆類，朔故詭言之，欲以誤郭舍人也。又曰：朔意蓋以寄生、寠數，皆是附著他物而得名，故謂今在盆下之寄生爲寠數，大物在盆下，小物在盂下，固可知也，但不當改前「盂」字爲「盆」爾；又不必一日之中，用一盂覆射此諸物也。顔説未通。又以寄生爲芝菌，形圜似寠數，而云非寓木，尤疏謬矣。錢大昕曰：釋名「寠數猶局縮，皆小意也」。説文「樻盝，負戴器」。寠數即樻盝，聲之轉也。與寄生聲亦相近，故樹上之寄生亦有寠數之名。廣韻「寠籔，四足几也」。此與蘇林四股鉤之説相近，皆以形相似名之。先謙曰：官本「寠藪」並作「寠數」，引宋祁曰「數音藪。景本作藪」。先謙案，顔謂寠數非寓木者，以寓木寄生，必有枝葉，不中覆射，故決是芝菌也。何晏景福殿賦「蘭栭積重，寠數矩設」，言其重疊交互之狀。以蘭栭對寠數，亦是以爲芝菌之類，與顔説合。芝菌之形，蹙縮巒卷，故釋名以音近字釋之云，寠數猶局縮，而訓爲小意。芝菌雖微物，其巨者不能入鼠穴，故楊惲取爲喻也。説文之負戴器，廣韻之四足几，皆非此所謂寠數也。注「林」，官本作「枝」，是。「楊惲傳」下官本有「云」字。

〔五〕服虔曰：謈音暴。鄧展曰：呼音髐箭之髐。謈音瓜瓟之瓟。師古曰：鄧音是也。謂痛切而叫呼也，與田蚡傳「呼服」音義皆同。一曰，鄧音近之。謈，自冤痛之聲也。舍人榜痛，乃呼云謈。今人痛甚，則稱阿謈，音步高反。是故朔逐韻而謿之云「口無毛，聲謷謷」也。【補注】錢大昭曰：説文「謈，大呼自冤也」。先謙曰：官本注無「謂」字，「服」作「報」，引宋祁曰「呼報，當作呼服」。

〔六〕鄧展曰：咄音貀裘之貀也。師古曰：咄，叱咄之聲也，音丁骨反。鄧説非也。謷音敖。【補注】王先慎曰：「凥」當作「尻」，從九。説文「尻，脾也」。從几者居處字，與尻別。

〔七〕師古曰：詆，毀辱也，音丁禮反。【補注】錢大昭曰：舍人以幸倡常侍左右，故自稱天子從官。

〔八〕師古曰：隱謂隱語也。【補注】周壽昌曰：案藝文志有隱語十八篇。世謂之庾辭，亦謂之謎。説文「謎，隱語也」。文心雕龍云，自魏代以來，頗非俳優，而君子化爲隱語。隱也者，迴互其辭使昏迷也。鞠窮、庚癸，見左傳即隱之權輿。郡姓名字詩，見孔北海集。黄絹幼婦，見蔡邕題碑。井謎見鮑照集。皆繼朔而起者也。

〔九〕項昭曰：凡鳥哺子而活者爲鷇，生而自啄曰雛。師古曰：雛音口豆反。【補注】劉攽曰：狗竇文不全，明少一字，當云「狗穴竇也」。緣兩穴相重遂誤爾。先謙曰：官本「鳥」並作「烏」，「項」作「韋」，「雛音」作「鷇音」，是。

〔一〇〕師古曰：俛即俯字也。俯，低也。啄，鳥觜也。俛又音免。啄音竹救反。【補注】錢大昭曰：啄讀與噣同。

〔一一〕師古曰：諧者，和韻之言也。

〔一二〕張晏曰：齟音樝梨之樝。應劭曰：狋音銀。師古曰：齟音側加反，又，壯加反。塗音丈加反。優音一侯反。亞音烏加反。狋音五伊反。吽音五侯反。【補注】先謙曰：官本注「又」下有「音」字。

〔一三〕師古曰：盛，受物也，音時政反。

〔一四〕師古曰：言鬼神尚幽闇，故以松柏之樹爲廷府。【補注】沈欽韓曰：陵寢兆域爲柏城。齊書王僧虔傳「鬼惟知愛深松茂柏」。

〔一五〕師古曰：漸洳，浸溼也。漸音子廉反。洳音人庶反。

〔一六〕【補注】沈欽韓曰：秦策「投之一骨，輕起相牙，有爭意也」。龍龕手鑑「吽與呴同，牛鳴也」。

〔一七〕【補注】先謙曰：官本考證云，「鏠」當作「鋒」。

久之，伏日，〔一〕詔賜從官肉。大官丞日晏不來，〔二〕朔獨拔劍割肉，謂其同官曰：「伏日當蚤歸，〔三〕請受賜。」即懷肉去。大官奏之。朔入，上曰：「昨賜肉，不待詔，以劍割肉而去之，何也？」〔四〕朔免冠謝。上曰：「先生起自責也。」朔再拜曰：「朔來！朔來！受賜不待詔，何無禮也！拔劍割肉，壹何壯也！割之不多，又何廉也！歸遺細君，又何仁也！」〔五〕上笑曰：「使先生自責，乃反自譽！」復賜酒一石，肉百斤，歸遺細君。

〔一〕師古曰：三伏之日也。解在郊祀志。

〔二〕師古曰：晏，晚也。【補注】先謙曰：少府屬官有大官丞，見百官表。

〔三〕師古曰：蚤，古早字。【補注】沈欽韓曰：宋史職官志「秘書省官遇庚伏，則前期遣中使諭旨，聽以早歸，所以待遇儒臣，非他司比」。

〔四〕【補注】劉攽曰：「而去之，何也」，「之」衍字。先謙曰：顧炎武云，以劍割肉而去之者，裴松之注魏志云，古人謂藏爲去，音舉，字或作「弆」。蘇武傳「掘野鼠去屮實而食之」。師古曰「去謂藏之也」。王念孫云，上文云拔劍割肉，即懷肉去，此云以劍割肉而去，兩去字前後相應，則去是來去之去，非藏去之去，而去下本無之字明矣。御覽治道部十四引此，有「之」字，亦後人依誤本漢書加之。其時序部十六、人事部一百七引此，皆無「之」字。藝文類聚食物部、初學記歲時部下引此，亦皆無「之」字。劉以之爲衍字，是也。

〔五〕師古曰：細君，朔妻之名。一說，細，小也，朔自比於諸侯，謂其妻曰小君。【補注】周壽昌曰：漢武故事「朔娶長陵民家女宛若爲小妻，生子三人，與朔俱死」。先謙曰：褚補史記「時詔賜之飯於前，飯已盡，懷其餘肉，持去，衣盡污。數賜縑帛，擔揭而去。徒用所賜錢帛，取少婦於長安中好女，率取婦一歲所者即棄去，更取婦，所賜錢財盡索之於女子。左右諸郎半呼之狂人」。官本注「自」上有「輒」字。

初，建元三年，微行始出，〔一〕北至池陽，西至黃山，〔二〕南獵長楊，〔三〕東游宜春。〔四〕微行常用飲酎已。〔五〕八九月中，與侍中、常侍、武騎，及待詔、隴西北地良家子能騎射者，期諸殿門，故有「期門」之號自此始。〔六〕微行以夜漏下十刻乃出，常稱平陽侯。〔七〕旦明，入山下馳射鹿豕狐兔，〔八〕手格熊羆，馳騖禾稼稻秔之地。〔九〕民皆號呼罵詈，〔一〇〕相聚會，自言鄠杜令。〔一一〕令往，欲謁平陽侯，諸騎欲擊鞭之。令大怒，使吏呵止，獵者數騎見留，乃示以乘輿物，久之乃得去。時夜出夕還，後齎五日糧，會朝長信宮，〔一二〕上大驩樂之。是後，南山下乃知微行數出也，〔一三〕然尚迫於太后，未敢遠出。〔一四〕丞相御史知指，〔一五〕乃使右輔都尉徼循長楊以東，〔一六〕右内史發小民共待會所。〔一七〕後乃私置更衣，〔一八〕從宣曲以南十二所，中休更衣，〔一九〕投宿諸宮，〔二〇〕長楊、五柞、倍陽、宣曲尤幸。〔二一〕於是上以爲道遠勞苦，又爲百姓所患，乃使太中大夫吾丘壽王與待詔能用算者二人，舉籍阿城以南，〔二二〕盩厔以東，〔二三〕宜春以西，提封頃畝，及其賈直，〔二四〕欲除以爲上林苑，屬之南山。〔二五〕又詔中尉、左右内史表屬縣草田，欲以償鄠杜之民。〔二六〕吾丘壽王奏事，上大説稱善。〔二七〕時朔在傍，進諫曰：

〔一〕【補注】王念孫曰：案「微行」上脱「上」字。藝文類聚職官部一、御覽職官部四十引此，竝作「上微行始出」。文選西京賦注、東京賦注、荅魏太子牋注引此，竝作「武帝微行始出」。選注以「武帝」代「上」字，則有「上」字明矣。通鑑亦云「建元三年，上始爲微行」。

〔二〕晉灼曰：宫名，在槐里。【補注】先謙曰：池陽，馮翊縣。扶風槐里有黃山宫，見地理志。渭水注引東方朔傳云「武帝微行至黃山宮，故世謂之游城也」。

〔三〕【補注】先謙曰：通鑑胡注「水經注云，槐里縣東有漏水，出南山赤谷東北，逕長楊宮。宮有長楊，因名。其地在盩厔界」。

〔四〕師古曰：宜春宮也，在長安城東南。説者乃以爲在鄠，非也。在鄠者，自是宜春觀耳，在長安城西，豈得言東游也？【補注】先謙曰：黃圖「宜春下苑在京城東南隅，杜縣東，近下杜」。

〔五〕師古曰：酎，酒新孰以祭宗廟也。酎音紂。解在景紀。【補注】先謙曰：以酎祭畢時。

〔六〕【補注】先謙曰：百官表「期門掌執兵送從」。稱名始此。

〔七〕如淳曰：平陽侯曹壽尚帝姊，時見尊寵，故稱之。

〔八〕【補注】先謙曰：官本「馳」作「騎」。

〔九〕師古曰：稻，有芒之穀總稱也。秔，其不黏者也，音庚。

〔一〇〕師古曰：呼音火故反。【補注】先謙曰：御覽八十八漢武故事曰「與霍去病等十餘人，案，建元三年，疑霍去病尚未入侍。皆輕服爲微行，且以觀戲市里，察民風俗。嘗至蓮勺通道中行，行人皆奔避路，上怪之，使左右問之，云有持戟前呵者數百人。時微行，率不過二十人、馬七八疋，更步更騎，衣如凡庶，不可別也。又嘗至柏谷亭夜宿，亭長不內，乃宿於逆旅。逆旅翁謂上曰：『汝長大多力，當勤稼穡，何忽帶劍衆夜行，此不欲爲盜則淫耳。』上嘿然不應，因乞漿飲。翁荅曰：『無，止有溺無漿也。』有頃，還內，上使覘之，見翁方與少年十餘人，皆持弓矢刀劍，令主人嫗出探過客。嫗婦謂其翁曰：『吾觀此丈夫，非常人也，且亦有備，不可圖也。』天寒，嫗酌酒，多與夫及諸少年，皆醉。嫗自縛其夫，諸少年皆走。婦出謝客，殺雞作食。平旦上去，是日還宮，乃召逆旅夫妻，見之，賜嫗千金，擢夫爲羽林郎。自是懲戒，希復微行」。案，此事通鑑采之，亦見潘岳西征賦。

〔一一〕【補注】周壽昌曰：民自訴言於鄠杜令也。

〔一二〕師古曰：五日一朝長信宮，故齋五日糧也。長信，太后之宮也。

〔一三〕【補注】先謙曰：胡注「終南山横亘關中南面，西起秦隴，東徹藍田，凡雍岐郿鄠長安萬年，相距且八百里，而連綿峙據其南者，皆此一山也」。

〔一四〕【補注】周壽昌曰：案武帝屢幸雍，幸甘泉，幸汾陰，踰隴，登空同，幸緱氏，登嵩高，登封泰山，臨決河，通回中道，出蕭關，自代還，幸河東，幸東都，南巡狩，登灊天柱山，自潯陽浮江，出樅陽，北至琅邪，竝海，東巡海上，幸東萊、安定，皆自建元六年太后崩後，車駕四出無安歲，故史特載此語於此。

〔一五〕師古曰：指謂天子之意也。

〔一六〕師古曰：徼，遮繞也。循，行視也。戒備非常也。徼音工釣反。【補注】錢大昕曰：是時但分内史爲左右，初無三輔之名也。而先有右輔都尉，有右輔必有左輔矣。京兆、馮翊、扶風爲三輔，始於太初元年，而百官表云「元鼎四年，更置三輔都尉」。則三輔之名，在太初以前矣。王太后以元朔三年崩，又在元鼎之前。此傳先言迫於太后，未敢遠出；下言使右輔都尉徼循。則左右輔都尉亦不始於元鼎。表所言恐尚有誤。

〔一七〕師古曰：共讀曰供。

〔一八〕師古曰：爲休息易衣之處，亦置宮人。【補注】劉敞曰：更衣休息處爾，非必有宮人也。史文自無之，後傳田延年起至更衣，然則貴賤同此名也。

〔一九〕師古曰：宣曲，宮名，在昆明池西。【補注】先謙曰：爲適中休息之所，凡十二。

〔二〇〕師古曰：晝休更衣，夜則别宿於諸宮。

〔二一〕師古曰：倍陽即萯陽也，其音同耳，宮名，在鄠縣也。【補注】先謙曰：官本「揚」作「楊」，本書字通作。五柞宮在盩厔縣長楊宮東北。

〔二二〕師古曰：舉計其數而爲簿籍也。阿城，本秦阿房宮也，以其牆壁崇廣，故俗呼爲阿城。【補注】沈欽韓曰：長安志「秦阿房宮一名阿城，在長安縣西二十里，西北三面有牆，一面無牆，周五里一百四十步」。

〔二三〕【補注】先謙曰：盩厔，扶風縣。山曲曰盩，水曲曰厔。

〔二四〕師古曰：提封，亦謂提舉四封之内，總計其數也。賈讀曰價。【補注】先謙曰：提封，都凡也。説詳刑法志，顔訓非。

〔二五〕師古曰：屬，連也，音之欲反。

〔二六〕師古曰：時未爲京兆、馮翊、扶風，故云中尉及左右内史也。草田，謂荒田未耕墾也。

〔二七〕師古曰：説讀曰悦。

臣聞謙遜静慤，天表之應，應之以福；〔一〕驕溢靡麗，天表之應，應之以異。今陛下累郎臺，恐其不高也；〔二〕弋獵之處，恐其不廣也。如天不爲變，則三輔之地盡可以爲苑，何必盩厔、鄠、杜乎！〔三〕奢侈越制，天爲之變，上林雖小，臣尚以爲大也。

〔一〕師古曰：慤，謹也，音口角反。【補注】先謙曰：官本「遜」作「遊」，引宋祁曰「遊當作遜」。

〔二〕師古曰：郎，堂下周屋。

〔三〕師古曰：中尉及左右内史，則爲三輔矣。非必謂京兆、馮翊、扶風也。學者疑此言爲後人所增，斯未達也。

夫南山，天下之阻也，南有江淮，北有河渭，其地從汧隴以東，商雒以西，〔一〕厥壤肥饒。漢興，去三河之地，〔二〕止霸産以西，都涇渭之南，此所謂天下陸海之地，〔三〕秦之所以虜西戎兼山東者也。其山出玉石，金、銀、銅、鐵，豫章、檀、柘，異類之物，不可勝原，〔四〕此百工所取給，萬民所卬足也。〔五〕又有秔稻、梨栗、桑麻、竹箭之饒，土宜薑芋，水多𪓰魚，〔六〕貧者得以人給家足，無飢寒之憂。故酆鎬之間，號爲土膏，其賈畝一金。〔七〕今規以爲苑，絶陂池水澤之利，而取民膏腴之地，上乏國家之用，下奪農桑之業，棄成功，就敗事，損耗五穀，〔八〕是其不可一也。且盛荊棘之林，而長養麋鹿，廣狐菟之苑，大虎狼之虛，〔九〕又壞人冢墓，發人室廬，令幼弱懷土而思，耆老泣涕而悲，是其不可二也。斥而營之，垣而囿之，〔一〇〕騎馳東西，車騖南北，〔一一〕又有深溝大渠，夫一日之樂，不足以危無隄之輿，〔一二〕是其不可三也。故務苑囿之大，不恤農時，非所以彊國富人也。

〔一〕服虔曰：商與上雒二縣也。師古曰：汧，汧水也。隴，隴坻也。

〔二〕【補注】先謙曰：謂去雒陽不都。

〔三〕師古曰：高平曰陸，關中地高故稱耳。海者，萬物所出，言關中山川物産饒富，是以謂之陸海也。【補注】先謙曰：官本「稱」下有「陸」字，是。産，滻水。

〔四〕師古曰：原，本也。言説不能盡其根本。【補注】先謙曰：原，計也。言不可勝計。説詳劉向傳。顏訓非。

〔五〕師古曰：卬音牛向反。

〔六〕師古曰：芋，草名，其葉似藕荷而長，不圓，其根正白可食。𪓰，即蛙字也，似蝦蟆而小，長腳，蓋人亦取食之。

〔七〕師古曰：賈讀曰價。

〔八〕師古曰：耗，減也，音呼到反。

〔九〕師古曰：虛讀曰墟。

〔一〇〕師古曰：斥，卻也。【補注】王念孫曰：案，卻而營之，殊爲不詞。斥之言度也，謂量度而經營之也。史記李將軍傳索隱引許慎淮南注曰「斥，度也」。

〔一一〕師古曰：亂馳曰騖。

〔一二〕蘇林曰：隄，限也。輿，乘輿也。無限，若言不訾也。不敢斥天子，故言輿也。張晏曰：一日之樂，謂田獵也。無隄之輿，謂天子富貴無隄限也。師古曰：張説是也。音丁奚反。【補注】劉攽曰：「不足以危」，「不」字當作「亦」。隄猶防也，言車輿馳騁，不爲防慮，必有顛虞之變。先謙曰：官本注「音」上有「隄」字。

夫殷作九市之宮而諸侯畔，〔一〕靈王起章華之臺而楚民散，〔二〕秦興阿房之殿而天下亂。糞土愚臣，忘生觸死，〔三〕逆盛意，犯隆指，罪當萬死，不勝大願，願陳泰階六符，〔四〕以觀天變，不可不省。

〔一〕應劭曰：紂於宮中設九市。【補注】沈欽韓曰：御覽一百七十三引六韜曰「殷君喜治宮室七十三所，大宮百里，宮中九市」。初學記居處部「太公六韜曰：『武王伐殷，得二大夫，問曰，殷國將亡，亦有妖乎？曰：殷君喜修宮室，大者宮室九市。』」

〔二〕師古曰：楚靈王作章華之臺，納亡人以實之，卒有乾谿之禍也。章華臺在華容城也。

〔三〕師古曰：勿忘其生而觸死罪也。

〔四〕孟康曰：泰階，三台也。每台二星，凡六星。符，六星之符驗也。應劭曰：黄帝泰階六符經曰「泰階者，天之三階也。上階爲天子，中階爲諸侯公卿大夫，下階爲士庶人。上階上星爲男主，下星爲女主。中階上星爲諸侯三公，下星爲卿大夫。下階上星爲元士，下星爲庶人。三階平則陰陽和，風雨時，社稷神祇咸獲其宜，天下大安，是爲太平。三階不平，則五神乏祀，日有食之，水潤不浸，稼穡不成，冬雷夏霜，百姓不寧，故治道傾。天子行暴令，好興甲兵，修宮榭，廣苑囿，則上階爲之奄奄疏闊也」。以孝武皆有此事，故朔爲陳之。【補注】宋祁曰：「奄奄」當作「奢奢」。何焯曰：應引黄帝泰階六符經與今之占三台者異。周壽昌曰：案藝文志天文家有泰階六符一卷，注引李奇曰「三台謂之泰階，兩兩成體，三台故六。觀色以知吉凶，故曰符」。疑朔即陳此書。

是日因奏泰階之事，上乃拜朔爲太中大夫給事中，賜黄金百斤。然遂起上林苑，如壽王所奏云。〔一〕

〔一〕【補注】沈欽韓曰：御覽四百五十七東方朔別傳曰「人有殺上林鹿，武帝大怒，下有司殺之。羣臣皆相阿：『殺人主鹿大不敬，當死。』東方朔時在旁曰：『是人罪當死者三：使陛下以鹿之故殺人，一當死；使天下聞之，皆以陛下重鹿賤人，二當死；匈奴即有急，推鹿逐之，三當死。』武帝默然，遂釋殺鹿者之罪」。先謙曰：遂，竟也。

久之，隆慮公主子昭平君〔一〕尚帝女夷安公主，隆慮主病困，以金千斤、錢千萬爲昭平君豫贖死罪，〔二〕上許之。隆慮主卒，昭平君日驕，醉殺主傅，獄繫内官。〔三〕以公主子，廷尉上請請論。〔四〕左右人人爲言：「前又入贖，陛下許之。」上曰：「吾弟老，有是一子，死以屬我。」〔五〕於是爲之垂涕歎息，良久曰：「法令者，先帝所造也，用弟故而誣先帝之法，吾何面目入高廟乎？又下負萬民。」乃可其奏，哀不能自止，左右盡悲。朔前上壽，曰：「臣聞聖王爲政，賞不避仇讎，誅不擇骨肉。書曰：『不偏不黨，王道蕩蕩。』〔六〕此二者，五帝所重，三王所難也。陛下行之，是以四海之内，元元之民，各得其所，天下幸甚！臣朔奉觴，昧死再拜上萬歲壽。」上乃起，入省中，夕時召讓朔，〔七〕曰：「傳曰『時然後言，人不厭其言』。〔八〕今先生上壽，時乎？」〔九〕朔免冠頓首曰：「臣聞樂太甚則陽溢，哀太甚則陰損，陰陽變則心氣動，心氣動則精神散，而邪氣及。〔一〇〕銷憂者莫若酒，〔一一〕臣朔所以上壽者，明陛下正而不阿，因以止哀也。愚不知忌諱，當死。」先是，朔嘗醉入殿中，小遺殿上，〔一二〕劾不敬。有詔免爲庶人，待詔宦者署，因此時復爲中郎，賜帛百匹。〔一三〕

〔一〕師古曰：慮音廬。

〔二〕【補注】周壽昌曰：病困之困，各本作「因」，以「病」字斷句。此本作「困」，則從「困」字句。似困字勝，以因字可省，困則下「豫贖」及「隆慮卒」句有根。呂后傳云「病困，以趙王禄爲上將軍」，正與此同。先謙曰：官本作「因」。

〔三〕服虔曰：主傅，主之官也。如淳曰：禮有傅姆。説者又曰傅者老大夫也，漢使中行説傅翁主也。師古曰：傅姆是也。服説失之。内官，署名，解在律曆志。【補注】沈欽韓曰：漢官儀「長公主傅，秩千石」。或云六百石。

〔四〕師古曰：論決其罪也。

〔五〕師古曰：老乃有子，言其晚孕育也。屬音之欲反。【補注】錢大昭曰：案此以隆慮公主爲武帝女弟，而景十三王傳又以爲帝姊，未知孰是。

〔六〕師古曰：周書洪範之辭也。蕩蕩，平坦之貌。

〔七〕師古曰：讓，責也。【補注】宋祁曰：「夕」當作「少」。

〔八〕師古曰：論語稱孔子問公叔文子於公明賈曰：「信乎夫子不言不笑不取乎？」對曰：「夫子時然後言，人不厭其言。樂然後笑，人不厭其笑。義然後取，人不厭其取。」

〔九〕師古曰：言所上壽，豈謂時乎？

〔一〇〕【補注】先謙曰：官本重「精神散」三字。

〔一二〕【補注】沈欽韓曰：述異記「漢武帝幸甘泉長安阪道中，有蟲，赤如肝，頭目口齒悉具，人莫知也。東方朔曰：『此古秦獄地，積憂所致。夫積憂者，得酒而解。』乃取蟲置酒中，立銷」。

〔一二〕師古曰：小遺者，小便也。【補注】宋祁曰：注文「者」下當添「遺」字。

〔一三〕【補注】先謙曰：官本「時」作「對」，是。

初，帝姑館陶公主號竇太主，〔一〕堂邑侯陳午尚之。午死，主寡居，年五十餘矣，近幸董偃。始偃與母以賣珠爲事，偃年十三，隨母出入主家。左右言其姣好，〔二〕主召見，曰：「吾爲母養之。」因留第中，教書計相馬御射，〔三〕頗讀傳記。至年十八而冠，出則執轡，入則侍內。爲人温柔愛人，以主故，諸公接之，名稱城中，號曰董君。主因推令散財交士，〔四〕令中府曰：〔五〕「董君所發，一日金滿百斤、錢滿百萬、帛滿千匹，乃白之。」〔六〕安陵爰叔者，爰盎兄子也，〔七〕與偃善，謂偃曰：「足下私侍漢主，挾不測之罪，將欲安處乎？」〔八〕偃懼曰：「憂之久矣，不知所以。」〔九〕爰叔曰：「顧城廟遠，無宿宮，又有萩竹籍田，〔一〇〕足下何不白主獻長門園？〔一一〕此上所欲也。如是，上知計出於足下也，則安枕而卧，長無慘怛之憂。久之不然，上且請之，於足下何如？」偃頓首曰：「敬奉教。」入言之主，主立奏書獻之。上大説，〔一二〕更名竇太主園爲長門宫。主大喜，使偃以黄金百斤爲爰叔壽。

〔一〕如淳曰：竇太后之女也，故曰竇太主也。

〔二〕師古曰：姣，美麗也，音狡。

〔三〕師古曰：計謂用算也。

〔四〕【補注】沈欽韓曰：藝文類聚二十二「史記曰：董偃與館陶主家兒博戲殿下，主伏檻視之，偃負財饒人，勝則有讓，主益奇之」。

〔五〕師古曰：中府，掌金帛之臧者也。【補注】沈欽韓曰：漢官儀「公主私府，秩六百石」。先謙曰：官本無「者也」二字，引宋祁曰「之藏下，姚本添者也」。

〔六〕師古曰：言不滿此數者，皆恣與之。【補注】何焯曰：竇太后崩，遺詔盡以東宮金錢財物賜長公主嫖，豈知乃以佐其淫縱如此耶？

〔七〕【補注】周壽昌曰：盎有兄子種，爲盎畫策。此爰叔亦盎兄子，善畫策，疑即爰種。

〔八〕師古曰：不測者，言其深也。安處，何以自安處也。一曰，身挾大罪，乃欲自安而居處者乎？

〔九〕師古曰：以，用也。不知用何計也。

〔一〇〕如淳曰：其間雖有地，皆有萩竹籍田，無可作宿觀也。師古曰：如說非也。萩即楸字也。言有楸樹及竹林可遊玩，而籍田所在，上又須躬親行事，當有宿宮，故宜獻此園。【補注】劉攽曰：「城」改「成」。先謙曰：文帝廟。

〔一一〕如淳曰：竇太主園在長門。長門在長安城東南。園可以爲宿館處所，故獻之。

〔一二〕師古曰：說讀曰悅。

叔因是爲董君畫求見上之策，令主稱疾不朝。上往臨疾，問所欲，主辭謝曰：「妾幸蒙陛下厚恩，先帝遺德，奉朝請之禮，備臣妾之儀，〔一〕列爲公主，賞賜邑入，〔二〕隆天重地，死無以塞責。〔三〕一日卒有不勝洒埽之職，〔四〕先狗馬填溝壑，竊有所恨，不勝大願，願陛下時忘萬事，養精游神，從中掖庭回輿，枉路臨妾山林，〔五〕得獻觴上壽，娛樂左右。如是而死，何恨之有！」上曰：「主何憂，幸得愈。恐羣臣從官多，大爲主費。」上還。有頃，主疾愈，起謁，上以錢千萬從主飲。後數日，上臨山林，主自執宰敝膝，〔六〕道入登階就坐。坐未定，上曰：「願謁主人翁。」〔七〕主乃下殿，去簪珥，〔八〕徒跣頓首謝曰：「妾無狀，〔九〕負陛下，身當伏誅。陛下不致之法，頓首死罪。」有詔謝。主簪履起，之東箱自引董君。〔一〇〕董君綠幘傅韝，〔一一〕隨主前，伏殿下。主乃贊：〔一二〕「館陶公主胞人臣偃昧死再拜謁。」〔一三〕因叩頭謝，上爲之起。有詔賜衣冠上。〔一四〕偃起，走就衣冠。主自奉食進觴。當是時，董君見尊不名，稱爲「主人翁」，飲大驩樂。主乃請賜將軍列侯從官，金錢雜繒各有數。於是董君貴寵，天下莫不聞。郡國狗馬、蹴鞠、劍客輻湊〔一五〕董氏。〔一六〕

〔一〕師古曰：請音才姓反。【補注】先謙曰：官本「儀」作「使」，引宋祁曰「使，景本作儀」。

〔二〕師古曰：既別得賞賜，又所食之邑入其租賦也。

〔三〕師古曰：塞，補也。

〔四〕師古曰：卒讀曰猝。洒音信，又音山豉反。【補注】張佖曰：東方朔傳云「一日卒有不勝洒埽之職」。顏師古注云，卒讀曰猝。洒音信，又音山豉反。檢諸本及前所校過并如此。臣佖案，許慎説文洒字解云「音先禮反。古又爲灑埽字」。其灑字解云「汛也，汛音信」。今校定此注，合云，洒音先禮反，古又爲灑埽字。灑，汛也，所蟹反。訊音信。蓋傳寫脱誤，少一十七字，多「又音山豉反」五字。

〔五〕應劭曰：公主園中有山，謙不敢稱第，故託山林也。服虔曰：主所豫作廟陵，故曰山林。師古曰：山林，應説是也。不當請帝臨其冢墓也。

〔六〕師古曰：爲賤者之服。【補注】劉攽曰：「執」當作「服」。先謙曰：「敝」當作「蔽」。

〔七〕【補注】沈欽韓曰：宋玉風賦「臣嘗出行，僕飢馬疲，正值主人門開，主人翁出」。主人翁三字所本。

〔八〕師古曰：珥，珠玉飾耳者也，音餌。

〔九〕師古曰：狀，形貌也。無狀，猶言無顔面以見人也。一曰，自言所行醜惡無善狀。

〔一〇〕師古曰：之，往也。

〔一一〕應劭曰：宰人服也。韋昭曰：韝形如射韝，以縛左右手，於事便也。師古曰：緑幘，賤人之服也。傅，著也。韝即今之臂韝也。傅讀曰附。韝音工侯反。【補注】沈欽韓曰：隋禮儀志「黑幘，上下通服之，庖人則緑幘」。古今注「穰衣，廝役之服也，取其便於用耳。乘輿進食者，服穰衣」。漢董偃緑幘青韝，加穰衣，以見武帝，厨人之服。按韝即是穰衣，非別有穰衣。「穰」字當爲「攘」。鄉射禮注「遂，射韝也」。其非射時，則謂之拾。拾，斂也，所以斂衣」。滑稽傳「親有嚴容，髡帣韝鞠䐻」。徐廣云「帣，收衣袖。韝，臂捍也」。案此卑幼當行酒供炙，故亦服之，與此傳韝事同也。列女傳「文伯引衽攘捲」，淮南原道訓「短袂攘捲」，捲疑爲裷。皆是。韜束其袂，以便手作，即古今注云攘衣者矣。攘衣必須傅韝。御覽八百十六引漢舊儀曰「大官賜官奴婢各三十人，大置酒日，皆綈韝蔽膝」。此其證也。別有襌衣無胡之褠，非此臂韝也。

〔一二〕師古曰：贊，進也。進傳謁辭。

〔一三〕師古曰：胞與庖同。【補注】沈欽韓曰：莊子庚桑楚「湯以胞人籠伊尹」，釋文本又作庖。禮祭統「煇胞翟閽」，亦以胞爲庖。

〔一四〕師古曰：上，上坐。【補注】劉敞曰：「賜衣冠上」，上者，上殿。

〔一五〕師古曰：蹴音千六反。鞠音鉅六反。解在藝文志。

〔一六〕【補注】劉敞曰：「董氏」當屬上句。

常從游戲北宮，馳逐平樂，觀雞鞠之會，〔一〕角狗馬之足，〔二〕上大歡樂之。於是上爲竇太主置酒宣室，使謁者引内董君。是時，朔陛戟殿下，〔三〕辟戟而前曰：〔四〕「董偃有斬罪三，安得入乎？」上曰：「何謂也？」朔曰：「偃以人臣私侍公主，其罪一也。敗男女之化，而亂婚姻之禮，傷王制，其罪二也。陛下富於春秋，方積思於六經，留神於王事，馳騖於唐虞，折節於三代，偃不遵經勸學，反以靡麗爲右，奢侈爲務，〔五〕盡狗馬之樂，極耳目之欲，行邪枉之道，徑淫辟之路，〔六〕是乃國家之大賊，人主之大蜮。〔七〕偃爲淫首，其罪三也。昔伯姬燔而諸侯憚，〔八〕奈何乎陛下？」上默然不應，良久曰：「吾業以設飲，〔九〕後而自改。」朔曰：「不可。夫宣室者，先帝之正處也，非法度之政不得入焉。故淫亂之漸，其變爲篡，〔一〇〕是以豎貂爲淫而易牙作患，〔一一〕慶父死而魯國全，〔一二〕管蔡誅而周室安。」上曰：「善。」有詔止，更置酒北宮，引董君從東司馬門。東司馬門更名東交門。〔一三〕賜朔黄金三十斤。董君之寵由是日衰，至年三十而終。後數歲，竇太主卒，與董君會葬於霸陵。是後，公主貴人多踰禮制，自董偃始。〔一四〕

〔一〕【補注】先謙曰：官本考證云，黄圖「上林苑中有平樂觀」。先謙案，平樂固是觀名，此「觀」字當屬下爲句，不則於文不協。

〔二〕師古曰：角猶校也。

〔三〕師古曰：持戟列陛側。【補注】先謙曰：官本「列」作「立」。

〔四〕師古曰：辟音頻亦反。

〔五〕師古曰：右，尊也。【補注】先謙曰：官本注「尊」下有「之」字，是。

〔六〕師古曰：徑，由也。辟讀曰僻。

〔七〕師古曰：蜮，魅也，音或。説者以爲短狐，非也。短狐，射工耳，於此不當其義。今俗猶河魅蜮也。【補注】劉攽曰：劉向説春秋「蜮，南方淫氣所生，以應哀姜」。然則朔正用指偃爾，何必遷就魅蜮也？先謙曰：官本句末有「也」字，引宋祁曰「姚本句末無也字」。又注「河」，官本作「云」，是。

〔八〕應劭曰：憚，敬也。敬其節直也。師古曰：伯姬，宋恭姬也。遇火災，待姆不出而死也。【補注】蘇輿曰：襄三十年經「諸侯會于澶淵。宋災」。故公羊傳會言其所爲者，録伯姬也。何注「重録伯姬之賢，爲諸侯所閔憂」。憚與怛同。考工記注，憚，故書或作怛。怛，憯也，即閔憂意。

〔九〕【補注】先謙曰：以、已同。

〔一〇〕【補注】沈欽韓曰：繁露王道篇「觀乎陳佗宋閔，知妒淫之禍」。

〔一一〕師古曰：豎貂、易牙皆齊桓公臣也。管仲有病，桓公往問之曰：「將何以教寡人？」管仲曰：「願君之遠易牙、豎貂。」公曰：「易牙亨其子以快寡人，尚可疑邪？」對曰：「人之情非不愛其子，其子之忍，又將何有於君？」公曰：「豎貂自宫以近寡人，猶可疑邪？」對曰：「人之情非不愛其身也，其身之忍，又將何有於君？」公曰：「諾。」管仲死，盡逐之，而公食不甘，宫不治。居三年，公曰：「仲父不亦過乎？」於是皆復召，即反之。明年，公有病，易牙、豎貂相與作亂，塞宫門，築高牆，不通人。有一婦人踰垣入，至公所。公曰：「我欲食。」婦人曰：「吾無所得。」又曰：「我欲飲。」婦人曰：「吾無所得。」公曰：「何故？」對曰：「易牙、豎貂相與作亂，塞宫門，築高牆，不通人，故無所得。」公慨然歎涕出，曰：「嗟乎！聖人所見豈不遠哉？若死者有知，我將何面目見仲父乎？」蒙衣袂而絶乎壽宫，蟲流出於户，蓋以楊門之扉，三月不葬。

〔一二〕師古曰：慶父，魯桓公子，莊公弟也。莊公薨，慶父殺莊公之子閔公而欲作亂，不克，奔莒。其後僖公立，以賂求之於莒，莒人歸之，及密，乃縊而死。僖公乃定其位。

〔一三〕蘇林曰：以偃從此門入，交會於內，故以名焉。【補注】何焯曰：案東司馬門後已更名，故曰疏之，不如蘇説也。王念孫曰：案「從東司馬門」下當有「入」字，而今本脱之。據蘇注，以偃從此門入，交會於內，故以名焉。則有「入」字明矣。御覽居處部一引此，有「入」字。先謙曰：通鑑亦有「入」字。胡注「東司馬門，東闕內之司馬門也」。先謙案，此納朔正言，更名以避謗，非取交會之義爲美稱也。自此東交之名，仍而不改，外戚趙后傳「會東交掖門」，即東司馬掖門也。

〔一四〕【補注】何焯曰：如蓋主近幸丁外人，陽石公主與太僕公孫敬聲私通，皆是。

時天下侈靡趨末，〔一〕百姓多離農畝。上從容問朔：「吾欲化民，豈有道乎？」〔二〕朔對曰：「堯舜禹湯文武成康上古之事，經歷數千載，尚難言也，臣不敢陳。願近述孝文皇帝之時，當世耆老皆聞見之。貴爲天下，〔三〕富有四海，身衣弋綈，〔四〕足履革舄，〔五〕以韋帶劍，〔六〕莞蒲爲席，〔七〕兵木無刃，〔八〕衣緼無文，〔九〕集上書囊以爲殿帷；〔一〇〕以道德爲麗，以仁義爲準。〔一一〕於是天下望風成俗，昭然化之。今陛下以城中爲小，圖起建章，左鳳闕，右神明，〔一二〕號稱千門萬户；木土衣綺繡，狗馬被繢罽；〔一三〕宫人簪瑇瑁，垂珠璣；〔一四〕設戲車，〔一五〕教馳逐，飾文采，藂珍怪；〔一六〕撞萬石之鐘，擊雷霆之鼓，〔一七〕作俳優，舞鄭女，上爲淫侈如此，而欲使民獨不奢侈失農，事之難者也。〔一八〕陛下誠能用臣朔之計，推甲乙之帳，燔之於四通之衢，〔一九〕卻走馬示不復用，〔二〇〕則堯舜之隆，宜可與比治矣。易曰：『正其本，萬事理；失之豪氂，差以千里。』〔二一〕願陛下留意察之。」朔雖詼笑，〔二二〕然時觀察顏色，直言切諫，上常用之。自公卿在位，朔皆敖弄，無所爲屈。〔二三〕

〔一〕師古曰：趨讀曰趣。末謂工商之業。

〔二〕師古曰：從音千容反。

〔三〕【補注】先謙曰：官本「下」作「子」，是。

〔四〕師古曰：弋，黑色也。綈，厚繒，音徒奚反。

〔五〕師古曰：革，生皮也。不用柔韋，言儉率也。

〔六〕師古曰：但空用韋，不加飾。

〔七〕師古曰：莞，夫離也，今謂之葱蒲。以莞及蒲爲席，亦尚質也。莞音完，又音官。

〔八〕服虔曰：兵器如木而無刃，言不大治兵器也。

〔九〕師古曰：緼，亂絮也。言内有亂絮，上無文綵也。緼音於粉反。

〔一〇〕師古曰：集謂合聚也。【補注】沈欽韓曰：風俗通云「文帝雖節儉，未央前殿至奢，雕文五采，畫華榱壁璫，軒檻皆飾以黃金，其勢不可以書囊爲帷。奢儉好醜，不相副侔」。案未央前殿創自蕭何，令後世子孫無以加，與文帝無涉。集書囊爲帷，自可他處作障，不必即施前殿，應劭之論固矣。東觀記「舊制上書以青布囊素裏封書，不中式不得上」。

〔一一〕師古曰：麗，美也。準，平法也。

〔一二〕如淳曰：闕名也。師古曰：鳳闕，闕名。神明，臺名也。

〔一三〕師古曰：繢，五綵也。罽，織毛也，即氍毹之屬。【補注】先謙曰：官本注「即」下有「今」字，末有「是也」二字。
〔一四〕師古曰：瑇瑁，文甲也。璣，珠之不圜者。瑇音代。瑁音昧。璣音居依反，又音鉅依反。
〔一五〕【補注】周壽昌曰：戲爲戲弄之戲。顔注衛綰傳云「如今弄車之技是也」。韓延壽傳「又使騎士戲車弄馬盗驂」。
〔一六〕師古曰：蘘，古蘘字。【補注】先謙曰：官本注末有「也」字。
〔一七〕師古曰：言其聲震大也。
〔一八〕師古曰：失農，謂失農業也。
〔一九〕應劭曰：帳多，故以甲乙第之耳。孟康曰：西域傳贊云「興造甲乙之帳，絡以隨珠和璧，天子襲翠被，憑玉几，而處其中」也。師古曰：謂推而去之。燔，焚燒也。
〔二〇〕師古曰：卻，退也。走馬，善走之馬也。
〔二一〕師古曰：今易無此文，已解於上也。【補注】沈欽韓曰：說苑建本、賈子胎教，引易同。列女貞順傳引作「傳曰」，知非易正文。周壽昌曰：文選任彦升竟陵文宣王行狀，李注引易乾鑿度云云，「本」下多一「而」字。
〔二二〕師古曰：詼，謿戲也。詼笑，謂謿謔，發言可笑也。詼音恢。其下詼啁、詼諧並同。
〔二三〕師古曰：敖讀曰傲。爲音于僞反。

上以朔口諧辭給，〔一〕好作問之。〔二〕嘗問朔曰：「先生視朕何如主也？」朔對曰：「自唐虞之隆，成康之際，未足以諭當世。臣伏觀陛下功德，陳五帝之上，在三王之右。〔三〕非若此而已，誠得天下賢士，公卿在位咸得其人矣。譬若以周邵爲丞相，〔四〕孔丘爲御史大夫，〔五〕太公爲將軍，〔六〕畢公高拾遺於後，〔七〕弁嚴子爲衛尉，〔八〕皋陶爲大理，〔九〕后稷爲司農，〔一〇〕伊尹爲少府，〔一一〕子贛使外國，〔一二〕顔閔爲博士，〔一三〕子夏爲太常，〔一四〕益爲右扶風，〔一五〕季路爲執金吾，〔一六〕契爲鴻臚，〔一七〕龍逢爲宗正，〔一八〕伯夷爲京兆，〔一九〕管仲爲馮翊，〔二〇〕魯般爲將作，〔二一〕仲山甫爲光禄，〔二二〕申伯爲太僕，〔二三〕延陵季子爲水衡，〔二四〕百里奚爲典屬國，〔二五〕柳下惠爲大長秋，〔二六〕史魚爲司直，〔二七〕蘧伯玉爲太傅，〔二八〕孔父爲詹事，〔二九〕孫叔敖爲諸侯相，子産爲郡守，〔三〇〕王慶忌爲期門，〔三一〕夏育爲鼎官，〔三二〕羿爲旄頭，〔三三〕宋萬爲式道候。」〔三四〕上乃大笑。

〔一〕師古曰：給，捷也。

〔二〕師古曰：故動作之，而問以言辭也。【補注】周壽昌曰：禮樂記注「作，造也」。好造説以問之。

〔三〕師古曰：右，亦高上也。

〔四〕師古曰：周公旦、邵公奭二人也。

〔五〕應劭曰：御史大夫職，典制度文章。

〔六〕師古曰：太公，呂望也。知戰陳征伐之事，故云爲將軍。

〔七〕師古曰：畢公高，文王之子也，爲周太師，故云拾遺也。

〔八〕師古曰：以其有勇。【補注】周壽昌曰：「弁」與「卞」同。弁嚴子即卞莊子，避明帝諱改。

〔九〕師古曰：以其作士，士亦理官。

〔一〇〕師古曰：主播種。

〔一一〕應劭曰：伊尹善亨割。太官屬少府，故令作之也。【補注】周壽昌曰：少府掌山海池澤之税，主天子内職也。伊尹一介不與，一介不取，故以此屬之。應注謬。先謙曰：官本注末無「也」字。

〔一二〕師古曰：以其有辯説。

〔一三〕師古曰：顏回、閔子騫爲皆有德行也。

〔一四〕師古曰：以有文學故爲太常也。而應劭曰，以「子夏」兩字總合爲「夔」，解云「夔知樂，故可以爲太常」。此説非也。【補注】劉攽曰：作「夔」字乃是。先謙曰：官本注奪「學」字，「應劭」下無「曰」字，是。

〔一五〕應劭曰：益作舜虞，掌山澤之官也。諸苑多在右扶風，故令作之。【補注】周壽昌曰：右扶風以下諸官，多太初元年所改。公孫弘爲丞相，在元朔五年，薨在元狩二年，下去太初二十餘年。此文下云「上復問朔，方今公孫丞相」云云，則所引官名多不合，疑朔此等雜文，後有改易，流傳轉寫，致多譌舛也。先謙曰：此蓋傳寫者以後官易前文也。右扶風，當爲主爵中尉，否則三輔並數，不當在京兆、馮翊前。下文蓋同。

〔一六〕師古曰：亦以有勇力。【補注】錢大昭曰：閩本作「子路」。

〔一七〕應劭曰：卨作司徒，敬敷五教。是時諸侯王治民，鴻臚主諸侯王也。師古曰：契讀與卨同，字本作偰，蓋後從省耳。

〔一八〕師古曰：關龍逢，桀之臣也，忠諫而死也。以其直，無所阿私。

〔一九〕應劭曰：帝曰「伯夷，汝作秩宗」。秩宗，主郊廟。京兆與太常同典齋祀，故令爲之。

〔二〇〕應劭曰：管仲定民之居，寄軍令於内政，終令匡霸，故令爲馮翊也。

〔二一〕師古曰：以其巧也。般與班同。

〔二二〕晉灼曰：光禄，主三大夫諫正之官，取其柔亦不茹，剛亦不吐。

〔二三〕應劭曰：申伯，周宣王之舅也。太僕主大駕親御，職又密近，故用親親也。

〔二四〕應劭曰：水衡主池苑。季子，吴人，故使爲之。師古曰：季子即吴公子札。

〔二五〕應劭曰：奚，秦人。秦近西戎，曉其風俗，故令爲之。

〔二六〕師古曰：惠，魯大夫展禽也。食采柳下，謚曰惠。以其貞絜，故爲大長秋。

〔二七〕師古曰：史魚，衛大夫史鰌也。論語稱孔子曰「直哉史魚，邦有道如矢，邦無道如矢」。

〔二八〕如淳曰：太傅，傅人主使無過。伯玉欲寡其過，故令爲之。師古曰：蘧伯玉，衛大夫也，名瑗。蘧音渠。

〔二九〕應劭曰：孔父正色而立於朝，則莫敢過而致難乎其君，故爲詹事。師古曰：孔父，宋大夫也。父讀曰甫。

〔三〇〕師古曰：善治邦邑也。

〔三一〕應劭曰：以其勁捷，可爲期門郎也。師古曰：王慶忌即王子慶忌也。

〔三二〕或曰：夏育，衛人，力舉千鈞。鼎官，今殿前舉鼎者也。【補注】沈欽韓曰：秦策「夏育、太史啟，叱呼駭三軍，然而身死於庸夫」。先謙曰：「或」字誤，當是「師古」。

〔三三〕應劭曰：羿善射，故令爲旄頭。今以羽林爲之，髮正上向而長衣繡衣，在乘輿車前。師古曰：羿音詣。

〔三四〕師古曰：萬，宋閔公臣，亦有勇力也。式，表也。表道之候，若今之武候引駕。【補注】先謙曰：式道候屬中尉，見百官表。官本注末有「人」字。

是時朝廷多賢材，上復問朔：「方今公孫丞相、兒大夫、〔一〕董仲舒、夏侯始昌、司馬相如、吾丘壽王、主父偃、朱買臣、嚴助、汲黯、膠倉、終軍、嚴安、徐樂、司馬遷之倫，皆辯知閎達，溢于文辭，〔二〕先生自視何與比哉？」〔三〕朔對曰：「臣觀其臿齒牙，樹頰胲，〔四〕吐脣吻，擢項頤，〔五〕結股腳，連脽尻，〔六〕遺蛇其迹，行步偊旅，〔七〕臣朔雖不肖，尚兼此數子者。」朔之進對澹辭，皆此類也。〔八〕

〔一〕師古曰：公孫弘及兒寬也。兒音五奚反。【補注】周壽昌曰：案寬之爲御史大夫，在元封元年，距公孫薨時已十有二年，其中如司馬相如等人，多已故者。此乃以方今兩字冠下，相提並舉，益徵此文雜出，不能以事實繩之。

〔三〕師古曰：溢者，言其有餘也。

〔三〕師古曰：何與，猶言何如也。

〔四〕師古曰：頰肉曰胲，音改。【補注】先謙曰：官本「歃」作「歃」。

〔五〕師古曰：頤，頷下也，音怡。

〔六〕師古曰：脽，臀也，音誰。

〔七〕師古曰：遺蛇，猶逶迆也。偊旅，曲躬貌也。蛇音移。偊音禹。【補注】沈欽韓曰：字書無「偊」字。列子立命篇「北宮子偊偊而步」。釋文云，本作踽。字林云，疏行皃。「旅」當爲「膂」。説文「吕，脊骨也」。篆文從膂，此旅乃膂之省也。莊子列御寇「一命而吕鉅」。音義云，矯貌。正與偊旅相反，此則傴僂曲謹也。

〔八〕師古曰：澹，古贍字也。贍，給也。

武帝既招英俊，程其器能，用之如不及。〔一〕時方外事胡越，内興制度，國家多事，自公孫弘以下至司馬遷皆奉使方外，或爲郡國守相至公卿，而朔嘗至太中大夫，後常爲郎，與枚皋、郭舍人俱在左右，詼啁而已。〔二〕久之，朔上書陳農戰彊國之計，因自訟獨不得大官，欲求試用。其言專商鞅、韓非之語也，指意放蕩，頗復詼諧，辭數萬言，終不見用。朔因著論，設客難己，用位卑以自慰諭。其辭曰：

〔一〕師古曰：程謂量計之也。如不及者，恐失之也。

〔二〕師古曰：啁與嘲同，音竹交反。【補注】先謙曰：褚補史記云，朔任其子爲郎，又爲侍謁者，常持節出使。朔行殿中，郎謂之曰：「人皆以先生爲狂。」朔曰：「如朔等，所謂避世於朝廷閒者也，古之人乃避世於深山中。」時坐席中，酒酣，據地歌曰：「陸沈於俗，避世金馬門。宮殿中可以避世全身，何必深山之中、蒿廬之下？」

客難東方朔曰：「蘇秦、張儀一當萬乘之主，而都卿相之位，〔一〕澤及後世。今子大夫修先王之術，慕聖人之義，諷誦詩書百家之言，不可勝數，著於竹帛，脣腐齒落，服膺而不釋，〔二〕好學樂道之效，明白甚矣。〔三〕自以智能海內無雙，〔四〕則可謂博聞辯智矣。然悉力盡忠以事聖帝，曠日持久，官不過侍郎，位不過執戟，意者尚有遺行邪？〔五〕同胞之徒無所容居，其故何也？」〔六〕

〔一〕如淳曰：都，居也。

〔二〕師古曰：服膺，俯服其胸臆也。釋，廢置也。【補注】宋祁曰：「數」當作「記」字，「而不」下添「可」字。

〔三〕【補注】先謙曰：史記無二句。

〔四〕【補注】沈欽韓曰：鹽鐵論毀學篇「東方朔自稱辯略，消堅釋石，當世無雙」。先謙曰：史記「智能」作「爲」。

〔五〕師古曰：可遺之行，言不盡言也。【補注】王念孫曰：案此言遺行，不言可遺之行，顏說非也。遺者，失也，謂尚有過失之行。先謙曰：官本「盡言」作「盡善」，是。

〔六〕蘇林曰：胞音胞胎之胞也，言親兄弟。【補注】先謙曰：史記無「同」下八字。

東方先生喟然長息，仰而應之曰：「是固非子之所能備也。彼一時也，此一時也，豈可同哉？夫蘇秦、張儀之時，周室大壞，諸侯不朝，力政爭權，相禽以兵，并爲十二國，未有雌雄，〔一〕得士者彊，失士者亡，故談說行焉。〔二〕身處尊位，珍寶充內，外有廩倉，〔三〕

澤及後世，子孫長享。今則不然，聖帝流德，天下震慴，〔四〕諸侯賓服，〔五〕連四海之外以爲帶，〔六〕安於覆盂，〔七〕動猶運之掌，〔八〕賢不肖何以異哉？遵天之道，順地之理，物無不得其所。故綏之則安，動之則苦；尊之則爲將，卑之則爲虜；抗之則在青雲之上，抑之則在深泉之下；〔九〕用之則爲虎，不用則爲鼠；雖欲盡節效情，安知前後？夫天地之大，〔一〇〕士民之衆，竭精談説，〔一一〕並進輻湊者，不可勝數，悉力募之，〔一二〕困於衣食，或失門户。〔一三〕使蘇秦、張儀與僕並生於今之世，曾不得掌故，安敢望常侍郎乎？〔一四〕故曰，時異事異。〔一五〕

〔一〕師古曰：十二國，謂魯、衛、齊、楚、宋、鄭、魏、燕、趙、中山、秦、韓也。【補注】周壽昌曰：文選李注引張晏説同，即顔所本。然鄭爲韓所滅，在周烈王元年，去儀、秦時已遠，似不當有鄭也。

〔二〕【補注】宋祁曰：「故談説行焉」，改作「故説得行焉」。周壽昌曰：文選作「故説得行焉」。先謙曰：史記作「説聽行通」。

〔三〕【補注】先謙曰：史記無二句。

〔四〕【補注】先謙曰：史記作「聖帝在上，德流天下」。

〔五〕師古曰：慴，恐也，音之涉反。【補注】先謙曰：史記有「威振四夷」句。

〔六〕師古曰：言如帶之相連也。

〔七〕師古曰：言不可傾摇。【補注】周壽昌曰：此下文選有「天下均平，合爲一家」八字。先謙曰：史記同。

〔八〕師古曰：言至易。【補注】周壽昌曰：文選作「動發舉事，猶運之掌」。先謙曰：史記同。官本注末有「也」字。

〔九〕【補注】宋祁曰：「泉」，疑作「淵」。

〔一〇〕【補注】先謙曰：史記無「遵」下十三句，「夫」字作「方今以」三字。

〔一一〕【補注】先謙曰：史記「談」作「馳」，是。

〔一二〕【補注】先謙曰：官本「募」作「慕」，引宋祁曰「慕當作募」。先謙案，「募之」，史記作「慕義」。趙策「寡人願募公叔之義，以成胡服之功」。則疑作「募義」是也。

〔一三〕師古曰：言不得所由入也。一曰，謂被誅戮，喪其家室也。

〔一四〕【補注】宋祁曰：「常」字當删。周壽昌曰：文選無「常」字。先謙曰：史記作「常侍侍郎」。

〔一五〕【補注】沈欽韓曰：韓非五蠹篇「世異則事異」。周壽昌曰：文選此句上有「傳曰，天下無害，雖有聖人，無所施才，上下和同，雖有賢人，無所立功」二十六字。先謙曰：史記作「時異則事易」，上與文選大同。

「雖然，安可以不務修身乎哉！詩云：『鼓鐘于宮，聲聞于外。』〔一〕『鶴鳴于九皐，聲聞于天。』〔二〕苟能修身，何患不榮。太公體行仁義，〔三〕七十有二延設用於文武，得信厥說，〔四〕封於齊，七百歲而不絶。此士所以日夜孳孳，敏行而不敢怠也。〔五〕辟若鶺鴒，飛且鳴矣。〔六〕傳曰：『天不爲人之惡寒而輟其冬，〔七〕地不爲人之惡險而輟其廣，君子不爲小人之匈匈而易其行。』〔八〕『天有常度，地有常形，君子有常行。君子道其常，小人計其功。』〔九〕詩云：『禮義之不愆，何恤人之言？』〔一〇〕故曰：『水至清則無魚，人至察則無徒。〔一一〕冕而前旒，所以蔽明；黈纊充耳，所以塞聰。』〔一二〕明有所不見，聰有所不聞，舉大德，赦小過，無求備於一人之義也。〔一三〕枉而直之，使自得之；優而柔之，使自求之；揆而度之，使自

索之。〔一四〕蓋聖人教化如此，欲自得之；自得之，則敏且廣矣。〔一五〕

〔一〕師古曰：小雅白華之詩也。言苟有於中，必形於外也。

〔二〕師古曰：小雅鶴鳴之詩也。言處卑而聲徹其高遠。

〔三〕【補注】先謙曰：史記「體」作「躬」。

〔四〕師古曰：設，施也。信讀曰伸。【補注】周壽昌曰：文選李注云「説苑，太公七十而相周」。案此出尊賢篇，而荀子君道篇「太公行年七十有二，文王舉而用之」。韓詩外傳四「太公年七十二，而用之者文王」。皆作七十二，與此同。先謙曰：官本「延」作「迺」，是。史記作「逢文王，得行其説」。

〔五〕師古曰：孳與孜同。敏，勉也。【補注】周壽昌曰：文選「敏行」上有「修學」二字。先謙曰：史記作「修學行道，不敢止也」。

〔六〕師古曰：鶺鴒，雍渠，小青雀也。飛則鳴，行則搖，言其勤苦也。辟讀曰譬。鶺音脊。鴒音零。【補注】周壽昌曰：鶺鴒，詩小雅作「脊令」。左昭七年傳引作「即令」。釋鳥作「鶺鴒」。

〔七〕師古曰：輟，止也。

〔八〕師古曰：匈匈，讙議之聲。【補注】沈欽韓曰：以上語見荀子天論。

〔九〕師古曰：道，由也。【補注】沈欽韓曰：荀子榮辱篇「君子道其常，而小人道其怪」。

〔一〇〕師古曰：逸詩也。愆，過也。恤，憂也。

〔一一〕師古曰：徒，衆也。【補注】沈欽韓曰：自此至「使自索之」，並見大戴子張問入官篇。

〔一二〕如淳曰：黈音工苟反。謂以玉爲瑱，用黈纊縣之也。師古曰：如説非也。黈，黄色也。纊，綿也。以黄綿爲丸，用組懸之於冕，垂兩耳旁，示不外聽。非玉瑱之縣也。【補注】沈欽韓曰：大戴記作「黈絖」。玉篇「黈，黄色也。絖，綿也，與纊同」。又晏子諫篇「冕前有旒，惡多所見也；纊結珫耳，惡多所聞也」。

〔一三〕師古曰：論語「仲弓問政於孔子，孔子曰，赦小過，舉賢才」。周公謂魯公曰：「故舊無大故，則不棄也，毋求備於一人。」故朔引此言也。士有百行，功過相除，不可求備也。

〔一四〕師古曰：枉，曲也。索亦求也。度音徒各反。

〔一五〕師古曰：敏，疾也。【補注】何焯曰：此望武帝知之不盡而言明有所遺者，君道固然，或有遺行，獲在所恕，不亟勸我以大官者，亦所以待其自得，非棄之也。先謙曰：「辟若」至此，史記無。

「今世之處士，魁然無徒，廓然獨居，〔一〕上觀許由，下察接輿，計同范蠡，忠合子胥，〔二〕天下和平，與義相扶，寡耦少徒，固其宜也，〔三〕子何疑於我哉？若夫燕之用樂毅，秦之任李斯，酈食其之下齊，説行如流，曲從如環，所欲必得，功若丘山，海内定，國家安，是遇其時也，子又何怪之邪？語曰『以筦闚天，以蠡測海，〔四〕以莛撞鐘』，〔五〕豈能通其條貫，考其文理，發其音聲哉！〔六〕繇是觀之，譬猶鼱鼩之襲狗，〔七〕孤豚之咋虎，〔八〕至則靡耳，何功之有？〔九〕今以下愚而非處士，雖欲勿困，固不得已，此適足以明其不知權變，而終或於大道也。」〔一〇〕

〔一〕師古曰：魁讀曰塊。【補注】先謙曰：史記作「崛然獨立，塊然獨處」。

〔二〕師古曰：許由，堯讓以天下而恥聞之。楚狂接輿陽狂匿迹。范蠡佐句踐，功成而退。子胥忠諫，至死不易。

〔三〕師古曰：耦，合也。徒，衆也。

〔四〕服虔曰：筦音管。張晏曰：蠡，瓠瓢也。師古曰：筦，古管字。蠡音來奚反。瓢音平摇反。【補注】沈欽韓曰：説苑辯物篇「趙中庶子謂扁鵲曰，以管窺天，以錐刺地」。方言「蠡，陳、楚、宋、衞之間，或謂之瓢」。韓詩外傳八「子貢曰，臣之事仲尼，譬猶渴操壺杓，就江海而飲之，腹滿而去，又安知江海之深乎」？先謙曰：官本注「摇」作「遥」。

〔五〕文穎曰：謂稾莛也。師古曰：音唐丁反。【補注】吴仁傑曰：論衡「篙不能鳴鐘」。篙當作稾。周官矢人注云「笴讀爲稾」。又稾人注云「箭幹謂之稾」。集韻「笴、槁通」。穎云，槁者，謂箭幹耳。楚辭「索瓊茅以筳篿」。王逸曰「筳，小破竹也」。王莽傳「以竹筳導其脉」。師古曰「筳，竹挺也」。説文「筳，維絲筦也」。四説不同，大意不離於竹。五臣文選注乃云「筳，小木枝」，不知何所根據？説苑曰「建天下之鳴鐘，撞之以挺」，豈以説苑字從木而爲是説邪？韓文公詩「寸筳撞鉅鐘」，音義云「筳，草莖也」。筳從竹，而此以從艸釋之，誤矣。案從艸之莛，一曰屋梁，莊周書「舉莛與楹，厲與西施」。郭象曰「莛横而楹從」。司馬彪以莛爲梁楹，爲柱。案莊生本以莛、楹大小之殊，厲西施美惡之異，一類言之，以莛爲梁，則失其趣矣。先謙曰：官本注「唐」作「徒」。

〔六〕師古曰：考，究也。

〔七〕服虔曰：音縱劬。如淳曰：鼱鼩，小鼠也，音精劬。【補注】洪頤煊曰：釋獸「鼩，鼠」。郭注「小鼱，鼩也，亦名䶈鼩」。此服音所本。先謙曰：官本「縱」作「蹤」。

〔八〕師古曰：孤豚，孤特之豚也。咋，嚙也，音仕客反。【補注】沈欽韓曰：吴子圖國備「進戰退守，而不求能用者，譬之猶伏雞之搏貍，乳犬之犯虎，雖有鬬心，隨之死矣」。

〔九〕師古曰：靡，碎滅也。耳語辭。

〔一〇〕【補注】先謙曰：「若夫」至此，史記無。

又設非有先生之論，其辭曰：

非有先生仕於吴，進不稱往古以厲主意，〔一〕退不能揚君美以顯其功，默默無言者三年矣。〔二〕吴王怪而問之，曰：「寡人獲先人之功，寄於衆賢之上，夙興夜寐，未嘗敢怠也。今先生率然高舉，遠集吴地，〔三〕將以輔治寡人，誠竊嘉之，體不安席，食不甘味，目不視靡曼之色，耳不聽鐘鼓之音，虚心定志，欲聞流議者三年于兹矣。〔四〕今先生進無以輔治，退不揚主譽，竊不爲先生取之也。蓋懷能而不見，是不忠也；見而不行，主不明也。〔五〕意者寡人殆不明乎？」非有先生伏而唯唯。〔六〕吴王曰：「可以談矣，寡人將竦意而覽焉。」〔七〕先生曰：「於戲！〔八〕可乎哉？可乎哉？〔九〕談何容易！〔一〇〕夫談有悖於目、拂於耳、謬於心，而便於身者，〔一一〕或有説於目、順於耳、快於心，而毁於行者，〔一二〕非有明王聖主，孰能聽之？」吴王曰：「何爲其然也？中人以上，可以語上也。〔一三〕先生試言，寡人將聽焉。」

〔一〕【補注】王念孫曰：案「進不」下亦有「能」字，而今本脱之。文選及藝文類聚人部八皆作「進不能」，又「厲」字皆作「廣」。

〔二〕【補注】先謙曰：「默默」，官本作「默然」。

〔三〕師古曰：率然猶颯然。

〔四〕師古曰：流，末流也，猶言餘論也。

〔五〕師古曰：見，顯也。

〔六〕師古曰：唯唯，恭應也，音〔七〕〔弋〕癸反。

〔七〕師古曰：竦，企待也。

〔八〕師古曰：於讀曰烏。戲讀曰呼。

〔九〕師古曰：言不可。

〔一〇〕師古曰：不見寬容，則事不易，故曰何容易也。易弋豉反。【補注】沈欽韓曰：鹽鐵論箴石篇「賈生有言曰，懇言則辭淺而不入，深言則逆耳而失指，故曰談何容易」。

〔一一〕師古曰：悖，逆也。拂，違戾也。悖音布内反。拂音佛。【補注】先謙曰：官本「佛」作「弗」。

〔一二〕師古曰：説讀曰悦。

〔一三〕師古曰：引論語載孔子之言。中品之人，則可以與言上道也。【補注】先謙曰：官本注無「以」字。

先生對曰：「昔者關龍逢深諫於桀，而王子比干直言於紂，此二臣者，皆極慮盡忠，閔王澤不下流，而萬民騷動，〔一〕故直言其失，切諫其邪者，將以爲君之榮，除主之禍也。〔二〕今則不然，反以爲誹謗君之行，無人臣之禮，〔三〕果紛然傷於身，蒙不辜之名，〔四〕戮及先人，爲天下笑，〔五〕故曰，談何容易！是以輔弼之臣瓦解，而邪諂之人並進，及蜚廉、惡來革等。〔六〕二人皆詐僞，巧言利口以進其身，陰奉琱瑑刻鏤之好，以納其心。〔七〕務快耳目之欲，以苟容爲度。遂往不戒，〔八〕身没被戮，宗廟崩阤，國家爲虛，〔九〕放戮聖賢，親近讒夫。詩不云乎？『讒人罔極，交亂四國』，〔一〇〕此之謂也。故卑身賤體，説色微辭，〔一一〕愉愉呴呴，終無益於主上之治，〔一二〕則志士仁人不忍爲也。將儼然作矜嚴之色，深言直諫，上以拂主之邪，下以損百姓之害，〔一三〕則忤於邪主之心，歷於衰世之法。〔一四〕故養壽命之士莫肯進也，遂居家山之間，〔一五〕積土爲室，編蓬爲户，彈琴其中，以詠先王之風，亦可以樂而忘死矣。是以伯夷叔齊避周，餓于首陽之下，後世稱其仁。如是，邪主之行固足畏也，故曰，談何容易！」

〔一〕師古曰：閔，病也。【補注】先謙曰：官本「王」作「主」。

〔二〕【補注】錢大昭曰：「禍」，閩本作「病」。

〔三〕師古曰：不省其忠而被以此罪也。

〔四〕師古曰：蒙，被也。

〔五〕【補注】何焯曰：張湯譖顔異被誅，陰擠狄山死地，汲黯亦以直廢，朔之言，皆藥武帝之病也。

〔六〕蘇林曰：二人皆紂時邪佞人也。孟康曰：蜚廉善走。師古曰：蜚，古飛字。【補注】先謙曰：官本「及」上有「遂」字，「輩」作「革」。沈欽韓云，秦紀，惡來革者，蜚廉子。説苑雜言「子石曰，惡來革長鼻決耳」。楚詞「惜誓來革，順志而用國」。此「輩」字訛，汪文盛本及文選並是「革」。

〔七〕師古曰：琱與彫同，畫也。瑑謂刻爲文也，音篆。

〔八〕【補注】先謙曰：論語「遂事不諫，既往不咎」。此謂不以遂往之事爲戒也。

〔九〕師古曰：阤，積也，音直氏反。虛讀曰墟。

〔一〇〕師古曰：小雅青蠅之詩也。解在戾太子傳。

〔一一〕師古曰：説讀曰悦。

〔一二〕師古曰：愉愉，顔色和也。呴呴，言語順也。呴音許于反。

〔一三〕師古曰：拂與弼同。損，減也。【補注】王念孫曰：顔注非也。「損」當爲「捐」，言將以捐除百姓之害，非但減之而已也。文選及治要亦誤作「損」，唯漢紀作「除」，則損爲捐字之誤可知。先謙曰：損、捐形近易誤。下文「捐車馬之用」，捐亦誤損，是其證。

〔一四〕師古曰：忤，逆也。歷猶經也，離也。

〔一五〕【補注】錢大昭曰：「家」，閩本作「深」。先謙曰：官本作「深」。

於是吴王懼然易容，〔一〕捐薦去几，危坐而聽。〔二〕先生曰：「接輿避世，箕子被髮陽狂，〔三〕此二人者，皆避濁世以全其身者也。使遇明王聖主，得清燕之閒，寬和之色，〔四〕發憤畢誠，〔五〕圖畫安危，揆度得失，〔六〕上以安主體，下以便萬民，則五帝三王之道可幾而見也。〔七〕故伊尹蒙恥辱，負鼎俎，和五味以干湯，〔八〕太公釣於渭之陽，以見文王。心合意同，謀無不成，計無不從，誠得其君也。深念遠慮，引義以正其身，推恩以廣其下，本仁祖義，〔九〕褒有德，禄賢能，誅惡亂，總遠方，一統類，美風俗，此帝王所由昌也。上不變天性，下不奪人倫，則天地和洽，遠方懷之，故號聖王。臣子之職既加矣，於是裂地定封，爵爲公侯，傳國子孫，名顯後世，民到于今稱之，以遇湯與文王也。太公、伊尹以如此，龍逢、比干獨如彼，豈不哀哉！故曰，談何容易！」

〔一〕師古曰：懼然，失守之貌也。懼音居具反。【補注】錢大昭曰：「懼」，漢紀作「瞿」。

〔二〕師古曰：捐薦席而去，馮几自貶損也。

〔三〕師古曰：解並在鄒陽傳。

〔四〕師古曰：閒讀曰閑。閑，暇也。【補注】先謙曰：官本「得」下有「賜」字。

〔五〕師古曰：畢，盡也。

〔六〕師古曰：圖，謀。晝，計也。【補注】先謙曰：官本「晝」並作「盡」，引宋祁曰「盡，姚本作晝」。
〔七〕師古曰：幾，庶幾。
〔八〕師古曰：蒙，冒也，犯也。
〔九〕師古曰：以仁爲本，以義爲始。

於是吴王穆然，〔一〕俛而深惟，仰而泣下交頤，曰：「嗟乎！余國之不亡也，綿綿連連，殆哉，世不絕也！」〔二〕於是正明堂之朝，齊君之位，〔三〕舉賢材，布德惠，施仁義，賞有功，躬節儉。減後宫之費，損車馬之用。〔四〕放鄭聲，遠佞人，〔五〕省庖廚，去侈靡，卑宫館，壞苑囿，填池塹，以予貧民無産業者。〔六〕開内藏，振貧窮，存耆老，卹孤獨，薄賦斂，省刑辟。行此三年，海内晏然，天下大洽，〔七〕陰陽和調，萬物咸得其宜。國無災害之變，民無飢寒之色，家給人足，畜積有餘，囹圄空虚。〔八〕鳳凰來集，麒麟在郊，甘露既降，朱草萌牙。遠方異俗之人，鄉風慕義，〔九〕各奉其職而來朝賀。故治亂之道，存亡之端，若此易見，而君人者莫肯爲也，臣愚竊以爲過。故詩云：「王國克生，惟周之楨，濟濟多士，文王以寧。」〔一〇〕此之謂也。

〔一〕張晏曰：穆音默。師古曰：穆然，静思貌。
〔二〕師古曰：殆，危也。【補注】先謙曰：官本「世」下有「之」字。
〔三〕【補注】先謙曰：官本「君」下有「臣」字，是。
〔四〕【補注】先謙曰：官本「損」作「捐」，是。

〔五〕師古曰：遠，離也，音于萬反。

〔六〕【補注】先謙曰：官本「子」作「予」，是。

〔七〕【補注】先謙曰：官本「治」作「洽」。

〔八〕師古曰：畜讀曰蓄。【補注】王念孫曰：毛晃增修禮部韻略引此，圄作圉。古今韻會同。今則各本皆改爲圄矣。說文圉、囹「圉，所以拘罪人也」；「圄，守之也」。兩字不同義。司馬遷傳「深幽囹圉之中」，史記秦始皇紀贊引過秦論「虛囹圉而免刑戮」，其字竝作圉。

〔九〕師古曰：鄉讀曰嚮。

〔一〇〕師古曰：大雅文王之詩也。言文王之國，生此多士，爲周室楨幹之臣，所以安寧也。

朔之文辭，此二篇最善。其餘有封泰山、責和氏璧及皇太子生禖、屏風、殿上柏柱、平樂觀賦獵，八言、七言上下，〔一〕從公孫弘借車，〔二〕凡〔劉〕向所録朔書具是矣。〔三〕世所傳他事皆非也。〔四〕

〔一〕晉灼曰：八言、七言詩，各有上下篇。【補注】沈欽韓曰：楚詞章句有東方朔七諫，疑即八言、七言，不然，不應遺於劉向也。又御覽三百五十有東方朔對驃騎難。

〔二〕【補注】沈欽韓曰：御覽四百八十五東方朔別傳曰「朔與公孫弘借車，書曰，朔當從甘泉，願借外廄之後乘。木槿夕死而朝生者，士亦不必長貧也」。

〔三〕師古曰：劉向別録所載。

〔四〕師古曰：謂如東方朔別傳及俗用五行時日之書，皆非實事也。

贊曰：劉向言少時數問長老賢人，通於事及朔時者，〔一〕皆曰朔口諧倡辯，不能持論，喜爲庸人誦説，〔二〕故令後世多傳聞者。〔三〕而楊雄亦以爲朔言不純師，行不純德，其流風遺書蔑如也。〔四〕然朔名過實者，以其詼達多端，不名一行：應諧似優，不窮似智，正諫似直，穢德似隱。非夷齊而是柳下惠，戒其子以上容：〔五〕「首陽爲拙，〔六〕柱下爲工。〔七〕飽食安步，以仕易農。依隱玩世，詭時不逢。」〔八〕其滑稽之雄乎！〔九〕朔之詼諧，逢占射覆，〔一〇〕其事浮淺，行於衆庶，童兒牧豎莫不眩燿。而後世好事者，因取奇言怪語，附著之朔，故詳録焉。〔一一〕

〔一〕師古曰：與朔同時也。

〔二〕師古曰：喜音許吏反。爲音于偽反。

〔三〕【補注】先謙曰：官本「令」作「今」。

〔四〕師古曰：言辭義淺薄，不足稱也。

〔五〕應劭曰：容身避害也。

〔六〕應劭曰：伯夷、叔齊不食周粟，餓死首陽山，爲拙。

〔七〕應劭曰：老子爲周柱下史，朝隱，故終身無患，是爲工也。【補注】吴仁傑曰：當從集本作「柳下爲定」。

〔八〕如淳曰：依違朝隱，樂玩其身於一世也。反時直言正諫，則與富貴不相逢矣。臣瓚曰：行與時詭而不逢禍害也。師古曰：瓚説是也。詭，違也。【補注】周壽昌曰：朔本集載其誡子詩全篇云「明者處世，莫尚於中。優哉游哉，於道相從。首陽爲拙，柳下爲工。飽食安步，以仕代農。依隱玩世，詭時不逢。才盡身危，好名得華。有羣累生，孤貴失和。遺餘不匱，自盡無多。聖人之道，一龍一蛇。形見神藏，與物變化。隨時之宜，無有常家」。贊止節録「首陽」以下六語。先謙曰：官本注「矣」作「也」。

〔九〕師古曰：雄謂爲之長（師）〔帥〕也。

〔一〇〕如淳曰：逢占，逢人所問而占之也。師古曰：此説非也。逢占，逆占事，猶云逆刺也。

〔一一〕師古曰：言此傳所以詳録朔之辭語者，爲俗人多以奇異妄附於朔故耳。欲明傳所不記，皆非其實也。而今之爲漢書學者，猶更取他書雜説，假合東方朔之事，以博異聞，良可歎矣。他皆類此。著音直略反。【補注】何焯曰：此傳詳著其事者，不欲異端之徒，得假託於朔，非刺取叢脞，以博異聞也。

公孫劉田王楊蔡陳鄭傳第三十六

公孫賀字子叔，北地義渠人也。賀祖父昆邪，〔一〕景帝時爲隴西守，以將軍擊吴楚有功，封平曲侯，著書十餘篇。〔二〕

〔一〕師古曰：昆音户門反。【補注】錢大昭曰：攷功臣表，賀是昆邪之子，「祖」字衍。

〔二〕師古曰：蓺文志陰陽家有公孫渾邪十五篇是也。

賀少爲騎士，〔一〕從軍數有功。自武帝爲太子時，賀爲舍人，及武帝即位，遷至太僕。賀夫人君孺，衛皇后姊也，賀由是有寵。元光中爲輕車將軍，軍馬邑。後四歲，出雲中。後五歲，以車騎將軍從大將軍青出，有功，封南窌侯。〔二〕後再以左將軍出定襄，無功，坐酎金，失侯。復以浮沮將軍出五原二千餘里，無功。〔三〕後八歲，遂代石慶爲丞相，封葛繹侯。〔四〕時朝廷多事，督責大臣。〔五〕自公孫弘後，丞相李蔡、嚴青翟、趙周三人比坐事死。〔六〕石慶雖以謹得終，然數被譴。初賀引拜爲丞相，不受印綬，頓首涕泣，曰：「臣本邊鄙，以鞍馬騎射爲官，材誠不任宰相。」上與左右見賀悲哀，感動下泣，曰：「扶起丞相。」賀不肯起，上乃起去。賀不

得已拜。出，左右問其故，賀曰：「主上賢明，臣不足以稱，恐負重責，從是殆矣。」〔七〕

〔一〕【補注】周壽昌曰：昆邪以罪免，故賀未嗣侯。

〔二〕臣瓚曰：茂陵中書云，封南奅侯，表亦作奅。師古曰：窌、奅二字同耳，音普教反。【補注】先謙曰：官本注云作「賀侯」，上「奅」字作「窌」。

〔三〕師古曰：沮音子閭反。

〔四〕【補注】周壽昌曰：武帝太初二年。

〔五〕師古曰：督謂察視也。

〔六〕師古曰：比，頻也。

〔七〕師古曰：殆，危也。

賀子敬聲代賀爲太僕，父子並居公卿位。敬聲以皇后姊子，驕奢不奉法，征和中擅用北軍錢千九百萬，發覺，下獄。是時詔捕陽陵朱安世不能得，上求之急，賀自請逐捕安世以贖敬聲罪。上許之。後果得安世。安世者，京師大俠也，〔一〕聞賀欲以贖子，〔二〕笑曰：「丞相禍及宗矣。南山之竹不足受我辭，斜谷之木不足爲我械。」〔三〕安世遂從獄中上書，告敬聲與陽石公主私通，〔四〕及使人巫祭祠詛上，且上甘泉當馳道埋偶人，〔五〕祝詛有惡言。下有司案驗賀，窮治所犯，遂父子死獄中，家族。

〔一〕【補注】周壽昌曰：游俠傳獨不敘朱安世，以其造巫蠱之亂，貽戩國家，不足稱俠也。

〔二〕【補注】先謙曰：官本「子」下有「罪」字，是。

〔三〕師古曰：斜，谷名也，其中多木。械謂桎梏也。言我方欲告丞相事，獄辭且多，械繫方久，故云然也。斜音弋奢反。

〔四〕師古曰：武帝女。

〔五〕師古曰：甘泉宫在北山，故欲往皆言上也。刻木爲人，象人之形，謂之偶人。偶，並也，對也。【補注】劉攽曰：「使人巫」，多「人」字。

巫蠱之禍起自朱安世，成於江充，遂及公主、皇后、太子，皆敗。語在江充、戾園傳。〔一〕

〔一〕師古曰：武五子傳敍戾太子謚戾，而置園邑，故云戾園也。【補注】錢大昕曰：外戚王夫人傳云「語在戾太子傳」。劉屈氂傳云「語在太子傳」。上文有「戾」字，故但稱太子。而此與江充傳俱稱戾園，亦例之不一也。

劉屈氂，武帝庶兄中山靖王子也，〔一〕不知其始所以進。

〔一〕師古曰：屈音丘勿反，又音其勿反。【補注】周壽昌曰：此宗室爲相之始。

征和二年春，制詔御史：「故丞相賀倚舊故、據高埶而爲邪，〔一〕興美田以利子弟賓客，不顧元元，無益邊穀，〔二〕貨賂上流，〔三〕朕忍之久矣。終不自革，〔四〕乃以邊爲援，〔五〕使内郡自省作車，〔六〕又令耕者自轉，〔七〕以困農煩擾畜者，〔八〕重馬傷秏，武備衰減；〔九〕下吏妄賦，百姓流亡；又詐爲詔書，以姦傳朱安世。〔一〇〕獄已正於理。〔一一〕其以涿郡太守屈氂爲左丞相，分丞相長史爲兩府，以待天下遠方之選。〔一二〕夫親親任賢，周唐之道也。以澎户二千二百封左丞相爲澎侯。」〔一三〕

〔一〕師古曰：帝爲太子，賀已爲舍人，故云舊故。【補注】先謙曰：官本「據」作「乘」。

〔二〕如淳曰：戍邊卒糧乏，不能爲方計以益之也。

〔三〕師古曰：丞相貪冒，受賂于下，故使衆庶貨賄上流執事者也。

〔四〕師古曰：革，改也。

〔五〕如淳曰：使内郡自作車，耕者自轉，所以饒邊，饒邊所以行恩施，爲己名援也。或曰，以胡爲援也。【補注】先謙曰：用邊郡吏自援助，蓋受其貨賂而行，此不平均之政也。饒邊以爲名，其過尚小，未至死罪，若以胡爲援，又豈得稱胡爲邊乎？

〔六〕服虔曰：詐令内郡自省作車轉輸也。邊屯無事之時，宜自治作車，以給軍用。師古曰：令郡自省減諸餘功用而作車也。省音所領反。

〔七〕文穎曰：自輪穀於邊。【補注】先謙曰：官本注在「農」下。

〔八〕【補注】先謙曰：畜者，謂養馬之民。

〔九〕師古曰：重謂懷孕者也。言轉運之勞，畜産疲困，故反使懷孕者爲之傷秏，以減武備也。秏音呼到反。【補注】先謙曰：官本注無「反」字，引宋祁曰「故字下，景本有反字」。

〔一〇〕師古曰：傳，逮捕也。

〔一一〕【補注】劉攽曰：獄，合屬上句。先謙曰：理，法官。

〔一二〕師古曰：待得賢人，當拜爲右丞相。【補注】宋祁曰：「長史」下當添「使」字。李慈銘曰：此武帝有意欲復惠帝、高后時兩府之舊，而本紀及表敍俱未載。

〔一三〕服虔曰：澎音彭。晉灼曰：東海縣。【補注】齊召南曰：案地理東海郡無澎縣。先謙曰：「澎」即「彭」也，説詳表。

其秋，戾太子爲江充所譖，殺充，發兵入丞相府，屈氂挺身逃，亡其印綬。〔一〕是時上避暑在甘泉宮，丞相長史乘疾置以聞。〔二〕上問：「丞相何爲？」對曰：「丞相祕之，未敢發兵。」上怒曰：「事籍籍如此，何謂祕也？〔三〕丞相無周公之風矣。周公不誅管蔡乎？」乃賜丞相璽書曰：「捕斬反省，自有賞罰。以牛車爲櫓，〔四〕毋接短兵，多殺傷士衆。〔五〕堅閉城門，毋令反者得出。」

〔一〕師古曰：挺，引也。獨引身而逃難，故失印綬也。

〔二〕師古曰：置謂所置驛也。

〔三〕師古曰：籍籍猶紛紛也。【補注】錢大昭曰：景十三王傳云「國中口語籍籍，慎無復至江都」。皆言諠聒之意。先謙曰：本書「籍」、「藉」通假。

〔四〕師古曰：櫓，楯也。遠與敵戰，故以車爲櫓，用自蔽也。一說，櫓，望敵之樓也。

〔五〕師古曰：用短兵則士衆多死傷。

太子既誅充發兵，宣言帝在甘泉病困，疑有變，姦臣欲作亂。上於是從甘泉來，幸城西建章宮，詔發三輔近縣兵，部中二千石以下，丞相兼將。太子亦遣使者撟制〔一〕赦長安中都官囚徒，〔二〕發武庫兵，命少傅石德及賓客張光等分將，使長安囚如侯持節發長水及宣曲胡騎，〔三〕皆以裝會。侍郎莽通使長安，〔四〕因追捕如侯，告胡人曰：「節有詐，勿聽也。」遂斬如侯，引騎入長安，又發輯濯士，以予大鴻臚商丘成。〔五〕初，漢節純赤，以太子持赤節，故更爲黄旄加上以相别。太子召監北軍使者任安發北軍兵,安受節已閉軍門,不肯應太子。〔六〕太子引兵去,敺四市人〔七〕凡數萬衆,至長樂西闕下,〔八〕逢丞相軍,合戰五日,死者數萬人,血流入溝中。〔九〕丞相附兵浸多,〔一〇〕太子軍敗,南犇覆盎城門,得出。〔一一〕會夜司直田仁部閉城門,坐令太子得出,丞相欲斬仁。御史大夫暴勝之謂丞相曰:「司直,吏二千石,當先請,柰何擅斬之。」丞相釋仁。〔一二〕上聞而大怒,下吏責問御史大夫曰:「司直縱反者,丞相斬之,法也,大夫何以擅止之?」勝之皇恐,自殺。及北軍使者任安,坐受太子節,懷二心;司直田仁縱太子,皆要斬。〔一三〕上曰:「侍郎莽通獲反將如侯,長安男子景建從通獲少傅石德,可謂元功矣。大鴻臚商丘成力戰獲反將張光。其封通爲重合侯,建爲德侯,成爲秺侯。」〔一四〕諸太子賓客,嘗出入宫門,皆坐誅。其隨太子發兵,以反法族。吏士劫略者,皆徙燉煌郡。〔一五〕以太子在外,始置屯兵長安諸城門。後二十餘日,太子得於湖。語在太子傳。〔一六〕

〔一〕師古曰:撟與矯同,其字從手。撟制,託稱詔命也。

〔二〕師古曰:京師諸官府。

〔三〕師古曰:長水,校名,宣曲,宫也,並胡騎所屯。今鄠縣東長水鄉,即舊營校之地。【補注】宋祁曰:「持節發」下别本有「兵」字。先謙曰:「發」字下屬爲一句,别本誤。長水、宣曲胡騎,皆長水校尉所掌,見百官表,營近長水,故以爲名。

〔四〕【補注】劉攽曰:「以」當作「已」。先謙曰:官本攷證云「莽通,武紀作『馬通』」,本姓馬也。後漢明德皇后惡其先人有反者,易其姓爲莽。見孟康注。

〔五〕師古曰：楫濯士，主用楫及濯行船者也。短曰楫，長曰濯。楫音集，字本從木，其音同耳。濯字本亦作櫂，並音直孝反。

〔六〕【補注】先謙曰：褚補史記任安傳「安爲北軍使者護軍，太子立車北軍南門外，召安與節，令發兵，安拜受節，入，閉門不出」。

〔七〕師古曰：歐與驅同。【補注】先謙曰：通鑑胡注「廟記曰，長安市有九，各方二百六十五步，六市在道西，三市在道東，凡四里爲一市。此言四市，蓋以東、西、南、北分爲市也。一説，四市者，東市、西市、直市、柳市」。先謙案，此時倉卒烏集，何能定爲某市之人？四市人，猶言諸市人耳，四者，廣博之詞。胡説失之泥矣。

〔八〕【補注】先謙曰：官本「闕」作「闘」。

〔九〕師古曰：溝，街衢之旁通水者也。【補注】先謙曰：官本注無「也」字。

〔一〇〕師古曰：浸，漸也。

〔一一〕師古曰：長安城南出東頭第一門曰覆盎城門，一號杜門。【補注】先謙曰：胡注「黄圖，長樂宫在東直杜門，故太子戰敗長樂闕下，南奔覆盎城門而出亡也」。

〔一二〕師古曰：釋，放也。

〔一三〕【補注】先謙曰：褚補史記「安答辱北軍錢官小吏，小吏上書言之，以爲受太子節，言幸與我其鮮好者。書上聞，武帝曰：『是老吏也，見兵事起，欲坐觀成敗，見勝者欲合從之，有兩心。』下安吏，誅死」。

〔一四〕孟康曰：秺音妒，在濟陰成武，今有亭。

〔一五〕師古曰：非其本心，然被太子劫略，故從之也。【補注】先謙曰：官本「焞」作「敦」。

〔一六〕師古曰：湖，縣名。

其明年，貳師將軍李廣利將兵出擊匈奴，丞相爲祖道，送至渭橋，〔一〕與廣利辭決。廣利曰：「願君侯早請昌邑王爲太子。〔一〕如立爲帝，君侯長何憂乎？」〔二〕屈氂許諾。昌邑王者，貳師將軍女弟李夫人子也。貳師女爲屈氂子妻，故共欲立焉。是時治巫蠱獄急，内者令郭穰告丞相夫人以丞相數有譴，使巫祠社，祝詛主上，有惡言，及與貳師共禱祠，欲令昌邑王爲帝。有司奏請案驗，罪至大逆不道。有詔載屈氂廚車以徇，〔四〕要斬東市，妻子梟首華陽街。〔五〕貳師將軍妻子亦收。貳師聞之，降匈奴，宗族遂滅。

〔一〕師古曰：祖者，送行之祭，因設宴飲焉。

〔二〕如淳曰：漢儀注，列侯爲丞相，稱君侯。師古曰：楊惲傳，丘常謂惲爲君侯，是則通呼列侯之尊稱耳，非必在於丞相也。如氏之説，不爲通矣。【補注】周壽昌曰：顏駁如説雖是，而不盡然也。楊敞傳，爲丞相，封安平侯。敞夫人謂敞曰：「使九卿來報君侯。」亦列侯爲丞相稱君侯之證。丘常借尊稱以諂惲，非典故也。如據漢舊儀爲説，自是正論，後漢以來，凡尊官俱稱君侯，六朝更濫矣。

〔三〕師古曰：如，若也。

〔四〕師古曰：廚車，載食之車也。徇，行示也。

〔五〕【補注】先謙曰：胡注「長安城中八街，華陽其一也」。

車千秋本姓田氏，〔一〕其先，齊諸田徙長陵。〔二〕千秋爲高寢郎。〔三〕會衛太子爲江充所譖敗，久之，千秋上急變訟太子冤，〔四〕曰：「子弄父兵，罪當笞；天子之子過誤殺人，當何罪哉！臣嘗夢見一白頭翁教臣言。」是時，上頗知太子惶恐無他意，乃大感寤，召見千秋。至前，千秋長八尺餘，體貌甚麗，〔五〕武帝見而説之，〔六〕謂曰：「父子之間，人所難言也，公獨明其不然。此高廟神靈使公教我，〔七〕公當遂爲吾輔佐。」立拜千秋爲大鴻臚。〔八〕數月，遂代劉屈氂爲丞相，封富民侯。千秋無他材能術學，又無伐閲功勞，〔九〕特以一言寤意，旬月取宰相封侯，世未嘗有也。後漢使者至匈奴，單于問曰：「聞漢新拜丞相，何用得之？」〔一〇〕使者曰：「以上書言事故。」單于曰：「苟如是，漢置丞相，非用賢也，妄一男子上書即得之矣。」〔一一〕使者還，道單于語。武帝以爲辱命，欲下之吏。良久，乃貰之。〔一二〕

〔一〕【補注】周壽昌曰：項安世云，田千秋好乘小車，子孫遂爲車氏。案，其子田順嗣侯，尚爲田氏，則更爲車氏之説未確。

〔二〕師古曰：劉敬所言，徙關東大族者。【補注】先謙曰：官本注末有「也」字。

〔三〕師古曰：高廟衞寢之郎。

〔四〕師古曰：所告非常，故云急變也。

〔五〕【補注】周壽昌曰：麗字不訓美好。公孫弘傳亦有此語，言其容貌俊偉而光明也。

〔六〕師古曰：説讀曰悦。

〔七〕【補注】何焯曰：千秋，高寢郎，又自言白頭翁教之言，故曰，此高廟神靈使公。

〔八〕師古曰：當其立見而即拜之，言不移時也。【補注】朱一新曰：立拜，特言其速。顔因上有召見字，曲爲傅合耳。賈捐之傳「立拜爲冀州刺史」、「立止」，皆與此義同，豈亦立見乎？

〔九〕師古曰：伐，積功也。閲，經歷也。【補注】周壽昌曰：伐閲即閥閲，猶門第也。門在左曰閥，門在右曰閲。史記功臣年表「人臣功有五品，明其等曰閥，積日曰閲」。後漢章帝紀「或起甽畝，不繫閥閲」。與此同意。

〔一〇〕師古曰：言此人何以得爲相也。

〔一一〕【補注】蘇輿曰：「妾一男子」，當作「一妾男子」。晏子諫下「則嬰有壹妾能書，足以治之矣」。語意正同。

〔一二〕師古曰：貰，寬縱也，謂釋放之也。其下亦同。

然千秋爲人敦厚有智，居位自稱，踰於前後數公。〔一〕初，千秋始視事，見上連年治太子獄，誅罰尤多，羣下恐懼，思欲寬廣上意，尉安衆庶。〔二〕乃與御史、中二千石共上壽頌德美，勸上施恩惠，緩刑罰，玩聽音樂，養志和神，爲天下自虞樂。〔三〕上報曰：「朕之不德，自左丞相與貳師陰謀逆亂，巫蠱之禍流及士大夫。〔四〕朕日一食者累月，乃何樂之聽？痛士大夫常在心，既事不咎。〔五〕雖然，巫蠱始發，詔丞相、御史督二千石求捕，〔六〕廷尉治，未聞九卿廷尉有所鞫也。〔七〕曩者，江充先治甘泉宮人，轉至未央椒房，〔八〕以及敬聲之疇、李禹之屬謀入匈奴，有司無所發，〔九〕今丞相親掘蘭臺蠱驗，所明知也。〔一〇〕至今餘巫頗脱不止，〔一一〕陰賊侵身，遠近爲蠱，朕媿之甚，何壽之有？〔一二〕敬不舉君之觴！〔一三〕謹謝丞相、二千石各就館。〔一四〕書曰：『毋偏毋黨，王道蕩蕩。』〔一五〕毋有復言。」〔一六〕

〔一〕師古曰：言其稱職也。

〔二〕師古曰：尉安之字，本無心也，是以漢書往往存古體字焉。【補注】宋祁曰：當删「字」字。錢大昭曰：胡建傳「所以尉薦走卒，甚得其心」。注云「尉者，自上安之也」。韓安國傳云「猶頗可得以尉士大夫心」。師古曰「故尉安之。字正如此，其後流俗乃加心耳」。案，王嘉傳「遣使者賜金尉厚」。師丹傳「有以尉復師傅之臣」。龔遂傳「選用良吏，尉安牧養焉」。宣元六王傳「益封孝王萬户，以尉其意」。王莽傳「宜令州郡且尉安之」。皆不從心。

〔三〕師古曰：虞與娛同。
〔四〕師古曰：謂與太子戰死者也。【補注】劉攽曰：既云自左丞相流及士大夫，則不及太子時人也。
〔五〕師古曰：言既往之事，不可追咎。
〔六〕師古曰：督，察視也。
〔七〕師古曰：鞫，問也。【補注】先謙曰：鞫謂明治其罪。
〔八〕師古曰：椒房，殿名，皇后所居也。以椒和泥塗壁，取其温而芳也。
〔九〕【補注】先謙曰：敬聲，公孫賀子。禹，李廣孫。事見廣傳。疇、儔通借字。發謂發其事。
〔一〇〕【補注】先謙曰：百官表，御史中丞在殿門蘭臺，掌圖籍秘書。據此，蘭臺在殿門外。
〔一一〕師古曰：言往往尚爲蠱也。【補注】先謙曰：餘巫頗脱逃在外，尚爲蠱不止。
〔一二〕【補注】先謙曰：官本「甚」作「其」。
〔一三〕【補注】周壽昌曰：臣下上壽，允之，則曰「敬舉君之觴」，如兒寬是也。不允，則曰「敬不舉君之觴」，如田千秋是也。後書明帝紀，十七年，百官公卿奉觴上壽，制荅之末云「不敢有辭，其敬舉觴」。蓋中興後，制尚如此。
〔一四〕師古曰：謝，告也。館，宫舍也。【補注】先謙曰：官本「宫」作「官」，是。
〔一五〕師古曰：周書洪範之辭也。
〔一六〕師古曰：不許其更請。

後歲餘，武帝疾，立皇子鉤弋夫人男爲太子，〔一〕拜大將軍霍光、車騎將軍金日磾、御史大夫桑弘羊及丞相千秋，並受遺詔，輔道少主。〔二〕武帝崩，昭帝初即位，未任聽政，〔三〕政事壹決大將軍光。千秋居丞相位，謹厚有重德。每公卿朝會，光謂千秋曰：「始與君侯俱受先帝遺詔，今光治内，君侯治外，宜有以教督，使光毋負天下。」〔四〕千秋曰：「唯將軍留意，即天下幸甚。」終不肯有所言。光以此重之。每有吉祥嘉應，數褒賞丞相。訖昭帝世，國家少事，百姓稍益充實。〔五〕始元六年，詔郡國舉賢良文學士，問以民所疾苦，於是鹽鐵之議起焉。〔六〕

〔一〕師古曰：鉤弋，宫名也，昭帝母趙婕妤居之，故號鉤弋夫人也。

〔二〕師古曰：道讀曰導。

〔三〕師古曰：年幼，故未堪聽政。【補注】宋祁曰：正文「未任」，王本作「未堪」。

〔四〕師古曰：督，視也。【補注】先謙曰：督，責也。

〔五〕【補注】先謙曰：益，漸進也。

〔六〕師古曰：議罷鹽鐵之官，令百姓皆得煮鹽鑄鐵，因總論政治得失也。【補注】先謙曰：此議因千秋不言，弘羊力持鹽鐵，卒不能罷，但罷榷酤而已。班於贊中痛責千秋，而附弘羊誅滅事於此傳末，所以深致其不然也。

千秋爲相十二年，薨，謚曰定侯。初，千秋年老，上優之，朝見，得乘小車入宫殿中，故因號曰「車丞相」。子順嗣侯，官至雲中太守，宣帝時以虎牙將軍擊匈奴，坐盜增鹵獲自殺，〔一〕國除。〔二〕

〔一〕【補注】錢大昭曰：表作「虜獲」。鹵、虜，通用字。

〔二〕【補注】周壽昌曰：千秋尚有弟爲函谷關都尉，一子爲雒陽武庫令，見魏相傳。

桑弘羊爲御史大夫八年，自以爲國家興榷筦之利，〔一〕伐其功，〔二〕欲爲子弟得官，怨望霍光，與上官桀等謀反，遂誅滅。

〔一〕師古曰：榷謂專其利使入官也。筦即管字也，義與幹同，皆謂主也。榷解在昭紀。【補注】宋祁曰：榷從木，俗從扌者，非。

〔二〕師古曰：自矜其功也。

王訢，濟南人也。〔一〕以郡縣吏積功，稍遷爲被陽令。〔二〕武帝末，軍旅數發，郡國盜賊羣起，繡衣御史暴勝之使持斧逐捕盜賊，以軍興從事，誅二千石以下。勝之過被陽，欲斬訢，訢已解衣伏質，〔三〕仰言曰：「使君顓殺生之柄，威震郡國，〔四〕今復斬一訢，不足以增威，不如時有所寬，以明恩貸，〔五〕令盡死力。」勝之壯其言，貰不誅，因與訢相結厚。

〔一〕師古曰：訢字與欣同。

〔二〕孟康曰：故千乘縣也。被音罷。師古曰：音皮彼反。

〔三〕師古曰：質，鍖也，欲斬人皆伏於鍖上也。鍖音竹林反。

〔四〕師古曰：爲使者，故謂之使君。使音所吏反。顓與專同。

〔五〕師古曰：貸猶假也，言饒假之。貸音土戴反。【補注】先謙曰：官本注在「死力」下。

勝之使還，薦訢，徵爲右輔都尉，守右扶風。上數出幸安定、北地，過扶風，宮館馳道脩治，供張辨。〔一〕武帝嘉之，駐車，拜訢爲真，視事十餘年。昭帝時爲御史大夫，代車千秋爲丞相，封宜春侯。明年薨，謚曰敬侯。

〔三〕師古曰：供音居用反。張音竹亮反。【補注】錢大昭曰：辨，古辦字。攷工記云「或審曲面埶，以辨民器」，鄭注「辨猶具也」。釋文「辨，皮莧反」。特牲饋食禮云「宗人告有司具」，鄭注「具猶辨也」。易「剝牀以辨」，徐音辦具之辦。說文辦字在新附中。先謙曰：官本「辨」作「辦」。

子譚嗣，以列侯與謀廢昌邑王立宣帝，〔一〕益封三百户。薨，子咸嗣。王莽妻即咸女，莽篡位，宜春氏以外戚寵。〔二〕自訢傳國至玄孫，莽敗，乃絕。

〔一〕師古曰：與讀曰豫。

〔二〕張晏曰：莽諱取同姓，故氏侯邑也。師古曰：此說非也。若云王氏，則與莽族相涉，故以侯號稱之耳。莽本以與譚得姓不同，祖系各別，故爲婚娶，既非私竊，不須避諱，諱亦不可掩也。【補注】宋祁曰：「掩」，一作「下」。

楊敞，華陰人也。給事大將軍莫府，爲軍司馬，〔一〕霍光愛厚之，稍遷至大司農。元鳳中，稻田使者燕倉〔二〕知上官桀等反謀，以告敞。敞素謹畏事，不敢言，乃移病臥。〔三〕以告諫大夫杜延年，延年以聞。蒼、延年皆封，敞以九卿不輒言，故不得侯。〔四〕後遷御史大夫，代王訢爲丞相，封安平侯。

〔一〕【補注】先謙曰：又爲長史，見昭紀及燕王旦傳。

〔二〕【補注】先謙曰：官本「倉」皆作「蒼」。

〔三〕師古曰：移病，請以書言病。一曰，以病而移居也。【補注】先謙曰：官本「請以」作「謂移」。

〔四〕師古曰：聞之不即告言也。

明年，昭帝崩。昌邑王徵即位，淫亂，大將軍光與車騎將軍張安世謀欲廢王更立。議既定，使大司農田延年報敞。敞驚懼，不知所言，汗出洽背，徒唯唯而已。〔一〕延年起至更衣，〔二〕敞夫人遽從東箱〔三〕謂敞曰：「此國大事，今大將軍議已定，使九卿來報君侯。君侯不疾應，與大將軍同心，猶與無決，先事誅矣。」〔四〕延年從更衣還，敞、夫人與延年參語許諾，〔五〕請奉大將軍教令，遂共廢昌邑王，立宣帝。宣帝即位月餘，敞薨，〔六〕謚曰敬侯。子忠嗣，以敞居位定策安宗廟，益封三千五百户。

〔一〕師古曰：唯唯，恭應之辭也，音弋癸反。
〔二〕師古曰：古者延賓必有更衣之處也。
〔三〕師古曰：遽，速也。【補注】何焯曰：敞夫人是後妻，非司馬遷女，觀下惲傳中「後母無子」之文可證。
〔四〕師古曰：與讀曰豫。
〔五〕師古曰：三人共言，故云參語。
〔六〕【補注】周壽昌曰：帝六月即位，敞以八月薨。

忠弟惲，字子幼，〔一〕以忠任爲郎，補常侍騎。〔二〕惲母，司馬遷女也。惲始讀外祖太史公記，頗爲春秋。以材能稱。好交英俊諸儒，名顯朝廷，擢爲左曹。霍氏謀反，惲先聞知，因侍中金安上以聞，召見言狀。霍氏伏誅，惲等五人皆封，〔三〕惲爲平通侯，遷中郎將。

〔一〕師古曰：惲音於粉反。【補注】朱一新曰：監本「惲」下重一「惲」字，提行。先謙曰：官本重「惲」字提行。

〔二〕師古曰：爲騎郎而常侍，故謂之常侍騎也。

〔三〕【補注】錢大昭曰：「五人」，閩本作「有功」。案功臣表，是時同日封者，張章、董忠、金安上及惲，有四人，其一人史高，在外戚侯表。

郎官故事，令郎出錢市財用，給文書，乃得出，名曰「山郎」。〔一〕移病盡一日，輒償一沐，〔二〕或至歲餘不得沐。其豪富郎，日出游戲，或行錢得善部。〔三〕貨賂流行，傳相放效。〔四〕惲爲中郎將，罷山郎，移長度大司農，以給財用。〔五〕其疾病休謁洗沐，皆以法令從事。郎、謁者有罪過，輒奏免，薦舉其高弟有行能者，至郡守九卿。郎官化之，莫不自厲，絕請謁貨賂之端，令行禁止，宮殿之內翕然同聲。由是擢爲諸吏光祿勳，〔六〕親近用事。

〔一〕張晏曰：山，財用之所出，故取名焉。【補注】錢大昭曰：此郎非尚書郎，是宿衞郎。

〔二〕晉灼曰：五日一洗沐也。師古曰：言出財用者，雖非休沐，常得在外也。貧者實病，皆以沐假償之也。

〔三〕師古曰：郎官之職，各有主部，故行錢財而擇其善，以招權也。

〔四〕師古曰：放音斧往反。

〔五〕應劭曰：長，久也。一歲之調度也。蘇林曰：簿書給縑之長也。師古曰：應說是也。言總計一歲所須財用，及文書之調度，而移大司農，以官錢供給之，更不取於郎也。【補注】宋祁曰：「簿書給縑之長也」，別本「給」作「餘」，無「縑」字。

〔六〕【補注】錢大昭曰：加諸吏者，始見於此。然孝文時，賈山上至言，已云「又選其賢者，使爲常侍諸吏」，則官制久矣。

初，惲受父財五百萬，及身封侯，皆以分宗族。後母無子，財亦數百萬，死皆予惲，惲盡復分後母昆弟。再受訾千餘萬，皆以分施。其輕財好義如此。

惲居殿中，廉絜無私，郎官稱公平。然惲伐其行治，〔一〕又性刻害，好發人陰伏，同位有忤己者，必欲害之，以其能高人。由是多怨於朝廷，與太僕戴長樂相失，卒以是敗。〔二〕

〔一〕師古曰：自矜其節行及政治之能也。
〔二〕師古曰：卒，終也。

長樂者，宣帝在民間時與相知，及即位，拔擢親近。長樂嘗使行事隸宗廟，〔一〕還謂掾史曰：「我親面見受詔，副帝隸，秺侯御。」〔二〕人有上書告長樂非所宜言，事下廷尉。長樂疑惲教人告之，亦上書告惲罪：「高昌侯車犇入北掖門，〔三〕惲語富平侯張延壽曰：『聞前曾有犇車抵殿門，〔四〕門關折，馬死，而昭帝崩。今復如此，天時，非人力也。』左馮翊韓延壽有罪下獄，惲上書訟延壽。郎中丘常謂惲曰：『聞君侯訟韓馮翊，當得活乎？』惲曰：『事何容易！脛脛者未必全也。〔五〕我不能自保，〔六〕真人所謂鼠不容穴，銜窶數者也。』〔七〕又中書謁者令宣持單于使者語，視諸將軍、中朝二千石。〔八〕惲曰：『冒頓單于得漢美食好物，謂之殠惡，單于不來明甚。』〔九〕惲上觀西閣上畫人，指桀紂畫謂樂昌侯王武曰：『天子過此，一二問其過，可以得師矣。』〔一〇〕畫人有堯舜禹湯，不稱，而舉桀紂。惲聞匈奴降者道單于見殺，惲曰：『得不肖君，大臣爲畫善計不用，自令身無處所。〔一一〕若秦時但任小臣，誅殺忠良，竟以滅亡；令親任大臣，即至今耳。〔一二〕古與今如一丘之貉。』〔一三〕惲妄引亡國以誹謗當世，無人臣禮。又語長樂曰：『正月以來，天陰不雨，此春秋所記，夏侯君所言。〔一四〕行必不至河東矣。』〔一五〕以主上爲戲語，尤悖逆絶理。

〔一〕服虔曰：兼行天子事，先隸習威儀也。師古曰：隸音〔戈〕〔弋〕二反。【補注】錢大昭曰：隸，閩本作「肄」。下「副帝隸」及注同。先謙曰：官本同。隸、肄古通。

〔二〕師古曰：我副帝隸而秺侯乃爲御耳。御謂御車也。秺音丁故反。【補注】先謙曰：秺侯，金賞也。

〔三〕師古曰：犇，古奔字也。【補注】先謙曰：高昌侯，董忠。

〔四〕師古曰：抵，觸也，音丁禮反。【補注】先謙曰：官本無「曾」字。

〔五〕師古曰：脛脛，直貌也。【補注】周壽昌曰：脛脛即硜硜，通借字。

〔六〕師古曰：言我尚不能自保，訟人何以得活。

〔七〕李奇曰：真人，正人也。如淳曰：所以不容穴，坐銜窶數自妨，故不得入穴。師古曰：窶數，戴器也。窶音其羽反。數音山羽反。解在東方朔傳。惲自云今之訟人，亦於己有妨。【補注】宋祁曰：正文「數者也」，多「也」字。何焯曰：真人，猶云誠若人言也。李注非。先謙曰：官本注「不得入穴」下有「也」字。窶數，非戴器，詳東方朔傳。

〔八〕師古曰：謂譯者所録也。視讀曰示。【補注】先謙曰：中書謁者令，成帝改爲中謁者令，見百官表。

〔九〕師古曰：時使者云單于欲來朝，故惲云不來。【補注】先謙曰：官本注「來朝」作「求朝」。

〔一〇〕師古曰：過此謂經過此也。問其過，謂桀紂之過惡。

〔一一〕師古曰：無處，所謂死滅也。

〔一二〕師古曰：言國祚長遠，可以至今猶不亡也。

〔一三〕師古曰：言其同類也。貉，獸名，似狐而善睡，音胡各反。

〔一四〕張晏曰：夏侯勝諫昌邑王曰：「天久陰不雨，臣下必有謀上者。」春秋無久陰不雨之異也。漢史記勝所言，故曰「春秋所記」，謂説春秋災異者耳。師古曰：春秋有不雨事，説者因論久陰，附著之也。張謂漢史爲春秋，失之矣。

【補注】先謙曰：官本「言」下有「也」字。

〔一五〕張晏曰：后土祠在河東，天子歲祠之。

「事下廷尉。廷尉定國考問，左驗明白，〔一〕奏惲不服罪，而召户將尊，〔二〕欲令戒飭富平侯延壽，〔三〕曰『太僕定有死罪數事，朝暮人也。〔四〕惲幸與富平侯婚姻，今獨三人坐語，侯言「時不聞惲語」，自與太僕相觸也』。〔五〕尊曰：『不可。』惲怒，持大刀，曰：『蒙富平侯力，得族罪！〔六〕毋泄惲語，令太僕聞之亂餘事。』〔七〕惲幸得列九卿諸吏，宿衛近臣，上所信任，與聞政事，〔八〕不竭忠愛，盡臣子義，而妄怨望，稱引爲訞惡言，〔九〕大逆不道，請逮捕治。」上不忍加誅，有詔皆免惲、長樂爲庶人。

〔一〕師古曰：定國，于定國也。左，證左也，言當時在其左右，見此事者也。

〔二〕蘇林曰：直主門户者也。師古曰：户將，官名，主户衛，屬光禄也。

〔三〕師古曰：飭與敕同。富平侯，張延壽也。

〔四〕師古曰：言不久活也。

〔五〕師古曰：令延壽證云惲無此語，長樂誣之也。

〔六〕師古曰：惲言富平侯依太僕言而證之，則我得罪至於族滅。深怨之辭也。

〔七〕文穎曰：勿使太僕聞惲此語。師古曰：亂餘事者，恐長樂心忿，更加增其餘罪狀也。
〔八〕師古曰：與讀曰豫。
〔九〕師古曰：訞與妖同。

惲既失爵位，家居治産業，起室宅，以財自娱。歲餘，其友人安定太守西河孫會宗，知略士也，與惲書諫戒之，爲言大臣廢退，當闔門惶懼，爲可憐之意，〔一〕不當治産業，通賓客，有稱舉。〔二〕惲宰相子，少顯朝廷，一朝晻昧語言見廢，〔三〕内懷不服，報會宗書曰：

〔一〕師古曰：闔，閉也。
〔二〕【補注】朱一新曰：監本作「稱譽」。文選注引漢書仍作「稱舉」。先謙曰：官本作「稱譽」。
〔三〕師古曰：晻與暗同。【補注】先謙曰：官本「一朝」下有「以」字，是。

惲材朽行穢，文質無所底，〔一〕幸賴先人餘業得備宿衛，遭遇時變以獲爵位，終非其任，卒與禍會。〔二〕足下哀其愚，蒙賜書，教督以所不及，〔三〕殷勤甚厚。然竊恨足下不深惟其終始，〔四〕而猥隨俗之毁譽也。〔五〕言鄙陋之愚心，若逆指而文過，〔六〕默而息乎，恐違孔氏「各言爾志」之義，〔七〕故敢略陳其愚，唯君子察焉！

〔一〕師古曰：底，致也，音之履反。
〔二〕師古曰：卒亦終也。
〔三〕師古曰：蒙，蔽。督，視。【補注】先謙曰：官本「蔽」下有「也」字。

〔四〕師古曰：惟，思也。
〔五〕師古曰：猥，曲也。
〔六〕師古曰：逆足下之意指，而自文飾其過。
〔七〕師古曰：論語云「顔回、季路侍，子曰：『盍各言爾志。』」故惲引之。【補注】宋祁曰：「息乎」疑作「自守」。「之義」疑作「之善」。

惲家方隆盛時，乘朱輪者十人，位在列卿，爵爲通侯，總領從官，〔一〕與聞政事，〔二〕曾不能以此時有所建明，以宣德化，又不能與羣僚同心并力，陪輔朝廷之遺忘，已負竊位素餐之責久矣。〔三〕懷禄貪埶，不能自退，遭遇變故，横被口語，〔四〕身幽北闕，妻子滿獄。當此之時，自以夷滅不足以塞責，〔五〕豈意得全首領，復奉先人之丘墓乎？伏惟聖主之恩，不可勝量。君子游道，樂以忘憂；小人全軀，説以忘罪。〔六〕竊自思念，過已大矣，行已虧矣，長爲農夫以没世矣。是故身率妻子，戮力耕桑，〔七〕灌園治產，以給公上，〔八〕不意當復用此爲譏議也。

〔一〕【補注】何焯曰：中郎將，光禄勳所領，皆宿衛士，故曰總領從官。周壽昌曰：柏梁詩光禄勳曰「總領從官柏梁臺」。
〔二〕師古曰：與讀曰豫。
〔三〕師古曰：素，空也。不稱其職，空食禄也。
〔四〕師古曰：横音胡孟反。
〔五〕師古曰：塞，補也。

〔六〕師古曰：説讀曰悦。

〔七〕【補注】先謙曰：官本「戮」作「勠」，是。

〔八〕師古曰：充縣官之賦斂也。

夫人情所不能止者，聖人弗禁，故君父至尊親，〔一〕送其終也，有時而既。〔二〕臣之得罪，已三年矣。田家作苦，歲時伏臘，亨羊炰羔，斗酒自勞。〔三〕家本秦也，能爲秦聲。婦趙女也，雅善鼓瑟。奴婢歌者數人，酒後耳熱，仰天拊缶，〔四〕而呼烏烏。〔五〕其詩曰：「田彼南山，蕪穢不治，種一頃豆，落而爲萁。人生行樂耳，須富貴何時！」〔六〕是日也，拂衣而喜，奮褎低卬，〔七〕頓足起舞，誠淫荒無度，不知其不可也。〔八〕惲幸有餘禄，方糴賤販貴，逐什一之利，此賈豎之事，汙辱之處，惲親行之。〔九〕下流之人，衆毁所歸，不寒而栗。〔一〇〕雖雅知惲者，猶隨風而靡，〔一一〕尚何稱譽之有！董生不云乎？「明明求仁義，常恐不能化民者，卿大夫意也；〔一二〕明明求財利，常恐困乏者，庶人之事也。」〔一三〕故「道不同，不相爲謀」。〔一四〕今子尚安得以卿大夫之制而責僕哉！

〔一〕師古曰：父至親，君至尊。

〔二〕張晏曰：喪不過三年，臣見放逐，降居三月，復初。師古曰：既，已也。【補注】劉敞曰：惲但云送終三年，本不及放逐三月也。

〔三〕師古曰：炰，毛炙肉也，即今所謂爊也。炰音步交反。爊音一高反。勞音來到反。【補注】先謙曰：官本「亨」作「烹」。

〔四〕應劭曰：缶，瓦器也，秦人擊之以節歌。師古曰：缶即今之盆類也。【補注】先謙曰：官本「拊」作「捬」。
〔五〕師古曰：李斯上書云「擊甕叩缶，彈箏搏髀，而呼烏烏快耳者，真秦聲也」。是關中舊有此曲也。
〔六〕張晏曰：山高而在陽，人君之象也。蕪穢不治，言朝廷之荒亂也。一頃百畝，以喻百官也。言豆者，貞實之物，當在囷倉，零落在野，喻己見放棄也。萁曲而不直，言朝臣皆諂諛也。師古曰：萁，豆莖也，音基。須，待也。【補注】周壽昌曰：張晏詳作詩注，文致周內，顏注取之。竊意宣帝惡者，書中君父送終數語，蓋先時戴長樂告惲罪，有昭帝崩，今復如此，又上行不至河東等語，觀此書，更實其言矣，不係此詩。
〔七〕師古曰：褎，古衣袖字。【補注】先謙曰：官本「褎」作「褏」，注無「衣」字，是。
〔八〕師古曰：自謂爲可也。
〔九〕【補注】錢大昭曰：貢禹傳「近臣自諸曹侍中以上，家無得私販賣，與民爭利」。惲免爲庶人，故欲爲賈豎之事。
〔一〇〕師古曰：栗，竦縮也。
〔一一〕師古曰：言逐衆議，皆相毀也。
〔一二〕【補注】宋祁曰：「卿」字當删。先謙曰：官本「意」上有「之」字。
〔一三〕師古曰：引董仲舒之辭也。仲舒傳作「皇皇也」。
〔一四〕師古曰：論語載孔子之辭，惲又引之。爲音于僞反。

夫西河魏土，文侯所興，有段干木、田子方之遺風，〔一〕漂然皆有節槩，知去就之分。〔二〕頃者，足下離舊土，臨安定，安定山谷之間，昆戎舊壤，〔三〕子弟貪鄙，豈習俗之移人哉？於今乃睹子之志矣。〔四〕方當盛漢之隆，願勉旃，毋多談。〔五〕

〔一〕應劭曰：段干木、田子方，魏賢人也。

〔二〕師古曰：漂然，高遠意。槩，度量也。漂音匹遥反。槩音工代反。分音扶問反。【補注】先謙曰：漂，飄借字。

〔三〕文穎曰：昆夷之地也。

〔四〕師古曰：言豈隨安定貪鄙之俗，而易其操乎？平生謂子爲達道，今乃見子之志與我不同也。【補注】先謙曰：官本注「也」上有「者」字。

〔五〕師古曰：旃，之也。言子當自勉厲以立功名，不須多與我言也。

又惲兄子安平侯譚爲典屬國，謂惲曰：「西河太守建平杜侯〔一〕前以罪過出，今徵爲御史大夫。侯罪薄，又有功，且復用。」惲曰：「有功何益？縣官不足爲盡力。」惲素與蓋寬饒、韓延壽善，譚即曰：「縣官實然，蓋司隸、韓馮翊皆盡力吏也，俱坐事誅。」會有日食變，騶馬猥佐成上書告惲〔二〕「驕奢不悔過，日食之咎，此人所致。」章下廷尉案驗，得所予會宗書，宣帝見而惡之。廷尉當惲大逆無道，〔三〕要斬。妻子徙酒泉郡。譚坐不諫正惲，與相應，有怨望語，免爲庶人。召拜成爲郎，諸在位與惲厚善者，未央衛尉韋玄成、京兆尹張敞及孫會宗等，皆免官。〔四〕

〔一〕師古曰：杜延年。

〔二〕如淳曰：騶馬，以給騶使乘之。佐，主猥馬吏也。有吏有佐名成者。【補注】先謙曰：通鑑注末「者」，引作「也」，是。

〔三〕師古曰：當謂處斷其罪。【補注】先謙曰：顧炎武云，以書中有君父送終語。

〔四〕【補注】錢大昭曰：案杜業傳「故事，大逆，朋友坐免官，無歸故郡者」。

蔡義，河内温人也。以明經給事大將軍莫府。家貧，常步行，資禮不逮衆門下，好事者相合〔一〕爲義買犢車，令乘之。數歲，遷補覆盎城門候。〔二〕

〔一〕師古曰：言衆斂錢物。

〔二〕師古曰：門候，主候時而開閉也。

久之，詔求能爲韓詩者，徵義待詔，久不進見。義上疏曰：「臣山東草萊之人，行能亡所比，容貌不及衆，然而不棄人倫者，竊以聞道於先師，自託於經術也。願賜清閒之燕，〔一〕得盡精思於前。」上召見義，説詩，甚説之，〔二〕擢爲光禄大夫給事中，進授昭帝。數歲，拜爲少府，遷御史大夫，代楊敞爲丞相，封陽平侯。又以定策安宗廟益封，加賜黄金二百斤。

〔一〕師古曰：燕，安息也。閒讀曰閑。

〔二〕師古曰：下説讀曰悦。

義爲丞相時年八十餘，短小無須眉，貌似老嫗，行步俛僂，〔一〕常兩吏扶夾乃能行。時大將軍光秉政，議者或言光置宰相不選賢，苟用可顓制者。〔二〕光聞之，謂侍中左右及官屬曰：「以爲人主師當爲宰相，〔三〕何謂云云？〔四〕此語不可使天下聞也。」

〔一〕師古曰：俛即俯字也。僂，曲背也。僂音力主反。【補注】劉敞曰：俛讀如本字自可。

〔二〕師古曰：顓與專同。其後類此。

〔三〕【補注】周壽昌曰：義授經昭帝，故云爲人主師。

〔四〕師古曰：云云，衆語，謂有不選賢之言也。

義爲相四歲，薨，謚曰節侯。無子，國除。

陳萬年字幼公，沛郡相人也。爲郡吏，察舉，至縣令，遷廣陵太守，〔一〕以高弟入爲右扶風，遷太僕。〔二〕

〔一〕師古曰：屢被察廉及舉薦，故得遷之也。【補注】先謙曰：官本注作「遷也」，無「之」字，引宋祁曰「遷也，改作遷之」。

〔二〕【補注】先謙曰：官本「弟」作「第」。

萬年廉平，内行修，然善事人，賂遺外戚許、史，傾家自盡，尤事樂陵侯史高。丞相丙吉病，中二千石上謁問疾。〔一〕遣家丞出謝，謝已皆去，萬年獨留，昏夜乃歸。及吉病甚，上自臨問以大臣行能。吉薦于定國、杜延年及萬年。萬年竟代定國爲御史大夫，八歲，病卒。

〔一〕師古曰：上謁，若今通名也。

子咸字子康，年十八，以萬年任爲郎。有異材，抗直，數言事，刺譏近臣，書數十上，遷爲左曹。萬年嘗病，召咸教戒於牀下，語至夜半，咸睡，頭觸屏風。萬年大怒，欲杖之，曰：「乃公教戒汝，汝反睡，不聽吾言，何也？」咸叩頭謝曰：「具曉所言，大要教咸讇也。」〔一〕萬年乃不復言。萬年死後，元帝擢咸爲御史中丞，總領州郡奏事，課第諸刺史，内執法殿中，公卿以下皆敬憚之。是時，中書令石顯用事顓權，咸頗言顯短，顯等恨之。時槐里令朱雲殘酷殺不辜，有司舉奏，未下。〔二〕咸素善雲，雲從刺候，教令上書自訟。〔三〕於是石顯微伺知之，白奏咸漏泄省中語，下獄掠治，〔四〕減死，髡爲城旦，因廢。

〔一〕師古曰：大要，大歸也。讇，古諂字也。
〔二〕師古曰：天子未下其章也。
〔三〕晉灼曰：雲從咸刺探伺候事之輕重，咸因教令上書。
〔四〕師古曰：掠，笞擊也，音力向反。

成帝初即位，大將軍王鳳以咸前指言石顯，有忠直節，奏請咸補長史。遷冀州刺史，奉使稱意，徵爲諫大夫。復出爲楚内史，北海、東郡太守。坐爲京兆尹王章所薦，章誅，咸免官。起家復爲南陽太守。所居以殺伐立威，豪猾吏及大姓犯法，輒論輸府，〔一〕以律程作司空，〔二〕爲地臼木杵，舂不中程，或私解脱鉗釱，衣服不如法，〔三〕輒加罪笞。督作劇，不勝痛，〔四〕自絞死，歲數百千人，〔五〕久者蟲出腐爛，家不得收。其治放嚴延年，其廉不如。所居調發屬縣所出食物以自奉養，〔六〕奢侈玉食。〔七〕然操持掾史，〔八〕郡中長吏皆令閉門自斂，不得踰法。公移敕書曰：〔九〕「即各欲求索自快，是一郡百太守也，何得然哉！」下吏畏之，豪彊執服，〔一〇〕令行禁止，然亦以此見廢。咸，三公子，少顯名於朝廷，而薛宣、朱博、翟方進、孔光等仕宦絶在咸後，皆以廉儉先至公卿，而咸滯於郡守。

〔一〕師古曰：府謂郡之府。【補注】宋祁曰：「輸府」下當添「下」字。

〔二〕師古曰：司空，主行役之官。【補注】先謙曰：司空，說詳賈誼傳。官本注「行」作「作」，是。

〔三〕師古曰：鉗在頸，釱在足，皆以鐵爲之。鉗音其炎反。釱音弟。

〔四〕師古曰：作程劇苦，又被督察，笞罰既多，故不勝痛也。

〔五〕【補注】先謙曰：官本「死」下有「者」字。

〔六〕師古曰：調，徒釣反。【補注】先謙曰：官本「徒」上有「音」字。

〔七〕師古曰：玉食，美食如玉也。

〔八〕師古曰：操，持也，音(于)〔千〕向反。【補注】先謙曰：官本注「持」作「執」，「向」作「高」，是。

〔九〕師古曰：公然移書以約敕也。【補注】周壽昌曰：唐惟詔命始稱敕，時有「不經鳳閣鸞臺不得爲敕」之語。師古注此，故云移書約敕。案之本文，則云敕書，不云書敕也。蓋漢時敕爲上命下之辭，凡官長行於掾史，祖父行於子孫，皆可稱敕。韓延壽傳「敕功曹議罰白」。孫寶傳「寶敕曰，今日鷹隼始擊，當順天氣」。後書張奮傳「臨終，敕家丞」，又奮稱「純遺敕，固不肯受」。歐陽氏集古録書韓敕碑後云「書無以敕命名者，秦制，天子之命稱敕，漢用秦法，臣下豈敢以敕命名。而繁陽令楊君碑陰有『故民程敕字伯嚴』，是漢時不獨一韓敕」。董逌廣川書跋云「南齊時有劉敕，爲始興內史」。是名敕者，不獨漢爲然，歐陽或攷之未審也。

〔一〇〕師古曰：埶讀曰槷，音之涉反。

時車騎將軍王音輔政，信用陳湯。咸數賂遺湯，予書曰：「即蒙子公力，得入帝城，死不恨。」〔一一〕後竟徵入爲少府。少府多寶物，屬官咸皆鉤校，發其姦臧，〔一二〕沒入辜榷財物。〔一三〕官屬及諸中宮黄門、鉤盾、掖庭官吏，舉奏案論，畏咸，皆失氣。爲少府三歲，與翟方進有隙。方進爲丞相，奏「咸前爲郡守，所在殘酷，毒螫加於吏民。主守盜，受所監。〔一四〕而官媚邪臣陳湯以求薦舉。苟得無恥，不宜處位。」咸坐免。頃之，紅陽侯立舉咸方正，爲光禄大夫給事中，方進復奏免之。〔一五〕後數年，立有罪就國，方進奏歸咸故郡，〔一六〕以憂死。

〔一一〕師古曰：子公，湯之字。

〔一二〕師古曰：鉤音工侯反。

〔一三〕師古曰：辜。榷，專固也。【補注】王念孫曰：翟方進傳「多辜榷爲姦利者」。師古曰「榷，專也。辜榷者，言己自專之，它人取者，輒有辜罪」。念孫案，辜榷，或作辜較，又作嫴榷。一切經音義二十引漢書音義曰「辜，固也。較，專也。謂規固販鬻，專略其利」。分辜榷爲二義，已失之迂。師古乃訓辜爲罪，訓榷爲專，又云「己自專之，它人取者，輒有辜罪」，則其謬滋甚。今案，辜榷，雙聲字也。廣雅「嫴榷，都凡也」。故總括財利，謂之辜榷，略陳指趣，亦謂之辜榷。孝經「蓋天子之孝也」，孔傳曰「蓋者，辜較之辭」。劉炫曰「辜較，猶梗槩也。孝道既廣，此纔舉其大略也」。梗槩與辜榷，一聲之轉，分言之則或曰辜，或曰榷。武紀「初榷酒酤」，韋昭曰「以木渡水曰榷，謂禁民酤釀，獨官開置。如道路設木爲榷，獨取利也」。王莽傳「豪吏猾民，辜而榷之」。廣雅「嫴，榷也」。是辜、榷二字，分而言之，亦都凡之意也。先謙曰：官本注「辜」下有「罪也」二字。據翟方進傳注，則有者是也。

〔四〕如淳曰：律，主守而盜直十金，棄市。師古曰：受所監法，解在景紀。【補注】周壽昌曰：案即今律，監守自盜也。注引如氏云云，是漢律最重，而陳咸僅坐免官，殆所取未足十金也。先謙曰：官本注「景」下有「帝」字，「紀」下有「螫式亦反」四字。

〔五〕【補注】先謙曰：當與方進傳參證。

〔六〕【補注】先謙曰：胡注「後書陳寵傳，寵之曾祖陳咸不仕莽世，雖亦居沛，各是一人」。

鄭弘字穉卿，泰山剛人也。〔一〕兄昌字次卿，亦好學，皆明經，通法律政事。次卿爲太原、涿郡太守，弘爲南陽太守，皆著治迹，條教法度，爲後所述。次卿用刑罰深，不如弘平。遷淮陽相，以高弟入爲右扶風，〔二〕京師稱之。代韋玄成爲御史大夫。六歲，坐與京房論議免，〔三〕語在房傳。

〔一〕師古曰：穉，古稚字。

〔二〕【補注】先謙曰：官本「弟」作「第」。

〔三〕【補注】齊召南曰：案公卿表，弘以永光二年爲御史大夫，五年，有罪自殺。據京房傳，但言房見道幽厲事，出爲弘言之，弘坐免，爲庶人。與此傳合。表云自殺，誤也。

贊曰：所謂鹽鐵議者，起始元中，徵文學賢良問以治亂，皆對願罷郡國鹽鐵、酒榷、均輸，〔一〕務本抑末，毋與天下爭利，然後化可興。〔二〕御史大夫弘羊以爲此乃所以安邊竟，制四夷，〔三〕國家大業，不可廢也。當時相詰難，頗有其議文。至宣帝時，汝南相寬次公〔四〕治公羊春秋，舉爲郎，至廬江太守丞，博通善屬文，推衍鹽鐵之議，增廣條目，極其論難，著數萬言，〔五〕亦欲以究治亂，成一家之法焉。其辭曰：〔六〕「觀公卿賢良文學之議，『異乎吾所聞』。〔七〕聞汝南朱生言，〔八〕當此之時，英俊並進，賢良茂陵唐生、文學魯國萬生之徒六十有餘人咸聚闕庭，舒六蓺之風，陳治平之原，知者贊其慮，仁者明其施，勇者見其斷，〔九〕辯者騁其辭，齗齗焉，行行焉，〔一〇〕雖未詳備，斯可略觀矣。中山劉子〔一一〕推言王道，撟當世，反諸正，〔一二〕彬彬然弘博君子也。〔一三〕九江祝生奮史魚之節，發憤懣，譏公卿，〔一四〕介然直而不撓，〔一五〕可謂不畏彊圉矣。桑大夫據當世，合時變，上權利之略，雖非正法，鉅儒宿學不能自解，〔一六〕博物通達之士也。然攝公卿之柄，不師古始，放於末利，〔一七〕處非其位，行非其道，果隕其性，以及厥宗。〔一八〕車丞相履伊呂之列，當軸處中，括囊不言，容身而去，〔一九〕彼哉！彼哉！〔二〇〕若夫丞相、御史兩府之士，不能正議以輔宰相，成同類，長同行，阿意苟合，以説其上，〔二一〕『斗筲之徒，何足選也！』」〔二二〕

〔一〕師古曰：酒榷、均輸，解在武紀及食貨志。

〔二〕【補注】錢大昭曰：「後」下南監本、閩本俱有「教」字。先謙曰：官本有「教」字。

〔三〕師古曰：竟讀曰境。【補注】先謙曰：官本注在「廢也」下。

〔四〕師古曰：次公者，寬之字。【補注】錢大昭曰：「相」當作「桓」。先謙曰：官本作「桓」，宋世諱桓，缺末筆，因訛而爲

「相」也。

〔五〕師古曰：即今之所行鹽鐵論十卷是也。

〔六〕師古曰：謂相寬總評議其善惡。【補注】先謙曰：官本「相」作「桓」，是。

〔七〕師古曰：論語載子張之言，言不與己志同也，故寬引〔之〕。

〔八〕【補注】宋祁曰：「朱」下當添「先」字。錢大昭曰：朱生，鹽錢論作「朱子伯」。

〔九〕師古曰：斷音丁喚反。

〔一〇〕師古曰：斷斷，辯爭之貌。行行，剛彊之貌也。斷音牛斤反。行音胡浪反。【補注】周壽昌曰：鹽鐵論作「誾誾焉，侃侃焉」。

〔一一〕【補注】錢大昭曰：鹽鐵論作「劉子雍」。

〔一二〕師古曰：正曲曰撟。諸，之也。撟讀曰矯同，其字從手。【補注】先謙曰：官本注下「曰」作「與」，是。

〔一三〕師古曰：彬彬，文章貌也，音彼旻反。

〔一四〕師古曰：懣音滿，又莫本反。【補注】先謙曰：官本「又」下有「音」字。

〔一五〕師古曰：撓，曲也，音女教反。

〔一六〕師古曰：解，釋也，言理不出於弘羊也。

〔一七〕師古曰：放，縱也，謂縱心於利也。一說，放，依也，音方往反。論語稱孔子曰「放於利而行，多怨」也。

〔一八〕師古曰：性，生也，謂與上官桀謀反誅也。

〔一九〕師古曰：括，結也。易坤卦六四爻辭曰「括囊，無咎無譽」，言自閉慎如囊之括結也。【補注】先謙曰：官本「自」作「口」。

〔二〇〕師古曰：論語云「或問子西，孔子曰，彼哉！彼哉！」言彼人哉，無足稱也。【補注】先謙曰：官本注「彼人哉」作

「彼人者」。

〔二二〕師古曰：説讀曰悦。

〔二三〕師古曰：筲，竹器也，容一斗。選，數也。論語云「子貢問曰：『今之從政者何如？』孔子曰：『噫，斗筲之人，何足選也！』」言其材器小劣，不足數也。筲音所交反。選音先阮反。噫，歎聲也。噫音於其反。【補注】錢大昭曰：今本論語「選」作「算」。選、算古字通。邶風「威儀棣棣，不可選也」。後漢書朱穆傳注絶交論引作「不可算也」。今本仍作「選」，詩攷以爲作「算」，蓋宋本與今本異。齊風「舞則選兮」。文選舞賦注引作「舞則纂兮」。纂即算也。周語「纂修其緒」。史記周本紀作「遵脩」，徐廣曰「遵，一作選」。是選、算同。

楊胡朱梅云傳第三十七

漢書六十七

楊王孫者，孝武時人也。〔一〕學黄老之術，家業千金，厚自奉養生，亡所不致。〔二〕及病且終，先令其子，〔三〕曰：「吾欲贏葬，以反吾真，〔四〕必亡易吾意。〔五〕死則爲布囊盛尸，入地七尺，既下，從足引脱其囊，以身親土。」其子欲默而不從，重廢父命，〔六〕欲從其，心又不忍，〔七〕乃往見王孫友人祁侯。〔八〕

〔一〕【補注】沈欽韓曰：西京雜記「楊貴字王孫，京兆人，死，卒裸葬於終南山，其子孫掘土鑿石，深七尺，而下尸，上復蓋之以石。欲儉而反奢」。常璩漢中志云「成固人」。

〔二〕師古曰：致，至也。【補注】劉攽曰：顔説非也。凡奉養難得之物，皆能致之，以自供也。

〔三〕師古曰：先令，爲遺令。【補注】先謙曰：官本此注併入下注。「爲」作「謂」。

〔四〕師古曰：贏者，不爲衣衾棺槨者也。反，歸也。真者，自然之道也。贏音郎果反。【補注】劉攽曰：形魂復歸于土，此其所謂反真也，何自然之謂？

〔五〕師古曰：易，改也。

〔六〕師古曰：重，難也。

〔七〕【補注】錢大昭曰：閩本「其」作「之」。先謙曰：官本作「之」。

〔八〕師古曰：祁侯繒賀之孫承嗣者，名它。

祁侯與王孫書曰：「王孫苦疾，僕迫從上祠雍，〔一〕未得詣前。〔二〕願存精神，省思慮，進醫藥，〔三〕厚自持。竊閒王孫先令羸葬，〔四〕令死者無知則已，若其有知，是戮尸地下，將羸見先人，竊爲王孫不取也。且孝經曰『爲之棺槨衣衾』，是亦聖人之遺制，何必區區獨守所聞？〔五〕願王孫察焉。」

〔一〕【補注】沈欽韓曰：功臣表，祁侯它以元光三年免侯。帝紀「元光二年，行幸雍，祠五時」。則祁侯書所云從祠雍，即在元光二年。

〔二〕師古曰：詣，至也。至前，言求見也。【補注】先謙曰：官本注「求」作「來」，是。

〔三〕【補注】先謙曰：官本「進」下有「近」字，引宋祁曰「近字當删」。

〔四〕【補注】先謙曰：「閒」，官本作「聞」，是。

〔五〕師古曰：區區，小意也。

王孫報曰：「蓋聞古之聖王，緣人情不忍其親，故爲制禮，今則越之，〔一〕吾是以羸葬，將以矯世也。〔二〕夫厚葬誠亡益於死者，而俗人競以相高，靡財單幣，腐之地下。〔三〕或乃今日入而明日發，〔四〕此真與暴骸於中野何異！〔五〕且夫死者，終生之化，而物之歸者也。〔六〕歸者得至，化者得變，是物各反其真也。反真冥冥，亡形亡聲，乃合道情。夫飾外以華衆，厚葬以鬲真，〔七〕使歸者不得至，化者不得變，是使物各失其所也。且吾聞之，精神者天之有也，形骸者地之有也。〔八〕精神離形，各歸其真，故謂之鬼，鬼之爲言歸也。其尸塊然獨處，豈有知哉？〔九〕裹以幣帛，鬲以棺槨，支體絡束，口含玉石，欲化不得，〔一〇〕鬱爲枯腊，千載之後，棺槨朽腐，乃得歸土，就其真宅。繇是言之，焉用久客！〔一一〕昔帝堯之葬也，窾木爲匵，葛藟爲緘，〔一二〕其穿下不亂泉，上不泄殠。〔一三〕故聖王生易尚，死易葬也。〔一四〕不加功於亡用，不損財於亡謂。〔一五〕今費財厚葬，留歸鬲至，死者不知，生者不得，是謂重惑。於戲！吾不爲也。」〔一六〕

〔一〕師古曰：言踰禮而厚葬也。

〔二〕師古曰：正曲曰矯。

〔三〕師古曰：靡，散也。單，盡也。

〔四〕師古曰：言見發掘也。

〔五〕【補注】先謙曰：「真」，疑「直」之譌。

〔六〕【補注】王念孫曰：終字，師古無音，蓋讀始終之終。案淮南精神篇注「化猶死也」。既言終，而又言化，則複矣。終當讀爲衆。祭義「衆生必死，死必歸土」。故曰死者衆生之化，而物之歸者也。衆之爲終，借字耳。古字多以終爲衆，說見經義述聞祭法。漢紀正作「衆生之化」。

〔七〕師古曰：鬲與隔同。其後並類此。

〔八〕師古曰：文子稱天氣爲魂。延陵季子云「骨肉下歸於土」，是以云然。

〔九〕師古曰：塊音口對反。

〔一〇〕【補注】沈欽韓曰：御覽八百十一引漢東園私記曰「亡人以黄金塞九竅，則尸終不朽」。八百八云「以雲母壅尸，則亡人不朽」。

〔一一〕師古曰：言不用久爲客也。繇讀與由同。【補注】先謙曰：歸土則與爲一，久不歸，是客也。

〔一二〕服虔曰：窾音款。款，空也，空木爲匵。師古曰：匵即櫝字也。櫝，小棺也。藟，葛蔓也。一曰，藟亦草名，葛之類也。緘，束也。藟音力水反。緘音工咸反。【補注】沈欽韓曰：墨翟節葬篇「堯北教乎北狄，道死，葬蛩山之陰，衣衾三領，穀木之棺，葛以緘之，土地之深，下毋及泉，上無通臭」。尸子「舜葬南巴之中，衣衾三領，款木之棺，葛以緘之」。先謙曰：官本「款空也」，「款」作「窾」。

〔一三〕師古曰：亂，絶也。【補注】先謙曰：不至泉，是不亂也。

〔一四〕師古曰：尚，崇也。言生死皆儉約也。【補注】先謙曰：尚謂尊奉。聖王不勞民以自厚，是生易尊奉也。

〔一五〕師古曰：謂者，名稱也，亦指趣也。

〔一六〕師古曰：於讀曰烏。戲讀曰呼。

祁侯曰「善」。遂贏葬。

胡建字子孟，河東人也。孝武天漢中，守軍正丞，〔一〕貧亡車馬，常步與走卒起居，所以尉薦走卒，甚得其心。〔二〕時監軍御史爲姦，穿北軍壘垣以爲賈區，〔三〕建欲誅之，乃約其走卒〔四〕曰：「我欲與公有所誅，吾言取之則取，斬之則斬。」於是當選士馬日，監御史與護軍諸校列坐堂皇上，〔五〕建從走卒趨立堂皇下拜謁，因上堂，〔六〕走卒皆上。建指監御史曰：「取彼！」走卒前曳下堂皇。建曰：「斬之！」遂斬御史。〔七〕護軍諸校皆愕驚，不知所以。建亦已有成奏在其懷中，遂上奏曰：「臣聞軍法，立武以威衆，誅惡以禁邪。今監御史公穿軍垣，以求賈利，〔八〕私買賣以與士市，不立剛毅之心，勇猛之節，亡以帥先士大夫，尤失理不公。用文吏議，不至重法。黄帝李法曰：〔九〕『壁壘已定，穿窬不繇路，是謂姦人，姦人者殺。』〔一〇〕臣謹按軍法曰：『正亡屬將軍，將軍有罪以聞，〔一一〕二千石以下行法焉。』〔一二〕丞於用法疑，〔一三〕執事不諉上，〔一四〕臣謹以斬，昧死以聞。」制曰：「司馬法曰：『國容不入軍，軍容不入國。』何文吏也？〔一五〕三王或誓於軍中，欲民先成其慮也；或誓於軍門之外，欲民先意以待事也；〔一六〕或將交刃而誓，致民志也。〔一七〕建又何疑焉？」建繇是顯名。

〔一〕師古曰：南北軍各有正，正又置丞，而建未得真官，兼守之。【補注】劉敞曰：南北軍各有正，正又置丞，而建未得真官，兼守之。建之所守，軍正之丞耳，未嘗兼守正也，故建奏云「丞於用法疑」，若兼守正，何疑之有？自是其時無正耳。齊召南曰：案後文御史穿北軍壘垣，則建守北軍正丞也。何焯曰：以軍正之丞，故係正言之，猶上卷言廬江太守丞。

〔二〕師古曰：尉者，自上安之也。薦者，舉籍也。【補注】王念孫曰：趙廣漢傳「其尉薦待遇吏，殷勤甚備」。如淳曰「尉亦薦藉也」。師古曰「尉薦謂安尉而薦達之」。案如説是也。薦、藉一聲之轉，尉薦猶尉藉耳。匈奴傳「尉薦撫循」，漢紀作「慰藉」，是其證。慰與尉通。若以薦爲舉薦，則上與「尉」字不相比附，下與「甚得其心」及「殷勤甚備」之文，皆不相連屬矣。

〔三〕師古曰：坐賣曰賈，爲賣物之區也。區者，小室之名，若今小庵屋之類耳。故衛士之屋謂之區廬，宿衛官外士稱爲區士也。賈音古。其下亦同。【補注】先謙曰：官本注「官」作「宫」，是。北軍壘，中壘校尉所掌，見百官表。

〔四〕師古曰：約，束也。

〔五〕師古曰：校者，軍之諸部校也。室無四壁曰皇。【補注】沈欽韓曰：廣雅釋器「堂皇，壂也」。同殿。釋宫「無室曰榭」。郭云，即今堂堭。案，今爲講武榭。

〔六〕【補注】錢大昭曰：「堂」下脱「皇」字。南監本、閩本皆有。先謙曰：官本有「皇」字。

〔七〕【補注】王先慎曰：「御史」上脱「監」字，傳前後並有「監」字。

〔八〕師古曰：公謂顯然爲之。

〔九〕蘇林曰：獄官名也。天文志「左角李，右角將」。孟康曰：兵書之法也。師古曰：李者，法官之號也，總主征伐刑戮之事也，故稱其書曰李法。蘇説近之。【補注】沈欽韓曰：説苑作「理法」。李、理義同。兵陰陽家黄帝李法十六篇。下軍法乃漢南北軍制也。

〔一〇〕師古曰：窬，小竇也，音踰。繇讀與由同。下皆類此。

〔一一〕師古曰：言軍正不屬將軍。將軍有罪過，得表奏之。【補注】先謙曰：官本「以」作「已」，引宋祁曰「已改作以」。

〔一二〕孟康曰：二千石謂軍中校尉、都尉之屬。

〔一三〕孟康曰：丞屬軍正，斬御史於法有疑。

〔一四〕師古曰：諉，累也。言執事者，當見法即行，不可以事累於上也。諉音女瑞反。累音力瑞反。

〔一五〕師古曰：司馬法亦兵書之名也，解在主父偃傳。詔言在於軍中，何用文吏議也。【補注】先謙曰：官本「兵書」上無「亦」字。

〔一六〕師古曰：慮謂計念也。先意謂先爲之意也。

〔一七〕師古曰：欲致民勇志，使不奔北。【補注】沈欽韓曰：以上語見司馬法天子之義篇。

後爲渭城令，治甚有聲。值昭帝幼，皇后父上官將軍安與帝姊蓋主私夫丁外人相善。外人〔矯〕〔驕〕恣，怨故京兆尹樊福，使客射殺之。〔一〕客臧公主廬，吏不敢捕。渭城令建將吏卒圍捕。〔二〕蓋主聞之，與外人、上官將軍多從奴客往，犇射追吏，〔三〕吏散走。主使僕射劾渭城令游徼傷主家奴。〔四〕建報亡它坐。〔五〕蓋主怒，使人上書告建侵辱長公主，射甲舍門。〔六〕知吏賊傷奴，辟報故不窮審。〔七〕大將軍霍光寢其奏。後光病，上官氏代聽事，〔八〕下吏捕建，建自殺。〔九〕吏民稱冤，至今渭城立其祠。

〔一〕【補注】先謙曰：據公卿表，福，昭帝始元六年，守京兆尹。

〔二〕【補注】齊召南曰：案渭城屬右扶風，在長安稍西，即秦故都咸陽也。此時蓋主第在渭城，故建圍之，以索賊耳。

〔三〕師古曰：犇，古奔字也。奔走赴之而射也。

〔四〕【補注】先謙曰：此僕射是主家僕射。百官表云，僕射宮人，皆有取其領事之號。此僕射，蓋公主宮人領事者。

〔五〕服虔曰：言游徼奉公，無它坐也。【補注】劉攽曰：多「坐」字。

〔六〕師古曰：甲舍即甲第，公主之宅。【補注】先謙曰：官本注「公」上有「謂」字，是。

〔七〕蘇林曰：辟，迴也。報，論也。斷獄也爲報。故言有故也。不窮審，窮盡其事也。師古曰：蘇說非也。言爲游徼避罪而妄報文書，故不窮治也。辟讀曰避。【補注】朱一新曰：注南監本「斷獄」下無「也」字，「窮盡」上有「不」字。先謙曰：官本無「也」字，有「不」字，是也。

〔八〕【補注】周壽昌曰：光傳云「光時休沐出，桀輒入代光決事」。桀，安父也。

〔九〕【補注】沈欽韓曰：鹽鐵論訟賢篇「東海成顒、河東胡建以術蒙舉，起卒伍，爲縣令。文學曰：『二公懷精白之〔行〕〔心〕，行忠正之道，不避强禦，卒爲衆枉所排。』」周壽昌曰：據鹽鐵論賢良、文學議在昭帝始元六年二月，已云「建不得其死」，則此必是年正、二月事。

朱雲字游，魯人也，徙平陵。少時通輕俠，〔一〕借客報仇。〔二〕長八尺餘，容貌甚壯，以勇力聞。年四十，乃變節從博士白子友受易，〔三〕又事前將軍蕭望之受論語，皆能傳其業。好倜儻大節，〔四〕當世以是高之。〔五〕

〔一〕【補注】王先慎曰：通謂交通。
〔二〕師古曰：借，助也，音子夜反。
〔三〕【補注】齊召南曰：案儒林傳，東海孟喜授同郡白光少子爲博士，由是有白氏學。然則白子友當即白光，但彼云字少子此云子友，字不同耳。
〔四〕師古曰：倜音吐歷反。
〔五〕【補注】何焯曰：成帝以後，士皆依附儒術，容身固位，志節日微，卒成王氏之篡。史家於朱雲深有取焉，特爲立傳，蓋激於張孔之徒爾。

元帝時，琅邪貢禹爲御史大夫，而華陰守丞嘉上封事，〔一〕言「治道在於得賢，御史之官，宰相之副，九卿之右，〔二〕不可不選。平陵朱雲，兼資文武，忠正有智略，可使以六百石秩試守御史大夫，以盡其能」。上乃下其事問公卿。太子少傅匡衡對，以爲「大臣者，國家之股肱，萬姓所瞻仰，明王所慎擇也。傳曰，下輕其上爵，賤人圖柄臣，則國家搖動而民不靜矣。〔三〕今嘉從守丞而圖大臣之位，欲以匹夫徒走之人，〔四〕而超九卿之右，非所以重國家而尊社稷也。自堯之用舜，文王於太公，猶試然後爵之，又況朱雲者乎？雲素好勇，數犯法亡命，受易頗有師道，其行義未有以異。今御史大夫禹絜白廉正，經術通明，有伯夷、史魚之風，海内莫不聞知，而嘉猥稱雲，〔五〕欲令爲御史大夫，妄相稱舉，疑有姦心，漸不可長，宜下有司案驗，以明好惡。」嘉竟坐之。〔六〕

〔一〕師古曰：守華陰縣丞者，其人名嘉。

〔二〕師古曰：右，言在上也。

〔三〕師古曰：上爵，大官也。圖，謀也。柄臣，執權之官。【補注】先謙曰：官本注「官」作「臣」。

〔四〕【補注】錢大昭曰：「走」，南監本、閩本作「步」。先謙曰：官本作「步」。

〔五〕師古曰：猥，曲也。【補注】先謙曰：官本「猥」作「猥」。

〔六〕【補注】何焯曰：貢禹雖賢，然爲石顯所薦。朱雲好大節，又從蕭望之受經，此固顯等所畏惡也。衡之對，嘉之坐，其或有使之者歟？

是時，少府五鹿充宗貴幸，爲梁丘易。自宣帝時，善梁丘氏説，元帝好之，欲考其異同，令充宗與諸易家論。充宗乘貴辯口，〔一〕諸儒莫能與抗，皆稱疾不敢會。有薦雲者，召入，攝齋登堂，〔二〕抗首而請，音動左右。〔三〕既論難，連拄五鹿君，〔四〕故諸儒爲之語曰：「五鹿嶽嶽，朱雲折其角。」〔五〕繇是爲博士。

〔一〕師古曰：乘，因也。言因藉尊貴之權也。

〔二〕師古曰：齋，衣下之裳，音子私反。【補注】沈欽韓曰：孔安國鄉黨注「衣下曰齊」。皇侃云，裳下縫也。師古謬爲裳。

〔三〕師古曰：抗，舉也。

〔四〕師古曰：拄，刺也，距也，音竹庾反。

〔五〕師古曰：嶽嶽，長角之貌。【補注】錢大昕曰：嶽即頟字。説文「頟，面岳岳也」。沈欽韓曰：西京雜記「長安有儒生曰，惠莊聞朱雲折五鹿充宗之角，乃嘆曰『藺栗犢反能爾耶？吾終恥溺死溝中』。遂裹糧從雲，雲與言，莊不能對，逡巡而去。拊心謂人曰：『吾口不能劇談，此中多有。』」

遷杜陵令，坐故縱亡命，〔一〕會赦，舉方正，爲槐里令。時中書令石顯用事，與充宗爲黨，百僚畏之。唯御史中丞陳咸年少抗節，不附顯等，而與雲相結。雲數上疏，言丞相韋玄成容身保位，亡能往來。〔二〕而咸數毀石顯。久之，有司考雲，疑風吏殺人。〔三〕羣臣朝見，上問丞相以雲治行。丞相玄成言雲暴虐亡狀。〔四〕時陳咸在前，聞之，以語雲。雲上書自訟，咸爲定奏草，求下御史中丞。事下丞相，丞相部吏考立其殺人罪。〔五〕雲亡入長安，復與咸計議。丞相具發其事，奏「咸宿衛執法之臣，幸得進見，漏泄所聞，以私語雲，爲定奏草，欲令自下治，〔六〕後知雲亡命罪人，而與交通，雲以故不得」。〔七〕上於是下咸、雲獄，減死爲城旦。〔八〕咸、雲遂廢錮，終元帝世。〔九〕

〔一〕【補注】何焯曰：故縱亡命，是猶通輕俠之餘習也。

〔二〕李奇曰：不能有所前卻也。師古曰：周書君奭之篇稱周公曰：「惟文王尚克修和有夏，有若虢叔、閎夭、散宜生、泰顛、南宮括。」又曰「亡能往來」。故雲引此以爲言也。【補注】先謙曰：官本「疏」作「書」，引宋祁曰「上書，越本作上疏」。

〔三〕師古曰：風讀曰諷。

〔四〕師古曰：無善狀也。

〔五〕師古曰：立，成也。

〔六〕師古曰：咸爲御史中丞，而奏請下中丞，故云自下治。

〔七〕師古曰：吏捕之不得。

〔八〕【補注】宋祁曰：「獄」下當添「治」字。

〔九〕【補注】先謙曰：官本「世」上有「之」字。

至成帝時，丞相故安昌侯張禹以帝師位特進，甚尊重。〔一〕雲上書求見，公卿在前。雲曰：「今朝廷大臣上不能匡主，下亡以益民，皆尸位素餐，〔二〕孔子所謂『鄙夫不可與事君』，『苟患失之，亡所不至』者也。〔三〕臣願賜尚方斬馬劍，斷佞臣一人，以厲其餘。」〔四〕上問：「誰也？」對曰：「安昌侯張禹。」〔五〕上大怒，曰：「小臣居下訕上，廷辱師傅，〔六〕罪死不赦！」御史將雲下，雲攀殿檻，檻折。〔七〕雲呼曰：〔八〕「臣得下從龍逢、比干遊於地下，足矣！〔九〕！未知聖朝何如耳？」〔一〇〕御史遂將雲去。於是左將軍辛慶忌免冠解印綬，叩頭殿下曰：「此臣素著狂直於世。〔一一〕使其言是，不可誅；其言非，固當容之。臣敢以死爭。」慶忌叩頭流血。上意解，然後得已。及後當治檻，〔一二〕上曰：「勿易，因而輯之，以旌直臣。」〔一三〕

〔一〕【補注】劉攽曰：「故」字當在「丞相」上。禹時罷相，侯如故也。錢大昕曰：禹以成帝河平四年爲丞相，鴻嘉元年以老病乞骸骨，賜安車駟馬，罷就第，以列侯朝朔望，位特進。此稱位特進，則在罷相後，故雲但斥言安昌侯張禹，不言丞相。而成帝亦但以廷辱師傅罪雲也。文當云「故丞相安昌侯」，今本轉寫誤耳。王念孫曰：治要引此正作「故丞相安昌侯張禹」。

〔二〕師古曰：尸，主也。素，空也。尸位者，不舉其事，但主其位而已。素餐者，德不稱官，空當食禄。

〔三〕師古曰：皆論語所載孔子之言也。苟患失其寵禄，則言行僻邪，無所不至也。

〔四〕師古曰：尚方，少府之屬官也，作供御器物，故有斬馬劍，劍利可以斬馬也。【補注】王念孫曰：案「佞臣一人」下原有「頭」字，而今本脱之。後漢書楊賜傳注、初學記人部中、白帖十三、九十二、御覽兵部七十三、人事部六十八、九十三，引此竝作「斷佞臣一人頭」。漢紀、通鑑同。沈欽韓曰：唐六典武庫令職注「陌刀，長刀，蓋古之斬馬劍」。

〔五〕【補注】先謙曰：因禹右王氏，事詳禹傳。

〔六〕師古曰：訕，謗也，音所諫反，又音删。

〔七〕師古曰：檻，軒前欄也。

〔八〕師古曰：呼，叫也，音火故反。

〔九〕師古曰：關龍逢，桀臣，王子比干，紂之諸父，皆以諫而死，故云然。

〔一〇〕師古曰：言殺直臣其聲惡。

〔一一〕師古曰：著，表也。言此名久彰表。

〔一二〕【補注】先謙曰：官本「治」下有「殿」字。

〔一三〕師古曰：輯與集同，謂補合之也。旌，表也。【補注】沈欽韓曰：容齋隨筆「至今宫殿正中一間横檻，獨不施欄楯，謂之折檻，自漢以來，相傳如此」。

雲自是之後不復仕，常居鄠田，時出乘牛車，從諸生，〔一〕所過皆敬事焉。薛宣爲丞相，雲往見之。宣備賓主禮，因留雲宿，從容謂雲曰：〔二〕「在田野亡事，且留我東閤，可以觀四方奇士。」雲曰：「小生乃欲相吏邪？」〔三〕宣不敢復言。

〔一〕【補注】先謙曰：官本無「出」字。
〔二〕師古曰：從音七庸反。
〔三〕師古曰：小生謂其新學後進。言欲以我爲吏乎？【補注】王鳴盛曰：公孫弘爲丞相，起客館，開東閣以延賢人。師古曰，閣者，小門東向開之，避當庭門而引賓客，以別於掾吏官屬也。然則屬吏皆從當庭中門入，東閣相延，正所以示敬，備賓主禮，非欲相吏也。而雲言乃如此，其彊項可見。

其教授，擇諸生，然後爲弟子。九江嚴望及望兄子元，字仲，能傳雲學，皆爲博士。望至泰山太守。

雲年七十餘，終於家。病不呼醫飲藥。遺言以身服斂，棺周於身，土周於椁，〔一〕爲丈五墳，葬平陵東郭外。

〔一〕師古曰：棺周於身，小棺裁容身也。土周於椁，冢壙裁容椁也。

梅福字子真，九江壽春人也。少學長安，明尚書、穀梁春秋，爲郡文學，補南昌尉。〔一〕後去官歸壽春，數因縣道上言變事，〔二〕求假軺傳，〔三〕詣行在所條對急政，〔四〕輒報罷。

〔一〕師古曰：豫章之縣。

〔二〕師古曰：附縣道之使而封奏也。變謂非常之事。【補注】王先慎曰：下云「陛下距臣者三矣」，明上變事者三，數字混言之。

〔三〕師古曰：小車之傳也。軺音遥。傳音張戀反。【補注】沈欽韓曰：晉書輿服志「一馬曰軺車，二馬曰軺傳」。

〔四〕師古曰：條對者，一一條録而對之。

是時，成帝委任大將軍王鳳，鳳專執擅朝，而京兆尹王章素忠直，譏刺鳳，爲鳳所誅。王氏浸盛，〔一〕災異數見，羣下莫敢正言。福復上書曰：〔二〕

〔一〕師古曰：浸，漸也。

〔二〕【補注】周壽昌曰：百官表，鳳死於陽朔三年八月。成紀「鴻嘉三年廣漢男子鄭躬反」。「永始二年，山陽鐵官蘇令等反」。福上書中有此二事，則必在永始二三年矣，距鳳死已八九年。則是時以下云云，疑有舛誤。

臣聞箕子佯狂於殷，而爲周陳洪範；叔孫通遁秦歸漢，制作儀品。〔一〕夫叔孫先非不忠也，〔二〕箕子非疏其家而畔親也，〔三〕不可爲言也。昔高祖納善若不及，從諫若轉圜，〔四〕聽言不求其能，舉功不考其素。〔五〕陳平起於亡命而爲謀主，韓信拔於行陳而建上將。〔六〕故天下之士雲合歸漢，〔七〕爭進奇異，知者竭其策，愚者盡其慮，勇士極其節，怯夫勉其死。合天下之知，并天下之威，是以舉秦如鴻毛，取楚若拾遺，〔八〕此高祖所以亡敵於天下也。〔九〕孝文皇帝起於代谷，〔一〇〕非有周召之師，伊吕之佐也，〔一一〕循高祖之法，加以恭儉。當此之時，天下幾平。〔一二〕繇是言之，循高祖之法則治，不循則亂。何者？秦爲亡道，削仲尼之迹，滅周公之軌，〔一三〕壞井田，除五等，禮廢樂崩，王道不通，故欲行王道者莫能致其功也。孝文皇帝好忠諫，〔一四〕說至言，〔一五〕出爵不待廉茂，慶賜不須顯功，〔一六〕是以天下布衣，各厲志竭精，以赴闕廷，自衒鬻者不可勝數。漢家得賢，於此爲盛。使孝武皇帝聽用其計，升平可致。〔一七〕於是積尸暴骨，快心胡越，故淮南安王緣間而起。〔一八〕所以計慮不成，而謀議泄者，以衆賢聚於本朝，〔一九〕故其大臣執陵不敢和從也。〔二〇〕方今布衣乃窺國家之隙，見間而起者，蜀郡是也。〔二一〕及山陽亡徒蘇令之羣，蹈藉名都大郡，求黨與，索隨和，〔二二〕而亡逃匿之意。此皆輕量大臣，亡所畏忌，國家之權輕，故匹夫欲與上爭衡也。

〔一〕師古曰：遁，逃也。【補注】沈欽韓曰：玉海六十八論衡曰「高祖詔叔孫通制作儀品十六篇」。案後書曹褒傳云，叔孫通漢儀十二篇。

〔二〕師古曰：先猶言先生也。一曰，先謂在秦時。【補注】先謙曰：一説非。

〔三〕師古曰：箕子，紂之諸父，故言疏家畔親也。

〔四〕師古曰：不及，恐失之也。轉圜，言其順也。【補注】先謙曰：官本注「順」下有「易」字。

〔五〕師古曰：直取其功，不論其舊行及所從來也。

〔六〕師古曰：立以爲大將軍。

〔七〕師古曰：言四面而至。

〔八〕師古曰：鴻毛喻輕。拾遺，言其易也。

〔九〕師古曰：亡讀曰無。

〔一〇〕師古曰：從代而來即帝位。

〔一一〕師古曰：召讀曰邵。

〔一二〕師古曰：幾音距依反。

〔一三〕師古曰：軌，法也。

〔一四〕【補注】錢大昭曰：「文」，南監本、閩本作「武」。先謙曰：官本作「武」，是。

〔一五〕師古曰：説讀曰悦。【補注】先謙曰：至猶直也。詳見賈山傳。

〔一六〕師古曰：謂諫爭合意即得官爵，不由薦舉及軍功也。廉，廉吏也。茂，茂材也。【補注】梁玉繩曰：孝廉、茂材，稱廉茂，猶抱朴子審舉篇、魏書高祖紀、隋書禮儀志稱秀才、孝廉爲秀孝也。

〔一七〕張晏曰：民有三年之儲，曰升平。

〔一八〕【補注】錢大昭曰：「安王」二字當乙。朱一新曰：監本作「王安」。先謙曰：官本作「王安」。

〔一九〕師古曰：本朝，漢朝也。

〔二〇〕服虔曰：臣埶陵君也。師古曰：謂淮南大臣相内史之屬也。【補注】王念孫曰：案此言漢多賢臣，故淮南大臣不敢與王俱叛，故曰其大臣不敢和從也。埶、陵二字，與上下文皆不相屬，葢涉後文「埶陵於君」而衍。而服注以爲臣埶陵君，則所見本已衍此二字矣。

〔二一〕孟康曰：成帝鴻嘉中，廣漢男子鄭躬等反是也。

〔二二〕李奇曰：求索與己和及隨己者。【補注】劉攽曰：漢氏世寶隨和珠玉，謂匹夫至欲求索此物，所謂與上爭衡也。先謙曰：劉説謬。以隨和爲珠玉，然則黨與又是何物耶？仍如李解爲是。

士者，國之重器，得士則重，失士則輕。詩云：「濟濟多士，文王以寧。」〔一〕廟堂之議，非草茅所當言也。〔二〕臣誠恐身塗野草，尸并卒伍，故數上書求見，輒報罷。臣聞齊桓之時，有以九九見者，桓公不逆，欲以致大也。〔三〕今臣所言非特九九也，陛下距臣者三矣，此天下士所以不至也。昔秦武王好力，任鄙叩關自鬻；〔四〕繆公行伯，繇余歸德。〔五〕今欲致天下之士，民有上書求見者，輒使詣尚書問其所言，言可采取者，秩以升斗之禄，賜以一束之帛。若此，則天下之士發憤懣，吐忠言，〔六〕嘉謀日聞於上，天下條貫，國家表裏，爛然睹矣。〔七〕夫以四海之廣，士民之數，能言之類至衆多也，然其俊桀指世陳政，言成文章，質之先聖而不繆，施之當世合時務，〔八〕若此者，亦亡幾人。〔九〕故爵禄束帛者，天下之底石，高祖所以厲世摩鈍也。〔一〇〕孔子曰：「工欲善其事，必先厲其器。」〔一一〕至秦則不然，張誹謗之罔，以爲漢歐除，倒持泰阿，授楚其柄。〔一二〕故誠能勿失其柄，天下雖有不順，莫敢觸其鋒，此孝武皇帝所以辟地建功爲漢世宗也。〔一三〕今不循伯者之道，〔一四〕乃欲以三代選舉之法，取當世之士，猶察伯樂之圖，求騏驥於市，而不可得，亦已明矣。〔一五〕故高祖棄陳平之過而獲其謀，〔一六〕晉文召天王，齊桓用其讎，〔一七〕亡益於時，不顧逆順，此所謂伯道者也。〔一八〕一色成體謂之醇，〔一九〕白黑雜合謂之駮。欲以承平之法，治暴秦之緒，〔二〇〕猶以鄉飲酒之禮，理軍市也。〔二一〕

〔一〕師古曰：大雅文王之詩也。已解於上。

〔二〕【補注】先謙曰：官本「議」作「義」。

〔三〕師古曰：九九，算術，若今九章、五曹之輩。【補注】沈欽韓曰：事見説苑尊賢、韓詩外傳三。周髀算經商高曰「數之法出於圓方。圓出於方，方出於矩，矩出於九九八十一」。注「九九者，乘除之原也」。夏侯陽算經曰「夫乘除之法，先明九九，一從十横，百立千僵，千十相望，萬百相當，滿六已上，五在上方，六不積算，五不單張，上下相乘，實居中央，言十自過，不滿自當，以法除之，宜得上商，從算相似，横算相當，以次右行，極於左方」。

〔四〕師古曰：秦武王即孝公之孫，惠文王之子也。任鄙，力士也。

〔五〕師古曰：即秦穆公也。伯讀曰霸。繇讀曰由。

〔六〕師古曰：懣音滿。【補注】先謙曰：官本注在「發憤懣」下。

〔七〕師古曰：爛然，分明之貌也。

〔八〕師古曰：質，正也。

〔九〕師古曰：無幾，言不多也。幾音居豈反。

〔一〇〕師古曰：底，細石也，音之履反，又音秪。

〔一一〕師古曰：論語載孔子之言也。工以喻國政，利器喻賢材。【補注】先謙曰：官本「厲」作「利」，是。此厲字緣上而誤。

〔一二〕師古曰：泰阿，劍名，歐(治)〔冶〕所鑄也。言秦無道，令陳涉、項羽乘間而發，譬倒持劍而以把授與人也。【補注】先謙曰：官本注「譬」作「喻」。

〔一三〕師古曰：辟讀曰闢。

〔一四〕師古曰：伯讀曰霸。次下亦同。【補注】先謙曰：元紀宣帝言，漢朝本以王伯道雜之。故不高言三王之道。

〔一五〕【補注】宋祁曰：「而」當作「其」字。

〔二六〕師古曰：盜嫂受金之事。

〔二七〕師古曰：召天王，謂狩于河陽也。用其讎，謂以管仲爲相。並解於上。

〔二八〕【補注】王念孫曰：案「亡益於時」四字，與上下文義不相屬。「亡」當爲「有」，此承上文高祖、晉文、齊桓而言，言霸主之舉，事但求有益於時，而不顧理之逆順也。今本作「亡益於時」，蓋涉後文「亡益於時，有遺於世」而誤。

〔二九〕【補注】先謙曰：官本「醇」作「純」，是。

〔三〇〕師古曰：緒謂餘業也。

〔三一〕【補注】沈欽韓曰：淮南詮言訓「滌杯而食，洗爵而飲，浣而後饋，可以養家老，而不可以饗三軍」。

今陛下既不納天下之言，又加戮焉。夫鳶鵲遭害，則仁鳥增逝；〔一〕愚者蒙戮，則知士深退。〔二〕間者愚民上疏，多觸不急之法，或下廷尉，而死者衆。〔三〕自陽朔以來，天下以言爲諱，朝廷尤甚，〔四〕羣臣皆承順上指，莫有執正。何以明其然也？取民所上書，陛下之所善，試下之廷尉，廷尉必曰「非所宜言，大不敬」。以此卜之，一矣。〔五〕故京兆尹王章，資質忠直，敢面引廷爭，孝元皇帝擢之，以厲具臣而矯曲朝。〔六〕及至陛下，戮及妻子。且惡惡止其身，王章非有反畔之辜，而殃及家。折直士之節，結諫臣之舌，羣臣皆知其非，然不敢爭，天下以言爲戒，最國家之大患也。願陛下循高祖之軌，杜亡秦之路，〔七〕數御十月之歌，〔八〕留意亡逸之戒，〔九〕除不急之法，下亡諱之詔，博覽兼聽，謀及疏賤，令深者不隱，遠者不塞，所謂「辟四門，明四目」也。〔一〇〕且不急之法，誹謗之微者也。往者不可及，來者猶可追。方今君命犯而主威奪，〔一一〕外戚之權日以益隆，陛下不見其形，願察其景。建始以來，日食地震，以率言之，三倍春秋，水災亡與比數。〔一二〕陰盛陽微，金鐵爲飛，此何景也！〔一三〕漢興以來，社稷三危。呂、霍、上官皆母后之家也，親親之道，全之爲右，〔一四〕當與之賢師良傅，教以忠孝之道。今乃尊寵其位，授以魁柄，〔一五〕使之驕逆，至於夷滅，〔一六〕此失親親之大者也。自霍光之賢，不能爲子孫慮，故權臣易世則危。書曰：「毋若火，始庸庸。」〔一七〕埶陵於君，權隆於主，然後防之，亦亡及已。〔一八〕

〔一〕師古曰：鳶，鴟也。仁鳥，鸞鳳也。鳶音緣。【補注】先謙曰：增，高也。説詳賈誼傳。

〔二〕師古曰：蒙，被也。

〔三〕師古曰：以其所言爲不急而罪之也。

〔四〕師古曰：妨人之口，法禁嚴切。【補注】先謙曰：官本注末有「也」字。

〔五〕【補注】王念孫曰：「一矣」二字，文不成義。「一矣」本作「可見矣」，言以此卜之，可見羣臣之承順上指也。「可見矣」三字，與上文「何以明其然也」正相呼應。今作「一矣」者，脱去「見」字，又脱去「可」字下半耳。漢紀孝成紀正作「以此卜之可見矣」。

〔六〕師古曰：具臣，具位之臣，無益者也。矯，正也。

〔七〕師古曰：杜，塞也。

〔八〕孟康曰：福讖切王氏。十月之詩，刺后族大盛也。師古曰：詩小雅十月之交篇也。

〔九〕師古曰：周書篇名也，周公作之以戒成王。

〔一〇〕師古曰：虞書舜典曰「闢四門，明四目」，言開四門以致衆賢，則明視於四方也。

〔一一〕師古曰：君命犯者，謂大臣犯君之命。

〔一二〕師古曰：言其極多，不可比校而數也。

〔一三〕張晏曰：河平二年，沛郡鐵官鑄鐵如星飛上去，權臣用事之異也。蘇林曰：言之不從，是謂不艾，則金不從革。景，象也。何象，言將危亡也。

〔一四〕師古曰：務全安之，此爲上。

〔一五〕師古曰：以斗爲喻也，斗身爲魁。

〔一六〕師古曰：夷，平也，謂平除之。

〔一七〕師古曰：周書洛誥之辭也。庸庸，微小貌也。言火始微小，不早撲滅則至熾盛。大臣貴擅，亦當早圖黜其權也。

【補注】錢大昕曰：今本作「燄燄」，庸、燄聲相近。

〔一八〕師古曰：已，語終辭。

上遂不納。〔一〕

〔一〕【補注】先謙曰：遂猶竟也。

成帝久亡繼嗣，福以爲宜建三統，封孔子之世以爲殷後，復上書曰：

臣聞「不在其位，不謀其政」。政者，職也。位卑而言高者，罪也。越職觸罪，危言世患，雖伏質横分，臣之願也。〔一〕守職不言，没齒身全，死之日，尸未腐而名滅，雖有景公之位，伏歷千駟，臣不貪也。〔二〕故願壹登文石之陛，涉赤墀之塗，〔三〕當户牖之法坐，〔四〕盡平生之愚慮。亡益於時，有遺於世，〔五〕此臣寢所以不安，食所以忘味也。願陛下深省臣言。〔六〕

〔一〕師古曰：伏質，斬刑也。横分，謂身首分離也。【補注】先謙曰：質與鑕同，解見張蒼、王訢傳。

〔二〕師古曰：景公，齊景公也。論語云「齊景公有馬千駟，死之日，人無得而稱焉」。故引之也。【補注】先謙曰：歷、櫪字同。

〔三〕應劭曰：以丹淹泥塗殿上也。

〔四〕師古曰：户牖之間謂之扆，言負扆也。法坐，正坐也，聽朝之處，猶言法官、法駕也。坐音才臥反。【補注】王鳴盛曰：户牖之法坐，即尚書顧命篇所謂牖閒南嚮是也。先謙曰：官本注「負」作「自」，引宋祁曰「自扆，當作負扆」也。

〔五〕師古曰：遺，留也。

〔六〕師古曰：省，察也。

臣聞存人所以自立也，壅人所以自塞也。善惡之報，各如其事。昔者秦滅二周，夷六國，〔一〕隱士不顯，佚民不舉，〔二〕絶三統，滅天道，是以身危子殺，厥孫不嗣，〔三〕所謂壅人以自塞者也。故武王克殷，未下車，存五帝之後，封殷於宋，紹夏於杞，〔四〕明著三統，示不獨有也。是以姬姓半天下，遷廟之主，流出於户，〔五〕所謂存人以自立者也。今成湯不祀，殷人亡後，陛下繼嗣久微，殆爲此也。春秋經曰：「宋殺其大夫。」穀梁傳曰：「其不稱名姓，以其在祖位，尊之也。」〔六〕此言孔子故殷後也，雖不正統，封其子孫以爲殷後，禮亦宜之。何者？諸侯奪宗，聖庶奪適。〔七〕傳曰「賢者子孫宜有土」，〔八〕而況聖人，又殷之後哉！昔成王以諸侯禮葬周公，而皇天動威，雷風著災。〔九〕今仲尼之廟不出闕里，〔一〇〕孔氏子孫不免編户，〔一一〕以聖人而歆匹夫之祀，非皇天之意也。今陛下誠能據仲尼之素功，以封其子孫，〔一二〕則國家必獲其福，又陛下之名與天亡極。何者？追聖人素功，封其子孫，未有法也，〔一三〕後聖必以爲則。不滅之名，可不勉哉！

〔一〕師古曰：二周，東周、西周君也。六國，齊、楚、韓、魏、趙、燕。【補注】先謙曰：官本注「趙、燕」作「燕、趙」。

〔二〕師古曰：佚與逸同。

〔三〕張晏曰：身爲燕丹、張良所謀，子二世見殺。孫謂子嬰。

〔四〕師古曰：謂封黄帝之後於薊，帝堯之後於祝，帝舜之後於陳，并杞、宋，是爲五帝。

〔五〕李奇曰：言其多。

〔六〕師古曰：事在僖二十五年。穀梁所云「在祖位」者，謂孔子本宋孔父之後，防叔奔魯，遂爲魯人。今宋所殺者亦孔父之後留在宋者，於孔子爲祀列，故尊而不名也。【補注】先謙曰：官本「祀」作「祖」，是。

〔七〕如淳曰：奪宗，始封之君尊爲諸侯，則奪其舊爲宗子之事也。奪適，文王舍伯邑考而立武王是也。孔子雖庶，可爲殷後。師古曰：適讀曰嫡。

〔八〕【補注】沈欽韓曰：公羊昭三十一年傳「曷爲通濫賢者子孫宜有地也」。

〔九〕師古曰：尚書大傳云「周公疾，曰：『吾死必葬於成周，示天下臣於成王也。』周公死，天乃雷雨以風，禾盡偃，大木斯拔。國恐，王與大夫開金縢之書，執書以泣曰：『周公勤勞王家，予幼人弗及知。』乃不葬之於成周，而葬之於畢，示天不敢臣」。【補注】齊召南曰：案大傳，伏生所著，其説王啟金縢，在周公既葬之後。史記魯世家即用其説。朱一新曰：「示天」下，監本有「下」字。先謙曰：官本有「下」字，是也。雷並作雷。

〔一〇〕師古曰：闕里，孔子舊里也。言除此之外，更無祭祀孔子者也。【補注】先謙曰：官本注末無「也」字。

〔一一〕師古曰：列爲庶人也。

〔一二〕師古曰：素功，素王之功也。穀梁傳曰「孔子素王」。
〔一三〕【補注】先謙曰：言前無所承。

福孤遠，又譏切王氏，故終不見納。

武帝時，〔一〕始封周後姬嘉爲周子南君，至元帝時，尊周子南君爲周承休侯，位次諸侯王。使諸大夫博士求殷後，分散爲十餘姓，郡國往往得其大家，推求子孫，絶不能紀。〔二〕時匡衡議，以爲「王者存二王後，所以尊其先王而通三統也。其犯誅絶之罪者絶，而更封他親爲始封君，上承其王者之始祖。春秋之義，諸侯不能守其社稷者絶。今宋國已不守其統而失國矣，則宜更立殷後爲始封君，而上承湯統，非當繼宋之絶侯也，宜明得殷後而已。今之故宋，推求其嫡，久遠不可得；雖得其嫡，嫡之先已絶，不當得立。禮記『孔子曰，丘，殷人也。』先師所共傳，宜以孔子世爲湯後」。上以其語不經，〔三〕遂見寢。至成帝時，梅福復言宜封孔子後以奉湯祀。綏和元年，立二王後，推迹古文，以左氏、穀梁世本、禮記相明，遂下詔封孔子世爲殷紹嘉公。〔四〕語在成紀。

〔一〕【補注】錢大昭曰：「武帝」上，閩本有「初」字。先謙曰：官本有「初」字。
〔二〕師古曰：不自知其昭穆之數也。
〔三〕師古曰：不合於經也。
〔四〕【補注】錢大昕曰：孔何齊初封殷紹嘉侯，尋進爵爲公。

是時，福居家，〔一〕常以讀書養性爲事。至元始中，王莽顓政〔二〕，福一朝棄妻子，去九江，至今傳以爲仙。其後人有見福於會稽者，變名姓，爲吳市門卒云。〔三〕

〔一〕【補注】先謙曰：「居家」疑當作「家居」。

〔二〕師古曰：顓讀與專同。

〔三〕師古曰：其後謂棄妻子去之後。

云敞字幼儒，〔一〕平陵人也。師事同縣吳章，章治尚書經爲博士。〔二〕平帝以中山王即帝位，年幼，莽秉政，自號安漢公。以平帝爲成帝後，不得顧私親，帝母及外家衞氏皆留中山，不得至京師。莽長子宇，非莽鬲絶衞氏，〔三〕恐帝長大後見怨。宇與吳章謀，夜以血塗莽門，〔四〕若鬼神之戒，冀以懼莽。章欲因對其咎。事發覺，莽殺宇，誅滅衞氏，謀所聯及，死者百餘人。章坐要斬，磔尸東市門。初，章爲當世名儒，教授尤盛，弟子千餘人，莽以爲惡人黨，皆當禁固，〔五〕不得仕宦。門人盡更名他師。〔六〕敞時爲大司徒掾，自劾吳章弟子，收抱章尸歸，棺斂葬之，〔七〕京師稱焉。車騎將軍王舜高其志節，比之欒布，表奏以爲掾，薦爲中郎諫大夫。莽篡位，王舜爲太師，復薦敞可輔職。〔八〕以病免。唐林言，敞可典郡，擢爲魯郡大尹。〔九〕更始時，安車徵敞爲御史大夫，復病免去，卒于家。

〔一〕【補注】先謙曰：官本「儒」作「孺」，是。

〔二〕【補注】先謙曰：官本考證云「儒林傳，吳章字偉君，受尚書於許商」。

〔三〕師古曰：鬲讀與隔同。

〔四〕【補注】錢大昭曰：「莽」下，南雍本、閩本有「第」字。先謙曰：官本有「第」字。

〔五〕【補注】錢大昭曰：「固」，南監本、閩本作「錮」。周壽昌曰：石慶、陳咸等傳皆作「禁錮」。固即錮也。後漢黨錮之禍，自莽倡之。先謙曰：官本「固」作「錮」。

〔六〕師古曰：更以他人爲師，諱不言是章弟子。

〔七〕師古曰：棺音工喚反。斂音力贍反。【補注】沈欽韓曰：廣韻「云姓，出自祝融之後」。西京雜記「平陵曹敞在吳章門下，獨稱吳章弟子，收葬其屍。平陵人爲立碑於吳章墓側，在龍首山南幙嶺上」。案，傳作云敞，彼爲曹敞，參錯。

〔八〕師古曰：爲輔弼之任。

〔九〕【補注】周壽昌曰：漢魯國，王莽時改爲郡，漢書僅此一見。東漢復爲魯國。

贊曰：昔仲尼稱不得中行，則思狂狷。〔一〕觀楊王孫之志，賢於秦始皇遠矣。〔二〕世稱朱雲多過其實，〔故曰〕「蓋有不知而作之者，我亡是也」。〔三〕胡建臨敵敢斷，武昭於外。〔四〕斬伐姦隙，軍旅不隊。〔五〕梅福之辭，合於大雅，雖無老成，尚有典刑，殷監不遠，夏后所聞。〔六〕遂從所好，全性市門。云敞之義，著於吳章，爲仁由己，再入大府，〔七〕清則濯纓，何遠之有？〔八〕

〔一〕師古曰：論語載孔子曰「不得中行而與之，必也狂狷乎！狂者進取，狷者有所不爲」。中行，中庸也。狷，介也。言不必得中庸之人與之論道，則思狂狷，猶愈於頑嚚無識者也。狷音工掾反。【補注】宋祁曰：「進取」下應添「於道」二字。

〔二〕【補注】何焯曰：漢諸陵無不爲赤眉所發，故班氏特追稱楊王孫之志，立傳以諷曉當代。其言始皇，所謂借秦爲喻，不敢謗議上及山陵也。

〔三〕師古曰：論語稱孔子之言也。疾時人妄有述作，非有實也。

〔四〕師古曰：昭，明也。

〔五〕【補注】先謙曰：隊、墜字同。

〔六〕師古曰：大雅蕩之詩曰「雖無老成人，尚有典刑」。言今雖無其人，尚有故法可案用也。又曰「殷監不遠，在夏后之時」。言殷視夏桀之亡，可爲戒也。贊引此者，謂梅福請封孔子後，是案武王克商之法而行之。又視秦滅二周、夷六國，不爲立後，自取喪亡，可爲戒也。【補注】先謙曰：顧炎武云，贊謂福引呂、霍、上官之事，以規切王氏。師古謂封孔子後，非也。先謙案，注引詩「世」作「時」，避唐諱。

〔七〕師古曰：論語稱孔子曰：「爲仁由己，而由人乎哉！」此贊引之。再入大府，謂初爲大司徒掾，後爲車騎將軍掾也。【補注】先謙曰：官本注「此」上有「故」字。

〔八〕師古曰：楚辭漁父之歌曰「滄浪之水清，可以濯我纓；滄浪之水濁，可以濯我足」。遇治則仕，遇亂則隱，云敞謝病去職，近於此義也。

霍光金日磾傳第三十八

霍光字子孟，票騎將軍去病弟也。父中孺，河東平陽人也，〔一〕以縣吏給事平陽侯家，〔二〕與侍者衞少兒私通而生去病。中孺吏畢歸家，娶婦生光，因絕不相聞。久之，少兒女弟子夫得幸於武帝，立爲皇后，去病以皇后姊子貴幸。既壯大，乃自知父爲霍中孺，未及求問。會爲票騎將軍擊匈奴，道出河東，河東太守郊迎，負弩矢先驅，〔三〕至平陽傳舍，遣吏迎霍中孺。中孺趨入拜謁，將軍迎拜，因跪曰：「去病不早自知爲大人遺體也。」中孺扶服叩頭，〔四〕曰：「老臣得託命將軍，此天力也。」去病大爲中孺買田宅奴婢而去。還，復過焉，乃將光西至長安，時年十餘歲，任光爲郎，稍遷諸曹侍中。去病死後，光爲奉常都尉光祿大夫，〔五〕出則奉車，入侍左右，出入禁闥二十餘年，〔六〕小心謹慎，未嘗有過，甚見親信。

〔一〕師古曰：中讀曰仲。

〔二〕師古曰：縣遣吏於侯家供事也。

〔三〕師古曰：郊迎，迎於郊界之上也。先驅者，導其路也。

〔四〕師古曰：服音蒲北反。【補注】先謙曰：扶服，即匍匐。

〔五〕【補注】錢大昭曰：「常」當作「車」。先謙曰：官本作「車」。

〔六〕師古曰：宮中小門謂之闥。

征和二年，衛太子爲江充所敗，而燕王旦、廣陵王胥皆多過失。是時上年老，寵姬鉤弋趙倢伃有男，〔一〕上心欲以爲嗣，命大臣輔之。察羣臣唯光任大重，可屬社稷。〔二〕上乃使黄門畫者畫周公負成王朝諸侯以賜光。〔三〕後元二年春，上游五柞宮，病篤，光涕泣問曰：「如有不諱，誰當嗣者？」〔四〕上曰：「君未諭前畫意邪？〔五〕立少子，君行周公之事。」光頓首讓曰：「臣不如金日磾。」日磾亦曰：「臣外國人，不如光。」上以光爲大司馬大將軍，日磾爲車騎將軍，及太僕上官桀爲左將軍，搜粟都尉桑弘羊爲御史大夫，皆拜臥内牀下，〔六〕受遺詔輔少主。明日，武帝崩，太子襲尊號，是爲孝昭皇帝。帝年八歲，政事壹決於光。

〔一〕師古曰：倢伃居鉤弋宮，故稱之。

〔二〕師古曰：任，堪也。屬，委也。任音壬。屬音之欲反。

〔三〕師古曰：黄門之署，職任親近，以供天子，百物在焉，故亦有畫工。

〔四〕師古曰：不諱，言不可諱也。

〔五〕師古曰：諭，曉也。

〔六〕師古曰：於天子所臥牀前拜職。【補注】王念孫曰：室謂之内，故臥室謂之臥内。盧綰、楚元王傳並云「出入臥内」，周仁傳「入臥内」，史丹傳「直入臥内」，皆是也。顏此注及金日磾傳注，皆未曉臥内二字之義。

先是，後元年，侍中僕射莽何羅與弟重合侯通謀爲逆，〔一〕時光與金日磾、上官桀等共誅之，功未録。武帝病，封璽書曰：「帝崩發書以從事。」遺詔封金日磾爲秺侯，上官桀爲安陽侯，光爲博陸侯，〔二〕皆以前捕反者功封。時衞尉王莽子男忽侍中，〔三〕揚語曰：〔四〕「帝病，忽常在左右，安得遺詔封三子事？」〔五〕羣兒自相貴耳。」光聞之切讓王莽，〔六〕莽酖殺忽。〔七〕

〔一〕師古曰：莽音莫户反。

〔二〕文穎曰：博，大。陸，平。取其嘉名，無此縣也。食邑北海、河、東城。師古曰：蓋亦取鄉聚之名以爲國號，非必縣也。公孫弘平津鄉則是矣。【補注】齊召南曰：注「河」字下脱「間」字，「城」則「郡」之譌。恩澤侯表云「北海河間東郡」，師古注「光初封食北海、河間，後益封，又食東郡」。可知此注脱誤顯然。先謙曰：日磾擒何羅，桀、光蓋共捕誅通也。

〔三〕師古曰：即右將軍王莽也，其子名忽。

〔四〕師古曰：揚謂宣唱之。

〔五〕師古曰：安猶焉。

〔六〕師古曰：切，深也。讓，責也。

〔七〕【補注】先謙曰：燕王旦傳「蓋主報言，獨患光及莽」。則莽亦重臣也。莽字稚叔，天水人，見公卿表。

光爲人沈靜詳審，長財七尺三寸，〔一〕白皙，疏眉目，美須頿。〔二〕每出入下殿門，止進有常處，郎僕射竊識視之，不失尺寸，〔三〕其資性端正如此。初輔幼主，政自己出，〔四〕天下想聞其風采。〔五〕殿中嘗有怪，一夜羣臣相驚，光召尚符璽郎，〔六〕郎不肯授光。光欲奪之，郎按劍

曰：「臣頭可得，璽不可得也！」光甚誼之。明日，詔增此郎秩二等。衆庶莫不多光。〔七〕

〔一〕師古曰：財與纔同。
〔二〕師古曰：皙，潔白也。顮，頰毛也。皙音先歷反。顮音人占反。
〔三〕師古曰：識，記也，音式志反。【補注】先謙曰：郎有僕射，爲諸郎長。見百官表。
〔四〕師古曰：自，從也。
〔五〕師古曰：采，文采。
〔六〕師古曰：恐有變難，故欲收其璽。【補注】先謙曰：通鑑此句下有「欲收取璽」四字，復引顏注於下，是也。顏注正釋收璽之故，若無四字，則召郎語意不完，下文郎不肯授無根，顏注文義亦無所承，各本皆脫，賴通鑑存之。胡注「續志，符璽郎中二人，在中，主璽及虎符竹符之半者」。官本注「其」作「取」。
〔七〕師古曰：多猶重也。以此事爲多足重也。

光與左將軍桀結婚相親，光長女爲桀子安妻。有女年與帝相配，〔一〕桀因帝姊鄂邑蓋主內安女後宮爲倢伃，〔二〕數月立爲皇后。父安爲票騎將軍，封桑樂侯。光時休沐出，〔三〕桀輒入代光決事。桀父子既尊盛，而德長公主。〔四〕公主內行不修，近幸河間丁外人。桀、安欲爲外人求封，幸依國家故事以列侯尚公主者，光不許。又爲外人求光祿大夫，欲令得召見，又不許。長主大以是怨光。而桀、安數爲外人求官爵弗能得，亦慚。自先帝時，桀已爲九卿，位在光右。〔五〕及父子並爲將軍，有椒房中宮之重，〔六〕皇后親安女，光乃其外祖，而顧專制朝事，〔七〕繇是與光爭權。〔八〕

〔一〕晉灼曰：漢語，光嫡妻東閭氏生安夫人，昭后之母也。
〔二〕師古曰：鄂邑，所食邑，爲蓋侯所尚，故云蓋主也。【補注】先謙曰：蓋侯王信，子充。見侯表。
〔三〕【補注】先謙曰：通鑑胡注「漢制，中朝官五日一下里舍休沐」。
〔四〕師古曰：懷其恩德也。
〔五〕師古曰：右，上也。【補注】錢大昕曰：公卿表「後元二年，太僕上官桀爲左將軍」。其初，除太僕，表不得其年。蓋征和二年，公孫敬聲有罪下獄，即以桀代之也。先謙曰：官本考證云「桀爲太僕，秩中二千石，光爲奉車都尉，僅比二千石，故曰位在光右」。
〔六〕師古曰：椒房殿，皇后所居。
〔七〕師古曰：顧猶反也。
〔八〕師古曰：繇讀與由同。

燕王旦自以昭帝兄，常懷怨望。及御史大夫桑弘羊建造酒榷鹽鐵，爲國興利，伐其功，〔一〕欲爲子弟得官，亦怨恨光。於是蓋主、上官桀、安及弘羊皆與燕王旦通謀，詐令人爲燕王上書，〔二〕言「光出都肄郎羽林，道上稱趩，〔三〕太官先置。〔四〕又引蘇武前使匈奴，拘留二十年不降，還乃爲典屬國，〔五〕而大將軍長史敞亡功爲搜粟都尉。〔六〕又擅調益莫府校尉。〔七〕光專權自恣，疑有非常。臣旦願歸符璽，入宿衞，察姦臣變」。候司光出沐日奏之。桀欲從中下其事，〔八〕桑弘羊當與諸大臣共執退光。〔九〕書奏，帝不肯下。

〔一〕師古曰：伐，矜也。

〔二〕【補注】齊召南曰：案武五子傳作「日聞之喜，上疏」云云，則是燕王實使人上書也。但下文云「調校尉以來未能十日，燕王何以得知之」，又云「上書者果亡，捕之甚急」，則此傳謂蓋主、桀、安等詐令人爲燕王上書，正得其實，燕刺王傳未及刊正耳。先謙曰：此正互文見義，齊説過泥。

〔三〕孟康曰：都，試也。肄，習也。師古曰：謂總閲試習武備也。【補注】先謙曰：都，大總也。肄，試習也，若今軍營云大操矣。省言之，則但曰都。下文云「都郎屬」，是也。孟訓都爲試，非。

〔四〕師古曰：供食飲之具。【補注】先謙曰：太官掌御飲食，有令丞，屬少府。二事皆言其僭。

〔五〕【補注】先謙曰：實十九年，而言二十者，舉成數也。

〔六〕師古曰：楊敞也。

〔七〕師古曰：調，選也。莫府，大將軍府也。調音徒釣反。

〔八〕師古曰：下謂下有司也，音胡稼反。【補注】先謙曰：胡注「何光出沐，不在禁中，桀欲自從禁中下其事也」。

〔九〕【補注】先謙曰：胡注「當者，以之自任也」。

明旦，光聞之，止畫室中不入。〔一〕上問：「大將軍安在？」左將軍桀對曰：「以燕王告其罪，故不敢入。」有詔召大將軍。光入，免冠頓首謝。上曰：「將軍冠。〔二〕朕知是書詐也，將軍亡罪。」光曰：「陛下何以知之？」上曰：「將軍之廣明，都郎屬耳。〔三〕調校尉以來未能十日，燕王何以得知之？且將軍爲非，不須校尉。」〔四〕是時帝年十四，尚書左右皆驚，〔五〕而上書者果亡，捕之甚急。桀等懼，白上小事不足遂，〔六〕上不聽。

〔一〕如淳曰：近臣所止計畫之室也，或曰，彫畫之室。師古曰：彫畫是也。【補注】何焯曰：畫室，即武帝畫周公負武王朝諸侯，以賜光，光奉之於室中也。沈欽韓曰：時蓋已移光禄勳禁止也。續志，少府屬有畫室署長。然則被告劾者待罪之所。周壽昌曰：畫室，當是殿前西閣之室。楊敞傳「上觀西閣上畫人，指桀紂畫，謂樂昌侯王武」云云，又云「畫人有堯、舜、禹、湯」。則知西閣畫古帝王像，故稱畫室。蔡質漢官典職曰「明光殿省中，皆以胡粉塗殿，紫青界之，畫古烈士，重行書贊」。文苑英華盧碩畫諫曰「漢文帝於未央宫承明殿畫屈軼草，進善旌，誹謗木，敢諫鼓，獬豸」。益知漢宫殿皆有圖畫也。時昭帝御殿内，光止西閣之室中以待命。不入，言不入殿也。先謙曰：下文光不敢入，至殿前而不入也。如何説，則畫室乃光私室，固非沈説移光禄勳禁止。此時無詔書，亦非桀等所敢出也。周説是。

〔二〕師古曰：令復著冠也。

〔三〕師古曰：之，往也。廣明，亭名也。屬耳，近耳也。屬音之欲反。【補注】先謙曰：耳，語詞。郎，羽林，皆郎屬也。屬不當訓近。胡注「廣明亭在長安城東，東都門外」。亦詳戾太子傳。

〔四〕文穎曰：帝云將軍欲反，不由一校尉。

〔五〕【補注】先謙曰：胡注「據表，尚書、中書爲兩官，續志合爲一官」。此時既有尚書，則與中書謁者爲兩官明矣。沈約宋志亦以爲兩官。

〔六〕師古曰：遂猶竟也。不須窮竟也。

後桀黨與有譖光者，上輒怒曰：「大將軍忠臣，先帝所屬以輔朕身，〔一〕敢有毀者坐之。」自是桀等不敢復言，乃謀令長公主置酒請光，伏兵格殺之，因廢帝，迎立燕王爲天子。事發覺，光盡誅桀、安、弘羊、外人宗族。燕王、蓋主皆自殺。光威震海内。昭帝既冠，遂委任光，訖十三年，〔二〕百姓充實，四夷賓服。

〔一〕師古曰：屬，委也，音之欲反。其下亦同。

〔二〕【補注】先謙曰：遂，竟也。言終委任之。訖，至也。

元平元年，昭帝崩，亡嗣。武帝六男，獨有廣陵王胥在，羣臣議所立，咸持廣陵王。王本以行失道，先帝所不用。光内不自安。郎有上書言「周太王廢太伯立王季，文王舍伯邑考立武王，唯在所宜，〔一〕雖廢長立少可也。廣陵王不可以承宗廟」。言合光意。光以其書視丞相敞等，〔二〕擢郎爲九江太守，即日承皇太后詔，遣行大鴻臚事少府樂成、宗正德、光禄大夫吉、中郎將利漢迎昌邑王賀。〔三〕

〔一〕師古曰：太伯者，王季之兄。伯邑考，文王長子也。

〔二〕師古曰：視讀曰示。敞即楊敞也。

〔三〕【補注】何焯曰：史樂成，光所親信，故首遣之。丙吉，亦故大將軍長史也。

賀者，武帝孫，昌邑哀王子也。既至，即位，行淫亂。光憂懣，〔一〕獨以問所親故吏大司農田延年。〔二〕延年曰：「將軍爲國柱石，〔三〕審此人不可，何不建白太后，〔四〕更選賢而立之？」光曰：「今欲如是，於古嘗有此否？」〔五〕延年曰：「伊尹相殷，廢太甲以安宗廟，後世稱其忠。〔六〕將軍若能行此，亦漢之伊尹也。」光乃引延年給事中，陰與車騎將軍張安世圖計，〔七〕遂召丞相、御史、將軍、列侯、中二千石、大夫、博士會議未央宫。光曰：「昌邑王行昏亂，恐危社稷，如何？」羣臣皆驚鄂失色，〔八〕莫敢發言，但唯唯而已。田延年前，離席按劍，曰：「先帝屬將軍以幼孤，寄將軍以天下，以將軍忠賢能安劉氏也。今羣下鼎沸，社稷將傾，且漢之傳謚常爲孝者，以長有天下，〔九〕令宗廟血食也。如令漢家絶祀，〔一〇〕將軍雖死，何面目見先帝於地下乎？今日之議，不得旋踵。〔一一〕羣臣後應者，臣請劍斬之。」光謝曰：「九卿責光是也。天下匈匈不安，光當受難。」〔一二〕於是議者皆叩頭，曰：「萬姓之命在於將軍，唯大將軍令。」〔一三〕

〔一〕師古曰：懣音滿，又音悶。

〔二〕【補注】周壽昌曰：光爲大將軍，在武帝朝，無印綬、官屬。延年初以材略給事大將軍莫府，故稱故吏。

〔三〕師古曰：柱者，梁下之柱。石者，承柱之礎也。言大臣負國重任，如屋之柱及其石也。

〔四〕師古曰：立議而白之。

〔五〕師古曰：光不涉學，故有此問也。【補注】先謙曰：官本「否」作「不」。

〔六〕師古曰：商書太甲篇曰「太甲既立，弗明，伊尹放諸桐」是也。

〔七〕師古曰：圖，謀也。

〔八〕師古曰：凡言鄂者，皆謂阻礙不依順也，後字作愕，其義亦同。【補注】王念孫曰：鄂亦驚也。若以爲阻礙不依順，則上與「驚」字不相比附，下與「失色」二字不相連屬矣。廣雅「愕，驚也」。燕策「羣臣驚愕，卒起不意，盡失其度」。今人猶曰驚愕曰愕然，豈阻礙不依順之謂乎？

〔九〕【補注】宋祁曰：「孝者」下當添「所」字。先謙曰：添「所」字，文不順。宋説謬。

〔一〇〕師古曰：如，若也。

〔一一〕師古曰：宜速決。

〔一二〕師古曰：受其憂責也。【補注】宋祁曰：「受難」改作「處難」。

〔一三〕師古曰：言一聽之也。

光即與羣臣俱見白太后，具陳昌邑王不可以承宗廟狀。皇太后乃車駕幸未央承明殿，〔一〕詔諸禁門毋内昌邑羣臣。王入朝太后還，乘輦欲歸温室，〔二〕中黄門宦者各持門扇，〔三〕王入，門閉，昌邑羣臣不得入。王曰：「何爲？」大將軍跪曰：「有皇太后詔，毋内昌邑羣臣。」王曰：「徐之，何乃驚人如是！」光使盡驅出昌邑羣臣，置金馬門外。車騎將軍安世將羽林騎，收縛二百餘人，皆送廷尉詔獄。令故昭帝侍中中臣侍守王。〔四〕光敕左右：「謹宿衛，卒有物故自裁，令我負天下，有殺主名。」〔五〕王尚未自知當廢，謂左右：「我故羣臣從官安得罪，而大將軍盡繫之乎？」〔六〕頃之，有太后詔召王。王聞召，意恐，乃曰：「我安得罪而召我哉！」太后被珠襦，〔七〕盛服坐武帳中，侍御數百人皆持兵，期門武士陛戟，陳列殿下。〔八〕羣臣以次上殿，召昌邑王伏前聽詔。光與羣臣連名奏王，尚書令讀奏曰：

〔一〕【補注】先謙曰：胡注「未央宫有承明殿，天子於是延儒生、學士。武帝責莊助曰『君厭承明之廬』，西都賦曰『承明金馬，著作之庭』是也」。

〔二〕【補注】先謙曰：胡注「晉灼云，長樂宫有温室殿。黄圖『温室在未央殿北，武帝建』」。余謂長樂固亦有温室，但漢諸帝皆居未央，則此當爲未央之温室也。

〔三〕【補注】先謙曰：中黄門屬少府黄門令。見表。

〔四〕【補注】錢大昭曰：侍中爲中朝官，故稱中臣。朱一新曰：「臣」當作「常」。先謙曰：云守王，不須言侍守。「中臣」

二字，史亦罕見。據百官表「侍中、中常侍，皆加官得入禁中」，則朱説是也。通鑑亦誤作「臣」。

〔五〕師古曰：卒讀曰猝。物故，死也。自裁，自殺也。

〔六〕師古曰：安，焉也。【補注】先謙曰：胡注「安得罪，猶言何所得罪也」。

〔七〕如淳曰：以珠飾襦也。晉灼曰：貫珠以爲襦，形若今革襦矣。師古曰：晉説是也。

〔八〕師古曰：陛戟，謂執戟以衞陛下也。

丞相臣敞、〔一〕大司馬大將軍臣光、車騎將軍臣安世、〔二〕度遼將軍臣明友、〔三〕前將軍臣增、〔四〕後將軍臣充國、〔五〕御史大夫臣誼、〔六〕宜春侯臣譚、〔七〕當塗侯臣聖、〔八〕隨桃侯臣昌樂、〔九〕杜侯臣屠耆堂、〔一〇〕太僕臣延年、〔一一〕太常臣昌、〔一二〕大司農臣延年、〔一三〕宗正臣德、〔一四〕少府臣樂成、〔一五〕廷尉臣光、〔一六〕執金吾臣延壽、〔一七〕大鴻臚臣賢、〔一八〕左馮翊臣廣明、〔一九〕右扶風臣德、〔二〇〕長信少府臣嘉、〔二一〕典屬國臣武、〔二二〕京輔都尉臣廣漢、〔二三〕司隸校尉臣辟兵、〔二四〕諸吏文學光禄大夫臣遷、〔二五〕臣畸、〔二六〕臣吉、〔二七〕臣賜、臣管、臣勝、臣梁、臣長幸、〔二八〕臣夏侯勝、〔二九〕太中大夫臣德、〔三〇〕臣卬〔三一〕昧死言皇太后陛下：臣敞等頓首死罪。天子所以永保宗廟、總壹海内者，〔三二〕以慈孝禮誼賞罰爲本，孝昭皇帝早棄天下，亡嗣，臣敞等議，禮曰「爲人後者爲之子也」，昌邑王宜嗣後，遣宗正、大鴻臚、光禄大夫奉節使徵昌邑王典喪。服斬縗，〔三三〕亡悲哀之心，廢禮誼，居道上不素食，〔三四〕使從官略女子載衣車，内所居傳舍。〔三五〕始至謁見，立爲皇太子，〔三六〕常私買雞豚以食。受皇帝信璽、行璽大行前，〔三七〕就次發璽不封。〔三八〕從官更持節，〔三九〕引內昌邑從官騶宰官奴二百餘人，常與居禁闥內敖戲。自之符璽取節十六，〔四〇〕朝暮臨，〔四一〕令從官更持節從。〔四二〕爲書曰「皇帝問侍中君卿：〔四三〕使中御府令高昌〔四四〕奉黃金千斤，賜君卿取十妻」。大行在前殿，發樂府樂器，引內昌邑樂人，擊鼓歌吹，作俳倡。〔四五〕會下還，上前殿，〔四六〕擊鐘磬，召內泰壹宗廟樂人，輦道牟首，〔四七〕鼓吹歌舞，悉奏衆樂。發長安廚三太牢具祠閣室中，〔四八〕祀已，與從官飲啗。〔四九〕駕法駕，皮軒鸞旗，驅馳北宮、桂宮，弄彘鬭虎。〔五〇〕召皇太后御小馬車，〔五一〕使官奴騎乘，遊戲掖庭中。與孝昭皇帝宮人蒙等淫亂，詔掖庭令敢泄言要斬。

〔一〕師古曰：楊敞也。

〔二〕師古曰：張子孺。

〔三〕師古曰：范明友。

〔四〕師古曰：韓增。

〔五〕師古曰：趙充國。

〔六〕師古曰：蔡誼。【補注】錢大昕曰：即蔡義也。儒林傳亦作蔡誼。案鄭仲師注周禮云，古者書儀但爲義，即威儀字。今時所謂義爲誼。即仁義字。漢書項籍傳贊、董仲舒、夏侯勝傳皆以誼爲義。義者，宜也。故字從宜。儒林傳東郡太守翟誼，即翟義。

〔七〕師古曰：王訢子。

〔八〕師古曰：姓魏也。

〔九〕師古曰：姓趙，故蒼梧王趙光子。

〔一〇〕師古曰：故胡人。

〔一一〕師古曰：杜延年。

〔一二〕師古曰：蒲侯蘇昌。

〔一三〕師古曰：田延年。

〔一四〕師古曰：劉向父。

〔一五〕師古曰：姓史也。

〔一六〕師古曰：李光。

〔一七〕師古曰：李延壽。

〔一八〕師古曰：韋賢。

〔一九〕師古曰：田廣明。

〔二〇〕師古曰：周德。

〔二一〕師古曰：不知姓。

〔二二〕師古曰：蘇武。【補注】沈欽韓曰：容齋四筆「武傳，昭帝時免武官，以故二千石與定策。此奏直稱典屬國，宣紀封侯亦然。恐誤」。

〔二三〕師古曰：趙廣漢。

〔二四〕師古曰：不知姓。

〔二五〕師古曰：王遷。

〔二六〕師古曰：宋畸。

〔二七〕師古曰：景吉。【補注】錢大昭曰：景吉即丙吉也。唐諱「丙」字，故「丙丁」皆爲「景丁」。

〔二八〕師古曰：並不知姓也。

〔二九〕李奇曰：同官同名，故以姓别也。

〔三〇〕師古曰：不知姓。

〔三一〕師古曰：趙充國子也。

〔三二〕【補注】錢大昭曰：「大」當作「天」。先謙曰：官本「大」作「天」。

〔三三〕師古曰：典喪服，言爲喪主也。斬縗，謂縗裳下不緶，直斬斬割之而已。緶音步千反。【補注】錢大昭曰：典喪，爲喪主也。下言賀服斬縗，無悲哀之心，顔以典喪服爲句，失其指矣。先謙曰：官本注「直」下「斬」字不重。胡注引顔，删「服」字。

〔三四〕師古曰：素食，菜食無肉也。言王在道常肉食，非居喪之制也。而鄭康成解喪服素食云「平常之食」，失之遠矣。素食，義亦見王莽傳。【補注】沈欽韓曰：喪服傳「始死至葬，朝一溢米，夕一溢米，既虞，食疏食。程瑶田喪服足徵記云，疏食者，稷食也。案，人君於子卯稷食，庶人凶年亦稷食。水飲，既練，始食菜果，飯素食」。程瑶田云，始食菜果，即接云飯素食。其爲無酒肉，何待言。蓋葬前裁令毋絶粒餓死而已。既葬，始惡食，不取飽。至練後哀殺，乃復其故，量取飽而止，不飲酒食肉。若侍於尊者，亦食之矣。通計前後，故鄭注「素猶故也，謂復平生時食也」。子夏作傳時，安知佛法？所謂葷素之食，顔不當以鄙俗習聞輕訾先儒經訓。至此傳稱不素食，又别一義。管子禁藏篇「果蓏素食，當十石」。注「果蓏不以火化而食，故曰素食」。墨子辭過篇「古之民未知爲飲食，時素食而分處」。然則居喪之禮，亦不火食，只以糒糗、菜果爲膳。讀如春秋「獻素」之「素」，亦不當以釋氏説爲解。

〔三五〕【補注】先謙曰：内與納同。

〔三六〕【補注】何焯曰：先立爲皇太子，則無明世宗不父孝宗之變矣。此舊儀，不可不素講也。

〔三七〕孟康曰：漢初有三璽，天子之璽自佩，行璽、信璽在符節臺。大行前，昭帝柩前也。韋昭曰：大行，不反之辭也。

〔三八〕師古曰：璽既國器，常當緘封，而王於大行前受之，退還所次，遂爾發漏，更不封之，得令凡人皆見，言不重慎也。

〔三九〕師古曰：更音工衡反。次下亦同。

〔四〇〕師古曰：之，往也。自往之署取節也。

〔四一〕師古曰：臨，哭臨也，音力禁反。【補注】先謙曰：官本注奪「音」字。

〔四二〕師古曰：更互執節，從至哭臨之所。

〔四三〕師古曰：昌邑之侍中，名君卿也。

〔四四〕【補注】先謙曰：百官表，御府令屬少府。

〔四五〕師古曰：俳優，諧戲也。倡，樂人也。俳音排。

〔四六〕如淳曰：下謂柩之入冢。葬還不居喪位，便處前殿也。師古曰：下音胡稼反。

〔四七〕鄭氏曰：祭泰壹神樂人也。孟康曰：牟首，地名也，上有觀。如淳曰：輦道，閣道也。牟首，屏面也。以屏面自隔，無哀戚也。臣瓚曰：牟首，池名也，在上林苑中。方在衰絰而輦游於池，言無哀戚也。師古曰：召泰壹樂人，內之於輦道牟首而鼓吹歌舞也。牟首，瓚說是也。屏面之言，失之遠矣。又左思吴都賦云「長塗牟首」，劉逵以爲牟首，閣道有室屋也。此說更無所出。或者思及逵據此「輦道牟首」，便誤用之乎？【補注】劉敞曰：輦道，輦仁之牟首也。仁下疑有誤。予謂牟者，岑牟也。岑牟，蓋鼓角士胄，即禰衡爲鼓吏所著者。錢大昭曰：「吴都」當作「魏都」，注是張孟陽，非劉淵林。先謙曰：言納祀泰壹及祀宗廟之樂人，由輦道至牟首爲樂耳。牟首，似孟說是。泰壹，見郊祀志。

〔四八〕如淳曰：黄圖，北出中門有長安廚，故謂之廚城門。閣室，閣道之有室者。不知禱何淫祀也。

〔四九〕師古曰：啗，食也，音徒敢反。

〔五〇〕師古曰：皮軒鸞旗，皆法駕所陳也。北宫、桂宫並在未央宫北。【補注】先謙曰：胡注「黄圖，桂宫，武帝造，周回十餘里，有紫房複道，通未央宫。三秦記，未央宫漸臺西有桂宫」。先謙案，此即龔遂傳所云「召皮軒車九流，驅馳東西」也。

〔五一〕張晏曰：皇太后所駕遊宫中輦車也。漢廄有果下馬，高三尺，以駕輦。師古曰：小馬可於果樹下乘之，故號果下馬。【補注】蘇輿曰：黄圖有果馬廄。述異記「漢樂浪郡有果下馬，高三尺」。魏志「穢國出果下馬，漢桓帝時獻之」。

太后曰：「止！〔一〕爲人臣子當悖亂如是邪！」〔二〕王離席伏。尚書令復讀曰：

〔一〕師古曰：令且止讀奏。

〔二〕師古曰：責王也。悖，乖也，音布内反。

取諸侯王列侯二千石綬及墨綬黄綬以并佩昌邑郎官者免奴。〔一〕變易節上黄旄以赤。〔二〕發御府金錢刀劍玉器采繒，賞賜所與遊戲者。與從官官奴夜飲，湛沔於酒。〔三〕詔太官上乘輿食如故。食監奏未釋服未可御故食，〔四〕復詔太官趣具，無關食監。〔五〕太官不敢具，即使從官出買雞豚，詔殿門内，以爲常。〔六〕獨夜設九賓温室，〔七〕延見姊夫昌邑關内侯。祖宗廟祠未舉，〔八〕爲璽書使使者持節，以三太牢祠昌邑哀王園廟，稱嗣子皇帝。〔九〕受璽以來二十七日，使者旁午，〔一〇〕持節詔諸官署徵發，凡千一百二十七事。文學光祿大夫夏侯勝等及侍中傅嘉數進諫以過失，使人簿責勝，〔一二〕縛嘉繫獄。荒淫迷惑，失帝王禮誼，亂漢制度。臣敞等數進諫，不變更，〔一三〕日以益甚，恐危社稷，天下不安。

〔一〕師古曰：免奴謂免放爲良人者。【補注】沈欽韓曰：御覽五百引新序曰「昌邑王治側鑄注之誤。冠十枚，以冠賜師友儒者，後以冠冠奴。龔遂免冠歸之王，曰：『王賜儒者冠，下至臣，今以餘冠冠奴虜，是大王奴虜畜臣也。』」又六百八十二引新序曰：「龔遂諫云『高皇帝造花綬五等，陛下取之而與賤人，臣以爲不可』。」先謙曰：諸綬，詳百官表。「者」字當衍。

〔二〕師古曰：以劉屈氂與戾太子戰，加節上黃旄，遂以爲常。賀今輒改之。【補注】沈欽韓曰：東京之世，皆承用黃旄，不敢改。至董卓始改赤，見袁紹傳注。

〔三〕師古曰：湛讀曰沈，又讀曰躭。沈沔，荒迷也。

〔四〕師古曰：釋謂解脱也。

〔五〕師古曰：趣讀曰促。闌，由也。

〔六〕師古曰：內，入也。令每日常入雞豚也。

〔七〕師古曰：於温室中設九賓之禮也。九賓，解在叔孫通傳。

〔八〕【補注】沈欽韓曰：未滿既葬三十六日之制，故未祠廟。

〔九〕師古曰：時在喪服，故未祠宗廟而私祭昌邑哀王也。【補注】先謙曰：胡注「賀入繼大宗，不當於昌邑哀王稱嗣子皇帝，既於禮悖三年不祭之義，又悖爲人後者爲之子之義」。

〔一〇〕如淳曰：旁午，分布也。師古曰：一從一橫爲旁午，猶言交橫也。

〔一〕師古曰：簿音步户反。簿責，以文簿具責之。

〔二〕師古曰：更，改也。

臣敞等謹與博士臣霸、臣雋舍、〔一〕臣德、臣虞舍、臣射、臣倉議，皆曰：「高皇帝建功業爲漢太祖，孝文皇帝慈仁節儉爲太宗，今陛下嗣孝昭皇帝後，行淫辟不軌。〔二〕詩云：『籍曰未知，亦既抱子。』〔三〕五辟之屬，莫大不孝。〔四〕周襄王不能事母，春秋曰『天王出居于鄭』，繇不孝出之，絶之於天下也。〔五〕宗廟重於君，陛下未見命高廟，〔六〕不可以承天序，奉祖宗廟，子萬姓，當廢。」臣請有司御史大夫臣誼、宗正臣德、太常臣昌與太祝以一太牢具，告祠高廟。臣敞等昧死以聞。

〔一〕晉灼曰：雋姓，舍名也。下有臣虞舍，故以姓别之。師古曰：雋音辭阮反，又音字阮反。

〔二〕師古曰：軌，法也。辟讀曰僻。

〔三〕師古曰：大雅抑之詩。衛武公刺厲王也。籍，假也。此言假令人云王尚幼少，未有所知，亦已長大而抱子矣，實不幼少也。【補注】先謙曰：官本「籍」作「藉」。案本書藉、籍通作。

〔四〕師古曰：五辟即五刑也。辟音頻亦反。【補注】先謙曰：胡注「孝經孔子曰：『五刑之屬三千，其罪莫大於不孝。』」

〔五〕師古曰：襄王，惠王子也。僖二十四年經書「天王出居于鄭」。公羊傳曰「王者無外，此其言出何？不能乎母也」。繇讀與由同。

〔六〕【補注】先謙曰：未見高廟而受命。

皇太后詔曰：「可。」光令王起拜受詔，王曰：「聞天子有爭臣七人，雖無道不失天下。」〔一〕光曰：「皇太后詔廢，安得天子！」乃即持其手，〔二〕解脱其璽組，奉上太后，扶王下殿，出金馬門，羣臣隨送。王西面拜，〔三〕曰：「愚戇不任漢事。」起就乘輿副車。大將軍光送至昌邑邸，〔四〕光謝曰：「王行自絶於天，臣等駑怯，不能殺身報德。臣寧負王，不敢負社稷。願王自愛，臣長不復見左右。」〔五〕光涕泣而去。羣臣奏言：「古者廢放之人，屏於遠方，不及以政，〔六〕請徙王賀漢中房陵縣。」太后詔歸賀昌邑，賜湯沐邑二千戶。昌邑羣臣坐亡輔導之誼，陷王於惡，光悉誅殺二百餘人。出死，號呼市中〔七〕曰：「當斷不斷，反受其亂。」〔八〕

〔一〕師古曰：引孝經之言。【補注】沈欽韓曰：荀子子道篇作「四人」，家語三恕篇作「七人」。
〔二〕師古曰：即，就也。
〔三〕【補注】宋祁曰：「西」疑作「四」。先謙曰：漢紀、通鑑作「西」。
〔四〕【補注】何焯曰：自送至邸，防其自裁，或他人承望意指，逼之使死，致負謗於天下。此亦皆光之謹慎也。不審其素行於置後之始，此則不學爲之。
〔五〕師古曰：言不復得侍見於左右。
〔六〕師古曰：言不豫政令。
〔七〕師古曰：呼音火故反。【補注】陳景雲曰：出死，出獄赴市也。又見張敞、趙廣漢傳。
〔八〕師古曰：悔不早殺光等也。【補注】何焯曰：誅其尤無誼者，而流放其餘可也。悉誅二百餘人，不已濫乎？然觀其臨死之言，則昌邑羣臣亦謀爲變，光微覺之，不獨以其行淫亂而憂懣改圖。史家使人得諸言外耳。

光坐庭中，會丞相以下議定所立。廣陵王已前不用，及燕刺王反誅，其子不在議中。近親唯有衛太子孫號皇曾孫在民間，咸稱述焉。光遂復與丞相敞等上奏曰：「禮曰『人道親親故尊祖，尊祖故敬宗』。太宗亡嗣，〔一〕擇支子孫賢者爲嗣。孝武皇帝曾孫病已，武帝時有詔掖庭養視，至今年十八，師受詩、論語、孝經，躬行節儉，〔二〕慈仁愛人，可以嗣孝昭皇帝後，奉承祖宗廟，子萬姓。臣昧死以聞。」皇太后詔曰：「可。」光遣宗正劉德至曾孫家尚冠里，洗沐賜御衣，〔三〕太僕以軨獵車迎曾孫就齋宗正府，入未央宫見皇太后，封爲陽武侯。〔四〕已而光奉上皇帝璽綬，謁于高廟，是爲孝宣皇帝。明年，下詔曰：「夫襃有德，賞元功，古今通誼也。大司馬大將軍光宿衛忠正，宣德明恩，守節秉誼，以安宗廟。其以河北、東武陽〔五〕益封光萬七千户。」與故所食凡二萬户。賞賜前後黄金七千斤，錢六千萬，雜繒三萬疋，奴婢百七十人，馬二千疋，甲第一區。

〔一〕【補注】王念孫曰：「太宗」當爲「大宗」，各本皆誤。王先慎曰：宣紀「太」作「大」，不誤。

〔二〕【補注】王先慎曰：宣紀「躬」作「操」。

〔三〕【補注】王念孫曰：「御衣」當爲「御府衣」。史記李斯傳「公子高曰：『御府之衣，臣得賜之，中廄之寶馬，臣得賜之』」是也。下文云「入未央宫見皇太后，封爲陽武侯，已而光奉上皇帝璽綬」，則此時未得遽賜御衣也。宣紀正作「賜御府衣」。先謙曰：通鑑作「御衣」，蓋承其譌脱。

〔四〕師古曰：解並在宣紀。軨音零。

〔五〕【補注】先謙曰：河北，河東縣，在今解州芮城縣東北二里。東武陽，東郡縣，在曹州府朝城縣西四十里。

自昭帝時，光子禹及兄孫雲皆中郎將，雲弟山奉車都尉侍中，領胡越兵。光兩女壻爲東西宮衞尉，〔一〕昆弟、諸壻、外孫皆奉朝請，爲諸曹大夫、騎都尉、給事中。黨親連體，根據於朝廷。〔二〕光自後元秉持萬機，及上即位，乃歸政。上謙讓不受，諸事皆先關白光，然後奏御天子。光每朝見，上虛己斂容，禮下之已甚。〔三〕

〔一〕【補注】齊召南曰：案，范明友爲未央衞尉，鄧廣漢爲長樂衞尉。

〔二〕【補注】何焯曰：光懲燕王、上官之難，故使其子孫黨親典兵居中以自衞。不思時勢遞變，權重勢逼，滿盈致禍，又基於此，不涉學之患也。

〔三〕師古曰：下音胡稼反。

光秉政前後二十年，地節二年春病篤，車駕自臨問光病，上爲之涕泣。光上書謝恩曰：「願分國邑三千户，以封兄孫奉車都尉山爲列侯，奉兄票騎將軍去病祀。」〔一〕事下丞相御史，即日拜光子禹爲右將軍。

〔一〕【補注】先謙曰：去病子嬗嗣封，薨，無後，國除。故光乞分國邑以奉其祀。

光薨，上及皇太后親臨光喪。太中大夫任宣與侍御史五人，持節護喪事。中二千石治莫府冢上。〔一〕賜金錢、繒絮，繡被百領，衣五十篋，璧珠璣玉衣，〔二〕梓宮、〔三〕便房、黄腸題湊各一具，〔四〕樅木外臧椁十五具。〔五〕東園温明，〔六〕皆如乘輿制度。載光尸柩以輼輬車，〔七〕黄屋左纛，〔八〕發材官輕車北軍五校士，〔九〕軍陳至茂陵，以送其葬。〔一〇〕謚曰宣成侯。發三河卒穿復土，起冢祠堂，置園邑三百家，長丞奉守如舊法。

〔一〕如淳曰：典爲冢者。

〔二〕師古曰：漢儀注以玉爲襦，如鎧狀連綴之，以黄金爲縷，要已下玉爲札，長尺，廣二寸半爲甲，下至足，亦綴以黄金縷。

〔三〕服虔曰：棺也。師古曰：以梓木爲之，親身之棺也。爲天子制，故亦稱梓宫。

〔四〕服虔曰：便房，藏中便坐也。蘇林曰：以柏木黄心致累棺外，故曰黄腸。木頭皆向内，故曰題湊。如淳曰：漢儀注，天子陵中明中高丈二尺四寸，周二丈，内梓宫，次楩椁，柏黄腸題湊。師古曰：便房，小曲室也。如氏以爲楩木名，非也。【補注】劉敞曰：以次言之，先親身者衣被，次梓宫，次便房，次題湊，次外藏，則當以如説爲是也。且出漢儀注，宜以爲信爾。今但云曲室，果何用木爲之？置於何所耶？自是臆説耳。宋祁曰：小柏室也，姚改小曲室也。以爲梓木，姚改以爲楩木。沈欽韓曰：檀弓「天子柏椁以端，長六尺」。鄭云，以端題湊也。正義「椁材並皆從下累至上，始爲題湊之嚮也。言木之頭相嚮，而作四阿也。釋文「題，頭也。湊，聚也」。呂覽節喪篇「題湊之室」。高誘注「室，椁藏也。題湊，複累」。案，此爲椁之題湊也。喪大記注云「天子之殯，居棺，以龍輴，欑木題湊象椁，上四柱如屋以覆之，盡塗之。諸侯輴不畫龍，欑不題湊象椁。其他亦如之」。此殯之題湊也，皆天子之制。先謙曰：「果何用木爲之」，疑作「果用何木爲之」，誤倒耳。

〔五〕服虔曰：在正臧外，婢妾臧也。或曰，廚廐之屬也。蘇林曰：樅木，柏葉松身。師古曰：爾雅及毛詩傳並云，樅木，松葉柏身。檜木乃柏葉松身耳。蘇説非也。樅音七庸反。檜音工闊反，字亦作栝。

〔六〕服虔曰：東園處此器，形如方漆桶，開一面，漆畫之，以鏡置其中，以懸屍上，大斂並蓋之。師古曰：東園，署名也，屬少府。其署主作此器也。【補注】王念孫曰：案「温明」下有「秘器」二字，而今本脱之。據服、顔二注，皆是釋「秘器」二字後。孔光傳，光父霸薨，賜東園秘器。光薨，賜乘輿秘器。師古皆無注，以注已見於此篇也。御覽禮儀部三十二引此，已脱「秘器」二字。文選齊竟陵文宣王行狀注引此，正作「東園温明秘器」，漢紀同。北堂書鈔禮儀部十三引晉公卿禮秩云「安平王孚薨，給東園温明秘器」。

〔七〕文穎曰：輼輬車，如今喪轜車也。孟康曰：如衣車有窗牖，閉之則温，開之則涼，故名之輼輬車也。臣瓚曰：秦始皇道崩，祕其事，載以輼輬車，百官奏事如故，此不得是轜車類也。案杜延年奏，載霍光柩以輬車，駕大廏白虎駟，以輼車駕大廏白鹿駟爲倅。師古曰：輼輬本安車也，可以卧息。後因載喪，飾以柳翣，故遂爲喪車耳。輼者密閉，輬者旁開窗牖，各别一乘，隨事爲名。後人既專以載喪，又去其一，總爲藩飾，而合二名呼之耳。倅，副也，音千内反。

〔八〕師古曰：解在高紀也。

〔九〕【補注】先謙曰：百官表，虎賁校尉，掌輕車。中壘校尉掌北軍壘門内外。續志，中興省中壘，但置中候，以監五營。據此，知西京北軍亦止五營。五校即五營也。

〔一〇〕【補注】沈欽韓曰：寰宇記，霍光冢在茂、平二陵閒，今人耕田，時得柏木如塹形，謂之柏塹。案傳云，送至茂陵。茂陵在西安府興平縣東北十七里，則光墓當亦在此。蓋平陵之西，茂陵之東。

既葬，封山爲樂平侯，以奉車都尉領尚書事。天子思光功德，下詔曰：〔一〕「故大司馬大將軍博陸侯宿衛孝武皇帝三十有餘年，〔二〕輔孝昭皇帝十有餘年，遭大難，躬秉誼，率三公九卿大夫，〔三〕定萬世册，以安社稷，〔四〕天下蒸庶，咸以康寧。功德茂盛，朕甚嘉之。復其後世，疇其爵邑，〔五〕世世無有所與，功如蕭相國。」〔六〕明年夏，封太子外祖父許廣漢爲平恩侯。復下詔曰：「宣成侯光宿衛忠正，勤勞國家。善善及後世，〔七〕其封光兄孫中郎將雲爲冠陽侯。」

〔一〕【補注】宋祁曰：此詔，紀中已有。
〔二〕【補注】先謙曰：官本無「有」字。
〔三〕【補注】王先慎曰：宣紀「三公」下有「諸侯」二字。
〔四〕【補注】先謙曰：册同策。
〔五〕應劭曰：疇，等也。師古曰：復音方目反。
〔六〕師古曰：與讀曰豫。
〔七〕師古曰：善善者，謂褒寵善人也。

禹既嗣爲博陸侯，太夫人顯改光時所自造塋制而侈大之。〔一〕起三出闕，築神道，北臨昭靈，南出承恩，〔二〕盛飾祠室，輦閣通屬永巷，而幽良人婢妾守之。〔三〕廣治第室，作乘輿輦，〔四〕加畫繡絪馮，黄金塗，〔五〕韋絮薦輪，〔六〕侍婢以五采絲輓顯，游戲第中。〔七〕初，光愛幸監奴馮子都，常與計事，及顯寡居，與子都亂。〔八〕而禹、山亦並繕治第宅，走馬馳逐平樂館。雲當朝請，數稱病私出，〔九〕多從賓客，張圍獵黄山苑中，使蒼頭奴上朝謁，〔一〇〕莫敢譴者。而顯及諸女，晝夜出入長信宮殿中，亡期度。〔一一〕

〔一〕師古曰：塋，墓域也，音營。

〔二〕服虔曰：昭靈、承恩，皆館名也。李奇曰：昭靈，高祖母冢園也。文穎曰：承恩，宣平侯冢園也。師古曰：服説是也，文、李並失之。

〔三〕晉灼曰：閣道乃通屬至永巷中也。師古曰：此亦其冢上作輦閣之道及永巷也，非謂掖庭之永巷也。

〔四〕【補注】姚鼐曰：輦者，古人一稱，而其制有三者之別。詩「我任我輦」。周禮注引司馬法「夏后氏謂輦曰余車，殷曰胡奴車，周曰輜車」。及左傳「輦重如役」之輦，皆以人輓行，重車而大者也。巾車連車組輓，連讀爲輦，后居宮中，從容所乘，此則以人輓行，輕車而小者也。左傳「南宮萬以乘車輦其母」，及「魏獻子以二婦人輦以如公」；國策「老婦恃輦而行」，及此傳「乘輿輦」，皆略與巾車連車同制，而與輦重之輦異制。制雖異，而皆有輪，皆以人輓行者也。至後世帝王游行宮中，升降高下，又以有輪之輦爲不便，乃前後皆以人輦之，如今之轎，無輪，唐人謂之擔子，亦曰輦。王莽傳，晉灼注引漢儀注「皇后、婕好(好)乘輦輿，皆以茵，四人舉以行」。此西都賦「乘茵步輦」是也。言步，所以別於有輪之車。

〔五〕如淳曰：絪亦茵。馮所謂馮者也，以黄金塗飾之。師古曰：茵，蓐也，以繡爲茵馮而黄金塗輿輦也。【補注】先謙曰：官本注「所謂」作「謂所」，是也。「輿」作「於」，引宋祁曰「於，姚改輿」。

〔六〕晉灼曰：御輦以韋緣輪，著之以絮。師古曰：取其行安，不摇動也。著音張吕反。

〔七〕師古曰：輓謂牽引車輦也，音晚。

〔八〕晉灼曰：漢語，東閭氏亡，顯以婢代立，素與馮殷姦也。師古曰：監奴，謂奴之監知家務者也。殷者，子都之名。【補注】周壽昌曰：以情事推之，疑東閭氏無子，僅一女，爲上官安妻。顯生子禹，故光以爲後妻也。

〔九〕師古曰：請音才姓反。

〔一〇〕文穎曰：朝當用謁，不自行而令奴上謁者也。師古曰：上謁，若今參見尊貴而通名也。【補注】何焯曰：上謁，猶今鴻臚所收職名。先謙曰：黄山，見東方朔傳。

〔一二〕師古曰：長信宮，上官太后所居。

宣帝自在民間聞知霍氏尊盛日久，内不能善。光薨，上始躬親朝政，御史大夫魏相給事中。顯謂禹、雲、山：「女曹不務奉大將軍餘業，〔一〕今大夫給事中，他人壹間，女能復自救邪？」〔二〕後兩家奴爭道，〔三〕霍氏奴入御史府，欲躝大夫門，〔四〕御史爲叩頭謝，乃去。人以謂霍氏，〔五〕顯等始知憂。會魏大夫爲丞相，數燕見言事。平恩侯與侍中金安上等徑出入省中。時霍山自若領尚書，〔六〕上令吏民得奏封事，不關尚書，〔七〕羣臣進見獨往來，〔八〕於是霍氏甚惡之。

〔一〕師古曰：女音汝。曹，輩也。
〔二〕師古曰：間音居莧反。
〔三〕師古曰：謂霍氏及御史家。
〔四〕【補注】先謙曰：躝與蹋同。
〔五〕師古曰：告，語也。
〔六〕師古曰：自若，猶言如故也。
〔七〕【補注】何焯曰：上下之情通，則權復歸王室。
〔八〕師古曰：謂各各得盡言於上也。

宣帝始立，立微時許妃爲皇后。〔一〕顯愛小女成君，欲貴之，私使乳醫淳于衍行毒藥殺許后，〔二〕因勸光内成君，代立爲后。語在外戚傳。始許后暴崩，吏捕諸醫，劾衍侍疾亡狀不道，下獄。吏簿問急，〔三〕顯恐事敗，即具以實語光。光大驚，〔四〕欲自發舉，不忍，猶與。〔五〕會奏上，因署衍勿論。〔六〕光薨後，語稍泄。〔七〕於是上始聞之而未察，〔八〕乃徙光女婿度遼將軍未央衛尉平陵侯范明友爲光禄勳，次婿諸吏中郎將羽林監任勝出爲安定太守。〔九〕數月，復出光姊婿給事中光禄大夫張朔爲蜀郡太守，羣孫婿中郎將王漢爲武威太守。頃之，復徙光長女婿長樂衛尉鄧廣漢爲少府。〔一〇〕更以禹爲大司馬，冠小冠，〔一一〕亡印綬，罷其右將軍屯兵官屬，特使禹官名與光俱大司馬者。〔一二〕又收范明友度遼將軍印綬，但爲光禄勳。及光中女婿趙平爲散騎騎都尉光禄大夫將屯兵，又收平騎都尉印綬。諸領胡越騎、羽林及兩宫衛將屯兵，悉易以所親信許、史子弟代之。〔一三〕

〔一〕【補注】先謙曰：官本不重「立」字，引宋祁曰「微字上，別本更有立字」。

〔二〕師古曰：乳醫，視産乳之疾者。乳音而樹反。【補注】錢大昭曰：宣紀作「女侍醫」。

〔三〕師古曰：簿音步户反。

〔四〕【補注】宋祁曰：「語」疑作「告」。

〔五〕師古曰：猶與，不決也。與讀曰豫。

〔六〕師古曰：署者，題其奏後也。【補注】齊召南曰：案外戚傳同此文，注「李奇曰，光題其奏也。師古曰，言之於帝，故解釋耳，光不自署也」。二注並出師古之手，而判然不同。胡三省云，光薨後，帝始聞毒許后事。光於是時，安敢言於帝耶？李奇説是也。

〔七〕【補注】宋祁曰：「稍」下疑有「漏」字。
〔八〕師古曰：未知其虛實。
〔九〕【補注】宋祁曰：「次」字下當有「女」字。
〔一〇〕【補注】錢大昭曰：此少府是長信少府，見本紀。
〔一一〕【補注】先謙曰：胡注「大司馬大將軍冠武弁大冠，今貶禹，故使冠小冠」。
〔一二〕蘇林曰：特，但也。【補注】宋祁曰：「使禹官名」字刪「官」字，「名」下當添「爲」字。先謙曰：通鑑亦無「爲」字。
〔一三〕【補注】何焯曰：先收其兵權。

禹爲大司馬，稱病。禹故長史任宣候問，〔一〕禹曰：「我何病？縣官非我家將軍不得至是，〔二〕今將軍墳墓未乾，盡外我家，〔三〕反任許、史，奪我印綬，〔四〕令人不省死。」〔五〕宣見禹恨望深，〔六〕乃謂曰：「大將軍時何可復行！〔七〕持國權柄，殺生在手中。廷尉李种、王平、〔八〕左馮翊賈勝胡及車丞相女婿少府徐仁〔九〕皆坐逆將軍竟下獄死。〔一〇〕使樂成小家子得幸將軍，至九卿封侯。〔一一〕百官以下但事馮子都、王子方等，〔一二〕視丞相亡如也。〔一三〕各自有時，今許、史自天子骨肉，貴正宜耳。大司馬欲用是怨恨，愚以爲不可。」禹默然。數日，起視事。

〔一〕【補注】周壽昌曰：此禹爲右將軍時之長史也。大司馬無官屬，宣即前太中大夫護喪事者。
〔二〕如淳曰：縣官謂天子。
〔三〕師古曰：外謂疏斥之。
〔四〕【補注】周壽昌曰：右將軍金印紫綬，禹拜右將軍，至是罷職，僅領大司馬虛銜。

〔五〕師古曰：不自省有過也。【補注】先謙曰：官本注「也」作「耳」。

〔六〕師古曰：望，怨也。

〔七〕師古曰：言今何得復如此也。

〔八〕師古曰：种音沖。【補注】先謙曰：官本考證云「李种，公卿表作李仲，字季主，雒陽人。始元元年爲廷尉」。王平、徐仁、賈勝胡事，詳杜延年傳。

〔九〕【補注】周壽昌曰：仁字中孫。

〔一〇〕【補注】朱一新曰：「竟」當作「意」。先謙曰：官本作「意」，是。

〔一一〕師古曰：即上所云少府樂成者也。使者，其姓也，字或作「史」。【補注】周壽昌曰：「使」疑「史」之誤，表作「便樂成」，則又因與「使」字近而誤。

〔一二〕服虔曰：皆光奴。

〔一三〕師古曰：亡如，猶如無所象似也。【補注】王念孫曰：師古之説甚迂。亡如猶云蔑如，言百官以下皆蔑視丞相也。東方朔傳贊「其流風遺書蔑如也」。蔑與亡一聲之轉。史記范睢傳索隱「亡猶輕蔑也」。宣元六子傳：「今乃遺命，離于惡疾，夫子所痛，曰，蔑之，命矣夫！」論語雍也篇「蔑」作「亡」。論衡問孔篇又作「無」，無與亡，古字通，故大雅桑柔傳曰「蔑，無也」。

顯及禹、山、雲自見日侵削，數相對啼泣，自怨。山曰：「今丞相用事，縣官信之，盡變易大將軍時法令，以公田賦與貧民，發揚大將軍過失。又諸儒生多窶人子，〔一〕遠客飢寒，喜妄説狂言，〔二〕不避忌諱，大將軍常讎之，〔三〕今陛下好與諸儒生語，人人自使書對事，〔四〕多言我家者。嘗有上書言大將軍時主弱臣强，專制擅權，今其子孫用事，昆弟益驕恣，恐危宗廟，災異數見，盡爲是也。其言絶痛，山屏不奏其書。後上書者益黠，盡奏封事，輒使中書令出取之，〔五〕不關尚書，〔六〕益不信人。」顯曰：「丞相數言我家，獨無罪乎？」山曰：「丞相廉正，安得罪？我家昆弟諸婿多不謹。又聞民間讙言霍氏毒殺許皇后，〔七〕寧有是邪？」顯恐急，即具以實告山、雲、禹。山、雲、禹驚曰：「如是，何不早告禹等？縣官離散斥逐諸婿，用是故也。此大事，誅罰不小，柰何？」於是始有邪謀矣。

〔一〕師古曰：窶，貧而無禮，音其羽反。【補注】朱一新曰：爾雅「窶，貧也」。詩北門毛傳「窶，無禮也」，疏「謂貧窶無可爲禮」。師古加「而」字，義不晰。

〔二〕師古曰：(善)〔喜〕音許吏反。

〔三〕師古曰：言嫉之如仇讎也。

〔四〕【補注】何焯曰：「對」或作「封」，誤也。後因上書屏不奏，乃上封事耳。先謙曰：官本「對」作「封」，通鑑作「對」。

〔五〕【補注】先謙曰：官本「使」作「下」，引宋祁曰「輒下添使字」。

〔六〕【補注】何焯曰：使中書令出取，不關尚書，一時以防權臣壅蔽。然自此浸任宦豎矣。成帝以後，政出外家，有太后爲之内主，故宦豎不得撓，不然，霍顯之後，必有五侯十常侍之禍。人君權宜之制，偶然一用，事過隨復舊章，乃不至左右近習得以干政耳。

〔七〕師古曰：讙，衆聲也，音計爰反。【補注】先謙曰：官本注「計」作「許」。

初，趙平客石夏善爲天官，〔一〕語平曰：「熒惑守御星，御星，太僕奉車都尉也，不黜則死。」平内憂山等。雲舅李竟所善張赦，見雲家卒卒，〔二〕謂竟曰：「今丞相與平恩侯用事，可令太夫人言太后，先誅此兩人。移徙陛下，在太后耳。」長安男子張章告之，〔三〕事下廷尉。執金吾捕張赦、石夏等，後有詔止勿捕。山等愈恐，相謂曰：「此縣官重太后，故不竟也。〔四〕然惡端已見，又有弒許后事，陛下雖寬仁，恐左右不聽，久之猶發，發即族矣，不如先也。」〔五〕遂令諸女各歸報其夫，皆曰：「安所相避？」〔六〕

〔一〕師古曰：曉星文者。

〔二〕師古曰：卒讀曰猝，忽遽之貌也。

〔三〕【補注】何焯曰：褚先生建元以來侯者年表後續記云「張章，故潁川人，爲長安亭長，失官，之北闕上書，寄宿霍氏第舍，卧馬櫪閒，夜聞養馬奴相與語，言霍氏子孫欲謀反狀。因上書告反」。

〔四〕師古曰：重，難也。竟，窮竟其事也。

〔五〕師古曰：言先反。

〔六〕師古曰：言無處相避，當受禍也。

會李竟坐與諸侯王交通，辭語及霍氏，有詔雲、山不宜宿衞，免就第。光諸女遇太后無禮，〔一〕馮子都數犯法，上并以爲讓，〔二〕山、禹等甚恐。顯夢第中井水溢流庭下，竈居樹上，又夢大將軍謂顯曰：「知捕兒不？〔三〕亟下捕之。」〔四〕第中鼠暴多，與人相觸，以尾畫地。鴞數鳴殿前樹上。〔五〕第門自壞。雲尚冠里宅中門亦壞。巷端人共見有人居雲屋上，徹瓦投地，就視，亡有，大怪之。禹夢車騎聲正讙來捕禹，舉家憂愁。山曰：「丞相擅減宗廟羔、菟、竈，〔六〕可以此罪也。」謀令太后爲博平君置酒，〔七〕召丞相、平恩侯以下，使范明友、鄧廣漢承太后制引斬之，因廢天子而立禹。約定未發，雲拜爲玄菟太守，太中大夫任宣爲代郡太守。山又坐寫祕書，顯爲上書獻城西第，入馬千匹，以贖山罪。書報聞。〔八〕會事發覺，雲、山、明友自殺，顯、禹、廣漢等捕得。禹要斬，顯及諸女昆弟皆棄市。唯獨霍后廢處昭臺宮。與霍氏相連坐誅滅者數千家。〔九〕

〔一〕服虔曰：光諸女自以爲上官太后爲姨母，遇之無禮。【補注】先謙曰：官本注「以」下「爲」作「於」，是。

〔二〕師古曰：總以此事責之也。

〔三〕師古曰：知兒見捕否？

〔四〕蘇林曰：且疾下捕之。師古曰：亟音居力反。【補注】先謙曰：官本注「且」作「亟」。

〔五〕師古曰：鴞，惡聲之鳥也。古者室屋高大，則通呼爲殿耳，非止天子宮中。其語亦見黄霸傳。鴞音羽驕反。【補注】先謙曰：官本注「止」作「正」，引宋祁曰「正天子，姚改止天子」。

〔六〕如淳曰：高后時定令，敢有擅議宗廟者，棄市。師古曰：羔、菟、竈，所以供祭也。

〔七〕文穎曰：宣帝外祖母也。

〔八〕師古曰：不許之。

〔九〕【補注】先謙曰：此言其株連之多。通鑑作「數十」，疑非。

上乃下詔曰：「乃者東織室令史張赦使魏郡豪李竟報冠陽侯雲謀爲大逆，〔一〕朕以大將軍故，抑而不揚，冀其自新。今大司馬博陸侯禹與母宣成侯夫人顯及從昆弟子冠陽侯雲、樂平侯山諸姊妹婿謀爲大逆，欲詿誤百姓。賴祖宗神靈，〔二〕先發得，咸伏其辜，〔三〕朕甚悼之。諸爲霍氏所詿誤，事在丙申前，未發覺在吏者，皆赦除之。男子張章先發覺，以語期門董忠，忠告左曹楊惲，惲告侍中金安上。惲召見對狀，後章上書以聞。侍中史高與金安上建發其事，〔四〕言無入霍氏禁闥，卒不得遂其謀，〔五〕皆讎有功。〔六〕封章爲博成侯，忠高昌侯，惲平通侯，安上都成侯，高樂陵侯。」

〔一〕師古曰：解在宣紀也。

〔二〕【補注】先謙曰：「祖宗」，官本作「宗廟」。

〔三〕師古曰：事發而捕得。

〔四〕師古曰：言共立意發之也。

〔五〕師古曰：遂，成也。

〔六〕晉灼曰：讎，等也。師古曰：言其功相等類也。【補注】先謙曰：顧炎武云，注非也。此如詩「無言不讎」之讎。左傳「憂必讎焉」，注「讎猶對也」。律曆志「廣延宣問，以理星度，未能讎也」。郊祀志「其方盡多不讎」。伍被傳「忠不終而詐讎」。魏其傳「上使御史簿責嬰，所言頗不讎」。王念孫云：晉説是也。爾雅「讎，匹也」。廣雅「等、匹、讎，輩也」。與晉説讎等，義一而已。召誥「敢以王之讎民百君子」，是讎爲相等之義也。此言張、章諸人皆讎有功，則讎當訓爲等，不當訓爲對。故師古曰「言其功相等類也」。若詩之「無言不讎」，左傳之「憂必讎焉」，則與此訓爲等者異義。至所引律曆志以下諸條，則去此益遠矣。

初，霍氏奢侈，茂陵徐生曰：「霍氏必亡。夫奢則不遜，不遜必侮上。侮上者，逆道也。

在人之右，衆必害之。〔一〕霍氏秉權日久，害之者多矣。天下害之，而又行以逆道，不亡何待！」乃上疏言「霍氏泰盛，陛下即愛厚之，宜以時抑制，無使至亡。」書三上，輒報聞。其後霍氏誅滅，而告霍氏者皆封。人爲徐生上書曰：「臣聞客有過主人者，見其竈直突，傍有積薪，〔二〕客謂主人，更爲曲突，遠徙其薪，〔三〕不者且有火患。主人嘿然不應。俄而家果失火，鄰里共救之，幸而得息。於是殺牛置酒，謝其鄰人，灼爛者在於上行，〔四〕餘各以功次坐，而不録言曲突者。人謂主人曰：『鄉使聽客之言，不費牛酒，終亡火患。〔五〕今論功而請賓，曲突徙薪亡恩澤，燋頭爛額爲上客耶？』主人乃寤而請之。今茂陵徐福數上書言霍氏且有變，宜防絶之。鄉使福説得行，則國亡裂土出爵之費，臣亡逆亂誅滅之敗。往事既已，而福獨不蒙其功，唯陛下察之，貴徙薪曲突之策，使居焦髮灼爛之右。」〔六〕上乃賜福帛十疋，〔七〕後以爲郎。

〔一〕師古曰：右，上也。

〔二〕【補注】何焯曰：「突」當爲「㚇」，式林反，與突字、㚇字異義。玉篇所分甚明。

〔三〕【補注】沈欽韓曰：淮南説山訓「淳于髡之告失火」，高誘注「淳于髡告其鄰，使曲突徙薪，鄰人不從。後竟失火，言者不爲功，焦頭爛額爲上客」。

〔四〕師古曰：灼謂被燒炙者也。行音胡浪反。【補注】先謙曰：「浪」，官本作「郎」。

〔五〕師古曰：鄉讀曰嚮。次下亦同也。

〔六〕師古曰：右，上也。

〔七〕【補注】王念孫曰：告霍氏者皆封侯，而徐福僅賜帛十匹，則輕重相去太遠。十匹，當爲千匹。通鑑作「十匹」，則所見漢書本已誤。御覽居處部十四、治道部十四引此，並作「千匹」，漢紀同。

宣帝始立，謁見高廟，大將軍光從驂乘，〔一〕上內嚴憚之，若有芒刺在背。後車騎將軍張安世代光驂乘，天子從容肆體，甚安近焉。〔二〕及光身死而宗族竟誅，故俗傳之曰：「威震主者不畜，霍氏之禍萌於驂乘。」〔三〕

〔一〕【補注】先謙曰：胡注「漢制，大駕，大將軍驂乘」。

〔二〕師古曰：肆，放也，展也。近音鉅靳反。

〔三〕師古曰：萌謂始生也。

至成帝時，爲光置守冢百家，吏卒奉祠焉。元始二年，封光從父昆弟曾孫陽爲博陸侯，千户。

金日磾字翁叔，〔一〕本匈奴休屠王太子也。〔二〕武帝元狩中，票騎將軍霍去病將兵擊匈奴右地，多斬首，虜獲休屠王祭天金人。〔三〕其夏，票騎復西過居延，攻祁連山，大克獲。於是單于怨昆邪、休屠居西方多爲漢所破，〔四〕召其王欲誅之。昆邪、休屠恐，謀降漢。休屠王後悔，昆邪王殺之，并將其衆降漢。封昆邪王爲列侯。日磾以父不降見殺，與母閼氏、弟倫俱没入官，輸黃門養馬，時年十四矣。

〔二〕師古曰：磾音丁奚反。

〔三〕師古曰：休音許虯反。屠音儲。

〔三〕【補注】宋祁曰：去病傳作「天祭金人」。

〔四〕師古曰：昆音下門反。

久之，武帝游宴見馬，〔一〕後宮滿側。日磾等數十人牽馬過殿下，莫不竊視，〔二〕至日磾獨不敢。日磾長八尺二寸，容貌甚嚴，馬又肥好，上異而問之，具以本狀對。上奇焉，即日賜湯沐衣冠，拜爲馬監，遷侍中駙馬都尉光禄大夫。日磾既親近，未嘗有過失，上甚信愛之，賞賜絫千金，出則驂乘，入侍左右。貴戚多竊怨，曰：「陛下妄得一胡兒，反貴重之！」上聞，愈厚焉。

〔一〕師古曰：方於宴游之時，而召閱諸馬。

〔二〕師古曰：視宫人。

日磾母教誨兩子，甚有法度，上聞而嘉之。病死，〔一〕詔圖畫於甘泉宫，署曰「休屠王閼氏」。〔二〕日磾每見畫常拜，鄉之涕泣，然後乃去。〔三〕日磾子二人皆愛，爲帝弄兒，常在旁側。〔四〕弄兒或自後擁上項，〔五〕日磾在前，見而目之。〔六〕弄兒走且啼曰：「翁怒。」上謂日磾「何怒吾兒爲？」其後弄兒壯大，不謹，自殿下與宫人戲，日磾適見之，惡其淫亂，遂殺弄兒。弄兒即日磾長子也。上聞之大怒，日磾頓首謝，具言所以殺弄兒狀。上甚哀，爲之泣，已而心敬日磾。

〔一〕【補注】宋祁曰：「病」疑作「母」。

〔二〕師古曰：題其畫。

〔三〕師古曰：鄉讀曰嚮。

〔四〕【補注】王先慎曰：旁即側也，二字不當連文，疑「旁」是「帝」，形近而誤。

〔五〕師古曰：擁，抱也。

〔六〕師古曰：目，視怒也。

初，莽何羅與江充相善，及充敗衛太子，何羅弟通，用誅太子時力戰得封。後上知太子冤，乃夷滅充宗族黨與。何羅兄弟懼及，〔一〕遂謀爲逆。日磾視其志意有非常，心疑之，陰獨察其動靜，與俱上下。〔二〕何羅亦覺日磾意，以故久不得發。是時上行幸林光宮，〔三〕日磾小疾臥廬。〔四〕何羅與通及小弟安成矯制夜出，共殺使者，發兵。明旦，上未起，〔五〕何羅亡何從外入。〔六〕日磾奏廁心動，〔七〕立入坐内户下。〔八〕須臾，何羅褎白刃從東箱上，〔九〕見日磾，色變，走趨臥内欲入，〔一〇〕行觸寶瑟，僵。日磾得抱何羅，因傳曰：「莽何羅反！」〔一一〕上驚起，左右拔刃欲格之，上恐並中日磾，〔一二〕止勿格。日磾捽胡投何羅殿下，〔一三〕得禽縛之，窮治皆伏辜。繇是著忠孝節。〔一四〕

〔一〕師古曰：及謂及於禍也。

〔二〕師古曰：上下於殿也。

〔三〕服虔曰：甘泉一名林光。師古曰：秦之林光宫，胡亥所造，漢又於其旁起甘泉宫。

〔四〕師古曰：殿中所止曰廬。

〔五〕【補注】王念孫曰：案「未起」上脱「臥」字。通鑑無「臥」字，則所見漢書本已然。文選西征賦注、御覽人事部五十八引此，並作「上臥未起」，漢紀同。

〔六〕師古曰：無何猶言無故也。

〔七〕師古曰：奏，向也。日磾方向廁而心動。

〔八〕【補注】先謙曰：内，房也。坐殿房之户下以俟之。或據御覽四百十七引作「臥内」，以爲「坐」當作「臥」。但上之臥内，日磾何敢遽入，且何羅見日磾在臥内，無反趨臥内欲入之理。御覽未足據也。如此文作臥内，顔解臥内之義，不應在下，知所見本亦作「坐」，不作「臥」也。

〔九〕師古曰：置刃於衣褏中也。褏，古袖字。

〔一〇〕師古曰：趨讀曰趣，嚮也。臥内，天子臥處。【補注】先謙曰：臥内即臥室，詳見上。

〔一一〕師古曰：傳謂傳聲而唱之。

〔一二〕師古曰：中音竹仲反。

〔一三〕孟康曰：胡音互。捽胡，若今相僻、臥輪之類也。晉灼曰：胡，頸也，捽其頸而投殿下也。師古曰：晉説是也。捽音才乞反。【補注】宋祁曰：「臥輪」當改「臥輪」。沈欽韓曰：釋名「胡，互也。在咽下垂，能斂互物也」。先謙曰：官本注「乞」作「兀」。

〔一四〕師古曰：繇讀與由同。

日磾自在左右，目不忤視者數十年。〔一〕賜出宫女，不敢近。上欲内其女後宫，不肯。其篤慎如此，上尤奇異之。〔一〕及上病，屬霍光以輔少主，〔二〕光讓日磾。日磾曰：「臣外國人，且使匈奴輕漢。」於是遂爲光副。〔四〕光以女妻日磾嗣子賞。初，武帝遺詔以討莽何羅功，封日磾爲秺侯，〔五〕日磾以帝少不受封。〔六〕輔政歲餘，病困，大將軍光白封日磾，臥授印綬。一日，薨，賜葬具冢地，送以輕車介士，軍陳至茂陵，謚曰敬侯。

〔一〕師古曰：忤，逆也。

〔二〕師古曰：篤，厚也。

〔三〕師古曰：屬音之欲反。【補注】宋祁曰：「及上」下當添「疾」字。

〔四〕【補注】齊召南曰：案與霍光同傳，故蒙其文，不言拜爲車騎將軍也。

〔五〕師古曰：秺音丁故反。【補注】沈欽韓曰：說文作「秺」云，濟陰有秺縣。明志「兖州府城武縣南有廢秺縣」。

〔六〕【補注】何焯曰：以帝少不受封，安得來王忽自相貴之謗？大將軍識不逮也。

日磾兩子，賞、建俱侍中，與昭帝略同年，共臥起。賞爲奉車、〔一〕建駙馬都尉。及賞嗣侯，佩兩綬，上謂霍將軍曰：「金氏兄弟兩人，不可使俱兩綬邪？」霍光對曰：「賞自嗣父爲侯耳。」上笑曰：「侯不在我與將軍乎？」光曰：「先帝之約，有功乃得封侯。」時年俱八九歲。宣帝即位，賞爲太僕，霍氏有事萌芽，上書去妻。〔二〕上亦自哀之，獨得不坐。元帝時爲光祿勳，薨，亡子，國除。元始中繼絶世，封建孫當爲秺侯，奉日磾後。

〔一〕【補注】王念孫曰：「奉車」下亦有「都尉」二字，而今本脱之。百官表云「奉車都尉掌御乘輿車，駙馬都尉掌駙馬」。

藝文類聚人部十七、御覽儀式部三引此，並作「賞爲奉車都尉，建駙馬都尉」。

〔一〕師古曰：萌芽者，言始有端緒，若草之始生。【補注】錢大昕曰：案公卿表「宣帝甘露四年，秺侯金賞爲侍中太僕」。距霍氏之亡已十六年矣。霍氏有事之始，賞祇爲侍中，未任太僕也。王文彬曰：賞去妻乃特筆，不必與上爲太僕連文。錢説過泥。先謙曰：官本「芽」作「牙」。

初，日磾所將俱降。弟倫，字少卿，爲黄門郎，早卒。日磾兩子貴，及孫則衰矣，而倫後嗣遂盛，子安上始貴顯封侯。

安上〔一〕字子侯，少爲侍中，惇篤有智，宣帝愛之。頗與發舉楚王延壽反謀，〔二〕賜爵關内侯，食邑三百户。後霍氏反，安上傳禁門闥，無内霍氏親屬，〔三〕封爲都成侯，至建章衛尉。薨，賜冢塋杜陵，謚曰敬侯。四子，常、敞、岑、明。

〔一〕【補注】先謙曰：官本並與上連文。

〔二〕師古曰：與讀曰豫。

〔三〕師古曰：禁，止也。門闥，宫中大小之門也。傳聲而止諸門闥也。

岑、明〔一〕皆爲諸曹中郎將，常光禄大夫。元帝爲太子時，敞爲中庶子，幸有寵。帝即位，爲騎都尉光禄大夫，中郎將侍中。元帝崩，故事，近臣皆隨陵爲園郎，敞以世名忠孝，太后詔留侍成帝，爲奉車水衡都尉，〔二〕至衛尉。〔三〕敞爲人正直，敢犯顔色，左右憚之，唯上亦難焉。〔四〕病甚，上使使者問所欲，以弟岑爲託。上召岑，拜爲郎使主客。〔五〕敞子涉，本爲左曹，上拜涉爲侍中，使待幸緑車載送衛尉舍。〔六〕須臾卒。〔七〕敞三子，涉、參、饒。

〔一〕【補注】錢大昭曰：「哭今」當作「明岑」，南監本、閩本皆不誤。先謙曰：官本不誤。

〔二〕【補注】錢大昭曰：百官表「奉車都尉掌御乘輿車，水衡都尉掌上林苑」。此云奉車水衡都尉，當是先後任此兩職。不重言都尉者，省文也。

〔三〕【補注】先謙曰：敞以成帝河平四年，由侍中奉車都尉爲水衡，次年陽朔元年，爲衛尉。見公卿表。

〔四〕師古曰：臣下皆敬憚，唯有天子一人，亦難之。【補注】先謙曰：「唯」與「雖」同，言不獨左右憚之，雖上亦難之也。顔訓誤。詳見韓信傳。

〔五〕師古曰：官名，屬鴻臚，主胡客也。【補注】先謙曰：官本「召」作「詔」，無「郎」字，引宋祁曰「拜爲下，當添郎字」。錢大昕云，百官表大鴻臚屬無此官。

〔六〕李奇曰：輦緑車，常設以待幸也。臨敞病，拜子爲侍中，以此車送，欲敞見其榮寵也。如淳曰：幸緑車常置左右，以待召載皇孫，今遣涉歸，以皇孫車載之，寵之也。晉灼曰：漢注，緑車名皇孫車，太子有子乘以從。師古曰：如、晉二説是也。【補注】周壽昌曰：續志，皇孫緑車，如云「幸緑車」，不成文義。先謙曰：官本「病」下有「困」字，是。

〔七〕【補注】先謙曰：據表，敞卒於陽朔四年。

涉明經儉節，諸儒稱之。成帝時爲侍中騎都尉，領三輔胡越騎。〔一〕哀帝即位，爲奉車都尉，至長信少府。而參使匈奴，匈奴中郎將，〔二〕越騎校尉，關都尉，〔三〕安定、東海太守。饒爲越騎校尉。

〔一〕師古曰：胡越騎之在三輔者，若長水、長楊、宣曲之屬是也。

〔二〕師古曰：以其出使匈奴，故拜爲匈奴中郎將也。【補注】周壽昌曰：「使匈奴」下應有「拜」字。各本俱脱，惟淩本有，宜從之。

〔三〕【補注】先謙曰：官本作「關内都尉」，引宋祁曰「當删内字」。

涉兩子，湯、融，皆侍中諸曹將大夫。〔一〕而涉之從父弟欽舉明經，爲太子門大夫，〔二〕哀帝即位，爲太中大夫給事中，欽從父弟遷爲尚書令，兄弟用事。帝祖母傅太后崩，欽使護作，〔三〕職辦，擢爲泰山、弘農太守，著威名。平帝即位，徵爲大司徒司直，〔四〕京兆尹。帝年幼，選置師友，大司徒孔光以明經高行爲孔氏師，京兆尹金欽以家世忠孝爲金氏友。徙光禄大夫侍中，秩中二千石，封都成侯。

〔一〕師古曰：將亦謂中郎將也。【補注】先謙曰：將，大夫之稱，亦見百官表。

〔二〕【補注】先謙曰：門大夫，亦太子太傅、少傅屬官。

〔三〕師古曰：監主葬送之事也。【補注】王文彬曰：「欽使」疑當作「使欽」。

〔四〕【補注】周壽昌曰：一本作「大司馬」。案哀帝時，更丞相爲大司徒。丞相有司直，大司馬位雖尊，於元壽二年始置，官屬有長史，不聞有司直也。先謙曰：官本作「大司馬」。

時王莽新誅平帝外家衛氏，召明禮少府宗伯鳳〔一〕入説爲人後之誼，白令公卿、將軍、侍中、朝臣並聽，〔二〕欲以内厲平帝而外塞百姓之議。〔三〕欽與族昆弟秺侯當俱封。初，當曾祖父日磾傳子節侯賞，〔四〕而欽祖父安上傳子夷侯常，皆亡子，國絶，故莽封欽、當奉其後。當母南，即莽母功顯君同産弟也。當上南大行爲太夫人。〔五〕欽因緣謂當：「詔書陳日磾功，亡有賞語。當名爲以孫繼祖也，自當爲父、祖父立廟。〔六〕賞故國君，使大夫主其祭。」〔七〕時甄邯在旁，庭叱欽。〔八〕因劾奏曰：「欽幸得以通經術，超擢侍帷幄，重蒙厚恩，封襲爵號，〔九〕知聖朝以世有爲人後之誼。前遭故定陶太后背本逆天，孝哀不獲厥福，乃者呂寬、衞寶復造姦謀，至於反逆，咸服厥辜。太皇太后懲艾悼懼，〔一〇〕逆天之咎，非聖誣法，大亂之殃，誠欲奉承天心，遵明聖制，專壹爲後之誼，以安天下之命，數臨正殿，延見羣臣，講習禮經。孫繼祖者，謂亡正統持重者也。賞見嗣日磾，後成爲君，持大宗重，〔一一〕則禮所謂『尊祖故敬宗』，大宗不可以絶者也。欽自知與當俱拜同誼，即數揚言殿省中，教當云云。〔一二〕當即如其言，則欽亦欲爲父明立廟而不入夷侯常廟矣。進退異言，頗惑衆心，〔一三〕亂國大綱，開禍亂原，誣祖不孝，罪莫大焉。尤非大臣所宜，大不敬。秺侯當上母南爲太夫人，失禮不敬。」莽白太后，下四輔、公卿、大夫、博士、議郎，皆曰：「欽宜以時即罪。」〔一四〕謁者召欽詣詔獄，欽自殺。邯以綱紀國體，亡所阿私，忠孝尤著，益封千户。更封長信少府涉子右曹湯爲都成侯。湯受封日，不敢還歸家，以明爲人後之誼。益封之後，莽復用欽弟遵，封侯，歷九卿位。

〔一〕如淳曰：宗伯，姓。【補注】先謙曰：鳳字君房，見表。

〔二〕師古曰：白令皆聽之。

〔三〕師古曰：塞，止也。

〔四〕【補注】錢大昕曰：功臣表失載賞謚。

〔五〕文穎曰：南，名也。大行，官名也。當上名狀於大行也。鄧展曰：當上南爲太夫人，恃莽姨母故耳。爲父立廟，非也。【補注】先謙曰：官本注「官名」下無「也」字。

〔六〕晉灼曰：當是賞弟建之孫，此言自當爲其父及祖父建立廟也。

〔七〕如淳曰：以賞故國君，使大夫掌其祭事。臣瓚曰：當是支庶，上繼大宗，不得顧其外親也。而欽見當母南爲太夫人，遂尊其祖父以續日磾，不復爲後賞，而令大夫主賞祭事。師古曰：瓚說是也。【補注】先謙曰：官本「祖父」作「父祖」。

〔八〕師古曰：於朝庭中叱之也。

〔九〕師古曰：重音直用反。

〔一〇〕師古曰：艾讀曰乂。乂，創也。

〔一一〕【補注】先謙曰：官本「後」作「從」，引宋祁曰「從成，姚本作後成」。

〔一二〕師古曰：云云者，多言也。謂上所陳以孫繼祖也。

〔一三〕【補注】宋祁曰：「頗惑」當作「疑惑」。

〔一四〕師古曰：即，就也。

贊曰：霍光以結髮內侍，起於階闥之間，確然秉志，誼形於主。〔一〕受襁褓之託，任漢室之寄，當廟堂，擁幼君，摧燕王，仆上官，〔二〕因權制敵，以成其忠。處廢置之際，臨大節而不可奪，遂匡國家，安社稷。擁昭立宣，光爲師保，雖周公、阿衡，何以加此！〔三〕然光不學亡術，闇於大理，陰妻邪謀，〔四〕立女爲后，湛溺盈溢之欲，以增顛覆之禍，〔五〕死財三年，宗族誅夷，〔六〕哀哉！昔霍叔封於晉，〔七〕晉即河東，光豈其苗裔乎？金日磾夷狄亡國，羈虜漢庭，而以篤敬寤主，忠信自著，勒功上將，傳國後嗣，世名忠孝，七世内侍，何其盛也！本以休屠作金人爲祭天主，故因賜姓金氏云。

〔一〕師古曰：形，見也。

〔二〕師古曰：仆，頓也，音赴。

〔三〕師古曰：阿衡，伊尹官號也。阿，倚也。衡，平也。言天子所倚，羣下取平也。

〔四〕晉灼曰：不揚其過也。

〔五〕師古曰：湛讀曰沈。

〔六〕師古曰：財與纔同。

〔七〕師古曰：霍叔，文王之子，武王之弟也。【補注】何焯曰：昭宣之際，有推霍光爲霍叔後者，其語殊謬，足累光之誠節。詳見史記三代世表後褚少孫所記，班氏特畧舉於贊中，以傳疑亦兼以爲微戒云。

趙充國辛慶忌傳第三十九

漢書六十九

趙充國字翁孫，隴西上邽人也，〔一〕後徙金城令居。〔二〕始爲騎士，以六郡良家子〔三〕善騎射補羽林。爲人沈勇有大略，少好將帥之節，而學兵法，通知四夷事。〔四〕武帝時以假司馬從貳師將軍擊匈奴，〔五〕大爲虜所圍。漢軍乏食數日，死傷者多，充國乃與壯士百餘人潰圍陷陳，貳師引兵隨之，遂得解。身被二十餘創，貳師奏狀，詔徵充國詣行在所。武帝親見視其創，嗟歎之，〔六〕拜爲中郎，遷車騎將軍長史。

〔一〕師古曰：邽音圭。【補注】沈欽韓曰：明統志，趙充國宅在秦州清水縣北二里。先謙曰：上邽，今秦州西南。

〔二〕師古曰：令音零。【補注】先謙曰：今涼州府平番縣西北。

〔三〕服虔曰：金城、隴西、天水、安定、北地、上郡是也。師古曰：隴西、天水、安定、北地、上郡、西河是也。昭帝分隴西、天水置金城。充國，武帝時已爲假司馬，則初以六郡良家子者非金城也。此名數正與地理志同也。【補注】王鳴盛曰：東方朔傳，建元三年，上始微行，與待詔隴西、北地良家子能騎射者期諸殿門。則隴西、北地固在六郡之數，餘四郡無所見。而馮奉世傳，武帝末，奉世以良家子選爲郎。奉世，上黨人，而云良家子，然則六郡中何以無上黨，疑顏注未確。朱一新曰：顏注是也。續志，羽林郎，三百石，無員，掌宿衞侍從。常選漢陽、隴西、安定、北地、上郡、西河凡六郡良家補之。漢陽即天水，後漢永平中更名。先謙曰：官本注在「補羽林」下。「武帝」上有「自」字。

〔四〕師古曰：通知者，謂明曉也。

〔五〕【補注】齊召南曰：案天漢二年事也。李廣利以三萬騎出酒泉，擊右賢王於天山，得首虜萬餘級。即此役。

〔六〕【補注】王念孫曰：案「見」即「視」字之誤。今作見視者，一本作視，一本作見，而後人誤合之。御覽職官部四十六引此無「見」字。

昭帝時，武都氐人反，〔一〕充國以大將軍護軍都尉將兵擊定之，〔二〕遷中郎將，將屯上谷，〔三〕還爲水衡都尉。擊匈奴，獲西祁王，〔四〕擢爲後將軍，兼水衡如故。與大將軍霍光定册尊立宣帝，封營平侯。本始中，爲蒲類將軍征匈奴，斬虜數百級，還爲後將軍、少府。〔五〕匈奴大發十餘萬騎，南旁塞，至符奚廬山，〔六〕欲入爲寇。亡者題除渠堂降漢言之，遣充國將四萬騎屯緣邊九郡。〔七〕單于聞之，引去。

〔一〕師古曰：氐音丁奚反。

〔二〕【補注】齊召南曰：案昭紀「元鳳元年，武都氐人反，遣執金吾馬適建、龍額侯韓增、大鴻臚廣明將三輔、太常徒，皆免刑擊之」。然則充國以護軍爲裨將，而戰功多耳。又案匈奴傳，匈奴降者言，匈奴方發二萬騎擊烏桓。霍光欲發兵要擊之，以問充國，充國以爲非計。乃拜范明友爲度遼將軍。亦充國爲大將軍護軍都尉時事也。充國爲水衡都尉，公卿表在元鳳元年，而遷後將軍在元平元年。先謙曰：百官表，護軍都尉，武帝元狩四年，屬大司馬。昭帝時，霍光爲大司馬大將軍，故此稱大將軍護軍都尉也。

〔三〕師古曰：領兵屯於上谷也。將音子亮反。

〔四〕文穎曰：匈奴王也。

〔五〕【補注】劉敞曰：案百官表，本始年後，少府皆有姓名，充國未嘗爲之，亦未嘗有將軍兼少府者。明此「府」字是「時」字，少時，猶言無幾也。先謙曰：少時，不詞。劉説非。此蓋長信少府，故不見公卿表。

〔六〕師古曰：旁，依也，音步浪反。【補注】周壽昌曰：案匈奴傳封題除渠堂爲鹿奚盧侯，蓋即其地。脊與鹿，譯寫各異也。先謙曰：「盧」，官本作「盧」。

〔七〕文穎曰：五原、朔方之屬也。師古曰：九郡者，五原、朔方、雲中、代郡、雁門、定襄、北平、上谷、漁陽也。四萬騎分屯之，而充國總統領之。

是時，光禄大夫義渠安國使行諸羌，〔一〕先零豪言願時渡湟水北，〔二〕逐民所不田處畜牧。安國以聞。充國劾安國奉使不敬。〔三〕是後，羌人旁緣前言，抵冒渡湟水，〔四〕郡縣不能禁。元康三年，先零遂與諸羌種豪二百餘人，解仇交質盟詛。〔五〕上聞之，以問充國，對曰：「羌人所以易制者，以其種自有豪，數相攻擊，埶不壹也。往三十餘歲，西羌反時，亦先解仇合約攻令居，〔六〕與漢相距，五六年乃定。〔七〕至征和五年，〔八〕先零豪封煎等通使匈奴，〔九〕匈奴使人至小月氏，〔一〇〕傳告諸羌曰：『漢貳師將軍衆十餘萬人降匈奴。羌人爲漢事苦。〔一一〕張掖、酒泉本我地，地肥美，可共擊居之。』以此觀匈奴欲與羌合，非一世也。間者匈奴困於西方，〔一二〕聞烏桓來保塞，恐兵復從東方起，〔一三〕數使使尉黎、危須諸國，〔一四〕設以子女貂裘，欲沮解之。〔一五〕其計不合。〔一六〕疑匈奴更遣使至羌中，道從沙陰地，出鹽澤，過長阬，入窮水塞，〔一七〕

南抵屬國，〔一八〕與先零相直。〔一九〕臣恐羌變未止此，且復結聯他種，宜及未然爲之備。」〔二〇〕後月餘，羌侯狼何果遣使至匈奴藉兵，〔二一〕欲擊鄯善、敦煌以絶漢道。〔二二〕充國以爲「狼何，小月氏種，在陽關西南，〔二三〕執不能獨造此計，疑匈奴使已至羌中，先零、罕、开乃解仇作約。〔二四〕到秋馬肥，變必起矣。宜遣使者行邊兵豫爲備，敕視諸羌，毋令解仇，〔二五〕以發覺其謀。」於是兩府復白遣義渠安國行視諸羌，分别善惡。〔二六〕安國至，召先零諸豪三十餘人，以尤桀黠，皆斬之。〔二七〕縱兵擊其種人，斬首千餘級。於是諸降羌及歸義羌侯楊玉等恐怒，亡所信鄉，〔二八〕遂劫略小種，背畔犯塞，攻城邑，殺長吏。安國以騎都尉將騎三千屯備羌，至浩亹，〔二九〕爲虜所擊，失亡車重兵器甚衆。〔三〇〕安國引還，至令居，以聞。是歲，神爵元年春也。

〔一〕師古曰：行音下更反。

〔二〕鄭氏曰：零音憐。孟康曰：豪，帥長也。師古曰：湟水出金城臨羌塞外，東入河。湟水之北是漢地。湟音皇。【補注】劉奉世曰：湟北非謂漢地也。羌意欲稍北近匈奴，合而爲寇，安國不知其情，故受其詞。詳下文可見。齊召南曰：案顔注是，劉説非也。胡三省云「羌依南山渡湟水而北，固欲與匈奴合，而湟北則漢地，所以隔絶羌與匈奴通之路，正在於此」。於地形可謂明曉。沈欽韓曰：一統志「湟河番名波洛沖克克河，在西寧府邊外西北青海，源出噶爾藏嶺，入西寧西川邊内，是爲西寧河」。先謙曰：漢得昆邪、休屠王地，開河西武威、張掖、酒泉、敦煌四郡，羌與匈奴隔遠，不得復通，因湟水旁地肥美，故斥逐羌人不使渡湟水北也。

〔三〕【補注】先謙曰：以其不詳審情實。

〔四〕師古曰：旁，依也。抵冒，犯突而前。旁音步浪反。冒音莫北反。【補注】宋祁曰：冒作莫報反。周壽昌曰：前先零豪所言，雖經安國奏爲充國所劾，朝議故未許也。羌人乃緣前言，抵法冒禁而渡，故云抵冒。

〔五〕師古曰：羌人無大君長，而諸種豪遞相殺伐，故每有仇讎，往來相報。今解仇交質者，自相親結，欲入漢爲寇也。

〔六〕師古曰：合約，共爲要契也。

〔七〕【補注】先謙曰：胡注「元鼎五年，西羌反，攻安故枹罕，次年即平，至是五十一年」。案與充國所言不甚合，疑別一事。

〔八〕【補注】王先慎曰：「五」當爲「三」。貳師將軍降匈奴在征和三年，見武紀、李廣利傳、匈奴傳。貳師降匈奴，歲餘，衛律害其寵，收貳師，屠以祠。玩匈奴告諸羌語，當在初降時，不得在貳師死後。且征和無五年，五爲三譌，尤其明證。

〔九〕師古曰：煎讀曰翦。

〔一〇〕師古曰：氐音支。

〔一一〕師古曰：事，使役。

〔一二〕【補注】先謙曰：胡注，謂本始五年，爲烏孫所破。

〔一三〕【補注】先謙曰：恐漢再伐之。

〔一四〕【補注】錢大昕曰：西域傳「黎」作「犂」。

〔一五〕師古曰：設謂聞許之也。沮，壞也。欲壞其計，令解散之。沮音才汝反。【補注】先謙曰：官本「聞」作「開」，是。

〔一六〕【補注】先謙曰：諸國不與匈奴合謀。

〔一七〕【補注】沈欽韓曰：沙陰即流沙地。寰宇記「居延海在甘州張掖縣東北一千六百里，古之流沙澤」。鹽澤即蒲昌海。長阬，長城之阬。寰宇記「故長城，漢書謂之遮虜障，在肅州酒泉縣北」。窮水塞亦在張掖縣北。淮南地形訓「弱水出自窮石」注「窮石，山名，在張掖北，塞水也」。史記正義「括地志云，蘭門山一名窮石山，在甘州刪丹縣西南七里」。案入此塞，即罕、幵所居鮮水上矣。晉書載記「禿髮傉檀追沮渠蒙遜於窮泉」是也。
〔一八〕【補注】沈欽韓曰：此當爲張掖屬國，時金城尚未置屬國。
〔一九〕師古曰：直，當也。
〔二〇〕師古曰：未然者，其計未成。
〔二一〕師古曰：藉，借也。
〔二二〕師古曰：鄯音善。
〔二三〕【補注】沈欽韓曰：一統志「古陽關在安西廳沙州衛西南」。
〔二四〕蘇林曰：罕、幵在金城南。師古曰：罕、幵，羌之別種也。此下言「遣幵豪雕庫宣天子至德，罕、幵之屬皆聞知明詔」，其下又云「河南大幵、小幵」，則罕羌、幵羌姓族殊矣。幵音口堅反。而地理志天水有罕幵縣，蓋以此二種羌來降，處之此地，因以名縣也。而今之羌姓有罕幵者，總是罕幵之類，合而言之，因爲姓耳。變幵爲井，字之訛也。
〔二五〕師古曰：行音下更反。視讀曰示。示，語之也。其下並同。【補注】宋祁曰：「解仇」上疑有「復」字。
〔二六〕【補注】先謙曰：兩府，丞相、御史大夫府。
〔二七〕師古曰：桀，堅也，言不順從也。黠，惡也，爲惡堅也。
〔二八〕師古曰：恐中國汎怒，不信其心，而納嚮之。鄉讀曰嚮。【補注】劉奉世曰：恐怒，且恐且怒也。羌未有變，而漢吏無故誅殺其人，故楊玉等謂漢無所信向，於是與他族皆叛也。王念孫曰：案顏、劉二説皆非也。恐、怒二字，義不相屬。「恐」當爲「怨」，字之誤也。怨怒無所信嚮，謂怨怒漢吏，不親信而歸嚮之也。後漢西羌傳述其事曰「安（邦）〔國〕召先零豪四十餘人斬之，因放兵擊其種，斬首千餘級。於是諸羌怨怒，遂寇金城」。此文大略本於漢書，怨、怒二字亦本漢書也。王莽傳「五威將帥出，改句町王以爲侯，王邯怨怒不附」。文義亦與此相似。
〔二九〕師古曰：浩音誥。亹音門，水名也，解在地理志。【補注】先謙曰：胡注「縣名也，屬金城郡，有浩亹水出西塞外，東至允吾入湟水。杜佑云，漢浩亹縣故城在今金城郡廣武縣西南」。先謙案，在今西寧府碾伯縣東。

〔三〇〕師古曰：重音直用反。

時充國年七十餘，上老之，使御史大夫丙吉問誰可將者，充國對曰：「亡踰於老臣者矣。」上遣問焉，曰：「將軍度羌虜何如？當用幾人？」〔一〕充國曰：「百聞不如一見。兵難隃度，〔二〕臣願馳至金城，圖上方略。〔三〕然羌戎小夷，逆天背畔，滅亡不久，願陛下以屬老臣，勿以爲憂。」〔四〕上笑曰：「諾。」

〔一〕師古曰：度，計也，音大各反。其下亦同。

〔二〕鄭氏曰：隃，遥也，三輔言也。師古曰：隃讀曰遥。【補注】先謙曰：官本注「曰遥」作「作遥」。

〔三〕師古曰：圖其地形，并爲攻討方略，俱奏上也。【補注】先謙曰：胡注「金城郡，昭帝始元六年置，唐蘭鄯廓州地」。先謙案，在今蘭州府臯蘭縣西南。

〔四〕師古曰：屬，委也，音之欲反。

充國至金城，須兵滿萬騎，〔一〕欲渡河，恐爲虜所遮，即夜遣三校銜枚先渡，〔二〕渡輒營陳，〔三〕會明，畢，遂以次盡渡。虜數十百騎來，出入軍傍。充國曰：「吾士馬新倦，不可馳逐。此皆驍騎難制，又恐其爲誘兵也。擊虜以殄滅爲期，小利不足貪。」令軍勿擊。遣騎候四望陿中，亡虜。〔四〕夜引兵上至落都，〔五〕召諸校司馬，謂曰：「吾知羌虜不能爲兵矣。使虜發數千人守杜四望陿中，兵豈得入哉！」〔六〕充國常以遠斥候爲務，行必爲戰備，止必堅營壁，尤能持重，愛士卒，先計而後戰。遂西至西部都尉府，〔七〕日饗軍士，〔八〕士皆欲爲用。虜數挑戰，充國堅守。捕得生口，言羌豪相數責曰：「語汝亡反，今天子遣趙將軍來，年八九十矣，善爲兵。今請欲一鬥而死，可得邪！」

〔一〕師古曰：須，待也。

〔二〕師古曰：銜枚者，欲其無聲，使虜不覺。

〔三〕【補注】先謙曰：胡注「立營陳則虜不得犯，諸軍可以繼渡」。

〔四〕文穎曰：金城有三陿，在南六百里。師古曰：山陗而夾水曰陿。四望者，陿名也。陿音狹。【補注】沈欽韓曰：寰宇記「鄯州湟水縣四望山有水出其陽，一名湟河，亦謂樂都水」。明志「西寧衞東南有峽石山，亦曰湟峽。又東，有四望山，亦曰四望峽」。

〔五〕服虔曰：山名也。【補注】先謙曰：胡注「據水經注，破羌縣之西有落都城。後漢志，浩亹縣有雒都谷」。沈欽韓曰：即樂都。南凉禿髮傉檀所居，因此名。一統志「故樂都，今西寧府碾伯縣治」。

〔六〕師古曰：杜，塞也。

〔七〕孟康曰：在金城。【補注】沈欽韓曰：地理志失載治所。後書西羌傳「和帝時，曹鳳爲金城西部都尉，屯龍支」。元和志「鄯州有龍支縣」。明志「西寧衞東南有龍支城，吐蕃曰宗哥城」。

〔八〕師古曰：（日）日饗飤之。

充國子右曹中郎將卬，將期門佽飛、羽林孤兒、胡越騎爲支兵，至令居。虜並出絶轉道，〔一〕卬以聞。有詔將八校尉與驍騎都尉、金城太守合疏捕山間虜，〔二〕通轉道津渡。〔三〕

〔一〕師古曰：並猶俱也。轉道，運糧之道也。並讀如字，又音步朗反。【補注】劉奉世曰：並猶具爾。羣聚不一，同出鈔絶，故曰並也。何煩曲解。下文「分兵並出」，又當爲且邪？蘇輿曰：顔注俱本作且。劉注具本作俱。下「居民得並田作」注可證，此並誤。

〔二〕蘇林曰：疏，搜索也。師古曰：疏字本作跡，言尋跡而捕之也。【補注】沈欽韓曰：小司徒注「胥，伺捕盜賊也」。疏、胥字義並通。先謙曰：八校尉，中壘、屯騎、步兵、越騎、長水、胡騎、射聲、虎賁。

〔三〕【補注】宋祁曰：「渡」，姚改作「度」。

初，罕、幵豪靡當兒使弟雕庫來告都尉曰：「先零欲反。」後數日，果反。雕庫種人頗在先零中，都尉即留雕庫爲質。〔一〕充國以爲亡罪，乃遣歸告種豪：「大兵誅有罪者，明白自別，毋取并滅。〔二〕天子告諸羌人，犯法者能相捕斬，除罪。斬大豪有罪者一人，賜錢四十萬，中豪十五萬，下豪二萬，大男三千，女子及老小千錢，又以其所捕妻子財物盡與之。」充國計欲以威信招降罕、幵及劫略者，解散虜謀，徼極乃擊之。〔三〕

〔一〕【補注】先謙曰：都尉，即金城西部都尉。

〔二〕師古曰：言勿相和同，自取滅亡。

〔三〕師古曰：徼，要也，要其倦極者也。徼音工堯反。【補注】先謙曰：通鑑作「徼其疲劇乃取之」。吴王濞傳「欲以全制其極」。史記作「以全勝制其疲極」。是以極爲倦極，班書義固有之。

時上已發三輔、太常徒弛刑，〔一〕三河、潁川、沛郡、淮陽、汝南材官，金城、隴西、天水、安定、北地、上郡騎士、羌騎，與武威、張掖、酒泉太守各屯其郡者，合六萬人矣。酒泉太守辛武賢奏言：「郡兵皆屯備南山，北邊空虚，埶不可久。或曰，至秋冬乃進兵，此虜在竟外之册。〔二〕今虜朝夕爲寇，土地寒苦，漢馬不能冬，〔三〕屯兵在武威、張掖、酒泉萬騎以上，皆多羸瘦。可益馬食，以七月上旬齎三十日糧，分兵並出張掖、酒泉合擊罕、幵在鮮水上者。〔四〕虜以畜産爲命，今皆離散，兵即分出，〔五〕雖不能盡誅，亶奪其畜産，虜其妻子，〔六〕復引兵還，冬復擊之，大兵仍出，虜必震壞。」〔七〕

〔一〕師古曰：弛刑謂不加鉗釱者也。弛之言解也，音式爾反。

〔二〕師古曰：竟讀曰境。【補注】先謙曰：册同策。

〔三〕師古曰：能讀曰耐。

〔四〕【補注】齊召南曰：案鮮水即西海。一名青海，又名卑禾羌海。地理志「金城郡臨羌縣西北至塞外，有仙海、鹽池」者也。後書西羌傳「武帝時，先零羌與匈奴通，寇邊，遣李息、徐自爲擊平之。羌乃去湟中，依西海鹽池左右」。又本書王莽傳，羌豪獻鮮水海、允谷鹽池地，爲西海郡。

〔五〕【補注】先謙曰：「即」疑「既」字之譌。

〔六〕師古曰：亶讀曰但。

〔七〕師古曰：仍，頻也。

天子下其書充國，令與校尉以下吏士知羌事者博議。充國及長史董通年以爲「武賢欲輕引萬騎，分爲兩道出張掖，回遠千里。〔一〕以一馬自佗負三十日食，〔二〕爲米二斛四斗，麥八斛，又有衣裝兵器，難以追逐。勤勞而至，虜必商軍進退，稍引去，〔三〕逐水屮，入山林。〔四〕隨而深入，虜即據前險，守後阸，以絶糧道，必有傷危之憂，爲夷狄笑，千載不可復。〔五〕而武賢以爲可奪其畜産，虜其妻子，此殆空言，非至計也。〔六〕又武威縣、張掖日勒皆當北塞，有通谷水草。〔七〕臣恐匈奴與羌有謀，且欲大入，幸能要杜張掖、酒泉以絶西域，〔八〕其郡兵尤不可發。先零首爲畔逆，它種劫略。〔九〕故臣愚册，欲捐罕、开闇昧之過，隱而勿章，先行先零之誅，以震動之，宜悔過反善，因赦其罪，選擇良吏知其俗者揗循和輯，〔一〇〕此全師保勝安邊之册。」天子下其書。公卿議者咸以爲先零兵盛，而負罕、开之助，〔一一〕不先破罕、开，則先零未可圖也。

〔一〕師古曰：回謂路紆曲也，音胡悔反。
〔二〕師古曰：佗音徒何反。凡以畜産載負物者皆爲佗。
〔三〕師古曰：商，計度也。【補注】宋祁曰：「稍引去」，當更添一「稍」字。
〔四〕師古曰：屮，古草字。
〔五〕師古曰：復音扶目反。【補注】先謙曰：胡注「復，報也」。
〔六〕師古曰：殆，僅也。
〔七〕師古曰：日勒，張掖之縣。
〔八〕師古曰：要，遮也。杜，塞也。
〔九〕師古曰：言被劫略而反叛，非其本心。
〔一〇〕師古曰：揗，古撫字。輯與集同。【補注】先謙曰：官本「揗」作「拊」，通鑑作「拊」。

〔一〕師古曰：負，恃也。

上乃拜侍中樂成侯許延壽爲强弩將軍，即拜酒泉太守武賢爲破羌將軍，〔一〕賜璽書嘉納其册。以書敕讓充國曰：〔二〕

〔一〕師古曰：即，就也，就其郡而拜之。

〔二〕師古曰：讓，責也。

皇帝問後將軍，甚苦暴露。將軍計欲至正月乃擊罕羌，羌人當獲麥，已遠其妻子，〔一〕精兵萬人欲爲酒泉、敦煌寇。〔二〕邊兵少，民守保不得田作。今張掖以東粟石百餘，芻藳束數十。〔三〕轉輸並起，百姓煩擾。將軍將萬餘之衆，不早及秋共水草之利，爭其畜食，〔四〕欲至冬，虜皆當畜食，〔五〕多藏匿山中，依險阻，將軍士寒，手足皸瘃，〔六〕寧有利哉？將軍不念中國之費，欲以歲數而勝微，〔七〕將軍誰不樂此者！〔八〕

〔一〕師古曰：徙其妻子，令遠居，而身來爲寇也。

〔二〕【補注】先謙曰：言羌獲麥後將如此。

〔三〕師古曰：皆謂直錢之數，言其貴。【補注】先謙曰：官本「直錢」作「錢直」。

〔四〕師古曰：此畜謂畜産牛羊之屬也。食謂穀麥之屬也。一曰，畜食，畜之所食，即謂草也。

〔五〕師古曰：此畜讀曰蓄。蓄，聚積也。

〔六〕文穎曰：皸，坼裂也。瘃，寒創也。師古曰：皸音軍。瘃音竹足反。【補注】王念孫曰：案「士」上有「將」字，而今本脱之。將士皆寒，不當獨言士寒也。御覽疾病部五引此已脱「將」字，舊本北堂書鈔歲時部四，出「將士皸瘃」四字，注引此傳云「將軍將士寒，手足皸瘃」，足補今本之缺。陳禹謨本删注内「將」字，而正文尚未删。

〔七〕師古曰：久歷年歲，乃勝小敵也。數音所具反。【補注】劉奉世曰：微，無也。讀當屬下句，言雖無充國，誰不樂此安便也。周壽昌曰：通鑑作「欲以歲數而勝敵」。注仍顔説。案師古「勝小敵」云云，原釋勝微之微字。通鑑就顔説，改「微」字作「敵」，似不如舊讀義長。且荀紀亦作「微」，不作「敵」。

〔八〕師古曰：言凡爲將軍者皆樂此。【補注】先謙曰：顧炎武云「言豈獨將軍苟安，人人皆欲爲之」。與劉説大同。案「微」字上下讀皆可通。

今詔破羌將軍武賢將兵六千一百人，敦煌太守快將二千人，長水校尉富昌、酒泉侯奉世將婼、月氏兵四千人，〔一〕亡慮萬二千人。〔二〕齎三十日食，以七月二十二日擊罕羌，入鮮水北句廉上，〔三〕去酒泉八百里，去將軍可千二百里。將軍其引兵便道西並進，雖不相及，使虜聞東方、北方兵並來，〔四〕分散其心意，離其黨與，雖不能殄滅，當有瓦解者。已詔中郎將卬將胡越佽飛射士步兵二校，益將軍兵。〔五〕

〔一〕服虔曰：婼音兒，羌名也。蘇林曰：婼音兒遮反。師古曰：蘇音是也。【補注】沈欽韓曰：「侯」當爲「候」。奉世即馮奉世。

〔二〕師古曰：亡慮，大計也。解在食貨志。

〔三〕服虔曰：句音鉤。師古曰：句廉，謂水岸曲而有廉稜也。

〔四〕【補注】宋祁曰：「並來」，越本作「正來」。

〔五〕【補注】王念孫曰：案景祐本「校」下有「尉」字，當據補。上文云「詔印將八校尉」，是其證。各本「校」下不空一字，非。先謙曰：王校本「校」下空一字，故云。但百官表云「步兵校尉掌上林苑門屯兵」。二校者，言步兵中之二校耳，若今言二營矣。步兵止一校尉，無二校尉，校下增尉字，則不可通。下文言步兵九校同。

今五星出東方，中國大利，蠻夷大敗。〔一〕太白出高，用兵深入敢戰者吉，弗敢戰者凶。〔二〕將軍急裝，因天時，誅不義，萬下必全，〔三〕勿復有疑。

〔一〕張晏曰：五星所聚，其下勝。羌人在西，星在東，則爲漢。【補注】先謙曰：天文志「五星分天之中，積於東方，中國大利；積於西方，夷狄用兵者利」。

〔二〕【補注】先謙曰：天文志「太白，兵象也。出而高，用兵深吉淺凶；埤，淺吉深凶」。

〔三〕【補注】王文彬曰：言無往不利。

充國既得讓，以爲將任兵在外，便宜有守，以安國家。〔一〕乃上書謝罪，因陳兵利害，曰：

〔一〕師古曰：言爲將之道，受任行兵於外，雖受詔命，若有便宜，則當國守以取安利也。【補注】先謙曰：注「國」當爲「固」，官本不誤。

臣竊見騎都尉安國前幸賜書，〔一〕擇羌人可使使罕，〔二〕諭告以大軍當至，漢不誅罕，以解其謀。恩澤甚厚，非臣下所能及。臣獨私美陛下盛德至計亡已，故遣开豪雕庫宣天子至德，罕、开之屬皆聞知明詔。今先零羌楊玉，此羌之首帥名王，〔三〕將騎四千及煎鞏騎五千，阻石山木，候便爲寇，〔四〕罕羌未有所犯。今置先零，先擊罕，釋有罪，誅亡辜，〔五〕起壹難，就兩害，誠非陛下本計也。

〔一〕【補注】錢大昭曰：即義渠安國。先謙曰：言安國得此賜書也。
〔二〕【補注】先謙曰：擇可使者令往。
〔三〕【補注】錢大昭曰：閩本無「此羌」句。
〔四〕師古曰：謂依阻山之木石，以自保固。
〔五〕師古曰：釋，置也，放也。

臣聞兵法「攻不足者守有餘」，〔一〕又曰「善戰者致人，不致於人」。〔二〕今罕羌欲爲敦煌、酒泉寇，飭兵馬，練戰士，以須其至，〔三〕坐得致敵之術，以逸擊勞，取勝之道也。今恐二郡兵少，不足以守，而發之行攻，釋致虜之術，而從爲虜所致之道，〔四〕臣愚以爲不便。先零羌虜欲爲背畔，故與罕、开解仇結約，然其私心不能亡恐漢兵至而罕、开背之也。臣愚以爲其計常欲先赴罕、开之急，以堅其約。先擊罕羌，先零必助之。今虜馬肥，糧食方饒，擊之恐不能傷害，適使先零得施德於罕羌，堅其約，合其黨。〔五〕虜交堅黨合，精兵二萬餘人，迫脅諸小種，附著者稍衆，莫須之屬不輕得離也。〔六〕如是，虜兵寖多，〔七〕誅之用力數倍，臣恐國家憂累繇十年數，不

二三歲而已。〔八〕

〔一〕【補注】沈欽韓曰：孫子形篇「守則不足，攻則有餘」。曹操注「吾所以守者，力不足也；所以攻者，守有餘也」。

〔二〕師古曰：皆兵法之辭也。致人，引致而取之也。致於人，爲人所引也。【補注】蘇輿曰：見虛實篇。

〔三〕師古曰：飭，整也。須，待也。飭與敕同也。【補注】先謙曰：官本「飭」上有「宜」字。

〔四〕師古曰：釋，廢也。【補注】宋祁曰：「廢也」，姚改作「廢棄」。先謙曰：通鑑注引作「廢也」。

〔五〕師古曰：施德，自樹恩德也。

〔六〕服虔曰：莫須，小種羌名也。

〔七〕師古曰：寖，漸也。

〔八〕師古曰：累音力瑞反。繇與由同。【補注】先謙曰：漢紀作「一二歲」。

臣得蒙天子厚恩，父子俱爲顯列。臣位至上卿，爵爲列侯，犬馬之齒七十六，爲明詔填溝壑，死骨不朽，亡所顧念。獨思惟兵利害至孰悉也，於臣之計，先誅先零已，則罕、开之屬，不煩兵而服矣。先零已誅，而罕、开不服，涉正月擊之，得計之理，又其時也。〔一〕以今進兵，誠不見其利，唯陛下裁察。

〔一〕【補注】先謙曰：官本「得」下「計」作「利」。

六月戊申奏，七月甲寅璽書報從充國計焉。〔一〕

〔一〕【補注】沈欽韓曰：容齋隨筆「金城至長安一千四百五十里，往返倍之，中間更下公卿議臣。而自上書得奏報，首尾纔七日爾」。案初學記二十「漢舊儀云，驛三騎行，日夜千里爲程」。

充國引兵至先零在所，虜久屯聚，解弛，〔一〕望見大軍，棄車重，欲渡湟水，〔二〕道阸狹，充國徐行驅之。或曰，逐利行遲。〔三〕充國曰：「此窮寇不可迫也。緩之則走不顧，急之則還致死。」〔四〕諸校皆曰：「善。」虜赴水溺死者數百，降及斬首五百餘人，鹵馬牛羊十萬餘頭，車四千餘兩。兵至罕地，令軍毋燔聚落芻牧田中。〔五〕罕羌聞之，喜曰：「漢果不擊我矣！」豪靡忘使人來言：「願得還復故地。」〔六〕充國以聞，未報。靡忘來自歸，充國賜飲食，遣還諭種人。護軍以下皆爭之，曰：「此反虜，不可擅遣。」充國曰：「諸君但欲便文自營，〔七〕非爲公家忠計也。」〔八〕語未卒，璽書報，令靡忘以贖論。後罕竟不煩兵而下。

〔一〕師古曰：解讀曰懈，弛放也。
〔二〕師古曰：重音直用反。
〔三〕師古曰：逐利宜疾，今行太遲。
〔四〕師古曰：謂更回還盡力而死戰。
〔五〕師古曰：不得燔燒人居，及於田畝之中刈芻放牧也。
〔六〕服虔曰：靡忘，羌帥名也。【補注】先謙曰：官本作「復還」，引宋祁曰「復還，一本作還復」。
〔七〕師古曰：苟取文墨之便，而自營衛。便音頻面反。
〔八〕師古曰：爲音于僞反。

其秋，充國病，上賜書曰：「制詔後將軍：聞苦腳脛、寒泄，〔一〕將軍年老加疾，一朝之變不可諱，〔二〕朕甚憂之。今詔破羌將軍詣屯所，爲將軍副，急因天時大利，吏士鋭氣，以十二月擊先零羌。即疾劇，留屯毋行，〔三〕獨遣破羌、强弩將軍。」時羌降者萬餘人矣。充國度其必壞，欲罷騎兵屯田，以待其敝。作奏未上，會得進兵璽書，中郎將卬懼，使客諫充國曰：「誠令兵出，破軍殺將以傾國家，將軍守之可也。即利與病，又何足爭？〔四〕一旦不合上意，遣繡衣來責將軍，將軍之身不能自保，〔五〕何國家之安？」〔六〕充國歎曰：「是何言之不忠也！本用吾言，羌虜得至是邪？〔七〕往者舉可先行羌者，吾舉辛武賢，〔八〕丞相御史復白遣義渠安國，竟沮敗羌。〔九〕金城、湟中穀斛八錢，〔一〇〕吾謂耿中丞，〔一一〕糴二百萬斛穀，羌人不敢動矣。〔一二〕耿中丞請糴百萬斛，乃得四十萬斛耳。義渠再使，且費其半。失此二册，〔一三〕羌人故敢爲逆。失之毫釐，差之千里，是既然矣。〔一四〕今兵久不決，四夷卒有動揺，相因而起，〔一五〕雖有知者不能善其後，羌獨足憂邪！〔一六〕吾固以死守之，明主可爲忠言。」遂上屯田奏曰：

〔一〕師古曰：脛，膝以下骨也。寒泄，下利也。言其患足脛又苦下利。脛音下定反。泄音息列反。

〔二〕師古曰：恐其死。

〔三〕【補注】先謙曰：詔充國止養病。

〔四〕【補注】先謙曰：言出兵利病小，不必遂傾危國家。

〔五〕師古曰：繡衣謂御史。【補注】周壽昌曰：漢制，直指使者繡衣案部，可以軍興法從事。
〔六〕【補注】先謙曰：漢紀「安」上有「能」字。
〔七〕師古曰：言豫防之，可無今日之寇也。
〔八〕師古曰：行音下更反。
〔九〕師古曰：沮壞也，音才汝反。
〔一〇〕【補注】周壽昌曰：食貨志「穀至石五錢」，是中土也。此每斛八錢，是邊地也。皆當宣帝時豐穰屢歲。
〔一一〕服虔曰：耿壽昌也，爲司農中丞。
〔一二〕師古曰：言豫儲糧食，可以制敵。【補注】先謙曰：通鑑作「三百萬」。
〔一三〕【補注】沈欽韓曰：前一策，孫子所謂「上兵伐謀」也。不得已而用兵，釋罕、幵，誅先零，所謂「其次伐交」也。前策不行，故堅持釋罕誅零之議。後策不行，邊儲空虛，故堅持屯田之議。
〔一四〕【補注】先謙曰：官本「差」下「之」作「以」。
〔一五〕師古曰：卒讀曰猝。
〔一六〕師古曰：言儻如此，則所憂不獨在羌。

臣聞兵者，所以明德除害也，故舉得於外，則福生於內，不可不慎。臣所將吏士馬牛食，月用糧穀十九萬九千六百三十斛，鹽千六百九十三斛，茭藁二十五萬二百八十六石。〔一〕難久不解，繇役不息。又恐它夷卒有不虞之變，〔二〕相因並起，爲明主憂，誠非素定廟勝之册。〔三〕且羌虜易以計破，難用兵碎也，故臣愚以爲擊之不便。〔四〕

〔一〕師古曰：茭，乾芻也。藁，禾稈也。石，百二十斤。稈音工旱反。【補注】沈欽韓曰：孫子作「萁同萁秆一石」。注

「石百二十斤」。

〔二〕師古曰：卒讀曰猝。

〔三〕師古曰：廟勝，謂謀於廟堂而勝敵也。

〔四〕【補注】先謙曰：官本「也故」作「故也」，引宋祁曰「故也，當作也故」。

計度臨羌東至浩亹，〔一〕羌虜故田〔二〕及公田，民所未墾，可二千頃以上，其間郵亭多壞敗者。〔三〕臣前部士入山，伐材木大小六萬餘枚，皆在水次。願罷騎兵，留弛刑應募，〔四〕及淮陽、汝南步兵與吏士私從者，合凡萬二百八十一人，用穀月二萬七千三百六十三斛，鹽三百八斛，分屯要害處。冰解漕下，繕鄉亭，浚溝渠，〔五〕治湟陿以西道橋七十所，令可至鮮水左右。田事出，賦人二十晦。〔六〕至四月草生，發郡騎及屬國胡騎伉健各千，倅馬什二，就草，〔七〕爲田者遊兵。〔八〕以充入金城郡，益積蓄，省大費。〔九〕今大司農所轉穀至者，足支萬人一歲食。〔一〇〕謹上田處及器用簿，〔一一〕唯陛下裁許。

〔一〕師古曰：度音大各反。【補注】先謙曰：臨羌，金城縣，在今西寧府西寧縣西。

〔二〕【補注】宋祁曰：「故田」，姚删「故」字。先謙曰：通鑑有「故」字，羌舊所田也。

〔三〕【補注】周壽昌曰：金城郡爲昭帝六年所置，至宣帝神爵初，不過二十年，而郵亭已多壞敗。觀下云「繕鄉亭，浚溝渠，治湟陿以西道橋七十所」，足徵壞敗不少。

〔四〕【補注】何焯曰：漢已有應募從軍之人，但如能使絶域之比，不在尋常調發之數。

〔五〕師古曰：漕下，以水運木而下也。繕，補也。浚，深治也。

〔六〕師古曰：田事出，謂至春人出營田也。賦謂班與之也。晦古畝字。

〔七〕師古曰：倅，副也。什二者，千騎則與副馬二百匹也。伉音口浪反。

〔八〕【補注】先謙曰：以衞屯田者。

〔九〕師古曰：畜讀曰蓄。【補注】先謙曰：據注，「蓄」當爲「畜」，官本不誤。

〔一〇〕【補注】王念孫曰：「今」當爲「令」。令，使也，言務積畜省費，使穀足支一歲食也。上文云「令可至鮮水左右」，與此令字，文同一例。今本令作今，則與上文義不相屬矣。通典食貨志二作「令」，亦後人以誤本漢書改之。御覽兵部六十四引此，正作「令」。

〔一一〕師古曰：簿音步户反。

上報曰：「皇帝問後將軍，言欲罷騎兵萬人留田，即如將軍之計。虜當何時伏誅？兵當何時得決？孰計其便，復奏。」充國上狀曰：

臣聞帝王之兵，以全取勝，是以貴謀而賤戰。戰而百勝，非善之善者也，故先爲不可勝，以待敵之可勝。〔一〕蠻夷習俗雖殊於禮義之國，然其欲避害就利，愛親戚，畏死亡，一也。今虜亡其美地薦草，〔二〕愁於寄託遠遯，骨肉離心，人有畔志，而明主般師罷兵，〔三〕萬人留田，順天時，因地利，以待可勝之虜，雖未即伏辜，兵決可朞月而望。羌虜瓦解，前後降者萬七百餘人，及受言去者凡七十輩，〔四〕此坐支解羌虜之具也。〔五〕

〔一〕師古曰：此兵法之辭也。言先自完堅，令敵不能勝我，乃可以勝敵也。【補注】先謙曰：胡注「此本孫子」。

〔二〕師古曰：薦，稠草。【補注】沈欽韓曰：韓非内儲説「獸鹿唯薦草而就」。齊物論音義司馬云「美草也」。

〔三〕鄧展曰：般音班。班，還也。

〔四〕如淳曰：羌胡言欲降，受其言遣去者。師古曰：如説非也。謂羌受充國之言，歸相告喻者也。羌虜即羌賊耳，無豫於胡也。【補注】宋祁曰：「七十」疑作「五十七」。

〔五〕【補注】王文彬曰：不勞甲兵，坐令解體。

臣謹條不出兵留田便宜十二事：步兵九校，〔一〕吏士萬人，留屯以爲武備，因田致穀，威德並行，一也。又因排折羌虜，令不得歸肥饒之墜，〔二〕貧破其衆，〔三〕以成羌虜相畔之漸，二也。居民得並田作，不失農業，三也。〔四〕軍馬一月之食，度支田士一歲，〔五〕罷騎兵以省大費，四也。至春省甲士卒，循河湟漕穀至臨羌，〔六〕以眎羌虜，〔七〕揚威武，傳世折衝之具，五也。以閒暇時下所伐材，〔八〕繕治郵亭，充入金城，六也。兵出，乘危徼幸，〔九〕不出，令反畔之虜竄於風寒之地，離霜露疾疫瘃墮之患，〔一〇〕坐得必勝之道，七也。亡經阻遠追死傷之害，八也。内不損威武之重，外不令虜得乘間之埶，九也。〔一一〕又亡驚動河南大开、小开〔一二〕使生它變之憂，十也。治湟陿中道橋，令可至鮮水，以制西域，信威千里，〔一三〕從枕席上過師，十一也。〔一四〕大費既省，繇役豫息，以戒不虞，十二也。留屯田得十二便，出兵失十二利。臣充國材下，犬馬齒衰，不識長册，唯明詔博詳公卿議臣採擇。

〔一〕師古曰：一部爲一校也。

〔二〕師古曰：墜，古地字。

〔三〕【補注】錢大昭曰：「貧」，漢紀作「分」。案說文「貧，財分少也」。則貧亦有分意。先謙曰：通鑑作「貧」，仍以貧字爲是。

〔四〕師古曰：並，且也，讀如本字，又音步浪反。【補注】劉奉世曰：居民得並田作。並亦俱也。周壽昌曰：言民田與屯田同時並作，兩不相妨。

〔五〕師古曰：度音大各反。

〔六〕【補注】先謙曰：胡注「縣，西北即塞外」。

〔七〕師古曰：眎亦示字。

〔八〕師古曰：閒讀曰閑。【補注】先謙曰：通鑑「下」下有「先」字。

〔九〕師古曰：言不可必勝。

〔一〇〕師古曰：離，遭也。墯謂因寒瘃而墯指者也。

〔一一〕師古曰：間謂軍之間隙者也。

〔一二〕服虔曰：皆羌種，在河西之河南也。

〔一三〕師古曰：信讀曰伸。

〔一四〕鄭氏曰：橋成軍行安易，若於枕席上過也。【補注】沈欽韓曰：大戴記王言篇「明主之守也，必折衝乎千里之外。其征也，衽席之上還師」。

上復賜報曰：「皇帝問後將軍，言十二便，聞之。虜雖未伏誅，兵決可期月而望，期月而望者，謂今冬邪？謂何時也？將軍獨不計虜聞兵頗罷，且丁壯相聚，攻擾田者及道上屯兵，復殺略人民，將何以止之？又大幵、小幵前言曰：『我告漢軍先零所在，兵不往擊，久留，得亡效五年時不分別人而并擊我？』〔一〕其意常恐。今兵不出，得亡變生，與先零爲一？將軍孰計復奏。」充國奏曰：

〔一〕如淳曰：此語謂本始五年伐先零，不分別大、小幵本意，是以大、小幵有此言也。【補注】劉奉世曰：本始年未伐先零。此即元康五年，未改神爵已前，義渠安國召誅先零之時。所謂無所信鄉，即是今無事，但羌人不能追言爾。先謙曰：「亡」與「毋」同。言得毋效前事否。漢紀作「得無不分別人而并擊我耶」。

臣聞兵以計爲本，故多算勝少算。先零羌精兵，分餘不過七八千人，〔一〕失地遠客，分散飢凍。罕、幵、莫須又頗暴略，其羸弱畜産，畔還者不絶，皆聞天子明令相捕斬之賞。臣愚以爲虜破壞可日月冀，遠在來春，故曰兵決可期月而望。竊見北邊自敦煌至遼東萬一千五百餘里，乘塞列隧有吏卒數千人，虜數大衆，攻之而不能害。今留步士萬人屯田，地埶平易，多高山遠望之便，部曲相保，爲壍壘木樵，〔二〕校聯不絶，〔三〕便兵弩，飭鬥具。〔四〕烽火幸通，埶及并力，〔五〕以逸待勞，兵之利者也。臣愚以爲屯田内有亡費之利，外有守禦之備。騎兵雖罷，虜見萬人留田爲必禽之具，其土崩歸德，宜不久矣。從今盡三月，虜馬羸瘦，必不敢捐其妻子於他種中，遠涉河山而來爲寇。又見屯田之士，精兵萬人，終不敢復將其累重還歸故地。〔六〕是臣之愚計，所以度虜且必瓦解其處，〔七〕不戰而自破之册也。至於虜小寇盜，時殺人民，其原未可卒禁。〔八〕臣聞戰不必勝，不苟接刃；〔九〕攻不必取，不苟勞衆。誠令兵出，雖不能滅先零，亶能令虜絶不爲小寇，則出兵可也。〔一〇〕即今同是〔一一〕而釋坐勝之道，從乘危之埶，往終不見利，空内自罷敝，〔一二〕貶重而自損，〔一三〕非所以視蠻夷也。〔一四〕又大兵一出，還不可復留，湟中亦未可空，如是，繇役復發也。〔一五〕且匈奴不可不備，烏桓不可不憂。今久轉運煩費，傾我不虞之用，以澹一隅，〔一六〕臣愚以爲不便。校尉臨衆幸得承威德，奉厚幣，拊循衆羌，諭以明詔，宜皆鄉風。〔一七〕雖其前辭嘗曰「得亡效五年」，宜亡它心，不足以故出兵。〔一八〕臣竊自惟念，奉詔出塞，引軍遠擊，窮天子之精兵，散車甲於山野，雖亡尺寸之功，媮得避慊之便，〔一九〕而亡後咎餘責，此人臣不忠之利，非明主社稷之福也。臣幸得奮精兵，討不義，久留天誅，〔二〇〕罪當萬死。陛下寬仁，未忍加誅，令臣數得孰計。〔二一〕愚臣伏計孰甚，不敢避斧鉞之誅，昧死陳愚，唯陛下省察。

〔一〕【補注】先謙曰：官本「分」作「令」，是。通鑑同。

〔二〕師古曰：樵與譙同，謂爲高樓以望敵也，音才消反。

〔三〕如淳曰：播校相連也。師古曰：此校謂用木自相貫穿以爲固者，亦猶周易「荷校滅耳」也。周禮「校人掌王馬之政」，「六廏成校」，蓋用闌械闌養馬也。說文解字云「校，木囚也」，亦謂以木相貫，遮闌禽獸也。今云校聯不絶，言營壘相次。

〔四〕師古曰：便，利也。飭，整也，其字從力。

〔五〕【補注】先謙曰：漢紀作「烽火相連，勢足并力」。

〔六〕師古曰：累重，謂妻子也。累音力瑞反。重音直用反。

〔七〕師古曰：各於其處自瓦解。

〔八〕師古曰：卒讀曰猝。

〔九〕【補注】沈欽韓曰：六韜軍勢篇「上戰無與戰，故爭勝白刃之前者，非良將也」。

〔一〇〕師古曰：亶讀曰但。

〔一一〕師古曰：俱不能止小寇盜。

〔一二〕師古曰：罷讀曰疲。

〔一三〕【補注】先謙曰：貶重，胡注「謂貶中國之威重」。

〔一四〕師古曰：視讀曰示。

〔一五〕【補注】宋祁曰：別本「復」下有「更」字。先謙曰：通鑑從別本有「更」字。

〔一六〕師古曰：澹，古贍字。贍，給也。

〔一七〕師古曰：諭，曉告之。鄉讀曰嚮。

〔一八〕【補注】王念孫曰：不足以故出兵，本作「不足以疑故出兵」。疑故者，疑事也。襄二十六年左傳注、昭三十一年公羊傳注、周語注、呂氏春秋本生篇注並曰「故，事」也。宣帝以罕开前言而疑其生變，故急欲出兵。充國則謂罕开雖有前言，而既聞明詔，宜皆鄉風無有異心，不足因此疑事而出兵也。今本脱去「疑」字，則文不成義。漢紀孝宣紀正作「不足以疑故出兵」。先謙曰：官本「效」作「校」，引宋祁曰「校當作效」。

〔一九〕師古曰：媮，苟且也。慊亦嫌字。【補注】錢大昭曰：坊記云「貴不慊於上」。鄭注「慊或爲嫌」。説文「慊，疑也」。是慊古嫌字。

〔二〇〕師古曰：言不早殄滅賊也。

〔二〕師古曰：數音所角反。其下亦同。【補注】先謙曰：官本「令」作「今」，是。

充國奏每上，輒下公卿議臣。〔一〕初是充國計者什三，中什五，最後什八。有詔詰前言不便者，皆頓首服。丞相魏相曰：「臣愚不習兵事利害，後將軍數畫軍册，其言常是，臣任其計可必用也。」〔二〕上於是報充國曰：「皇帝問後將軍，上書言羌虜可勝之道，今聽將軍，將軍計善。其上留屯田及當罷者人馬數。將軍强食，慎兵事，自愛！」上以破羌、强弩將軍數言當擊，又用充國屯田處離散，恐虜犯之，於是兩從其計，詔兩將軍與中郎將卬出擊。强弩出，降四千餘人，破羌斬首二千級，中郎將卬斬首降者亦二千餘級，而充國所降復得五千餘人。詔罷兵，獨充國留屯田。

〔一〕【補注】宋祁曰：「議臣」字下當更有一「議」字。

〔二〕師古曰：任，保也。

明年五月，充國奏言：「羌本可五萬人軍，凡斬首七千六百級，降者三萬一千二百人，溺河湟飢餓死者五六千人，定計遺脱與煎鞏、黄羝俱亡者不過四千人。〔一〕羌靡忘等自詭必得，〔二〕請罷屯兵。」奏可。充國振旅而還。

〔一〕【補注】先謙曰：胡注「定計，以定數計算也」。

〔二〕師古曰：詭，責也。自以爲憂，責言必能得之。

所善浩星賜迎説充國，〔一〕曰：「衆人皆以破羌、强弩出擊，多斬首獲降，虜以破壞。〔二〕然有識者以爲虜埶窮困，兵雖不出，必自服矣。將軍即見，宜歸功於二將軍出擊，非愚臣所及。如此，將軍計未失也。」充國曰：「吾年老矣，爵位已極，豈嫌伐一時事，以欺明主哉！〔三〕兵埶，國之大事，當爲後法。老臣不以餘命，壹爲陛下明言兵之利害，卒死，誰當復言之者？」〔四〕卒以其意對。〔五〕上然其計，罷遣辛武賢歸酒泉太守官，充國復爲後將軍衛尉。

〔一〕鄧展曰：浩星，姓，賜，名也。
〔二〕【補注】宋祁曰：「獲」作「坐」。
〔三〕【補注】先謙曰：胡注「言一時用兵之事，當以實敷奏，豈可以自矜伐爲嫌」。
〔四〕師古曰：卒讀曰猝。
〔五〕師古曰：卒，終也。

其秋，羌若零、離留、且種、兒庫〔一〕共斬先零大豪猶非、楊玉首，〔二〕及諸豪弟澤、陽雕、良兒、靡忘皆帥煎鞏、黄羝之屬四千餘人降漢。封若零、弟澤二人爲帥衆王，離留、且種二人爲侯，兒庫爲君，〔三〕陽雕爲言兵侯，良兒爲君，靡忘爲獻牛君。初置金城屬國以處降羌。〔四〕

〔一〕師古曰：且，子閭反。
〔二〕文穎曰：猶非，人名也。師古曰：猶非及楊玉，二人也。宣紀作酋非，而此傳作「猶」字，疑紀誤。【補注】劉奉世曰：宣紀作「五月，斬楊玉降」，與此不同，疑是紀誤。王文彬曰：宣紀作「斬首惡大豪楊玉、酋非首」，是與傳異者，楊玉列酋非上耳。劉單主楊玉而獻疑，不知所謂。王先慎曰：酋、猶二字，古通用。史記樗里子傳「仇猶戰」。國策作「仇由」，高注云「或作仇酋」。今本酋誤首。呂覽權勳篇作「厹繇」。今本厹誤作夙。高注「或作仇酋」。此酋、猶通用之證。顏疑紀作酋誤，失考。先謙曰：通鑑考異從傳。

〔三〕【補注】李慈銘曰：爲侯者，帥衆侯。爲君者，帥衆君。承上省言之，下同。

〔四〕【補注】先謙曰：王應麟云「段熲言，先零作寇，充國徙令居內地，始服終叛，至今爲鯁。以地理志考之，神爵二年，金城置破羌、允街二縣，蓋處降羌之地。羌在湟河之南，而漢地在湟河之北，謂之屬國，置都尉以主降者。羌爲患，不自屬國始也。建武中，馬援徙羌天水、隴西、扶風三郡。永平中，竇固、馬武徙羌三輔，於是始熾。或以充國遷先零內地爲非，而不知金城非內地也，不得不爲充國辨」。

詔舉可護羌校尉者，時充國病，四府舉辛武賢小弟湯。〔一〕充國遽起奏：「湯使酒，不可典蠻夷。〔二〕不如湯兄臨衆。」時湯已拜受節，有詔更用臨衆。後臨衆病免，五府復舉湯，湯數醉䣴羌人，〔三〕羌人反畔，卒如充國之言。

〔一〕【補注】宋祁曰：「小弟湯」，「湯」，浙本作「陽」。先謙曰：胡注「丞相、御史、車騎將軍、前將軍府也，并後將軍，爲五府」。

〔二〕師古曰：使酒，因酒以使氣，若今言惡酒者。【補注】錢大昭曰：使酒，應劭以爲酗酒，是也。季布使酒難近。灌夫爲人剛直，使酒。

〔三〕師古曰：䣴音況務反。師古曰：即酗字也。醉怒曰䣴。【補注】錢大昭曰：說文無「酗」字。微子篇云「我用沈酗於酒」。釋文云「以酒爲凶曰酗」。先謙曰：前「師古」誤。

初，破羌將軍武賢在軍中時與中郎將卬宴語，〔一〕卬道：「車騎將軍張安世始嘗不快上，〔二〕上欲誅之，卬家將軍以爲安世本持橐簪筆〔三〕事孝武帝數十年，見謂忠謹，宜全度之。〔四〕安世用是得免。」及充國還言兵事，武賢罷歸故官，深恨，〔五〕上書告卬泄省中語。卬坐禁止而入至充國莫府司馬中亂屯兵〔六〕下吏，自殺。

〔一〕師古曰：閑宴時共語也。

〔二〕如淳曰：所爲行不可上意。

〔三〕張晏曰：橐，契囊也。近臣負橐簪筆，從備顧問，或有所紀也。師古曰：橐，所以盛書也。有底曰囊，無底曰橐。簪筆者，插筆於首。橐音丁各反，又音託。【補注】沈欽韓曰：晏子外篇「擁札摻筆，給事宫殿中」。晉輿服志「筆者，白筆也。三臺、五省二品文官簪之，王、公、侯、伯、子、男、卿尹及武官不簪，加内侍位者乃簪之。手版即古笏矣。手版頭有白筆」。又八座尚書荷紫，以生紫爲袷囊，綴之服外，加於左肩者，周公負成王，制此服衣。案此説謬，成王年已十二。或云，漢世用盛奏事，負之以行。齊書輿服志「肩上紫袷囊，名曰契囊，世呼爲紫莎」。周壽昌曰：案契即挈。挈囊，言可挈之以行也。梁書劉杳傳「周捨問杳：『尚書官著紫荷囊，相傳云挈囊，竟何所出？』杳答曰：『張安世傳曰，持橐簪筆，事孝武皇帝數十年。韋昭、張晏注並云，橐，囊也。近臣簪筆，以備顧問。』」今無韋昭注，而張安世傳亦無此言，此杳一時誤記耳。先謙曰：官本無「橐音」八字，引宋祁曰「橐舊音丁各反，今讀又音託」。

〔四〕師古曰：全安而免度之，不令喪敗也。

〔五〕【補注】先謙曰：胡注「以破羌希賞而格不行也」。

〔六〕如淳曰：方見禁止而入至充國莫府司馬中。司馬中，律所謂營軍司馬中也。【補注】先謙曰：既泄省中語，又坐此罪。

充國乞骸骨，賜安車駟馬、黃金六十斤，罷就第。〔一〕朝庭每有四夷大議，常與參兵謀，問籌策焉。〔二〕年八十六，甘露二年薨，謚曰壯侯。傳子至孫欽，欽尚敬武公主。主亡子，主教欽良人習詐有身，名它人子。欽薨，子岑嗣侯，習爲太夫人。岑父母求錢財亡已，忿恨相告。岑坐非子免，國除。元始中，修功臣後，復封充國曾孫伋爲營平侯。〔三〕

〔一〕【補注】錢大昕曰：案公卿表於神爵二年，書後將軍充國，不言何年罷免。據此傳，似即是神爵二年事。而常惠傳言甘露中，後將軍充國薨，天子遂以惠爲右將軍。則充國雖以病免，宣帝猶以將軍待之，終充國之身，虛將軍位不置也。

〔二〕師古曰：與讀曰豫。【補注】宋祁曰：「庭」改作「廷」。周壽昌曰：庭、廷古通用，說見前。

〔三〕師古曰：伋音汲。【補注】錢大昕曰：恩澤侯表失載此事。

初，充國以功德與霍光等列，畫未央宮。成帝時，西羌嘗有警，上思將帥之臣，追美充國，乃召黃門郎楊雄即充國圖畫而頌之，〔一〕曰：

〔一〕師古曰：即，就也。於畫側而書頌。【補注】先謙曰：官本注末有「也」字。

明靈惟宣，戎有先零。先零昌狂，侵漢西疆。漢命虎臣，惟後將軍，整我六師，是討是震。〔一〕既臨其域，諭以威德，有守矜功，謂之弗克。請奮其旅，于罕之羌，天子命我，從之鮮陽。〔二〕營平守節，婁奏封章，〔三〕料敵制勝，威謀靡亢。〔四〕遂克西戎，還師於京，鬼方賓服，罔有不庭。〔五〕昔周之宣，有方有虎，〔六〕詩人歌功，乃列于雅。〔七〕在漢中興，充國

作武，赳赳桓桓，亦紹厥後。〔八〕

〔一〕師古曰：震合韻音真。

〔二〕應劭曰：酒泉太守辛武賢自將萬騎出張掖擊羌。宣帝使充國共武賢討罕、开於鮮水之陽也。

〔三〕師古曰：婁，古屢字。

〔四〕師古曰：料，量也。亢，當也。合韻音康。

〔五〕師古曰：鬼方，言其幽昧也。庭，來帝庭也。一説，庭，直也。

〔六〕張晏曰：方叔、邵虎也。【補注】先謙曰：官本「邵」作「召」。下同。

〔七〕師古曰：大雅、小雅之詩也。

〔八〕師古曰：赳赳，勁也。桓桓，威也。紹厥後，謂繼周之方、邵也。【補注】錢大昭曰：「後」，文選作「緒」。

充國爲後將軍，徙杜陵。辛武賢自羌軍還後七年，復爲破羌將軍，征烏孫至敦煌，後不出，徵未到，病卒。子慶忌至大官。

辛慶忌字子真，少以父任爲右校丞，隨長羅侯常惠屯田烏孫赤谷城，與歙侯戰，〔一〕陷陳卻敵。惠奏其功，拜爲侍郎，遷校尉，將吏士屯焉耆國。還爲謁者，尚未知名。元帝初，補金城長史，〔二〕舉茂材，遷郎中車騎將軍，〔三〕朝庭多重之者。〔四〕轉爲校尉，遷張掖太守，徙酒泉，所在著名。

〔一〕師古曰：歙即翕字也。歙侯，烏孫官名。【補注】宋祁曰：「歙」改作「翖」。陳景雲曰：赤谷城在烏孫西偏，與康居相接。據匈奴傳，康居亦有翕侯之官，且與烏孫連兵日久。此與歙侯戰者，謂康居所遣之將也。常惠屯田烏孫時，漢與烏孫甚睦，不當有交戰事。顏注似誤。

〔二〕【補注】錢大昭曰：百官表「邊郡有長史，掌兵馬」。

〔三〕【補注】劉敞曰：「郎中車騎將軍」，不成文，明衍「軍」字。是歷郎中兼車騎將，史省文，總言之耳。又曰，郎中車騎將軍，衍車軍字，當云郎中騎將。不然，著車去騎爲車將也。齊召南曰：案以文義推之，敞後説尤長。車騎將軍，位次大將軍，未有以郎中兼者。觀下文云「轉爲校尉，遷張掖太守」，即知非車騎將軍矣。「軍」字顯是衍文。又案百官表，郎中有車、户、騎三將，秩皆比二千石。此文應云，遷郎中騎將，又誤衍一「車」字耳。沈欽韓曰：案文衍「軍」字。蓋辛慶忌爲長史，已六百石，又舉茂材，爲車騎將，秩千石也。下云爲校尉，則秩二千石也。

〔四〕【補注】先謙曰：官本「庭」作「廷」。

成帝初，徵爲光禄大夫，遷左曹中郎將，至執金吾。始武賢與趙充國有隙，後充國家殺辛氏，至慶忌爲執金吾，坐子殺趙氏，左遷酒泉太守。歲餘，大將軍王鳳薦慶忌「前在兩郡著功迹，徵入，歷位朝廷，莫不信鄉。〔一〕質行正直，仁勇得衆心，通於兵事，明略威重，任國柱石。〔二〕父破羌將軍武賢顯名前世，有威西夷。臣鳳不宜久處慶忌之右。」〔三〕乃復徵爲光禄大夫、執金吾。數年，坐小法，左遷雲中太守，復徵爲光禄勳。

〔一〕師古曰：鄉讀曰嚮。

〔二〕師古曰：任，堪也。

〔三〕師古曰：右，上也。

時數有災異，丞相司直何武上封事曰：「虞有宮之奇，晉獻不寐；〔一〕衛青在位，淮南寢謀。〔二〕故賢人立朝，折衝厭難，勝於亡形。〔三〕司馬法曰：『天下雖安，忘戰必危。』夫將不豫設，則亡以應卒；〔四〕士不素厲，則難使死敵。是以先帝建列將之官，近戚主内，異姓距外，故姦軌不得萌動而破滅，〔五〕誠萬世之長册也。光禄勳慶忌行義修正，柔毅敦厚，〔六〕謀慮深遠。前在邊郡，數破敵獲虜，外夷莫不聞。乃者大異並見，未有其應。加以兵革久寢。春秋大災未至而豫禦之，〔七〕慶忌宜在爪牙官，以備不虞。」〔八〕其後拜爲右將軍諸吏散騎給事中，歲餘徙爲左將軍。〔九〕

〔一〕應劭曰：晉獻公欲伐虞，以宮之奇在，寢不寐。【補注】宋祁曰：注「不寐」下當添「也」字。

〔二〕【補注】先謙曰：顧炎武云「謂伍被言大將軍數將，習兵，未易當。又言雖古名將不過，是爲淮南所憚也」。

〔三〕師古曰：厭，抑也。未有禍難之形，豫勝之也。厭音一葉反。【補注】沈欽韓曰：齊策「蘇代説閔王曰，百尺之衝，折之衽席之上」。説苑尊賢篇「遠乎賢者之厭難折衝也」。

〔四〕師古曰：卒讀曰猝，謂暴也。

〔五〕師古曰：始生曰萌。

〔六〕師古曰：和柔而能沈毅也。尚書咎繇謨曰「擾而毅」。擾亦柔也。今流俗書本柔字作果者，妄改之。

〔七〕師古曰：莊十八年「公追戎於濟西」。公羊傳曰「此未有伐中國者，言追何？大其未至而豫禦也」。【補注】劉敞曰：衍「災」字。宋祁曰：注「國（有）〔者〕」下當添「其」字。

〔八〕師古曰：虞，度也。言有寇難非意所度也。

〔九〕【補注】先謙曰：慶忌直諫救朱雲，詳雲傳。

慶忌居處恭儉，食飲被服尤節約，然性好輿馬，號爲鮮明，唯是爲奢。〔一〕爲國虎臣，遭世承平，匈奴、西域親附，敬其威信。年老卒官。長子通爲護羌校尉，中子遵函谷關都尉，少子茂水衡都尉，出爲郡守，〔二〕皆有將帥之風。宗族支屬至二千石者十餘人。

〔一〕【補注】王文彬曰：言獨輿馬奢華，餘皆從儉也。

〔二〕【補注】錢大昭曰：茂字子淵，由中郎將遷。見公卿表。

元始中，安漢公王莽秉政，見慶忌本大將軍鳳所成，三子皆能，欲親厚之。是時莽方立威柄，用甄豐、甄邯以自助，豐、邯新貴，威震朝廷。水衡都尉茂自見名臣子孫，兄弟並列，不甚詘事兩甄。時平帝幼，外家衛氏不得在京師，而護羌校尉通長子次兄素與帝從舅衛子伯相善，〔一〕兩人俱游俠，賓客甚盛。及呂寬事起，〔二〕莽誅衛氏。兩甄搆言諸辛陰與衛子伯爲心腹，有背恩不說安漢公之謀。〔三〕於是司直陳崇舉奏其宗親隴西辛興等侵陵百姓，威行州郡。莽遂按通父子、遵、茂兄弟及南郡太守辛伯等，皆誅殺之。辛氏繇是廢。〔四〕慶忌本狄道人，爲將軍，徙昌陵。昌陵罷，留長安。

〔一〕師古曰：次兄，其字也。兄讀如本字，亦讀曰況。

〔二〕【補注】錢大昭曰：呂寬事見莽傳。

〔三〕師古曰：説讀曰悦。

〔四〕師古曰：繇讀與由同。

贊曰：秦漢已來，〔一〕山東出相，山西出將。秦時將軍白起，郿人；〔二〕王翦，頻陽人。漢興，郁郅王圍、甘延壽，〔三〕義渠公孫賀、傅介子，成紀李廣、李蔡，杜陵蘇建、蘇武，上邽上官桀、趙充國，襄武廉褒，狄道辛武賢、慶忌，〔四〕皆以勇武顯聞。蘇、辛父子著節，此其可稱列者也，其餘不可勝數。何則？山西天水、隴西、安定、北地處埶迫近羌胡，民俗修習戰備，高上勇力鞍馬騎射。故秦詩曰：「王于興師，修我甲兵，與子皆行。」〔五〕其風聲氣俗，自古而然，今之歌謡慷慨，風流猶存耳。

〔一〕【補注】宋祁曰：「已」當作「以」。

〔二〕師古曰：郿，扶風之縣也，音媚。【補注】先謙曰：官本無「時」字，引宋祁曰「秦下當添時字」。郿縣在今鳳翔府郿縣東北。

〔三〕師古曰：圍爲强弩將軍，見藝文志。郁音於六反。郅音質。【補注】先謙曰：頻陽，馮翊縣，今西安府富平縣東北五十里。郁郅，北地縣，今慶陽府安化縣治。

〔四〕【補注】先謙曰：義渠，北地縣，今慶陽府寧州西北。成紀，天水縣，今秦州秦安縣北三十里。杜陵，京兆縣，今西安咸寧縣東南。上邽，隴西縣，今秦州西南。襄武、狄道並隴西縣，襄武今鞏昌府隴西縣西南。狄道，今蘭州府狄道縣治。

〔五〕師古曰：小戎之詩也，解在地理志。

傅常鄭甘陳段傳第四十

傅介子，北地人也，〔一〕以從軍爲官。先是龜茲、樓蘭皆嘗殺漢使者，〔二〕語在西域傳。至元鳳中，介子以駿馬監求使大宛，〔三〕因詔令責樓蘭、龜茲國。

〔一〕師古曰：趙充國傳贊云「義渠公孫賀、傅介子」，然則介子北地義渠人也。【補注】沈欽韓曰：西京雜記：「傅介子年十四，好學書，嘗棄觚而歎曰：『大丈夫當立功絶域，何能坐事散儒！』」

〔二〕服虔曰：龜茲音丘慈。

〔三〕【補注】周壽昌曰：駿馬監當屬太僕，而百官表駿馬有令丞，無監，續志注引同。後漢有左駿令，亦無監。疑此「監」字爲「令丞」二字誤也。

介子至樓蘭，責其王教匈奴遮殺漢使：「大兵方至，王苟不教匈奴，匈奴使過至諸國，何爲不言？」王謝服，言「匈奴使屬過，〔一〕當至烏孫，道過龜茲」。介子至龜茲，復責其王，王亦服罪。介子從大宛還到龜茲，龜茲言「匈奴使從烏孫還，在此」。介子因率其吏士共誅斬匈奴使者。還奏事，詔拜介子爲中郎，遷平樂監。〔二〕

〔一〕師古曰：屬，近也。近始過去。屬音之欲反。

〔二〕【補注】王先慎曰：「監」上脱「廐」字。功臣世系表「義陽侯傅介子以平樂廐監使誅樓蘭王斬首侯」，是介子實監平樂廐。通鑑胡注謂「平樂監監平樂觀」，據誤文爲説。御覽二百一引有「廐」字，猶未脱也。

介子謂大將軍霍光曰：「樓蘭、龜茲數反覆而不誅，無所懲艾。〔一〕介子過龜茲時，其王近就人，易得也，〔二〕願往刺之，以威示諸國。」大將軍曰：「龜茲道遠，且驗之於樓蘭。」於是白遣之。

〔一〕師古曰：艾讀曰乂。

〔二〕師古曰：附近而親就，言不相猜阻也。

介子與士卒俱齎金幣，揚言以賜外國爲名。至樓蘭，樓蘭王意不親介子，介子陽引去，至其西界，使譯謂曰：〔一〕「漢使者持黄金錦繡行賜諸國，〔二〕王不來受，我去之西國矣。」即出金幣以示譯。譯還報王，王貪漢物，來見使者。介子與坐飲，陳物示之。飲酒皆醉，介子謂王曰：「天子使我私報王。」〔三〕王起隨介子入帳中，屏語，〔四〕壯士二人從後刺之，刃交匈，立死。其貴人左右皆散走。介子告諭以「王負漢罪，天子遣我來誅王，當更立前太子質在漢者。漢兵方至，毋敢動，動，滅國矣」！遂持王首還詣闕，公卿將軍議者咸嘉其功。〔五〕上乃下詔曰：「樓蘭王安歸〔六〕嘗爲匈奴間，候遮漢使者，〔七〕發兵殺略衛司馬安樂、光禄大夫忠、期門郎遂成等三輩，及安息、大宛使，盜取節印獻物，〔八〕甚逆天理。平樂監傅介子持節使誅斬樓蘭王安歸首，縣之北闕，以直報怨，〔九〕不煩師衆。其封介子爲義陽侯，食邑七百户。士刺王者皆補侍郎。」

〔一〕【補注】先謙曰：胡注，此謂樓蘭國之譯人。

〔二〕師古曰：遍往賜之。

〔三〕師古曰：謂密有所論。

〔四〕師古曰：屏人而獨共語也。

〔五〕【補注】何焯曰：光所遣也，故無異議。

〔六〕【補注】先謙曰：官本考證云：「此傳及昭紀並作『安歸』，西域傳作『嘗歸』，必有一誤。」先謙案：通鑑考異從紀及本傳。

〔七〕師古曰：間爲匈奴之間爲候伺。【補注】齊召南曰：案西域傳云「後數爲匈奴反間」，注云「間音居莧反」，則此「間」字亦去聲。注「爲匈奴之間」當作「爲匈奴反間」也。「反」字誤作「之」字耳。先謙曰：注「爲候伺」上亦當更有「候」字。官本注上「間」字作「言」，「爲」作「而」。

〔八〕晉灼曰：此安息、大宛遠遣使獻漢，而樓蘭王使人盜取所獻之物也。師古曰：節及印，漢使者所賫也。獻物，大宛等使所獻也。樓蘭既殺漢使，又殺諸國使者。

〔九〕師古曰：論語載孔子言曰「以直報怨，以德報德」，言怨於我者則直道而報之。故詔引之也。【補注】先謙曰：官本注「而」作「以」。

介子薨，子敞有罪，不得嗣，國除。元始中，繼功臣世，復封介子曾孫長爲義陽侯，王莽敗，乃絶。

常惠，太原人也。少時家貧，自奮應募，隨移中監蘇武使匈奴，〔一〕并見拘留十餘年，昭帝時乃還。漢嘉其勤勞，拜爲光禄大夫。〔二〕

〔一〕師古曰：移中，廄名也，音移。解在昭紀。【補注】宋祁曰：蘇林曰，移音移。如淳曰「移，爾雅『唐棣，移』也，移園之中有馬廄也」。釋文「唐棣，移。郭璞注云，似白楊，江東呼爲移」。音以支反。姚本改作「移」。先謙曰：事互詳蘇武、匈奴傳。

〔二〕【補注】周壽昌曰：蘇武傳，惠還時僅拜爲中郎。或不久即遷。

是時，烏孫公主上書言：〔一〕「匈奴發騎田車師，〔二〕車師與匈奴爲一，共侵烏孫，唯天子救之！」漢養士馬，議欲擊匈奴。會昭帝崩，宣帝初即位，本始二年，遣惠使烏孫。公主及昆彌皆遣使，因惠言：「匈奴連發大兵擊烏孫，取車延、惡師地，收其人民去，使使脅求公主，〔三〕欲隔絶漢。昆彌願發國半精兵，自給人馬五萬騎，盡力擊匈奴。唯天子出兵以救公主、昆彌！」於是漢大發十五萬騎，五將軍分道出，〔四〕語在匈奴傳。

〔一〕【補注】錢大昕曰：此傳與西域傳相同者幾三百言。

〔二〕師古曰：車師，西域國名也。

〔三〕師古曰：脅謂以威迫之也。

〔四〕師古曰：祁連將軍田廣明，蒲類將軍趙充國，武牙將軍田順，度遼將軍范明友，前將軍韓增。

以惠爲校尉，持節護烏孫兵。昆彌自將翎侯以下五萬餘騎〔一〕從西方入至右谷蠡庭，〔二〕

獲單于父行及嫂居次，〔三〕名王騎將以下三萬九千人，〔四〕得馬牛驢贏橐佗五萬餘匹，羊六十餘萬頭，烏孫皆自取鹵獲。惠從吏卒十餘人隨昆彌還，未至烏孫，烏孫人盜惠印綬節。惠還，自以當誅。〔五〕時漢五將皆無功，天子以惠奉使克獲，遂封惠爲長羅侯。復遣惠持金幣還賜烏孫貴人有功者，惠因奏請龜茲國嘗殺校尉賴丹，未伏誅，請便道擊之，宣帝不許。大將軍霍光風惠以便宜從事。〔六〕惠與吏士五百人俱至烏孫，還過，發西國兵二萬人，令副使發龜茲東國二萬人，烏孫兵七千人，從三面攻龜茲，兵未合，先遣人責其王以前殺漢使狀。王謝曰：「乃我先王時爲貴人姑翼所誤耳，我無罪。」惠曰：「即如此，縛姑翼來，吾置王。」〔七〕王執姑翼詣惠，惠斬之而還。

〔一〕師古曰：翖即翕字也。翖侯，烏孫官號也。
〔二〕師古曰：谷音鹿。蠡音黎。
〔三〕晉灼曰：匈奴女號，若言公主也。師古曰：行音胡浪反。
〔四〕【補注】先謙曰：官本考證云：「西域傳作『名王犂汙都尉千長騎以下四萬級』，而匈奴傳作『名王犂汙都尉千長將以下三萬九千餘級』。」
〔五〕師古曰：謂失印綬及節爲辱命。
〔六〕師古曰：言至前所專命而行也。風讀曰諷。
〔七〕師古曰：置猶放。【補注】宋祁曰：注文「放」字下疑有「也」字。

後代蘇武爲典屬國，明習外國事，勤勞數有功。甘露中，後將軍趙充國薨，天子遂以惠爲右將軍，典屬國如故。宣帝崩，惠事元帝，三歲薨，〔一〕謚曰壯武侯。〔二〕傳國至曾孫，建武中乃絶。

〔一〕【補注】周壽昌曰：惠隨蘇武在匈奴十九年，歸四十五歲而卒。計出使時年二十，至卒時亦當八十餘歲。

〔二〕【補注】錢大昕曰：功臣表作「壯侯」。

鄭吉，會稽人也，〔一〕以卒伍從軍，數出西域，由是爲郎。吉爲人彊執，習外國事。〔二〕自張騫通西域，李廣利征伐之後，初置校尉，屯田渠黎。〔三〕至宣帝時，吉以侍郎田渠黎，積穀，因發諸國兵攻破車師，遷衞司馬，使護鄯善以西南道。〔四〕

〔一〕【補注】何焯曰：謝承後漢書：「鄭弘，會稽山陰人，其曾祖父本齊國臨淄人，官至蜀郡屬國都尉，武帝時徙强宗大姓不得族居，將三子移居山陰，因遂家焉。長子吉，雲中都尉，西域都護。」案，吉出自卒伍，未必有官閥，但爲弘之從祖，居在山陰或可信也。沈欽韓曰：寰宇記，都護門在會稽縣南二里，即鄭吉遺宅。樂史以爲晉王薈，傳譌。

〔二〕師古曰：彊力而有執志者。

〔三〕【補注】齊召南曰：「黎」字應作「犂」，傳寫誤耳。先謙曰：譯音無定字，諸傳黎、犂通作，本不畫一，非誤也。

〔四〕師古曰：鄯音善。【補注】齊召南曰：案西域傳，出西域有二道，自鄯善西行至莎車爲南道，自車師前王庭西行至疏勒爲北道。本文「西」字應讀，言護鄯善以西之南道也。下北道亦然。

神爵中，匈奴乖亂，日逐王先賢撣欲降漢，〔一〕使人與吉相聞。吉發渠黎、龜茲諸國五萬人迎日逐王，口萬二千人、小王將十二人隨吉至河曲，頗有亡者，吉追斬之，遂將詣京師。漢封日逐王爲歸德侯。

〔一〕師古曰：撣音纏。

吉既破車師，降日逐，威震西域，遂并護車師以西北道，故號都護。〔一〕都護之置自吉始焉。

〔一〕師古曰：並護南北二道，故謂之都。都猶大也，總也。

上嘉其功效，乃下詔曰：「都護西域騎都尉鄭吉，拊循外蠻，宣明威信，〔一〕迎匈奴單于從兄日逐王衆，擊破車師兜訾城，〔二〕功效茂著。其封吉爲安遠侯，食邑千户。」吉於是中西域而立莫府，〔三〕治烏壘城，鎮撫諸國，誅伐懷集之。漢之號令班西域矣，〔四〕始自張騫而成於鄭吉。語在西域傳。

〔一〕師古曰：禮云東夷、北狄、西戎、南蠻，然夷蠻戎狄亦四方之總稱耳，故史傳又云百蠻也。
〔二〕師古曰：訾音子移反。【補注】沈欽韓曰：紀要：「兜訾城在廢庭州境，庭州城在火州北四百十里」。
〔三〕師古曰：中西域者，言最處諸國之中，近遠均也。中音竹仲反。【補注】周壽昌曰：後遂稱都護府。
〔四〕師古曰：班，布也。

吉薨，謚曰繆侯。子光嗣，薨，無子，國除。元始中，録功臣不以罪絶者，封吉曾孫永爲安遠侯。

甘延壽字君況，北地郁郅人也。少以良家子善騎射爲羽林，投石拔距絶於等倫，〔一〕嘗超踰羽林亭樓，由是遷爲郎。試弁，爲期門，〔二〕以材力愛幸。稍遷至遼東太守，免官。車騎將軍許嘉薦延壽爲郎中諫大夫，使西域都護騎都尉，與副校尉陳湯共誅斬郅支單于，封義成侯。薨，謚曰壯侯。傳國至曾孫，王莽敗，乃絶。

〔一〕應劭曰：投石，以石投人也。拔距，即下「超踰羽林亭樓」是也。張晏曰：范蠡兵法飛石重十二斤，爲機發，行二百步。延壽有力，能以手投之。拔距，超距也。師古曰：投石，應劭是也。拔距者，有人連坐相把據地，距以爲堅而能拔取之，皆言其有手掣之力。超踰亭樓，又言其趫捷耳，非拔距也。今人猶言拔爪之戲，蓋拔距之遺法。【補注】宋祁曰：注文「堅」字疑作「掔」字，「掣」字疑作「擥」字。王念孫曰：左思吴都賦「袒裼徒搏，拔距投石之部」，劉逵云「拔距謂兩人以手相案能拔引之也」。師古之解拔距蓋本於此。今案，投石拔距者，石，擿也，投石猶言投擿，擿亦投也。廣雅「擿，投也」；「石，擿也」。賈子連語篇「提石之者猶未肯止」是也。提亦擿也。史記刺客傳荆軻引其匕首以擿秦王，燕策「擿」作「提」。拔距，超距也，故下文即云「超踰亭樓」。史記王翦傳「方投石超距」，徐廣云「超」一作「拔」。應劭以拔距爲超踰，是也。距亦超也，僖二十八年左傳「距躍三百」，杜注「距躍，超越也」。呂氏春秋悔過篇注「超乘，巨踊車上也」，巨與距同。超亦拔也。「投石拔距」、「投石超距」皆四字平列，管子輕重丁篇「戲笑超距」亦四字平列。應謂投石爲以石投人，劉逵謂拔距爲兩人以手相案能拔引之，皆非是。先謙曰：官本注「二百步」作「三百步」，「應劭是」作「應説是」，「猶」下「言」作「有」。

〔二〕孟康曰：弁，手搏。【補注】宋祁曰：注末當有「也」字。

陳湯字子公，山陽瑕丘人也。〔一〕少好書，博達善屬文。〔二〕家貧匄貣無節，不爲州里所稱。〔三〕西至長安求官，得太官獻食丞。〔四〕數歲，富平侯張勃與湯交，高其能。初元二年，元帝詔列侯舉茂材，勃舉湯。湯待遷，父死不犇喪，〔五〕司隸奏湯無循行，〔六〕勃選舉故不以實，坐削二百户，〔七〕會薨，因賜謚曰繆侯。〔八〕湯下獄論。後復以薦爲郎，數求使外國。久之，遷西域副校尉，與甘延壽俱出。

〔一〕【補注】沈欽韓曰：一統志，兖州府滋陽縣，漢瑕邱縣，宋大觀四年避先聖諱改曰瑕縣，尋又改爲滋陽，明成化間易「滋」爲「嵫」，故城在縣西二十五里。

〔二〕師古曰：屬音之欲反。

〔三〕師古曰：匄，乞也。貣音吐得反。

〔四〕【補注】錢大昭曰：太官屬少府，主膳食。獻食丞，百官表所無。

〔五〕師古曰：犇，古奔字。

〔六〕【補注】宋祁曰：「循」疑作「脩」。

〔七〕【補注】先謙曰：官本「户」字在「削」下。

〔八〕師古曰：以其繆舉人也。

先是，宣帝時匈奴乖亂，五單于爭立，呼韓邪單于與郅支單于俱遣子入侍，漢兩受之。後呼韓邪單于身入稱臣朝見，郅支以爲呼韓邪破弱降漢，不能自還，即西收右地。會漢發兵送呼韓邪單于，郅支由是遂西破呼偈、堅昆、丁令，〔一〕兼三國而都之。怨漢擁護呼韓邪而不助己，困辱漢使者江乃始等。初元四年，遣使奉獻，因求侍子，願爲内附。漢議遣衛司馬谷吉送之。御史大夫貢禹、博士匡衡以爲春秋之義「許夷狄者不壹而足」，〔二〕今郅支單于鄉化未淳，〔三〕所在絶遠，宜令使者送其子至塞而還。吉上書言：「中國與夷狄有羈縻不絶之義，〔四〕今既養全其子十年，德澤甚厚，空絶而不送，近從塞還，示捐棄不畜，〔五〕使無鄉從之心。〔六〕棄前恩，立後怨，不便。議者見前江乃始無應敵之數，知勇俱困，以致恥辱，即豫爲臣憂。臣幸得建彊漢之節，承明聖之詔，宣諭厚恩，不宜敢桀。〔七〕若懷禽獸，加無道於臣，則單于長嬰大罪，〔八〕必遁逃遠舍，不敢近邊。〔九〕没一使以安百姓，國之計，臣之願也。願送至庭。」〔一〇〕上以示朝者，禹復爭，以爲吉往必爲國取悔生事，不可許。右將軍馮奉世以爲可遣，上許焉。既至，郅支單于怒，竟殺吉等。自知負漢，又聞呼韓邪益彊，遂西奔康居。康居王以女妻郅支，郅支亦以女予康居王。康居甚尊敬郅支，欲倚其威以脅諸國。〔一一〕郅支數借兵擊烏孫，深入至赤谷城，殺略民人，歐畜産，〔一二〕烏孫不敢追，西邊空虚，不居者且千里。郅支單于自以大國，威名尊重，又乘勝驕，〔一三〕不爲康居王禮，怒殺康居王女及貴人、人民數百，或支解投都賴水中。〔一四〕發民作城，日作五百人，二歲乃已。又遣使責闔蘇、大宛諸國歲遺，〔一五〕不敢不予。漢遣使三輩至康居求谷吉等死，〔一六〕郅支困辱使者，不肯奉詔，而因都護上書言：「居困戹，願歸計彊漢，遣子入侍。」〔一七〕其驕嫚如此。

〔一〕服虔曰：呼偈，小國名，在匈奴北。師古曰：偈音起厲反。令與零同。【補注】齊召南曰：案「呼偈」匈奴傳作「烏偈」。沈欽韓曰：魏志注，魏略曰，呼得國在葱嶺北，烏孫西北，康居東北。（堅昆）〔丁令〕國在康居北，勝兵六萬人。或以爲此丁令即匈奴北丁令，而此丁令在烏孫中，明有北丁令、西丁令也。呼偈即呼得。李德裕會昌一品集，賈耽古今四夷述云，黠戛斯古堅昆國。先謙曰：官本注無「音」字。引宋祁曰「偈」字下當添「音」字。

〔二〕師古曰：言制節之，不皆稱其所求也。【補注】先謙曰：官本「制節」作「節制」。

〔三〕師古曰：鄉讀曰嚮。不雜曰醇。醇，一也，厚也。【補注】先謙曰：官本正文作「醇」，據顔注所見本亦作「醇」，此「淳」字誤。

〔四〕【補注】先謙曰：官本「靡」作「縻」，是。

〔五〕師古曰：畜謂愛養也。【補注】先謙曰：「捐棄」官本作「棄捐」。

〔六〕師古曰：鄉讀曰嚮。嚮從，謂向化而從命也。

〔七〕師古曰：言郅支畏威，當不敢桀黠也。

〔八〕師古曰：嬰猶帶也。【補注】宋祁曰：「禽獸」字下疑有「心」字。「長嬰大罪」，「罪」字疑作「漢」。

〔九〕師古曰：舍，止也。

〔一〇〕師古曰：單于庭。

〔一一〕師古曰：倚音於綺反。

〔一二〕師古曰：歐與驅同。下皆類此。【補注】先謙曰：官本「歐」作「毆」。

〔一三〕【補注】先謙曰：通鑑胡注：「郅支嘗破殺閏振，攻破呼韓邪，又殺伊利月，屢破烏孫兵，故驕也。」

〔一四〕師古曰：支解，謂截其四支也。都賴，郅支水名。【補注】齊召南曰：案，注稍誤。蓋康居國水名，而郅支來築城其地，故下文曰「前至郅支城都賴水上」也。沈欽韓曰：通典一百九十三，康居國王亦在蘇薤城，即都賴，聲同。

案，西域傳「康居有小王五，一曰蘇薤王，治蘇薤城」。隋書西域傳，米國都那蜜水西，曹國、何國都那蜜水南，皆舊康居地。蓋那蜜水爲彼土大水，即都賴水。先謙曰：官本注「截」上有「解」字。

〔一五〕師古曰：胡廣云康居北可一千里有國名奄蔡，一名闔蘇。然則闔蘇即奄蔡也。歲遺者，年常所獻遺之物。遺音弋季反。【補注】沈欽韓曰：後書西域傳，奄蔡改名阿蘭聊。北史西域傳「粟特國在葱嶺之西，故名奄蔡，一名温那沙」。寰宇記「十三州志云，奄蔡、粟特各有君長，而魏收以爲一國，謬也」。粟特、温那沙皆闔蘇聲之轉，胡廣所言誤也。先謙曰：官本無「音」字，引宋祁曰「『弋季』字上當有『音』字」。

〔一六〕師古曰：死，尸也。【補注】先謙曰：死，屍省文。廣川王傳「即取他死人與都死付其母」，都死謂都屍也，與此同。

〔一七〕師古曰：故爲此言以調戲也。歸計，謂歸附而受計策也。

建昭三年，湯與延壽出西域。湯爲人沈勇有大慮，多策謀，喜奇功，〔一〕每過城邑山川，常登望。既領外國，與延壽謀曰：「夷狄畏服大種，其天性也。西域本屬匈奴，〔二〕今郅支單于威名遠聞，侵陵烏孫、大宛，常爲康居畫計，欲降服之。如得此二國，〔三〕北擊伊列，〔四〕西取安息，南排月氏、山離烏弋，數年之間，城郭諸國危矣。〔五〕且其人剽悍，〔六〕好戰伐，數取勝，久畜之，必爲西域患。郅支單于雖所在絶遠，〔七〕蠻夷無金城强弩之守，〔八〕如發屯田吏士，敺從烏孫衆兵，〔九〕直指其城下，彼亡則無所之，守則不足自保，〔一〇〕千載之功可一朝而成也。」延壽亦以爲然，欲奏請之，湯曰：「國家與公卿議，〔一一〕大策非凡所見，事必不從。」〔一二〕延壽猶與不聽。〔一三〕會其久病，湯獨矯制發城郭諸國兵、車師戊己校尉屯田吏士。延壽聞之，驚起，欲止焉。湯怒，按劍叱延壽曰：「大衆已集會，豎子欲沮衆邪？」〔一四〕延壽遂從之，部勒行陳，益置揚威、白虎、合騎之校，〔一五〕漢兵胡兵合四萬餘人，延壽、湯上疏自劾奏矯制，陳言兵狀。

〔一〕師古曰：喜音許吏反。

〔二〕【補注】先謙曰：胡注「武帝雖通西域，匈奴猶役屬之。至宣帝時朝呼韓邪，降日逐，西域乃咸屬漢」。

〔三〕【補注】王念孫曰：「二國」當爲「三國」，三國謂烏孫、大宛、康居也。漢紀孝元紀作「如得此三國」是其證。

〔四〕【補注】沈欽韓曰：魏略，伊列國在康居北。寰宇記，康居與粟弋、伊列鄰接。

〔五〕服虔曰：山離烏弋不在二十六國中，去中國二萬里。師古曰：謂西城國爲城郭者，言不隨畜牧遷徙，以別於匈奴也。【補注】錢大昭曰：西域傳「烏弋山離國，王去長安萬二千二百里」，此云山離烏弋，疑傳寫倒置。服虔以爲去中國二萬里，未詳。先謙曰：官本作「三十六國」。

〔六〕師古曰：剽，輕也。悍，勇也。剽音頻妙反，又音匹妙反。悍音胡幹反。

〔七〕【補注】王念孫曰：「郅支單于雖所在絶遠」，本作「郅支單于分離，句。所在絶遠。句。」上文曰郅支單于「西奔康居」，康居在大宛之西北，去匈奴甚遠，故曰「郅支單于分離，所在絶遠」也。去國既遠，又無金城强弩之守，則攻之易克。下文「守則不足自保」承「無金城强弩」而言，「亡則無所之」承「所在絶遠」而言。若云「雖所在絶遠」則與下文義不相屬矣。隸書「離」字或作「離」，漢北海相景君碑陰「當離墓側」、魯相韓勑造孔廟禮器碑「離散聖輿」字並作「離」。顔氏家訓書證篇「離則配禹」正謂此也。形與「雖」相似，因誤爲「雖」，荀子解蔽篇「是以與治雖走，而是已不輟也」，「雖」或作「離」。史記衛將軍驃騎傳「大當户銅離」，漢書作「調雖」。「雖」上又脱去「分」字耳。御覽職官部四十九不得其解而删去「雖」字，謬矣。漢紀正作「郅支分離所在絶遠」。

〔八〕【補注】先謙曰：蠻夷無强弩之守，所謂胡者，全兵也。下文郅支城中「以弓射外人」，似亦有弩，下又云胡兵弓弩不利，頗得漢巧，則知久與漢戰，亦非全無弓弩矣。

〔九〕師古曰：毆，帥之令隨從也。【補注】先謙曰：官本正文「毆」作「敺」，注作「驅」。

〔一〇〕師古曰：之，往也。保，安也。【補注】先謙曰：官本無上「也」字。

〔一一〕【補注】先謙曰：胡注「此時已稱天子爲國家，非至東都始然也」。

〔一二〕師古曰：言凡庸之人，不能遠見，故壞其事也。【補注】宋祁曰：注文中「壞」字上疑有「破」字。

〔一三〕師古曰：與讀曰豫。

〔一四〕師古曰：沮，止也，壞也，音才汝反。

〔一五〕張晏曰：西域陳法之名也。師古曰：張說非也。一校則別爲一部軍，故稱校耳。湯特新置此等諸校名，以爲威聲也。

即日引軍分行，別爲六校，〔一〕其三校從南道踰葱領徑大宛，其三校都護自將，發温宿國，從北道入赤谷，過烏孫，涉康居界，至闐池西。而康居副王抱闐將數千騎，寇赤谷城東，〔二〕殺略大昆彌千餘人，敺畜産甚多。從後與漢軍相及，頗寇盜後重。〔三〕湯縱胡兵擊之，殺四百六十人，得其所略民四百七十人，還付大昆彌，其馬牛羊以給軍食。又捕得抱闐貴人伊奴毒。

〔一〕【補注】先謙曰：胡注：別，分也。揚威、白虎、合騎三校併副校尉、戊校尉、己校尉爲六校。

〔二〕文穎曰：闐音填。【補注】沈欽韓曰：新唐書西域傳，于闐國有玉河，蓋即闐池。又，隋西域傳有抱怛國；通典引韋節西書記云，親問其國人，並自稱挹闐；又案漢書，陳湯征郅支，康居副王挹闐抄其後重：此康居之種類，然傳自遠國，夷語訛舛，莫知根實。案，今書作「抱闐」，又傳寫之訛。西域傳康居小王五曰奥鞬王，當即抱闐，記者互異不考耳。周壽昌曰：副王，其王之副，若匈奴中左、右賢王也。

〔三〕師古曰：重謂輜重也，音直用反。

入康居東界，令軍不得爲寇。〔一〕間呼其貴人屠墨見之，〔二〕諭以威信，與飲盟遣去。徑引行，未至單于城可六十里，止營。復捕得康居貴人貝色子男開牟以爲導。〔三〕貝色子即屠墨母之弟，〔四〕皆怨單于，由是具知郅支情。

〔一〕師古曰：勿抄掠。

〔二〕師古曰：間謂密呼也。

〔三〕【補注】先謙曰：通鑑「貝」作「真」。

〔四〕師古曰：母之弟即謂舅也。

明日引行，未至城三十里，止營。單于遣使問漢兵何以來，應曰：「單于上書言居困阸，願歸計彊漢，身入朝見。天子哀閔單于棄大國，屈意康居，故使都護將軍來迎單于妻子，〔一〕恐左右驚動，故未敢至城下。」使數往來相答報。延壽、湯因讓之：〔二〕「我爲單于遠來，而至今無名王大人見將軍受事者，〔三〕何單于忽大計，失客主之禮也！〔四〕兵來道遠，人畜罷極，食度且盡，〔五〕恐無以自還，願單于與大臣審計策。」〔六〕

〔一〕【補注】齊召南曰：案，都護不稱將軍，延壽、湯自稱以耀遠人耳。下文「見將軍受事者」同。

〔二〕師古曰：讓，責也。

〔三〕師古曰：名王，諸王之貴者。受事，受教命而供事也。【補注】周壽昌曰：案匈奴稱貴臣爲大人。

〔四〕師古曰：忽，忘也。

〔五〕師古曰：罷，讀曰疲。度音大各反。

〔六〕【補注】何焯曰：示弱以堅之，使毋走。下郅支所云「不如堅守，漢兵遠來，不能久攻」，爲此語所紿也。

明日，前至郅支城都賴水上，離城三里，止營傅陳。〔一〕望見單于城上立五采幡織，〔二〕數百人被甲乘城，〔三〕又出百餘騎往來馳城下，步兵百餘人夾門魚鱗陳，〔四〕講習用兵。城上人更招漢軍曰「鬭來！」〔五〕百餘騎馳赴營，營皆張弩持滿指之，騎引卻。頗遣吏士射城門騎步兵，騎步兵皆入。延壽、湯令軍聞鼓音皆薄城下，〔六〕四面圍城，各有所守，穿塹，塞門户，鹵楯爲前，戟弩爲後，卬射城中樓上人，〔七〕樓上人下走。土城外有重木城，從木城中射，頗殺傷外人。外人發薪燒木城。夜，數百騎欲出，外迎射殺之。〔八〕

〔一〕師古曰：傅讀曰敷。敷，布也。

〔二〕師古曰：織讀曰幟，音式志反。

〔三〕師古曰：乘謂登之備守也。

〔四〕師古曰：言其相接次，形若魚鱗。

〔五〕師古曰：更，互也，音工行反。

〔六〕師古曰：薄，迫也。

〔七〕師古曰：卬讀曰仰。
〔八〕【補注】宋祁曰：「出外」下疑有「人」字。

初，單于聞漢兵至，欲去，疑康居怨己，爲漢内應，又聞烏孫諸國兵皆發，自以無所之。〔一〕郅支已出，復還，曰：「不如堅守。漢兵遠來，不能久攻。」單于乃被甲在樓上，諸閼氏夫人數十皆以弓射外人。外人射中單于鼻，諸夫人頗死。單于下騎，傳戰大内。〔二〕夜過半，木城穿中人，卻入土城，乘城呼。〔三〕時康居兵萬餘騎分爲十餘處，四面環城，亦與相應和。〔四〕夜，數犇營，不利，輒卻。〔五〕平明，四面火起，吏士喜，大呼乘之，〔六〕鉦鼓聲動地。康居兵引卻。漢兵四面推鹵楯，並入土城中。單于男女百餘人走入大内。漢兵縱火，吏士爭入，單于被創死。軍候假丞杜勳〔七〕斬單于首，得漢使節二及谷吉等所齎帛書。諸鹵獲以畀得者。〔八〕凡斬閼氏、太子、名王以下千五百一十八級，生虜百四十五人，降虜千餘人，賦予城郭諸國所發十五王。〔九〕

〔一〕師古曰：之，往也。【補注】先謙曰：胡注，自計無所往而可。
〔二〕師古曰：下騎，謂下樓而騎馬也。傳戰，轉戰也。大内，單于之内室也。言且戰且行而入内室。【補注】周壽昌曰：傳戰大内蓋傳呼大内諸人助戰。此時城未破，何由入内而且戰且行邪？觀下「走入大内」，知顏注誤。
〔三〕師古曰：乘，登也。呼音火故反。次下亦同。【補注】先謙曰：穿，塹穴也。木城穿中人，即上文重木城中人也。胡注「中人，木城中人也」。是以「木城穿」爲句，誤。
〔四〕師古曰：環，繞也，音患。和音胡卧反。【補注】先謙曰：康居兵來救者與乘城招呼者應和也。

〔五〕師古曰：犇，古奔字也。

〔六〕師古曰：乘，逐也。

〔七〕【補注】先謙曰：胡注「漢制，軍行有各部校尉，部下有曲，曲有軍候一人。又都護有副校尉，秩比二千石，丞二人，司馬候、千人各二人。杜勳本爲軍候而假丞也」。

〔八〕師古曰：畀，予也。各以與所得人。畀音必寐反。【補注】何焯曰：此云「諸鹵獲以畀得者」，則湯無私焉。下云「湯素貪，所鹵獲財物入塞多不法」，殆丞相、御史誣枉之。

〔九〕師古曰：賦謂班與之也。所發十五王，謂所發諸國之兵，共圍郅支王者也。

於是延壽、湯上疏曰：「臣聞天下之大義，當混爲一，〔一〕昔有唐虞，今有彊漢。匈奴呼韓邪單于已稱北藩，唯郅支單于叛逆，未伏其辜，大夏之西，以爲彊漢不能臣也。〔二〕郅支單于慘毒行於民，大惡通于天。臣延壽、臣湯將義兵，行天誅，賴陛下神靈，陰陽並應，天氣精明，〔三〕陷陳克敵，斬郅支首及名王以下。宜縣頭槀街蠻夷邸間，〔四〕以示萬里，明犯彊漢者，雖遠必誅。」事下有司。丞相匡衡、御史大夫繁延壽〔五〕以爲「郅支及名王首更歷諸國，蠻夷莫不聞知。〔六〕月令『春掩骼埋胔』之時，〔七〕宜勿縣」。車騎將軍許嘉、右將軍王商〔八〕以爲「春秋夾谷之會，優施笑君，孔子誅之，〔九〕方盛夏，首足異門而出。宜縣十日乃埋之」。有詔將軍議是。

〔一〕師古曰：混，同也，音胡本反。

〔二〕師古曰：謂漢爲不能使郅支臣服也。

〔三〕【補注】周壽昌曰：精即晴也，亦作暒。

〔四〕晉灼曰：黄圖在長安城門内。師古曰：稾街，街名，蠻夷邸在此街也。邸，若今鴻臚客館也。崔浩以爲稾當爲橐，橐街即銅駝街也。此説失之。銅駝街在雒陽，西京無也。

〔五〕師古曰：繁音蒲何反。

〔六〕師古曰：更音工衡反。

〔七〕應劭曰：禽獸之骨曰骼。骼，大也。鳥鼠之骨曰胔。胔，可惡也。臣瓚曰：枯骨曰骼，有肉曰胔。師古曰：瓚説是也。骼音工客反。胔音才賜反。

〔八〕【補注】齊召南曰：案，此樂昌侯王商，以右將軍後爲丞相，自有列傳，非王鳳弟成都侯王商也。

〔九〕師古曰：夾谷，地名，即祝其也。定十年「公會齊侯於夾谷，孔子攝相事，齊侯奏宫中之樂，俳優侏儒戲於前，孔子歷階而上曰：『匹夫侮諸侯者，罪應誅。』於是斬侏儒，首足異處，齊侯懼，有慚色」。施者，優人之名。夾音頰。

初，中書令石顯嘗欲以姊妻延壽，延壽不取。及丞相、御史亦惡其矯制，皆不與湯。〔一〕湯素貪，所鹵獲財物入塞多不法。〔二〕司隸校尉移書道上，繫吏士按驗之。湯上疏言：「臣與吏士共誅郅支單于，幸得禽滅，萬里振旅，〔三〕宜有使者迎勞道路。〔四〕今司隸反逆，收繫按驗，〔五〕是爲郅支報讎也！」上立出吏士，令縣道具酒食以過軍。〔六〕既至，論功，石顯、匡衡〔七〕以爲「延壽、湯擅興師矯制，幸得不誅，如復加爵土，則後奉使者爭欲乘危徼幸，生事於蠻夷，〔八〕爲國招難，漸不可開。」元帝内嘉延壽、湯功，而重違衡、顯之議，〔九〕議久不決。

〔一〕師古曰：與猶許。【補注】先謙曰：官本注末有「也」字。

〔二〕師古曰：不法者，私自取之，不依軍法。【補注】先謙曰：胡注「不法者，以外國財物闌入邊關也」。

〔三〕師古曰：師入曰振旅。振，整也。旅，衆也。

〔四〕師古曰：勞音力到反。

〔五〕【補注】先謙曰：胡注「當勞來而收，是於事理爲反也。逆，迎也」。

〔六〕【補注】先謙曰：百官表「縣有蠻夷曰道」。

〔七〕【補注】何焯曰：匡衡之上冠以石顯，史家之辭嚴矣。

〔八〕師古曰：若，如也。【補注】先謙曰：官本作「如若也」，是。

〔九〕師古曰：重，難也。

故宗正劉向上疏曰：〔一〕「郅支單于囚殺使者吏士以百數，事暴揚外國，傷威毀重，羣臣皆閔焉。〔二〕陛下赫然欲誅之，意未嘗有忘。西域都護延壽、副校尉湯承聖指，倚神靈，總百蠻之君，攬城郭之兵，〔三〕出百死，入絶域，遂蹈康居，屠五重城，〔四〕搴歙侯之旗，〔五〕斬郅支之首，縣旌萬里之外，揚威昆山之西，〔六〕埽谷吉之恥，立昭明之功，萬夷慴服，莫不懼震。〔七〕呼韓邪單于見郅支已誅，且喜且懼，鄉風馳義，稽首來賓，〔八〕願守北藩，累世稱臣。立千載之功，建萬世之安，羣臣之勳莫大焉。昔周大夫方叔、吉甫爲宣王誅獫狁而百蠻從，其詩曰：『嘽嘽焞焞，如霆如雷，顯允方叔，征伐獫狁，蠻荆來威。』〔九〕易曰：『有嘉折首，獲非其醜。』〔一〇〕言美誅首惡之人，而諸不順者皆來從也。今延壽、湯所誅震，雖易之折首，詩之雷霆不能及也。論大功者不録小過，舉大美者不疵細瑕。司馬法曰『軍賞不踰月』，欲民速得爲善之利也。蓋急武功，重用人也。吉甫之歸，周厚賜之，其詩曰：『吉甫燕喜，既多受祉，來歸自鎬，我行永久。』〔一一〕千里之鎬猶以爲遠，況萬里之外，其勤至矣！延壽、湯既未獲受祉之報，反屈捐命之功，久挫於刀筆之前，〔一二〕非所以勸有功厲戎士也。昔齊桓公前有尊周之功，〔一三〕後有滅項之罪，〔一四〕君子以功覆過而爲之諱。行事，〔一五〕貳師將軍李廣利捐五萬之師，靡億萬之費，經四年之勞，〔一六〕而厪獲駿馬三十匹，〔一七〕雖斬宛王毋鼓之首，〔一八〕猶不足以復費，〔一九〕其私罪惡甚多。孝武以爲萬里征伐，不録其過，遂封拜兩侯、三卿、二千石百有餘人。今康居國彊於大宛，郅支之號重於宛王，殺使者罪甚於留馬，而延壽、湯不煩漢士，不費斗糧，比於貳師，功德百之。〔二〇〕且常惠隨欲擊之烏孫，鄭吉迎自來之日逐，猶皆裂土受爵。故言威武勤勞則大於方叔、吉甫，列功覆過則優於齊桓、貳師，近事之功則高於安遠、長羅，〔二一〕而大功未著，小惡數布，臣竊痛之！宜以時解縣通籍，〔二二〕除過勿治，尊寵爵位，以勸有功。」

〔一〕【補注】先謙曰：胡注「帝初即位，向爲宗正，免官久矣，故曰故宗正」。

〔二〕師古曰：閔，病也。

〔三〕師古曰：擥，總持之也。其字從手。

〔四〕【補注】先謙曰：荀紀作「五」。通鑑作「三」。胡注「郅支城木城再重，并土城爲三重」，則作「三」是也。下文谷永亦云「屠三重城」。

〔五〕師古曰：搴，拔也，音騫。【補注】齊召南曰：案，西域傳俱作「翎侯」。師古注翎即翕字，則此文「歙」字誤也。

〔六〕【補注】先謙曰：胡注，昆山指言崐崘山也。

〔七〕師古曰：慴，恐也，音之涉反。

〔八〕師古曰：馳義，慕義驅馳而來也。鄉讀曰嚮。

〔九〕師古曰：小雅采芑之詩也。嘽嘽，衆也。焞焞，盛也。言車徒既衆且盛，有如雷霆，故能克定獫狁而令荆土之蠻亦畏威而來也。嘽音他丹反。焞音他回反。【補注】先謙曰：官本注無兩「音」字。此「蠻荆」亦當作「荆蠻」，說詳賈捐之傳。

〔一〇〕師古曰：離上九爻辭也。嘉，善也。醜，類也。言王者出征，克勝斬首，多獲非類，故以爲善。【補注】先謙曰：官本「非」作「匪」，通鑑同。荀紀作「非」。

〔一一〕師古曰：小雅六月之詩也。鎬，地名，非豐鎬之鎬。此鎬及方皆在周之北。時獫狁侵鎬及方，至於涇陽。吉甫薄伐，自鎬而還。王以燕禮樂之，多受福賜，以其行役有功，日月長久故也。

〔一二〕師古曰：捐棄其軀命，言無所顧也。挫，屈折也。刀筆，謂吏也。

〔一三〕師古曰：謂伐楚責苞茅，及會王太子于首止。

〔一四〕師古曰：項，國名也。春秋僖十七年夏，滅項。公羊傳曰：「齊滅之也。不言齊，爲桓公諱也。桓常有繼絶存亡之功，故君子爲之諱。」

〔一五〕師古曰：行事，謂滅項之事也。【補注】劉攽曰：「諱行事」非辭也。「諱」以上爲句。「行事」者，言已行之事舊例成法也。漢世人作文言行事、成事者意皆同。錢大昕曰：顔解行事爲滅項之事，是也。劉疑其不辭，欲以行事屬下句，淺陋可笑。王念孫曰：「行事」二字乃總目下文之詞。劉屬下讀，是也。行者，往也。見秦風無衣傳及廣雅。往事即下文所稱李廣利、常惠、鄭吉三人之事。漢紀改「行事」爲「近事」。近事亦往事也。儒林傳谷永疏曰：「近事，大司空朱邑、右扶風翁歸德茂夭年，孝宣皇帝愍册厚賜。」「近事」二字亦總目下文之詞。然則，行事爲總目下文之詞明矣。若以行事上屬爲句，則大爲不詞。通典邊防十一載此疏亦以行事屬上讀，而改其文云「君子以功覆過而爲之諱其行」，亦爲顔注所惑。錢以顔説爲是，劉説爲淺陋，失之矣。春秋繁露俞序篇「仲尼之作春秋也，引史記，理往事」，又引孔子曰「吾因其行事而加乎王心焉」。行事即往事，謂春秋二百四十年之事也。史記自序，子曰「我欲載之空言，不如見之於行事之深切著明也」。本書藝文志「仲尼與左丘明觀魯史記，據行事」，劉向傳云「采傳記行事，著新序、説苑凡五十篇」，司馬遷傳「考之行事，稽其成敗興壞之理」，李尋傳「案行事，考變易，訛言之效未嘗不至」，王尊傳「府問詔書行事，尊無不對」，翟方進傳「時慶有章劾，自道『行事以贖論』」，師古彼注亦誤解「行事」二字。劉敞云「漢時人言行事、成事皆謂已行已成事也。王充書亦有之」。案，劉説是也。論衡一書言行事者甚多，皆謂往事也。其問孔篇云「行事，雷擊殺人，水火燒溺人，牆屋壓殺人」，「行事」二字乃總目下文之詞，與陳湯傳之行事同。又云「成事，季康子患盜，孔子對曰：『苟子之不欲，雖賞之不竊。』」「成事」二字亦是總目下文。故劉云漢人言行事、成事者意皆同也。儒林傳「因魯春秋舉十二公行事」，貨殖傳序「故列其行事，以傳世變云」，匈奴傳贊「察仲舒之論，考諸行事，乃知其未合於當時，而有闕於後世也」，又云「若乃征伐之功，秦漢行事，嚴尤論之當矣」，王莽傳「近觀行事，高祖之約非劉氏不王」，敍傳「王命論歷古今之得失，驗行事之成敗」，又藝文志天文家有漢五星彗客行事占驗八卷、漢日旁氣行事占驗三卷、漢流星行事占驗八卷、漢日旁氣行事占驗十三卷、今本脱「事」字。漢日食月暈雜變行事占驗十三卷，「行事占驗」皆謂吉凶已然之效，即李尋所云案行事，考變易也。皆謂往事爲行事也。又魏相傳云「相以爲方今務在奉行故事而已，數條漢興以來國家便宜行事，奏請施行」，是所謂行事者即故事也。又云「故事，句。諸上書者皆爲二封，署其一曰副，領尚書者先發副封，所言不善，屏去不奏」，「故事」二字亦是總目下文，凡漢書中「故事」二字絶句者皆總目下文之詞。與行事文同一例。先謙曰：通鑑無「行事」二字，蓋亦以「諱行事」相屬不詞而删之。下文云「近事之功則高於安遠、長羅，行事之即近事益明。

〔二六〕師古曰：靡，散也，音糜。

〔一七〕師古曰：厪與僅同。僅，少也。

〔一八〕師古曰：西域傳作「毌寡」，而此云毌鼓，鼓、寡聲相近，蓋戎狄之言不甚諦也。

〔一九〕師古曰：復，償也，音扶目反。

〔二〇〕師古曰：百倍勝之。

〔二一〕師古曰：安遠侯鄭吉，長羅侯常惠也。

〔二二〕孟康曰：縣，罪未竟也，如言縣罰也。通籍，不禁止，令得出入也。

於是天子下詔曰：「匈奴郅支單于背畔禮義，留殺漢使者、吏士，甚逆道理，朕豈忘之哉！所以優游而不征者，重動師衆，勞將帥，〔一〕故隱忍而未有云也。今延壽、湯睹便宜，乘時利，結城郭諸國，擅興師矯制而征之，賴天地宗廟之靈，誅討郅支單于，斬獲其首，及閼氏貴人名王以下千數。雖踰義干法，〔二〕內不煩一夫之役，不開府庫之臧，因敵之糧以贍軍用，立功萬里之外，威震百蠻，名顯四海。爲國除殘，兵革之原息，邊竟得以安。〔三〕然猶不免死亡之患，罪當在於奉憲，〔四〕朕甚閔之！其赦延壽、湯罪，勿治。」詔公卿議封焉。議者皆以爲宜如軍法捕斬單于令。匡衡、石顯以爲「郅支本亡逃失國，竊號絶域，非真單于」。元帝取安遠侯鄭吉故事，封千户，衡、顯復爭。乃封延壽爲義成侯，賜湯爵關內侯，食邑各三百户，加賜黄金百斤。告上帝、宗廟，大赦天下。拜延壽爲長水校尉，湯爲射聲校尉。

〔一〕師古曰：重，難也。【補注】先謙曰：官本「帥」作「率」。

〔二〕師古曰：干，犯也。

〔三〕師古曰：竟讀曰境。
〔四〕【補注】先謙曰：謂奉法之吏奏當其罪狀。

延壽遷城門校尉，護軍都尉，薨於官。成帝初即位，丞相衡復奏「湯以吏二千石奉使，〔一〕顓命蠻夷中，〔二〕不正身以先下，而盜所收康居財物，戒官屬曰絕域事不覆校。〔三〕雖在赦前，〔四〕不宜處位」。湯坐免。

〔一〕【補注】先謙曰：胡注「湯爲西域副校尉，秩比二千石」。
〔二〕師古曰：顓與專同。
〔三〕【補注】先謙曰：胡注「言外域之事，漢朝務存寬大，必不考覆也」。
〔四〕【補注】先謙曰：胡注，事在竟寧元年七月赦前。

後湯上書言康居王侍子非王子也。按驗，實王子也。湯下獄當死。太中大夫谷永上疏訟湯曰：「臣聞楚有子玉得臣，文公爲之仄席而坐；〔一〕趙有廉頗、馬服，彊秦不敢窺兵井陘；〔二〕近漢有郅都、魏尚，匈奴不敢南鄉沙幕。〔三〕由是言之，戰克之將，國之爪牙，不可不重也。蓋『君子聞鼓鼙之聲，則思將率之臣』。〔四〕竊見關内侯陳湯，前使副西域都護，忿郅支之無道，閔王誅之不加，〔五〕策慮愊億，義勇奮發，〔六〕卒興師奔逝，橫厲烏孫，踰集都賴，〔七〕屠三重城，〔八〕斬郅支首，報十年之逋誅，雪邊吏之宿恥，〔九〕威震百蠻，武暢西海，漢元以來，〔一〇〕征伐方外之將，未嘗有也。今湯坐言事非是，幽囚久繫，歷時不決，執憲之吏欲致之大辟。

昔白起爲秦將，南拔郢都，北阬趙括，以纖介之過，賜死杜郵，〔一一〕秦民憐之，莫不隕涕。今湯親秉鉞，席卷喋血萬里之外，〔一二〕薦功宗廟，〔一三〕告類上帝，〔一四〕介冑之士靡不慕義。以言事爲罪，無赫赫之惡。周書曰：『記人之功，忘人之過，宜爲君者也。』〔一五〕夫犬馬有勞於人，尚加帷蓋之報，〔一六〕況國之功臣者哉！竊恐陛下忽於鼓鼙之聲，不察周書之意，而忘帷蓋之施，庸臣遇湯，卒從吏議，〔一七〕使百姓介然有秦民之恨，〔一八〕非所以厲死難之臣也。」書奏，天子出湯，奪爵爲士伍。

〔一〕師古曰：子玉，楚大夫也，得臣其名也。春秋僖二十八年，子玉帥師與晉文公戰于城濮，楚師敗績。晉師三日館穀，而文公猶有憂色，曰：「得臣猶在，憂未歇也。」及楚殺子玉，公喜而後可知也。禮記曰：「有憂者仄席而坐」，蓋自貶之。仄，古側字也。

〔二〕師古曰：廉頗，趙將也。馬服君趙奢亦趙將也。井陘之口，趙之西界山險道也。

〔三〕師古曰：鄉讀曰嚮。【補注】先謙曰：都事見酷吏傳，尚見馮唐傳。

〔四〕師古曰：禮之樂記曰「鼓鼙之聲讙，讙以立動，動以進衆。君子聽鼓鼙之聲，則思將率之臣」也。

〔五〕師古曰：閔，憂也。

〔六〕師古曰：愊億，憤怒之貌也。愊音皮逼反。【補注】沈欽韓曰：方言「悀、愊，滿也。腹滿曰愊」，又「臆，滿也」。郭云「愊臆，氣滿之也」。億與臆、憶通用。師古解爲憤怒，非也。

〔七〕如淳曰：踰，遠也。遠集郅支都賴水上也。師古曰：卒讀曰猝。厲，度也。踰讀曰遥。【補注】王念孫曰：「奔」當爲「猋」字之誤也。猋逝，言如猋風之逝。司馬相如封禪文云「武節猋逝」是也。韓長孺傳云「匈奴輕疾悍亟之兵也，至如猋風，去如收電」。司馬相如子虛賦云「雷動猋至，星流霆擊」。曰猋逝，曰横厲，曰遥集，皆言其行軍之速。若作奔逝，則非其旨矣。此字師古無音，則所見本已誤作「奔」。漢紀孝成紀正作「興師猋逝」。朱一新曰：案師古注「踰」當作「踰」。

〔八〕【補注】劉奉世曰：劉向云五重，谷永云三重，疑五重者誤。先謙曰：「五」當爲「三」，説詳上。

〔九〕師古曰：逋，亡也。

〔一〇〕【補注】周壽昌曰：言自漢建元以來也。武帝始伐匈奴，建元始武帝，故以爲言。先謙曰：胡注，漢元謂漢初也。

〔一一〕師古曰：地名也，在咸陽西也。

〔一二〕師古曰：如席之卷。言其疾也。咮血，解在文紀。【補注】朱一新曰：咮即喋字。唐人避諱缺筆。先謙曰：官本作「喋」。

〔一三〕【補注】先謙曰：官本「宗」作「祖」。

〔一四〕張晏曰：謂以所征之國事類告天也。

〔一五〕師古曰：尚書之外逸書也。【補注】沈欽韓曰：今周書佚此文。賈子大政篇：「易使喜，難使怒者，宜爲君；識人之功，而忘人之罪者，宜爲貴。」

〔一六〕師古曰：禮記稱孔子云：「敝帷弗棄，爲薶馬也；敝蓋弗棄，爲薶狗也。」

〔一七〕師古曰：以庸臣之禮待遇之也。卒，終也。

〔一八〕師古曰：介然猶耿耿。

後數歲，西域都護段會宗爲烏孫兵所圍，驛騎上書，願發城郭、敦煌兵以自救。〔一〕丞相王商、大將軍王鳳及百僚議數日不決。〔二〕鳳言：「湯多籌策，習外國事，可問。」上召湯見宣室。湯擊郅支時中寒病，兩臂不詘申。湯入見，有詔毋拜，示以會宗奏。湯辭謝，曰：「將相九卿皆賢材通明，小臣罷癃，不足以策大事。」〔三〕上曰：「國家有急，君其毋讓。」對曰：「臣以爲此必無可憂也。」上曰：「何以言之？」湯曰：「夫胡兵五而當漢兵一，何者？兵刃朴鈍，弓弩不利。今聞頗得漢巧，然猶三而當一。又兵法曰『客倍而主人半然後敵』，〔四〕今圍會宗者人衆不足以勝會宗，唯陛下勿憂！且兵輕行五十里，重行三十里，今會宗欲發城郭、敦煌，歷時乃至，所謂報讎之兵，非救急之用也。」上曰：「柰何？其解可必乎？度何時解？」〔五〕湯知烏孫瓦合，不能久攻，〔六〕故事不過數日，〔七〕因對曰：「已解矣！」詘指計其日，曰：「不出五日，當有吉語聞。」〔八〕居四日，軍書到，言已解。大將軍鳳奏以爲從事中郎，莫府事壹決於湯。湯明法令，善因事爲執，納說多從。常受人金錢作章奏，卒以此敗。

〔一〕師古曰：西域城郭諸國及敦煌兵也。

〔二〕【補注】錢大昕曰：案，會宗傳，竟寧陽朔中，再爲西域都護，不云爲烏孫所圍。惟元延中嘗被圍，其時又非都護，且不與丞相王商、大將軍王鳳同時。此傳云會宗爲烏孫所圍似當在陽朔中。又攷公卿表，王商於河平四年罷相，以張禹代之，其明年始改元陽朔。使會宗果於陽朔中被圍，則丞相乃張禹，非王商矣。以二傳參互攷之，當有一誤，或會宗傳「陽朔」字當爲「河平」，或此傳王商當爲張禹也。

〔三〕師古曰：罷讀曰疲。

〔四〕【補注】先謙曰：胡注「此言憑城而守者，主人之半可以敵客之倍」。王文彬云：湯引兵法爲客立論，言必倍主人而後敵也。胡兵以三當一，是倍猶不敵半矣。衆不足，故無憂。胡注未晰。

〔五〕師古曰：度音徒各反。

〔六〕師古曰：瓦合謂碎瓦之雜居不齊同。
〔七〕師古曰：故事謂以舊事測之。
〔八〕師古曰：吉，善也。善謂兵解之事。【補注】王文彬曰：吉語猶言好音。

初，湯與將作大匠解萬年相善。自元帝時，渭陵不復徙民起邑。成帝起初陵，數年後，樂霸陵曲亭南，更營之。萬年與湯議，以爲「武帝時工楊光以所作數可意〔一〕自致將作大匠，及大司農中丞耿壽昌造杜陵賜爵關内侯，將作大匠乘馬延年以勞苦秩中二千石；〔二〕今作初陵而營起邑居，成大功，萬年亦當蒙重賞。子公妻家在長安，兒子生長長安，不樂東方，宜求徙，可得賜田宅，俱善」。湯心利之，即上封事言：「初陵，京師之地，最爲肥美，可立一縣。天下民不徙諸陵三十餘歲矣，關東富人益衆，多規良田，役使貧民，〔三〕可徙初陵，以彊京師，衰弱諸侯，又使中家以下得均貧富。湯願與妻子家屬徙初陵，爲天下先。」於是天子從其計，果起昌陵邑，後徙内郡國民。〔四〕萬年自詭三年可成，〔五〕後卒不就，〔六〕羣臣多言其不便者。下有司議，皆曰：「昌陵因卑爲高，積土爲山，度便房猶在平地上，〔七〕客土之中不保幽冥之靈，淺外不固，卒徒工庸以鉅萬數，至爇脂火夜作，〔八〕取土東山，且與穀同賈。〔九〕作治數年，天下遍被其勞，國家罷敝，府臧空虛，〔一〇〕下至衆庶，熬熬苦之。〔一一〕故陵因天性，〔一二〕據真土，處勢高敞，旁近祖考，前又已有十年功緒，〔一三〕宜還復故陵，勿徙民。」上乃下詔罷昌陵，語在成紀。丞相御史請廢昌陵邑中室，〔一四〕奏未下，人以問湯：「第宅不得徹，毋復發徙？」〔一五〕湯曰：「縣官且順聽羣臣言，猶且復發徙之也。」

〔一〕師古曰：可天子之意。

〔二〕師古曰：姓乘馬，名延年。乘音食孕反。

〔三〕師古曰：規，畫也，自（古）〔占〕爲彊界也。

〔四〕【補注】先謙曰：「後」疑「復」之譌。

〔五〕師古曰：詭，責也，自以爲憂責也。

〔六〕師古曰：卒，終也。就亦成也。

〔七〕師古曰：度音徒各反。

〔八〕師古曰：爇，古然字也。

〔九〕師古曰：賈讀曰價。

〔一〇〕師古曰：罷讀曰疲。

〔一一〕師古曰：敖敖，衆愁聲。

〔一二〕【補注】王文彬曰：性，生也。

〔一三〕師古曰：緒謂端次也。

〔一四〕師古曰：徙人新所起室居。

〔一五〕師古曰：問其不被發徹，更移徙邪？【補注】朱一新曰：監本「得徹」二字倒。王文彬曰：注末「邪」字正爲「得毋」作訓，是顏所見本尚未誤倒。先謙曰：官本「得」在「徹」下，是。

時成都侯商新爲大司馬衞將軍輔政，素不善湯。商聞此語，白湯惑衆，下獄治，按驗諸所犯。湯前爲騎都尉王莽上書言：「父早死，犯不封，〔一〕母明君共養皇太后，尤勞苦，〔二〕宜封。」竟爲新都侯。〔三〕後皇太后同母弟苟參爲水衡都尉，死，子伋爲侍中，〔四〕參妻欲爲伋求封，湯受其金五十斤，許爲求比上奏。〔五〕弘農太守張匡坐臧百萬以上，狡猾不道，有詔即訊，〔六〕恐下獄，使人報湯。湯爲訟罪，得踰冬月，許謝錢二百萬，皆此類也。事在赦前。後東萊郡黑龍冬出，人以問湯，湯曰：「是所謂玄門開。〔七〕微行數出，出入不時，故龍以非時出也。」又言當復發徙，傳相語者十餘人。丞相御史奏：「湯惑衆不道，妄稱詐歸異於上，非所宜言，大不敬。」廷尉增壽議，以爲「不道無正法，〔八〕以所犯劇易爲罪，〔九〕臣下丞用失其中，故移獄廷尉，〔一〇〕無比者先以聞，〔一一〕所以正刑罰，重人命也。明主哀憫百姓，下制書罷昌陵勿徙吏民，已申布。湯妄以意相謂且復發徙，雖頗驚動，所流行者少，百姓不爲變，不可謂惑衆。湯稱詐，虛設不然之事，非所宜言，大不敬也」。制曰：「廷尉增壽當是。〔一二〕湯前有討郅支單于功，其免湯爲庶人，徙邊。」又曰：「故將作大匠萬年佞邪不忠，妄爲巧詐，多賦斂，煩繇役，興卒暴之作，〔一三〕卒徒蒙辜，死者連屬，〔一四〕毒流衆庶，海內怨望。雖蒙赦令，不宜居京師。」於是湯與萬年俱徙敦煌。

〔一〕【補注】錢大昭曰：「犯」南監本、閩本作「獨」。先謙曰：官本作「獨」，是。

〔二〕師古曰：莽傳言莽母渠今，此云明君。則明君者，字也。

〔三〕【補注】沈欽韓曰：「竟」當作「莽」。

〔四〕師古曰：伋音汲。
〔五〕師古曰：比，例也，音必寐反。
〔六〕師古曰：就其所居考問之。【補注】周壽昌曰：即訊謂即時定讞也，無有司就所居考問之理，顔説非。王文彬曰：即訊，來就鞫訊也。先謙曰：二説並通。
〔七〕【補注】沈欽韓曰：范望太玄沈首注，士爲中宫，下爲玄龍已蟄而出，是則玄門開也。
〔八〕晉灼曰：增壽，姓趙也。
〔九〕師古曰：易音弋豉反。【補注】周壽昌曰：劇，事之最要者。易，事之稍平者。宜以此爲罪輕重。
〔一〇〕如淳曰：如今讞罪輕重。【補注】先謙曰：官本「丞」作「承」，是。
〔一一〕師古曰：比謂相比附也。
〔一二〕師古曰：當謂處正其罪也。
〔一三〕師古曰：卒讀曰猝。
〔一四〕師古曰：蒙，被也，屬音之欲反。

久之，敦煌太守奏「湯前親誅郅支單于，威行外國，不宜近邊塞」。詔徙安定。

議郎耿育上書言便宜，因冤訟湯曰：「延壽、湯爲聖漢揚鉤深致遠之威，雪國家累年之恥，討絶域不羈之君，係萬里難制之虜，豈有比哉！先帝嘉之，仍下明詔，宣著其功，〔一〕改年垂曆，傳之無窮。〔二〕應是，南郡獻白虎，邊垂無警備。會先帝寢疾，然猶垂意不忘，數使尚書責問丞相，趣立其功。〔三〕獨丞相匡衡排而不予，封延壽、湯數百户，此功臣戰士所以失望也。孝成皇帝承建業之基，乘征伐之威，兵革不動，國家無事。而大臣傾邪，讒佞在朝，曾不深惟本末之難，以防未然之戒，欲專主威，排妒有功，使湯塊然〔四〕被冤拘囚，不能自明，卒以無罪，老棄敦煌，正當西域通道，令威名折衝之臣旋踵及身，復爲郅支遺虜所笑，誠可悲也！至今奉使外蠻者，未嘗不陳郅支之誅，以揚漢國之盛。〔五〕夫援人之功以懼敵，棄人之身以快讒，〔六〕豈不痛哉！且安不忘危，盛必慮衰，今國家素無文帝累年節儉富饒之畜，〔七〕又無武帝薦延〔八〕梟俊禽敵之臣，獨有一陳湯耳！〔九〕假使異世不及陛下，尚望國家追録其功，封表其墓，以勸後進也。湯幸得身當聖世，功曾未久，反聽邪臣鞭逐斥遠，〔一〇〕使逃亡分竄，死無處所。〔一一〕遠覽之士，莫不計度，〔一二〕以爲湯功累世不可及，而湯過人情所有，〔一三〕湯尚如此，雖復破絶筋骨，暴露形骸，猶復制於脣舌，爲嫉妒之臣所係虜耳。此臣所以爲國家尤戚戚也。」書奏，天子還湯，卒於長安。

〔一〕師古曰：仍，頻也。

〔二〕師古曰：謂改年爲竟寧也。不以此事，蓋當其年，上書者附著耳。【補注】先謙曰：胡注，案元紀，詔曰：「匈奴郅支單于背叛禮義，既服其辜。呼韓邪單于修朝保塞，邊垂長無兵革之事，其改元爲竟寧。」則改元實以此，非附著也。

〔三〕師古曰：趣讀曰促。

〔四〕師古曰：塊然，獨處之意，如土塊也。音口内反。

〔五〕【補注】王念孫曰：案「盛」當爲「威」字之誤也。上文云「揚威昆山之西」，又云「爲聖漢揚鉤深致遠之威」，皆其證。今本「威」作「盛」，則非其旨矣。漢紀正作「揚漢國之威」。御覽人事部九十三引作「陳郅支之誅夷，以揚漢國之威棱」，文雖小異而字亦作「威」。
〔六〕師古曰：援，引也，音爰。
〔七〕師古曰：畜讀曰蓄，謂府庫也。
〔八〕如淳曰：薦延，使羣臣薦士而延納之。
〔九〕師古曰：梟謂斬其首而縣之也。俊謂敵之魁率，郅支是也。春秋左氏傳曰「得俊曰克」。【補注】劉攽曰：「梟俊禽敵之臣」宜與「薦延」通爲一句，則與上文相配。而下言「獨有一陳湯耳」，自不妨梟善鬬，故云梟俊猶言梟將也。
〔一〇〕【補注】王先慎曰：湯未受刑，不得云鞭。「鞭」疑「貶」，音近而誤。
〔一一〕師古曰：分謂散離也。虞書舜典曰「分北三苗」。
〔一二〕師古曰：度音大各反。【補注】先謙曰：官本無「音」字。
〔一三〕師古曰：言湯所犯之罪過，人情共有此事耳，非特詭異深可誅責也。

死後數年，王莽爲安漢公秉政，既内德湯舊恩，又欲諂皇太后，以討郅支功尊元帝廟稱高宗。以湯、延壽前功大賞薄，及候丞杜勳不賞，乃益封延壽孫遷千六百户，追謚湯曰破胡壯侯，封湯子馮爲破胡侯，勳爲討狄侯。

段會宗字子松，天水上邽人也。〔一〕竟寧中，以杜陵令五府舉爲西域都護、騎都尉光禄大夫，〔二〕西域敬其威信。三歲，更盡還，〔三〕拜爲沛郡太守。以單于當朝，徙爲雁門太守。數年，坐法免。西域諸國上書願得會宗，陽朔中復爲都護。

〔一〕【補注】齊召南曰：案，地理志上邽縣屬隴西，不屬天水。即趙充國亦上邽人，傳曰「隴西上邽人」可證也。此文疑誤。錢大昕曰：外戚上官皇后傳亦云「隴西上邽人」。

〔二〕【補注】沈欽韓曰：百官表是時丞相匡衡，御史大夫李延壽，車騎將軍許嘉，大將軍王鳳，右將軍王商。

〔三〕如淳曰：邊吏三歲一更，下言終更皆是也。師古曰：更，工衡反。其下並同。

會宗爲人好大節，矜功名，與谷永相友善。谷永閔其老復遠出，予書戒曰：「足下以柔遠之令德，復典都護之重職，〔一〕甚休甚休！〔二〕若子之材，可優遊都城而取卿相，何必勒功昆山之仄，總領百蠻，懷柔殊俗？子之所長，愚無以喻。〔三〕雖然，朋友以言贈行，敢不略意。〔四〕方今漢德隆盛，遠人賓服，傅、鄭、甘、陳之功没齒不可復見，願吾子因循舊貫，毋求奇功，〔五〕終更亟還，亦足以復雁門之踦。〔六〕萬里之外以身爲本。願詳思愚言。」

〔一〕師古曰：柔，安也。柔遠，言能安遠人。虞書舜典曰「柔遠能邇」。

〔二〕師古曰：休，美也。

〔三〕師古曰：言子思慮深長，當不待己曉告也。【補注】劉攽曰：此言總領百蠻，懷柔殊俗是子之所長，愚無以相喻也。

〔四〕師古曰：贈行，謂將别相贈也。略意，略陳本意也。劉奉世説同。

〔五〕師古曰：貫，事也。

〔六〕應劭曰：踦，隻也。會宗從沛郡下爲雁門，又坐法免，爲踦隻不偶也。師古曰：亟，急也。復猶補也。亟音居力反。踦音居宜反。【補注】劉攽曰：由沛徙雁門非踦也。謂免官爲踦耳。

會宗既出。諸國遣子弟郊迎。小昆彌安日前爲會宗所立，德之，〔一〕欲往謁，諸翖侯止不聽，遂至龜茲謁。城郭甚親附。〔二〕康居太子保蘇匿率衆萬餘人欲降，會宗奏狀，漢遣衞司馬逢迎。〔三〕會宗發戊己校尉兵隨司馬受降。司馬畏其衆，欲令降者皆自縛，保蘇匿怨望，舉衆亡去。會宗更盡還，以擅發戊己校尉之兵乏興，有詔贖論。拜爲金城太守，以病免。

〔一〕師古曰：懷會宗之恩德也。

〔二〕師古曰：謂城郭諸國。

〔三〕師古曰：迎之於道，隨所到而逢之，故曰逢迎也。

歲餘，小昆彌爲國民所殺，諸翖侯大亂。徵會宗爲左曹中郎將光禄大夫，使安輯烏孫，〔一〕立小昆彌兄末振將，〔二〕定其國而還。

〔一〕師古曰：輯與集同。【補注】先謙曰：官本注末有「也」字。

〔二〕服虔曰：人姓名也。師古曰：其名也。昆彌之兄不可別舉姓也。【補注】先謙曰：通鑑考異云，烏孫傳以末振將爲安日弟，此傳作「兄」，誤。周壽昌云：案此下云小昆彌烏犂靡者，末振將兄子也。烏犂靡爲安日之子，則此「兄」字乃轉寫之譌，非傳誤也。

明年，末振將殺大昆彌，會病死，漢恨誅不加。〔一〕元延中，復遣會宗發戊己校尉諸國兵，即誅末振將太子番丘。〔二〕會宗恐大兵入烏孫，驚番丘，亡逃不可得，即留所發兵墊婁地，〔三〕選精兵三十弩，〔四〕徑至昆彌所在，召番丘，責以「末振將骨肉相殺，殺漢公主子孫，未伏誅而死，使者受詔誅番丘。即手劍擊殺番丘。官屬以下驚恐，馳歸。小昆彌烏犂靡者，末振將兄子也，〔五〕勒兵數千騎，圍會宗，會宗爲言來誅之意：「今圍守殺我，如取漢牛一毛耳。宛王、郅支頭縣槀街，烏孫所知也。」昆彌以下服，曰：「末振將負漢，誅其子可也，獨不可告我，令飲食之邪？」〔六〕會宗曰：「豫告昆彌，逃匿之，爲大罪。即飲食以付我，傷骨肉恩，故不先告。」昆彌以下號泣罷去。會宗還，奏事，公卿議會宗權得便宜，以輕兵深入烏孫，即誅番丘，〔七〕宣明國威，宜加重賞。天子賜會宗爵關内侯，黄金百斤。

〔一〕【補注】錢大昕曰：案西域傳，大昆彌翖侯難栖殺末振將，漢恨不自責誅末振將，復使段會宗斬其太子番丘。會宗以難栖殺末振將雖不指爲漢，合於討賊，奏以爲堅守都尉。是末振將實難栖所殺。傳以爲病死者，誤也。

〔二〕師古曰：番音步安反。

〔三〕服虔曰：墊音墊阸之墊。鄭氏曰：婁音羸。師古曰：墊音丁念反。婁音樓。【補注】沈欽韓曰：鄭氏音婁爲羸，是猶能名其處。師古妄改，非也。

〔四〕李奇曰：三十人，人持一弩。

〔五〕【補注】錢大昕曰：西域傳作「安犂靡」。烏、安聲相近。

〔六〕師古曰：飲音於禁反。食讀曰飤。次下亦同。

〔七〕師古曰：即，就也。

是時，小昆彌季父卑爰疐〔一〕擁衆欲害昆彌，漢復遣會宗使安輯，與都護孫建并力。明年，會宗病死烏孫中，年七十五矣，城郭諸國爲發喪立祠焉。

〔一〕師古曰：疐音竹二反。

贊曰：自元狩之際，張騫始通西域，至于地節，鄭吉建都護之號，〔一〕訖王莽世，凡十八人，皆以勇略選，然其有功迹者具此。廉褒以恩信稱，郭舜以廉平著，孫建用威重顯，〔二〕其餘無稱焉。陳湯儻蕩，不自收斂，〔三〕卒用困窮，議者閔之，故備列云。

〔一〕【補注】王先慎曰：據宣紀吉迎日逐，破車師，爲都護，在神爵二年，吉傳亦云神爵中，非地節。西域傳作「神爵三年」，「三」當爲「二」。此與百官表作「地節」，並誤。

〔二〕【補注】齊召南曰：案廉褒、孫建事見烏孫傳。郭舜事見康居傳。褒字子上，襄武人，官至右將軍。建字子夏，官至左將軍，元始中，封成武侯。周壽昌曰：西域傳兩昆彌皆弱，卑爰疐侵陵，都護孫建襲殺之。建之功僅此一見。後事詳王莽傳。

〔三〕師古曰：儻蕩，無行檢也。蕩音蕩。